O QUE ESTÃO FALANDO DO LIVRO

"Parabéns, Sanches, por traduzir neste livro toda sua experiência com uma abordagem tão clara e ampla. É muito importante reunir todos os fundamentos e ferramentas que precisamos conhecer, lembrar e considerar para as mudanças e transformações que acompanham empresas e profissionais ao longo dos tempos. Tudo começa pelas pessoas, com escuta, respeito e engajamento para a evolução e o crescimento de todos."

— Helena Garcia de Gracia,
Fine VP Sales LATAM da Symrise AG

"Em minhas diversas imersões em centros internacionais de inovação como o Vale do Silício, Israel e Shenzhen, na China, aprendi uma grande lição: a única vantagem competitiva que uma empresa pode ter nos dias de hoje é a velocidade. Antonio Carlos Sanches, depois de passar por tantas empresas, de diversos portes e segmentos de mercado, adquiriu uma competência única: a de diagnosticar rapidamente quais ferramentas usar para a necessária Transformação Organizacional das empresas que assessora, tão bem descritas neste livro. Afinal, amanhã será mais rápido do que hoje."

— Richard Doern,
Especialista em Governança Corporativa e
membro de Conselhos de Administração

"Transformação Organizacional não é um destino, é uma jornada contínua que exige coragem, visão e adaptabilidade. Empresas que hesitam em desenvolver sua liderança, ignoram mudanças socioculturais ou sufocam a inovação inevitavelmente perdem relevância. O imediatismo e a falta de sucessão preparada são armadilhas que comprometem o futuro. Transformar é permitir-se evoluir constantemente. Como bem coloca Antonio Sanches: ao concluir uma transformação, quase sempre já estamos iniciando a próxima."

— Luciana Ezequiel,
Diretora de RH da East Coast A.P. Moller-Maersk

"Com quatro décadas de experiência corporativa, Sanches apresenta casos reais que vivenciou como líder e consultor, oferecendo uma abordagem estratégica e humana da Transformação Organizacional. Com linguagem envolvente e acessível, seu livro explora questões-chave como identificar problemas e elaborar diagnósticos precisos, a importância da comunicação transparente e o cuidado com os aspectos psicológicos e emocionais de líderes e colaboradores. O autor demonstra como a coragem e o comprometimento da Alta Administração são determinantes para o êxito dos processos de mudança. Leitura fundamental para quem deseja transformar organizações de forma consciente e sustentável."

— Elvira Cavalcanti Presta,
Conselheira de Administração e Fiscal, CFO e RI
(Embraer, Gerdau, IBEF, Copa Energia e Neoenergia)

"Se você não souber conduzir bem sua empresa neste ambiente dinâmico e ágil de hoje, seus negócios estarão em sério risco. De forma brilhante, Sanches mostra como gerir a mudança para se posicionar na vanguarda do mercado."

— Eduardo Lugo,
Sênior VP Sales LATAM da Zendesk

"Conheci o Sanches há aproximadamente 30 anos. Tenho acompanhado sua trajetória desde então. A simplicidade e praticidade com que sempre abordou os desafios organizacionais sempre me impressionaram. Neste livro, Sanches nos presenteia com uma obra profunda, prática e absolutamente necessária para os tempos atuais. Em *Transformação nas Organizações*, ele consegue traduzir com clareza e sensibilidade os desafios que líderes e organizações enfrentam ao navegar por contextos de mudança intensa e contínua. O livro combina sólida teoria e muitos anos de experiência em diversos setores com casos reais, provocando reflexões importantes sobre cultura, liderança, estratégia e propósito. Leitura indispensável para todos que querem conduzir mudanças genuínas com consciência e impacto."

— Martin Mitteldorf,
Chairman do Board da Casas Pernambucanas e
sócio da MOV investimentoss

"Conheço Antonio Sanches há mais de duas décadas e sua abordagem de liderança sempre me impressionou pela escuta ativa, sensibilidade humana e clareza estratégica. Seu livro traduz fielmente essas qualidades, oferecendo um guia profundo, prático e humano sobre Transformação Organizacional. Uma obra que equilibra método e empatia. Leitura indispensável para líderes que buscam transformar com propósito. Seu legado agora se materializa em páginas inspiradoras."

— Jean-Luc Vallaud,
General Manager da Promega Biotecnologia

"Conheci Sanches durante a sua atuação como líder da distribuidora que atende ao Estado de Pernambuco, em um momento de grandes desafios e mudanças. Tive a oportunidade de acompanhar de perto - por absoluta generosidade do autor - o profissional que ele revela ser neste livro: um profissional de visão inovadora, centrada no cliente e comprometido com a transformação organizacional. O livro *Transformação nas Organizações* reflete com exatidão essa combinação rara de experiência prática, pensamento estratégico e desenvolvimento de equipe. Com exemplos concretos e uma abordagem sistemática, a obra oferece um verdadeiro manual para líderes. Mais que um retrato do autor, o livro é uma contribuição atemporal para todos que acreditam na força da mudança bem conduzida e que tanto dialoga com os tempos atuais. Tenho muito a agradecer a Sanches e essa obra é a certeza de que outros poderão também acessar o conhecimento desse grande profissional."

— João Paulo Neves Rodrigues,
Diretor Institucional do Grupo Neoenergia

Compartilhar experiências é um ato de generosidade. Contribuir para que as pessoas aprendam com nossos acertos e não repitam nossos erros nos distingue. Tratar de temas sensíveis como as disfunções organizacionais, o contexto político e social, além das particularidades do ambiente corporativo, é uma arte e exige muita sensibilidade. Abordar esses temas da maneira simples e humilde como fez aqui Sanches enriquece ainda mais o depoimento de um profissional de sucesso. Temos aqui uma obra que permite a capacitação dos entrantes nas funções de gestão e a reflexão aos já experientes."

— Joubert Flores,
Vice-Presidente para América Latina da UIC

Conheço o Sanches há muitos anos e sempre me impressionou sua capacidade analítica, a postura serena e a habilidade para engajar equipes em torno de estratégias coerentes. No livro, reconheci o mesmo estilo direto com que Sanches compartilha sua experiência de quatro décadas como consultor e executivo. Em vez de oferecer soluções prontas, convida o leitor a "dar um passo atrás" e ganhar perspectiva sobre a complexidade dos problemas organizacionais, compostos por variáveis técnicas, funcionais e culturais que se entrelaçam. Essa mudança de perspectiva é a maior contribuição da obra: permitir que o leitor compreenda a natureza multifacetada da Transformação Organizacional. A obra oferece um guia lúcido e humano para liderar mudanças em ambientes voláteis.

— Marcos Macedo,
Partner da Heidrick & Struggles

TRANS FOR MA ÇÃO NAS ORGANIZAÇÕES

Direção editorial: *Eduardo Viegas Meirelles Villela*
Coordenação editorial: *Ana Carolina Santin Guerra*
Revisão: Rosa *Elisa M. Barone*
Diagramação e projeto gráfico de miolo: *Marcelo da Paz*
Arte completa de capa: *Marcelo da Paz*

Dados Internacionais de Catalogação na Publicação (CIP)
Bibliotecária Juliana Farias Motta CRB7/5880

S194t Sanches, Antonio

Transformação nas organizações: como implementar mudanças nas empresas para construir perenidade e prosperidade nos negócios/ Antonio Sanches . — São Paulo: EV Publicações, 2026.

400 p.; 17 x 24 cm.

ISBN: 978-65-87369-59-4

1. Mudança Organizacional. 2. Administração de Empresas. 3. Eficiência organizacional. 4. Sucesso nos negócios I. Título: como implementar mudanças nas empresas para construir perenidade e prosperidade nos negócios

CDD 650.1

Caso deseje adquirir lotes de exemplares do livro, entre em contato pelo e-mail eduvillela@evpublicacoes.com.br ou pelo WhatsApp (11) 96851-1515.
Para atendimento ao cliente, utilize, por gentileza, os mesmos contatos acima.

ANTONIO SANCHES
CEO, CONSELHEIRO E MENTOR

COM CASOS REAIS

TRANSFORMAÇÃO 5 NAS ORGANIZAÇÕES

COMO IMPLEMENTAR MUDANÇAS NAS EMPRESAS PARA CONSTRUIR PERENIDADE E PROSPERIDADE NOS NEGÓCIOS

EV PUBLICAÇÕES

DEDICATÓRIA

Dedico este livro aos meus pais, Lourdes e Nicolau, que me ensinaram que os sonhos se tornam reais com trabalho e coragem.

E à minha esposa Cristina, que é minha força e inspiração diária. Obrigado por estar ao meu lado sempre.

AGRADECIMENTOS

Cada página deste livro carrega um pouco da história que construí ao longo de quatro décadas de trabalho. Foram anos de desafios, conquistas e acima de tudo muito aprendizado com pessoas extraordinárias.

A Ricardo Machado, a Eduardo Margara, a Olga Stankevicius Colpo, a Moyses Gedanke, a George Freund, a Darcio Crespi, a Vitor Madeira, a Jose Luiz Bichuetti, a Marion Scheel, a David Wong, a Maristela Parigot, a Jose Tolovi Jr, a Fábio Nogueira, a André Lit, a Tom Perlingieri, a Renata Simões, a Jose Eduardo Teixeira, a Eduardo Bernardes, a Marco Antonio Goes, a André Pharand, a Victor Baez, a José Luiz Fleury, a Francisco Higa, a Lu Magalhães e a Enzo Correa, profissionais brilhantes das empresas de consultoria por onde passei, que me proporcionaram inúmeros aprendizados e oportunidades. Sem dúvida deixaram sua marca em minha trajetória.

A Miguel Gellert Krigsner, a Peter Gottschalk e a Valter Baptista, fundadores de empresas brasileiras excepcionais. Trabalhar ao lado de vocês foi um privilégio. Foi inspirador acompanhar de perto o legado que construíram e a paixão com que conduzem seus negócios.

A Solange Ribeiro, a Lara Piau, a Mario Ruiz Tagle, a Saulo Cabral, a Luiz Antonio Ciarlini, a Hélio Reinaldo Raphael Filho, a Luis Jorge Lira Neto, a Ana Mascarenhas, a Kelly Messias Petri Coelho, a André Augusto Telles Moreira, a Leonardo Andreoni, a Denise Faria, a

Eduardo Capelastegui, a Fernando Ginjas, a Juliana Barreto, a Sonia Antunes, a Roberto Fischer e a Eduardo Santiago, profissionais referência nos seus setores que me ensinaram muito sobre o mundo das concessões, onde servir ao público exige mais do que técnica e gestão, exige compromisso e um verdadeiro propósito de impactar vidas. E vocês representam essa missão com excelência.

A Robson Souza, a Homero Scarinzi, a Renato Nobre, a Oscar Garcia Velasco, a Flavio Richieri, a Carlos Rivelle, a Rene Campanha, a Antonio Garcia, a Rodolpho de Arruda, a Giuseppe Varalla, a Rui Gatti, a João Souza, a Marcelo Verreschi, a Marcos Bernardes, a Cristiano Lamberti, a Saul Blank, a Celso Azanha, a Carlos Kamimura, a Claudio Tancredi e a Frederico De Marchi, amigos da tecnologia da informação, mestres da inovação e curiosidade, que me apresentaram esse universo fascinante.

As amigas e amigos da Ásia, Janise Chow, Isabell Chan, Samuel Notz, Lisa Li, Mana Ma, Weixing Chen, Yasushi Shimizu, Tetsuya Daikoku, Kazuhisa Ota, Genta Murai, Kazuki Hama, Soichiro Manabe, Kazunari Matsuhashi, Go Hirano, Yoshihiro Kubo, Yuki Kodera, Tatsuo Yasunaga e Kenichi Hori, que proporcionaram uma jornada ao lado de vocês, não apenas um aprendizado cultural, mas também uma imersão nas estratégias e valores empresariais da China e do Japão. Sou imensamente grato por cada insight e por todo conhecimento compartilhado.

A Orlando Fontes Lima Jr., a Paulo de Tarso Petroni, a Guilherme Ramalho, a Isabella Vianna Wanderley, a Fernando Magalhães Modé, a André Henrique Oncken, a Martin Mitteldorf, a Jean-Luc Vaillaud, a Bruno Baptista, a Marcos Macedo, a João Paulo Rodrigues, a Marcos Baptistucci, a Richard Doern, a Joubert Flores, a Eduardo Lugo, a Gabriele Carlos, a Luciana Ezequiel, a Helena Garcia de Gracia e a Elvira Cavalcanti Presta, minha profunda gratidão a cada um de vocês que generosamente se dispuseram a compartilhar suas impressões sobre meu livro. O apoio, a reflexão e o tempo dedicado a essa contribuição são inestimáveis para mim. Muito obrigado por fazerem parte dessa jornada.

A Demostenes Medeiros, a Ricardo Annicchino e a José Claudio Belfort, amigos de longa data que são verdadeiros pilares, sempre ouvindo, trazendo soluções em inúmeros projetos e trabalhos que desenvolvemos juntos.

A Lady Moraes e a João Cordeiro, os grandes incentivadores para que esse livro se tornasse realidade. Suas palavras de encorajamento, apoio constante e confiança no meu trabalho foram fundamentais. Obrigado por fazerem parte dessa história e por serem uma fonte inesgotável de inspiração.

Aos meus filhos Fernando, André e Gabriela. Ser pai é, de certa forma, como liderar uma grande empresa: exige visão, paciência e habilidade de tomar decisões que impactam o futuro. Com vocês aprendi que a comunicação eficaz é fundamental, tanto em casa como nos negócios. Um dos temas de destaque deste livro.

Ao Eduardo Villela e toda equipe da EV Publicações, que com sua dedicação e expertise foram essenciais para transformar esse projeto em realidade.

A todos que direta ou indiretamente moldaram meu caminho. Esse livro também é um reflexo das contribuições, ensinamentos e apoio que recebi ao longo dos anos. Meu mais sincero obrigado a todos que fizeram parte dessa história.

SUMÁRIO

APRESENTAÇÃO

O cenário empresarial contemporâneo exige mais do que nunca uma capacidade ímpar de adaptação e reinvenção. Em um ambiente de constantes transformações, a perenidade e a prosperidade de uma organização não são garantias, mas sim o resultado de uma gestão proativa e de uma visão estratégica apurada. É nesse contexto que a obra *Transformação nas Organizações*, de Antonio Carlos Sanches, se revela uma leitura imprescindível para executivos, empresários, gerentes e gestores.

O que mais impressiona nesta obra é a abordagem prática e a profundidade com que o autor desmistifica o complexo universo da Transformação Organizacional. Sanches não se limita a teorias; ele oferece um guia robusto, fundamentado em décadas de experiência, que transita desde os motivos pelos quais as empresas atrofiam e desaparecem (Capítulo 1) até a importância da inovação (Capítulo 10) e da gestão do relacionamento com o poder público (Capítulo 26). A clareza com que aborda temas como a gestão do psicológico-emocional para a mudança (Capítulo 6) e a preparação da média gerência (Capítulo 14) é um diferencial, pois reconhece o elemento humano como central em qualquer processo de transformação.

Os benefícios deste livro para os leitores são múltiplos. Ele colabora com o diagnóstico das "dores do negócio" (Capítulo 2), indica os caminhos, soluções, "remédios e tratamentos" apropriados, oferecendo metodologias e estratégias de implementação (Capítulo 5). A obra é um convite à reflexão sobre o futuro do negócio (Capítulo 3) e a necessidade de abrir espaço para questionar paradigmas estabelecidos e "resetar a cabeça para desaprender" (Capítulo 11), um conceito fundamental para a agilidade e a adaptabilidade exigidas atualmente. Além disso, o livro aborda temas muito importantes que já estão impactando as empresas, como a digitalização (Capítulo 20), a crise climática e a sustentabilidade (Capítulo 23), e a diversidade (Capítulo 25), fornecendo uma visão holística dos desafios e oportunidades.

Recomendo a leitura de *Transformação nas Organizações* por diversas razões. Primeiramente, pela sua relevância. Em um mundo onde, cada vez mais, a mudança é a única constante, ter um manual que detalha como conduzir essas transformações de forma eficaz é um ativo inestimável. Em segundo lugar, pela sua aplicabilidade. Sanches oferece insights acionáveis e casos práticos que servem de inspiração e alerta. Por fim, pela sua capacidade de provocar e instigar a mudança de mentalidade. O livro não é apenas sobre como transformar uma organização, mas sobre como transformar a si mesmo como líder, preparando-se para os desafios de um mercado em constante evolução. É uma obra que, sem dúvida, contribuirá para que as empresas não apenas sobrevivam, mas prosperem e construam um legado duradouro.

— **Paulo de Tarso Petroni** é diretor geral da Associação Brasileira da Indústria da Cerveja (CervBrasil), presidente do Instituto Rever, conselheiro da CNI, diretor do Departamento de Desenvolvimento Sustentável da FIESP, conselheiro da Associação Comercial de São Paulo, membro do Conselho Superior do Centro de Inovação da Universidade de São Paulo (InovaUSP).

PREFÁCIO

Em um mundo empresarial em permanente mudança, a capacidade de se adaptar e transformar não é apenas uma vantagem, mas uma necessidade para a sobrevivência e o sucesso a longo prazo. Com mais de 40 anos de experiência em empresas nacionais e multinacionais, além de uma sólida trajetória como consultor de gestão, Antonio Sanches apresenta em *Transformação nas Organizações: como implementar mudanças nas empresas para construir perenidade e prosperidade nos negócios* um guia essencial para navegar por este cenário complexo.

Este livro é fruto da vivência do autor em projetos de Transformação Organizacional (TO) nos mais diversos segmentos, onde pôde observar de perto tanto os triunfos quanto os tropeços que permeiam os processos de mudança. Longe de ser uma receita de bolo, a obra oferece uma abordagem pragmática e sistêmica, que valoriza a complexidade das organizações e a importância do fator humano em cada etapa da transformação.

Ao longo das páginas, o leitor encontrará insights valiosos sobre temas como a identificação de oportunidades de melhoria, o desenvolvimento de lideranças, a gestão da resistência à mudança, a inovação e a construção de modelos de negócios adaptados ao futuro. Além disso, o autor aborda temas essenciais para o contexto atual das empresas, como digitalização, sustentabilidade, diversidade e governança.

Transformação nas Organizações é uma leitura indispensável para empresários, executivos, consultores e todos aqueles que buscam liderar e implementar mudanças de forma eficaz em suas organizações. Com sua combinação de teoria e prática, este livro oferece o conhecimento e as ferramentas necessárias para construir empresas mais perenes, prósperas e preparadas para os desafios do futuro.

Antonio Carlos Sanches é um executivo sênior com mais de 40 anos de atuação em empresas nacionais e multinacionais, com experiência em consultoria de gestão e como conselheiro de empresas. Sua trajetória profissional inclui passagens pelo Grupo Mitsui (SuperVia Trens Urbanos), Grupo Neoenergia (CELPE), Grupo Boticário, entre outras.

Além de sua atuação no mundo corporativo, Sanches possui experiência acadêmica, com passagens pelo Insper, UNICAMP, IPT/USP e FAAP, e é doutorando em Engenharia pela UNICAMP. Atualmente, também atua como mentor de executivos C-Level e empresários, e é parceiro no Brasil do David Rogers Group (Transformação Digital).

Tive a oportunidade de trabalhar com o Sanches no nosso grupo de pesquisa da UNICAMP, o LALT Laboratório de Aprendizagem em Logística e Transportes. Sanches além de executivo é também um curioso pesquisador que materializa bem a paráfrase de Kant: "A experiência sem teoria é cega, mas a teoria sem experiência é mero jogo intelectual." Sempre buscando na prática a confirmação da teoria.

Aproveitem a leitura.

— **Orlando Fontes Lima Júnior,** Professor Titular em Logística e Supply Chain da UNICAMP.

INTRODUÇÃO

Ao longo de 40 anos de carreira como consultor e executivo, presenciei grandes mudanças nas empresas e nos mercados. Quando ainda era estudante universitário e estagiário, as dinâmicas da Transformação Organizacional (TO) já me fascinavam. Em um mundo tão veloz e volátil, sempre me pareceu fundamental entender o processo por trás das alterações das companhias, da economia, da sociedade e das tecnologias, principalmente para quem desejava empreender e ocupar cargos de liderança.

Curioso que sou, desde muito jovem busquei estudar o que funcionava e o que não funcionava no momento de promover grandes mudanças nos negócios. Como podemos acelerar as transformações? Como engajar as equipes? Quais os obstáculos mais comuns que as companhias enfrentam quando precisam agir de forma diferente? Qual o peso dos aspectos financeiros e da cultura empresarial para quem precisa alterar suas dinâmicas e seus processos? A implementação de grandes inovações ocorre realmente a partir da descoberta das necessidades e dos desejos dos consumidores?

Por mais importantes que fossem esses aspectos, notei que existia no Brasil pouca literatura, ou quase nenhuma, aprofundada sobre TO. A realidade e o conhecimento desse tema permaneciam concentrados nas cabeças e nas habilidades dos profissionais responsáveis por promovê-las. Minha curiosidade e meu interesse me levaram naturalmente a trabalhar em vários projetos de Transformação Organizacional e ganhar o conhecimento prático.

Fosse como consultor, fosse como executivo, lá estava eu sendo provocado a recolocar nos trilhos negócios dos mais diferentes segmentos. Por mais maluco que possa parecer, adoro a adrenalina e os desafios da busca constante por novos caminhos e, certamente, por novas respostas. Tão logo as coisas se ajustavam e eu via que o trabalho mais delicado já tinha sido feito naquela organização, partia imediatamente para uma nova empresa que precisasse alterar radicalmente sua maneira de enxergar o mundo e de se posicionar no mercado.

Acredito que, independentemente da profissão, a paixão esteja ligada à excelência. Como fazia o que gostava, eu estudava cada vez mais e me aprofundava nos assuntos e temas que eram centrais para as empresas, assim naturalmente obtinha resultados que me satisfaziam e que atendiam às expectativas de quem me contratava. O mais legal foi perceber que conhecimento é algo que cresce quando compartilhado. Aprendi tanto com colegas, equipes e líderes que me sinto em dívida com todos eles. Tenho certeza de que absorvi mais conhecimento nessa longa trajetória do que pude ensinar.

Este livro nasceu do meu desejo de sintetizar o conhecimento e a experiência adquiridos ao longo de tantos anos de prática empresarial, seja como consultor ou como executivo. Afinal, o que eu poderia compartilhar com aqueles que também amam os desafios da TO? Nas próximas páginas, a ideia é debater não apenas os pontos positivos, mas também os erros e os tropeços que tive e aqueles que assisti de perto. Sei que a leitura jamais substituirá o aprendizado prático. Porém, ela pode ser um excelente ponto de partida e um indispensável guia de orientação do que fazer nas horas críticas.

Sim, é possível realizarmos mudanças sem sobressaltos, sem crises, sem sustos. A Transformação Organizacional não deve ser vista como sinônimo de pânico, de resultados negativos e de ondas de demissão. Com resiliência, coragem, planejamento e visão acurada, é possível melhorar significativamente os negócios, e o entendimento das equipes. As questões-chave são: saber o momento certo de promover cada mudança e ter sensibilidade de como fazê-la. Não conseguimos alterar tudo de uma vez nem podemos viver trocando estratégias, planos, modelos de negócio, times de trabalho e portfólios de produtos e serviços. É preciso bom senso e clareza nas propostas elaboradas.

Esta publicação está dividida em três partes. Na primeira parte, vamos debater sobre a importância das mudanças no contexto contemporâneo e a preparação necessária das companhias para passarem pela transformação. Fazem parte desse debate: a identificação dos problemas mais comuns da competitividade das empresas; como fazer o diagnóstico de TO; como aproveitar as oportunidades do mercado; quais as estratégias mais comuns de TO; como surgem os novos modelos de negócio; como gerenciar os fatores psicológicos e emocionais que levam a equipe a resistir à mudança; a importância de se desenvolver os líderes do amanhã; e a busca incansável pela Inovação.

A segunda parte detalha a dinâmica prática da Transformação Organizacional: como fazê-la nas empresas? Para isso, os diferentes capítulos propõem um mergulho nos desafios do dia a dia., por meio das perspectivas tanto da alta direção quanto da média gerência e do time operacional. Quais são elementos que cada segmento precisará considerar para que o trabalho da organização tenha o resultado esperado? Dessa maneira, destacamos: a estruturação do plano de TO; a preparação psicológica e emocional da equipe e a mudança da cultura empresarial; o cuidado com a comunicação; o passo a passo do início do projeto; as diferentes fases de execução da TO; o pós-projeto e as mudanças espontâneas que brotam; e os problemas mais comuns que poderão emergir neste tipo de atividade.

Por fim, a terceira e última parte está reservada para a exposição dos principais temas de Transformação Organizacional que as empresas valorizam e/ou que elas precisam se atentar. Cada capítulo apresenta um tema distinto: cadeia de suprimentos; digitalização dos negócios; impactos demográficos; dificuldades socioeconômicas; crise climática e sustentabilidade; criminalidade e insegurança jurídica; diversidade; relacionamento com o setor público; e Governança Corporativa e Familiar.

Dessa forma, a proposta é que as páginas deste livro preparem os leitores para que vivenciem suas próprias experiências de mudança. Por isso, tive a preocupação de não transformar esse material em uma espécie de receita de bolo — faça isso e aquilo que dará certo. NÃO! As Transformações Organizacionais são tão complexas que não permitem uma estruturação engessada e um único caminho. Daí a lógica da visão sistêmica e o cuidado com todos os aspectos do negócio, principalmente com o lado humano, com as possíveis resistências à mudança, com os choques culturais e com os problemas de comunicação.

Para tornar a experiência de leitura mais intensa e prática, o livro conta com exemplificações dos conceitos apresentados, além de relatos de casos reais de sucesso e, até mesmo, de insucesso.

Acredito que grande parte dos profissionais e estudantes, que trabalham ou querem trabalhar com gestão e administração de empresas, possam se interessar pelo debate realizado nesta obra. Ainda assim, é inegável que o tema aqui tratado seja mais direcionado para o público que já envolvido com as ações que promovem, direta ou indiretamente, a Transformação Organizacional: empresários, executivos C-level, média gerência, conselheiros, consultores e líderes de projetos de pequenas, médias e grandes companhias nacionais e internacionais.

Independentemente da sua função e do seu interesse, o (a) convido a embarcar nos desafios da TO. Sou suspeito para falar, mas esse tema é extremamente rico, complexo e desafiante. Sabendo que as mudanças são inevitáveis, a melhor opção é saber como elas ocorrem e como podemos desencadeá-las a nosso favor em nossos negócios.

Portanto, seja bem-vindo (a) ao mundo da Transformação Organizacional!

PARTE 01

PARA CRESCER, SER MAIS COMPETITIVO E UMA EMPRESA MELHOR NO PRESENTE E NO FUTURO

01

POR QUE AS EMPRESAS ATROFIAM E DESAPARECEM?

Muitas empresas ficam pelo caminho por uma série de razões. Na maioria dos casos, o que causa o fechamento prematuro dos negócios não é um fator isolado e sim a somatória de aspectos da organização. Também, não é possível definirmos quais são as regras que levam ao insucesso e que se encaixam como uma luva em todas as empresas. Cada história de fracasso empresarial tem suas particularidades e suas relações de causa e efeito.

Porém, é possível listarmos um conjunto de características que levam à atrofia ou à quebra da empresa, pois se queremos realizar alterações estruturais e promover mudanças culturais nas empresas, precisamos começar vendo o que se faz comumente de errado no mercado, e o que precisa ser evitado. A partir daí, teremos condições de agir de maneira clara e objetiva.

SUCESSÃO MAL REALIZADA

Quando olhamos a realidade das empresas familiares, o primeiro aspecto que chama a atenção é a questão da sucessão. Poucos negócios vão além da segunda ou da terceira geração. Estatisticamente, a mortalidade dessas empresas aumenta à medida que o tempo passa. E o ponto sensível está justamente na transição de poder, quando o controle migra do fundador para os sucessores.

Uma parte dos proprietários prepara os herdeiros para assumir a gestão da empresa e não o controle dela. Na cabeça desses empreendedores, o objetivo é encontrar alguém para continuar tocando o negócio. Raramente pensam em preparar as novas gerações para serem acionista. E o mais importante é justamente desenvolvê-las e capacitá-las para atuar de forma ativa e estratégica nas questões societárias e não para cuidar da execução das operações.

Por que é tão importante preparar o herdeiro para ser o acionista? Porque a cada mudança de geração, o patrimônio da empresa é mais pulverizado. No início, o negócio tinha só o fundador como proprietário. Aí, na segunda geração já são três, quatro sócios. Na terceira geração, passam para nove, dez, quinze acionistas. É nesse momento que começam a se intensificar as disputas. Quanto mais extenso for o grupo de donos, maiores são as chances de termos visões conflitantes e pessoas sem interesse ou preparo para conduzir o negócio.

É comum ouvirmos os empresários falando: 'na minha empresa fizemos uma sucessão planejada'. Mas isso não quer dizer que ela foi bem-feita. Conflitos e discussões acaloradas, mas que levam a uma solução que acomode os diferentes interesses e a perpetuidade da empresa, fazem parte do processo. Se a sucessão gerou intrigas, brigas, disputas pelo poder e traumas, então não foi executada adequadamente, e sim realizada de maneira amadora, podendo gerar tantos problemas quanto se não houvesse um processo de sucessão estruturado.

Outra questão relacionada à sucessão que ronda os empresários é o que chamo de Complexo de Super-Homem e Complexo de Mulher Maravilha. Os empreendedores são homens e mulheres normalmente de personalidade muito forte. Eles fundaram suas companhias, lideraram diferentes áreas, ou mesmo todas, durante um bom tempo, sozinhos, e acham que ninguém estará preparado para substituí-los à altura. Por isso, têm dificuldades para "largar o osso". Querem continuar na ativa, mas não conseguem mais dar conta de tanta coisa sem ajuda. Por outro lado, querem delegar e ter mais gente ao lado, porém não confiam na capacidade dos outros. É uma situação complicada.

O que acontece com o fundador ou o dono da empresa que resiste em abrir mão do poder é similar ao que se passa com os profissionais dos mais variados setores. Ele sabe que um dia vai chegar o momento de parar, de se aposentar ou de partir para um novo ciclo. Isso ocorre quer pela idade, pela condição financeira e/ou pela motivação. O problema é que, no fundo, ele sempre acha que esse dia está muito distante e não se prepara para a mudança. Vai adiando, adiando, adiando...

NÃO DESENVOLVER LIDERANÇAS INTERNAS

Assim como muitas empresas não cuidam da sucessão familiar, há aquelas que falham no *pipeline d*e liderança. Ou seja, não dão a devida atenção ao desenvolvimento de profissionais para as posições de liderança ou de áreas estratégicas do negócio. E esse problema, que implica no enfraquecimento, na perda de oportunidades de mercado ou mesmo no fechamento da organização, ocorre tanto em empresas familiares quanto nas nacionais e nas multinacionais. Se você não tem gente capacitada para assumir as posições-chave, como imagina competir no mais alto padrão de eficiência com os concorrentes? Impossível!

Nesse cenário, entram as habilidades não apenas técnicas, mas também as comportamentais, as *soft skills*[1]. Os líderes precisam ter habilidades emocionais, conhecimentos socioculturais e experiências na gestão humana para lidar com os problemas do negócio e da equipe. Se o gestor não dispõe dessas características e vivências, a empresa está suscetível a um risco enorme de sucumbir.

Já vi organizações que trocam os executivos C-Level e/ou gerentes em um ano, um ano e meio com enorme tranquilidade. Há quem troque três, quatro profissionais ou mais de posições-chave em menos de um ano porque a virada de resultados não aconteceu em poucos trimestres. Há um quadro semelhante ao que vivem os técnicos de

1 Termo em inglês usado pela área de Recursos Humanos, os *soft skills* são as habilidades comportamentais relacionadas à interação dos profissionais com as demais pessoas da equipe.

futebol, que não conseguem ficar um semestre ou um ano inteiro no clube. Quando as empresas não definem nem investem em profissionais qualificados para os cargos importantes, a mensagem que a equipe e o mercado recebem é danosa e contraproducente. Aos olhos de colegas, fornecedores, consumidores e distribuidores, as falhas e deficiências na qualificação dos colaboradores da empresa são, acima de tudo, equívocos e negligência de sua liderança.

A preocupação com o desenvolvimento e a sucessão não deve ser apenas para a cadeira de CEO[2] e sim para todos os cargos. Afinal, alguém em uma posição-chave que não tenha o perfil correto ou a qualificação adequada pode causar sérios e incontáveis problemas.

Felizmente, há empresas que valorizam e cobram isso. Elas têm em um dos KPIs[3] do executivo C-Level a preparação de sucessores. E não é simplesmente apontar alguém que pode assumir aquela posição: é preciso prepará-lo, treiná-lo e acompanhá-lo no seu desenvolvimento. Se o profissional mostra que pretende deixar a empresa daqui a três anos, antecipadamente, poderão ser selecionados dois ou três candidatos para substituí-lo. E o período até lá, com organização, estrutura e método, serve, justamente, para preparar os postulantes. O que torna essa tarefa mais difícil é que uma parte dos gestores tem o temor de trabalhar com profissionais mais qualificados do que ele. Contratam colaboradores com qualificações que estejam vários degraus abaixo das deles. Em outras palavras, dão preferência para quem não esteja pronto e que possua falhas técnicas e comportamentais aparentes. Além disso, temem ser substituídos e consideram que pessoas mais preparadas são ameaças diretas para tomar seu lugar ou para suas pretensões de crescimento na carreira.

---

2 CEO — *Chief Executive Officer*, terminologia utilizada para designar Presidente Executivo.

---

3 Sigla em inglês para *"Key Performance Indicator"* (Indicador-Chave de Desempenho). Trata-se de uma métrica quantificável utilizada para avaliar o sucesso de uma organização, departamento ou projeto em atingir objetivos específicos.

O correto seria pensar exatamente o contrário. Temos que ter pessoas cada vez mais preparadas e competentes na equipe para que possamos migrar para outras posições. Se não prepararmos as pessoas para nos substituir, não poderemos sair de determinada função e crescer. E esse medo de compartilhar conhecimento e de desenvolver pessoas não aparece apenas na alta direção. Ele está presente em todos os níveis de liderança da empresa e áreas.

Outra questão que precisamos mencionar é quando o fundador, o presidente ou o diretor possui uma relação de gratidão e lealdade com um ou mais profissionais. Afinal, eles já trabalham juntos há vinte, trinta anos. Passaram por muitas dificuldades e souberam superá-las. E esse colaborador foi, obviamente, subindo na empresa. Contudo, hoje ele nitidamente ocupa uma posição muito acima de seus *skills*, o que começa a atrapalhar a evolução do negócio. O que fazer?

Não é fácil dispensar essas pessoas e trocar por alguém mais qualificado, sobretudo porque há uma ligação emocional e o sentimento de gratidão. Alguns empresários chegam a montar um "ajeitograma", repare que não é organograma. Eles dão uma ajeitada na estrutura de pessoal para não demitir aquelas pessoas com muito tempo de casa e as colocam em áreas em que, acham eles, não irão atrapalhar muito. Na dúvida, esvaziam as funções daquelas áreas e cargos para que não corram qualquer risco. Reiterando: não é um organograma funcional e sim um "ajeitograma".

No entanto, há um problema nesse arranjo: a mensagem que se passa para a equipe. Os colaboradores enxergam essa decisão como a manutenção de alguém sem qualificação, a concessão de privilégios inexplicáveis, a existência de "puxa-sacos" em cargos de alta direção ou mesmo áreas esvaziadas, sem função aparente.

Será que é justo, honesto ou, até mesmo, ético fazer isso com alguém que somos tão gratos? Acredito que não. Por isso, acredito que seja melhor e mais honesto pagar a indenização ao profissional pela saída da empresa, prestar homenagens pelo tempo de serviço, oferecer *outplacement*[4] e ajudá-lo em novos desafios profissionais. Quando se age de maneira clara, respeitosa e sincera, o sofrimento é minimizado.

FOCO NO CURTO PRAZO

Pensar exclusivamente no curto prazo, na operação de hoje, na rotina semanal e nos resultados mensais, é um problema endêmico na maioria das empresas brasileiras e de muitas empresas estrangeiras. E onde fica o planejamento a médio e a longo prazo? Não existe. É algo cultural. Ouço com frequência as pessoas falarem: no Brasil, as coisas mudam muito rapidamente, não dá para o empresário e os gestores se programarem; e aqui até o passado é incerto. Isso é desculpa para não se planejar. Quem almeja o sucesso da sua empresa não pode cometer esse erro.

E o que é o exercício do planejamento? Basicamente é você colocar todas as peças disponíveis do jogo em cima da mesa e avaliar os possíveis riscos, ou, pelo menos, a maioria dos riscos. Essa prática não inviabiliza a execução, as tomadas de decisão mais imediatas, a checagem e os ajustes do plano de ação. Ela permite, por meio de diferentes estratégias, que você amplie sua visão do futuro, possa se antecipar às oportunidades e consiga se precaver das ameaças.

O que não pode é sair tomando decisões estratégicas sem uma mínima reflexão sobre possíveis cenários. Se você fizer isso, a corda vai estourar lá na frente, no médio e no longo prazo. Conheci uma empresa de uma família francesa que montou uma fábrica de embalagens no Brasil. Só depois de estar operando aqui por dois, três anos, eles foram perceber o quanto o nosso sistema tributário era complexo e até mesmo caótico, o que inviabilizava financeiramente o negócio. Por que não viram esse aspecto antes de comprar a planta industrial, importar máquinas e contratar funcionários? Porque não se planejaram adequadamente.

4 *Outplacement*: Termo em inglês que designa um conjunto de serviços e técnicas de recolocação profissional oferecidos por empresas aos funcionários desligados.

Por outro lado, atuei em uma empresa cujo acionista era japonês e sua conduta estava ancorada nos padrões de seu país e expressa em uma cultura do planejamento rigorosa demais, às vezes até exageradas. Eles buscavam o risco zero, o que é algo impossível. Assim, a fase do planejamento do ciclo do PDCA[5] era mais alongada do que as demais e, portanto, gastava-se normalmente mais tempo e energia nessa etapa do que estamos acostumados no Brasil. Dessa maneira, quando iam para a fase de execução, o caminho escolhido estava bem sedimentado.

É importante dizer que o planejamento não deve ser engessado, imutável. Ele é vivo, pode e deve ser ajustado com o tempo. Elaborar planos traz uma visão antecipada do futuro e, por consequência, uma lista de atividades para serem realizadas. Se o cenário muda, nada mais natural do que ajustar o planejamento. Repare que o ato de se planejar não deve ficar restrito à alta administração ou a uma área específica, como muitos imaginam. Ele deve ser parte da rotina de trabalho de todos os profissionais e áreas da empresa. Sem um mínimo de planejamento, a operação de qualquer setor do negócio se torna caótica.

O planejamento nos força a pensarmos o futuro. Planejar não é fazer planilha, listar ações ou montar cronogramas de trabalho. É ter uma visão de futuro, seja para a vida pessoal ou profissional, e possuir um entendimento de como aproveitar as oportunidades que serão abertas e evitar os riscos que surgirão no meio do caminho. Isso sim é planejar. Com esse conceito mais claro, o trabalho é realizado a partir de um plano bem definido e direcionado a objetivos claros.

IGNORAR AS GRANDES TRANSFORMAÇÕES SOCIOCULTURAIS

Outra questão que pode levar ao enfraquecimento da empresa ou mesmo à sua ruína é a falta de compreensão sobre o que está acontecendo no mercado e na sociedade de forma geral. Uma companhia

5 PDCA é a sigla em inglês para *Plan* (Planejar), *Do* (Executar), *Check* (Verificar) e *Act* (Agir). Desenvolvidos especialistas em qualidade e aplicados por profissionais de todas as áreas de atuação, os conceitos do PDCA estipulam que você planeje (P), coloque em prática (D), avalie os resultados (C) e ajuste as ações (A) do seu trabalho e projeto, recomeçando o ciclo automaticamente.

pode fechar mesmo tendo excelente operação, ótimos produtos e quadro de colaboradores competente. Se esse conjunto de forças não estiver ligado às transformações setoriais, demográficas, culturais, sociais, ambientais e tecnológicas, ele não será suficiente para a perenidade do negócio.

Olhando a realidade demográfica brasileira, por exemplo, notamos mudanças sensíveis na pirâmide populacional. Isso significa uma alteração nos hábitos e preferências dos consumidores. Qual o tipo de influência que o envelhecimento da população trará para a indústria do entretenimento? No futuro próximo, muitas empresas desse setor poderão preferir atender ao público acima de 60 anos, que será mais numeroso, terá mais recursos para gastar e possuirá outras necessidades e desejos, do que os adolescentes e jovens, os principais públicos-alvo evidenciados por grande parte dos *players* desse mercado. Ao mesmo tempo, e considerando a centralidade da inclusão e da equidade, juntam-se à questão geracional, outros pilares da diversidade: gênero, étnico-racial, LGBTQIA+, pessoas com deficiência e origem. O mesmo princípio se aplica aos demais componentes socioculturais. A valorização de determinados aspectos éticos e raciais influenciarão o mercado de cosméticos para aumentar o rol de produtos. Perfis de clientes até então excluídos do portfólio das empresas vão ser atendidos com itens e serviços pensados exclusivamente para eles.

A disseminação de novas tecnologias na rotina das pessoas também tem um grande impacto no universo empresarial. Depois da pandemia da Covid-19, o consumo de produtos digitais e a compra eletrônica foram incorporados definitivamente ao dia a dia das pessoas. Assim, quem não contemplar essa nova dinâmica nos negócios ficará para trás.

Ademais, as preocupações cada vez maiores com a sustentabilidade e o meio ambiente vão integrar mais e mais o dia a dia das pessoas e, como consequência, vão aparecer na lista de prioridades das empresas. Quem não colocar tais pautas na sua rotina e não adaptar sua organização para essas exigências perderá oportunidades de mercado ou correrá risco de sofrer boicotes por parte dos consumidores.

PODA À CRIATIVIDADE E À INOVAÇÃO

Uma cultura organizacional que desestimula a criatividade também mina as chances da empresa em crescer e prosperar. Como você acha que ela irá aproveitar as oportunidades de mercado e as novidades do setor se sua equipe não for capaz de inovar e surpreender positivamente os clientes? Difícil. Em ambientes pouco colaborativos, nos quais há o predomínio do modelo de gestão de comando e controle, os times se sentem desestimulados a ousar, a procurar novas alternativas e a inovar.

Quando uso aqui o termo inovação, não estou me referindo apenas à inovação disruptiva de produtos. Inovar abrange vários níveis e áreas: é possível promover mudanças nos processos, no modelo de gestão, no método de trabalho, na interação com os clientes e fornecedores. Essas são mudanças que promovem melhorias incrementais e profundas.

Conheço empresas que não admitem o erro em hipótese nenhuma. Elas punem quem erre ou traga más notícias. Não dá para ser criativo se você não errar às vezes, e não dá para inovar se você não trabalhar em cima das falhas. O alcance do sucesso no mundo dos negócios se dá, muitas vezes, pelo método da tentativa e erro. O que dizer, então, de empresários, CEOs, diretores e profissionais que demonstram aversão ao receberem informações negativas? É impossível melhorar os produtos, os processos e o trabalho em ambientes que escondem sistematicamente a sujeira debaixo do tapete. Além disso, não faz o menor sentido condenar o mensageiro pela mensagem trazida.

A equipe precisa de segurança para tentar, para arriscar e, por que não, para errar. Ela precisa se sentir à vontade para trazer más notícias. O quanto antes colocarmos os problemas na mesa, mais rapidamente poderemos solucioná-los. Gosto de trabalhar em empresas que têm em sua cultura o lema *bad news first*. Ou seja, antes de qualquer coisa, apresente os problemas mais graves, traga as piores notícias. Essas dificuldades poderão nortear as reuniões e as futuras ações. Repare que a postura do proprietário e/ou do C-level muda completamente a orientação da equipe. Transformamos o comportamento das pessoas e, consequentemente, melhoramos a cultura de uma companhia a partir dos exemplos e das atitudes de suas lideranças.

HESITAR NA TOMADA DE DECISÃO

Não dá para tratar da derrocada das empresas e não trazer para o debate a questão da tomada de decisão lenta e hesitante. Muitos negócios sucumbem à concorrência e aos problemas internos porque procrastinam na hora de escolher o que fazer e, nesse cenário, muitos empreendedores, empresários e gestores podem ser acometidos por uma quase paralisia, um medo desmedido de agir.

Confesso que não entendo essa dificuldade que alguns profissionais têm para tomar decisões. Se formos pensar, realizar escolhas é o que mais fazemos na vida. Do momento em que acordamos ao momento que vamos dormir, estamos decidindo: o que vestir, o que comer, qual caminho pegar até o trabalho, qual tarefa priorizar, como começar uma conversa?

Quando falamos de decisões importantes a serem tomadas na empresa, vale mencionar que fazer escolhas é definir caminhos. Opta-se sempre por algo em detrimento a alternativas. Assim, você acaba abrindo mão de algumas opções quando toma uma decisão. Não dá para ter tudo. E essa dificuldade de escolher caminhos, talvez originada pelo medo de errar ou pela falta de informações suficientes, bloqueia a ação.

Curiosamente, não tomar qualquer decisão pode ser até mesmo pior do que tomar uma decisão equivocada. Uma vez perdido o *timing*, talvez ele nunca volte. Por exemplo: você descobre uma doença e precisa definir qual o método de tratamento; quanto mais demorar em escolher, pior ficará o seu quadro clínico.

Além disso, se você, na posição de líder, não define o que fazer e vai procrastinando, a equipe segue o seu exemplo e nada acontecerá na sua área ou nas áreas que estejam sob a sua liderança. A empresa se transforma quase em uma entidade à parte. A empresa não decidiu ainda, a empresa vai escolher em breve, são pretextos que surgem como se a empresa não fosse o conjunto das pessoas que têm responsabilidades e atribuições para agir.

Felizmente, há metodologias e ferramentas específicas que ajudam os profissionais a decidirem. Elas fornecem dados quantitativos e qualitativos, avaliações e premissas. Vale a pena conhecê-las. Porém, mais importante é a estruturação do processo decisório. Nem sempre deliberar sobre temas importantes para o negócio deve ser algo solitário. É possível envolver mais gente e compartilhar a responsabilidade pelas escolhas feitas.

De qualquer forma, é preciso coragem para escolher caminhos. E se a decisão se provar mais tarde equivocada? Isso vai prejudicar os negócios e minha carreira? O medo de errar não pode ser desculpa para adiar as decisões mais sensíveis. Há pessoas que, naturalmente, são mais hesitantes e se esse for o seu caso, tome cuidado para que a hesitação não se torne omissão. Afinal, quem não age acaba se tornando omisso com o que ocorre justamente pela falta de atitude.

PECAR NA EXECUÇÃO

Em muitos casos, os problemas das organizações estão na execução. Seus líderes e times até se planejam e tomam decisões corretamente. Contudo, pecam no momento de colocar o plano em prática. Até porque há uma distância enorme entre a qualidade das definições estratégicas e a efetividade das ações tiradas do papel.

Em primeiro lugar, é preciso coerência no que fazer. A orientação do que deve ser realizado, geralmente, vem lá de cima, dos gestores. Não adianta você ter um plano robusto e as prioridades claras para sua equipe realizar e não ter gente suficiente e capaz, recursos e métodos adequados. É óbvio que a execução ficará aquém do esperado.

Depois, vem a questão da velocidade. Quando eu penso no futuro e defino o planejamento, é preciso orientar a execução: como isso vai acontecer exatamente? Até porque podem existir restrições que me façam andar em uma velocidade mais lenta, que me mostram o que eu não quero e/ou não me interessa.

Assim, execução é um dos elementos básicos da cultura de uma empresa. A maneira como a liderança estipula o que será feito e a forma como a equipe materializa as ações mostram o nível de disciplina, comprometimento, maturidade e capacitação do time. A execução que traz o resultado concreto, motiva as pessoas e gera o sentimento de satisfação pelo bom trabalho realizado. A execução transforma o plano em algo objetivo e palpável.

Caso a empresa não tenha capacidade para executar com qualidade o que pretende, certamente terá sérias dificuldades para participar de um mercado pautado pela competitividade.

DESCUIDO FINANCEIRO

O descontrole financeiro é outro tema que não podemos nos esquecer de citar, uma vez que é uma das causas mais comuns para o fechamento dos negócios. Quando falo aqui em finanças, não estou me referindo à área de finanças e sim às finanças da empresa, ou seja, à receita, fluxo de caixa, margens e lucro, que são temas de responsabilidade de todos os profissionais e setores da organização. Atribuir a culpa pela má *performance* apenas ao diretor financeiro, ao gerente financeiro e ao contador, não só é errado como é injusto. Afinal, quem faz o resultado de uma empresa ser positivo ou negativo são todas as áreas em conjunto, portanto, todos seus colaboradores.

Quando as diferentes áreas da empresa possuem visões fragmentadas e posturas equivocadas em relação às finanças, normalmente os indicadores não são satisfatórios. A aquisição malfeita de matérias primas pela área de compras, por exemplo, poderá provocar o aumento nos custos. O mesmo pode ocorrer como resultado de uma ação de marketing pouco impactante e que poderá gerar desperdícios. Vale, ainda, citar as implicações advindas do aumento dos prazos de pagamento pelos vendedores que poderá incorrer em dificuldade de fluxo de caixa; o descaso na manutenção preventiva que poderá prejudicar a produção e, na esteira, causará a queda de faturamento daquele mês. Tudo isso poderá provocar impactos diretos nas finanças do negócio.

O problema é que muitos profissionais têm dificuldades para compreender e enxergar as questões financeiras. As pessoas não gostam normalmente desse tema e não procuram se capacitar. Até mesmo conceitos básicos como fluxo de caixa, margens, custos, despesas e lucro são encarados como bichos-papões. O que dirá, então, rentabilidade, alavancagem financeira, financiamento, juros. Assim, acham que devem resolver as questões técnicas de suas áreas e passam o que for relacionado ao dinheiro para o setor financeiro cuidar diretamente. Não é desse jeito que a empresa irá conseguir números satisfatórios no final do mês, do semestre e no balanço anual.

Se pensarmos bem, a má educação financeira não é apenas uma deficiência das empresas, é uma questão social, portanto, muito mais ampla. Há pesquisas que mostram como o brasileiro médio não sabe lidar com o dinheiro e o reflexo disso aparece nos indicadores de saúde financeira das famílias e dos negócios[6]. Trata-se de um mal crônico que afeta indistintamente todas as classes sociais, níveis educacionais, gerações e regiões geográficas.

Sem conhecimento suficiente, empresários, gestores e profissionais das diversas áreas tomam decisões erradas para o negócio. O que fazer quando a companhia vai mal, está "no buraco", e é preciso salvar o caixa? Vamos sair cortando todas as despesas indistintamente ou será melhor priorizar algo para que a qualidade dos produtos e serviços e a satisfação dos consumidores não caiam? Ou será que o caminho é diminuir os prazos de pagamento e os descontos concedidos, assim como melhorar a precificação das soluções vendidas pela companhia? Sem a compreensão macro, as áreas correm o risco de brigarem entre si e reclamarem das medidas tomadas pela diretoria financeira.

No próximo capítulo, vamos abordar os incômodos, dores e desconfortos que tiram o seu sono e de seu time e acabam abalando os seus negócios. Fica uma pergunta para a reflexão: será que eles não seriam os efeitos de questões mais sérias, as quais você pode não estar enxergando?

---

6 Segundo a Pesquisa de Endividamento e Inadimplência do Consumidor (Peic), 76,7% das famílias estavam endividadas em dezembro de 2024. Disponível em: https://www.cnnbrasil.com.br/economia/macroeconomia/proporcao-de-familias-brasileiras-endividadas-cai-a-767-em-dezembro-aponta-cnc/.

02

QUAIS SÃO AS DORES DO SEU NEGÓCIO?

No capítulo anterior, falamos dos problemas mais comuns que levam as empresas a atrofiar e/ou a quebrar. Porém, é importante dizer que antes de padecerem e morrerem, as empresas emitem sinais claros de que algo está errado. São as dores do negócio, que atingem indistintamente empresas familiares, sociedades anônimas, pequenas organizações e grandes grupos multinacionais. Como qualquer paciente enfermo, os sinais que emitem não passam despercebidos pelos olhares atentos dos médicos, e no universo corporativo, quem faz muitas vezes o papel do médico é o consultor.

Esse profissional é contratado porque empresários, CEOs, diretores, executivos e gestores percebem que há algo de muito errado e que precisam mexer no negócio, mas não sabem exatamente onde está o problema nem como agir. Eles sentem algumas dores e querem tratá-las. Só não fazem ideia do diagnóstico e, como consequência, não conseguem definir qual é o melhor tratamento. É nesse cenário que entra o consultor, alguém especializado em procurar as causas dos problemas e oferecer os remédios mais adequados.

Trabalhei por muitos anos como consultor e atendi várias empresas dos mais variados segmentos. As consultorias são chamadas, em geral, porque a empresa está com problemas de produtividade e/ou com dificuldades financeiras. Há quem reclame da equipe comercial, do marketing, da gestão de recursos humanos, da área de compras, do desenvolvimento de novos produtos e da qualidade dos serviços oferecidos. As dores do negócio podem ser extensas ou pontuais, graves ou brandas, novas ou antigas e precisam ser analisadas.

O que percebo com frequência é que quando os consultores são procurados, os líderes estão olhando apenas para questões mais aparentes, a dor imediata. Eles dizem: "estou com um problemão em vendas". Qual é o problema? "As vendas caíram há algum tempo e nunca mais conseguimos recuperar os patamares que tínhamos lá atrás". Eles percebem isso, obviamente, porque os indicadores comerciais estão negativos. É como se os controles gerenciais do negócio fossem uma espécie de termômetro que mostra a febre do paciente. Já tentaram mudar aquela situação adversa de várias formas, mas não conseguiram resolvê-la.

Quando o consultor faz o diagnóstico da situação, percebe que na maioria dos casos os clientes não tinham noção sequer do que gerava as dores. Ou seja, chamam a consultoria porque estão olhando apenas a ponta do *iceberg*, veem o efeito, mas não enxergam a causa da adversidade, pois não fizeram uma análise profunda para conferir o que está submerso. A queda nas vendas pode ser fruto do portfólio desatualizado, dos equívocos na precificação, da falta de investimento em marketing, do erro no atendimento aos desejos dos clientes, da deficiência logística, da dificuldade de expandir a distribuição dos produtos ou mesmo de impasses para lidar com aspectos da transformação sociocultural, que altera os hábitos e as necessidades do mercado consumidor.

Para descobrir a causa-raiz, é preciso fazer o diagnóstico. Nesse momento, a comparação do consultor com o médico fica ainda mais forte, afinal, uma "dorzinha de cabeça" pode significar muitas coisas: desde a falta de sono, alimentação desbalanceada, preocupações excessivas, ansiedade, estresse, infecções virais e bacterianas e dificuldades de visão até aneurismas, tumores cerebrais, acidentes vasculares cerebrais e lesões cranianas. Se o médico não fizer exames e não investigar as reais causas que geram o incômodo, o paciente não será adequadamente tratado.

DIAGNÓSTICO

O primeiro passo do profissional que deseja resolver os problemas na sua empresa (ou do consultor contratado para um projeto no cliente) é fazer o diagnóstico. As duas perguntas iniciais a serem respondidas são: O que está verdadeiramente por trás das dores daquele negócio? Quais são os motivos principais que geraram tais dificuldades? Identificar a origem do que incomoda o negócio e saber, exatamente, o que tira o sono de seus líderes faz parte da fase de mapeamento, etapa inicial de um diagnóstico. O que é o mapeamento? É investigar, é buscar respostas que esclareçam os empecilhos que obstruem o bom andamento das engrenagens da empresa.

Infelizmente, muitas empresas e profissionais não fazem essa investigação aprofundada no dia a dia. A correria da rotina e a obsessão pelo resultado no curto prazo impedem que as pessoas identifiquem e mergulhem nas causas das dificuldades da organização. Simplesmente, elas acham que não há tempo ou não têm disposição para isso. Até mesmo as companhias mais bem estruturadas acabam remediando as situações mais complicadas e não enfrentam para valer os seus problemas. Usando a linguagem popular, elas vão empurrando com a barriga.

Em outras ocasiões, o mato está tão alto, como costumo dizer, que é difícil enxergar o que está acontecendo de fato. Os empresários, presidentes, diretores, gerentes e gestores olham os indicadores e sabem o que vai bem e o que vai mal. A questão é que na maioria das vezes eles agem para solucionar as complicações pontuais e não as complicações estruturais.

Há, também, quem não goste de procurar ajuda e acha que as dificuldades serão resolvidas naturalmente. É comum pensar que aquela dorzinha ali não é nada demais. Muitos não ligam nem procuram tratamento. Às vezes, como é típico no Brasil, recorre-se à automedicação. As empresas agem, curiosamente, da mesma forma que as pessoas. Contudo, a dor não desaparece e, quase sempre, só aumenta.

Quando ela se torna grave, bate o desespero nos líderes do negócio. Eles correm então, atrás de ajuda e temem o pior. Infelizmente, algumas vezes quando o consultor chega já é tarde. Afinal, o que era apenas uma dorzinha virou algo crônico que coloca a saúde e até a vida da empresa em cheque. A doença se tornou tão grave que não tem mais volta. Exatamente por isso, a necessidade do tratamento precoce e, ao menor sinal de problema, deve-se buscar o tratamento correto.

No mapeamento, o negócio é avaliado de um jeito amplo, sistêmico, que visa compreender as relações de causa e efeito dos diferentes indicadores empresariais. É preciso entender as correlações das atividades das várias áreas da empresa. Também é importante encarar as dificuldades com coragem e honestidade. Nada de mascarar a realidade ou de esconder a sujeira debaixo do tapete.

Embora pareça óbvio falar tais aspectos do diagnóstico, muitos fundadores e executivos de empresas querem resolver os problemas de seus negócios olhando para cada área separadamente. E há, ainda, quem prefira esconder as adversidades a encará-las de frente. Conheço organizações que não gostam de fazer pesquisa de clima organizacional quando as coisas não vão bem, pois dizem que já sabem qual será o resultado. É justamente nessa hora que você precisa medir a temperatura, ver o que incomoda a equipe, pois com essas informações você consegue identificar uma série de problemas que, naquele momento, podem não ser tão graves. Porém, se você não os tratar adequadamente, eles têm grande chance de se tornar críticos ou até mesmo incontornáveis mais tarde.

DORES INTERNAS E DORES EXTERNAS

Na fase do diagnóstico, é preciso distinguir as dores internas, aquelas originadas por questões particulares do negócio, das dores externas, aquelas provocadas por influências do mercado. Dependendo da origem do problema, a empresa e sua equipe deverão agir de modo diferente.

As *dores internas* são dificuldades que estão exclusivamente nas mãos de cada organização. São problemas, por exemplo, de baixa produtividade, altos custos, *turnover* elevado, clima organizacional ruim e desconexão com os desejos dos consumidores. São problemas internos porque são dificuldades relativas ao que acontece da porta para dentro e, por isso, só podem ser solucionadas pelos profissionais da empresa. Para resolvê-las efetivamente, é preciso investigar as adversidades a fundo e com coragem e encontrar os remédios específicos para cada caso.

Conheço uma empresa que vive reclamando que faz pesquisa com os consumidores e os índices de satisfação só caem. Em outra organização, o empresário fala que suas vendas estão abaixo do histórico; já tentaram de tudo para aumentar esses indicadores e não foram bem-sucedidos. Porém, quando analisamos a situação, verificamos que os produtos oferecidos estão obsoletos, a concorrência avançou, apresenta propostas mais modernas e naquela empresa não fizeram nada para evoluir. A partir desse panorama, é um tanto óbvio que a satisfação dos clientes e as vendas vão declinar. O estranho seria se estivesse ocorrendo o contrário.

Há inclusive quem resista a tirar o produto deficitário ou obsoleto de seu catálogo por motivos sentimentais. Os líderes dessas empresas alegam que aquele item é marcante, pois já foi o carro-chefe da companhia ou porque foi lançado pelo fundador. Note que as pessoas sempre acham algum motivo para justificar o injustificável. Em uma análise minimamente aprofundada, fica evidente que os problemas internos desses dois negócios estão nos seus portfólios de produtos. E as consequências disso aparecem nos índices de satisfação e nos números de vendas insatisfatórios.

Por sua vez, as *dores externas* vêm de acontecimentos gerados fora do negócio e que atingem não apenas uma empresa, mas o mercado como um todo. Para identificá-las, é preciso monitorar as questões socioeconômicas, as variáveis do ambiente político, as transformações socioculturais, as mudanças de legislação e as nuances da dinâmica setorial. Todo movimento ocorrido na cadeia de suprimentos, na entrada e saída de concorrentes, na postura dos fornecedores, nos hábitos e desejos dos clientes, nas normas governamentais e no surgimento de novas tecnologias interferem de forma geral no mercado.

Nesses casos, a empresa não consegue agir diretamente para interromper as mudanças no segmento em que está inserida. O que ela precisa fazer é tentar entender o quanto aquilo pode afetar seus negócios especificamente. O trabalho está em minimizar as ameaças daquele setor ou nicho e em potencializar as oportunidades que se abrem.

Veja a situação atual da indústria automotiva, ou da mobilidade de forma geral. Há uma pressão grande da sociedade e dos governos para mudar os veículos movidos a combustíveis fósseis. Por demandas ambientais, exige-se cada vez mais a eletrificação desse mercado. A tendência é, portanto, o maior uso de carros elétricos e/ou híbridos. E estamos agora com uma demanda crescente por caminhões e ônibus movidos a energia elétrica. Essa é uma tendência que não dá para evitar, não há retorno. Países mais avançados e o Brasil devem se transformar radicalmente nos próximos anos. As empresas desse mercado que não trabalharem a partir dessa visão terão graves problemas nos próximos anos, se já não estiverem tendo. E não apenas as empresas que atuam diretamente na produção ou montagem dos veículos, mas toda a cadeia produtiva, e em prazos maiores a manutenção desses veículos será feita de forma bem diferente do que as oficinas hoje estão acostumadas a fazer.

Em uma comparação com outras épocas, podemos observar que essas alterações estruturais fazem parte da dinâmica dos negócios. Quando não existiam automóveis, as pessoas usavam carruagens e carroças puxadas pelos cavalos. A infraestrutura do transporte e da mobilidade muda de tempos em tempos. Assim, alguns segmentos e modalidades surgem e outros desaparecem. Não é preciso ir tão longe para identificar as transformações. Há alguns anos, os carros tinham carburador. Depois, veio a injeção eletrônica. E daqui a pouco nem mesmo motor a combustão a maioria dos veículos terá. Cabe a cada empresa monitorar o que se passa em seu mercado e se antecipar às tendências. Dessa forma, evita-se o aparecimento de graves dores de cabeça no futuro próximo.

RECEITAR OS REMÉDIOS E OS TRATAMENTOS CERTOS

Não confundir os sinais aparentes com os problemas reais é um pressuposto que precisa ser, constantemente, reafirmado. Para resolver um quadro adverso, é preciso combater as causas e não as consequências da dor. E quais são as dores mais aparentes dos negócios, o que chamo de ponta do *iceberg*? Destaco que são as dificuldades financeiras, o baixo patamar de vendas, o *turnover* elevado, a desmotivação da equipe, o baixo índice de inovação etc. Esses são alguns eventos clássicos mais aparentes que muitos profissionais reclamam e que incomodam muitas empresas. Note que eles não são as enfermidades efetivas e sim as dores causadas por elas.

Peguemos como exemplo a questão financeira. A empresa tem as metas e avalia periodicamente os resultados. Quando ela não atinge os objetivos trimestrais, semestrais e anuais, é preciso entender o que está por trás disso. Podem ser problemas de ordem externa ou podem ser problemas de natureza interna. De qualquer maneira, deve-se compreender exatamente o que está acontecendo tanto no mercado quanto dentro da empresa.

Na maioria das vezes, a dificuldade financeira é consequência de um ou mais problemas que estão ocorrendo há algum tempo. Os prejuízos operacionais são reflexos, por exemplo, de altos custos e despesas, orçamentos malfeitos para os clientes, *budgets* estourados, péssima política de preço, concessão de prazos alongados de pagamento aos clientes, vendas em queda etc. É essencial investigar a causa, ou as causas. E, uma vez identificado o motivo ou os motivos, parte-se para a aplicação do remédio e do tratamento para curar aquela doença.

Como executivo, atuei em uma empresa que apresentava prejuízos recorrentes. No início do trabalho, fui investigar o problema e notei que os custos eram altos, muito acima dos praticados pelo mercado., Gosto de olhar para a área de Suprimentos, que é normalmente um ponto delicado dos negócios, sempre que começo a atuar em uma empresa

E qual era a dor aparente? O custo alto com os fornecedores, que levava a organização a operar no prejuízo. E por que os custos eram altos? A alegação da área era que as matérias primas estavam mesmo ficando mais caras. Segundo essa versão, os principais fornecedores aumentavam os preços acima da inflação porque tinham mais força na negociação. Se a empresa não comprasse deles, ela ficava sem opção de qualidade. O que mais eu ouvia da equipe de Suprimentos era: "Se não comprarmos deste e daquele parceiro, vai ser pior. Não vamos produzir e não vamos entregar. É melhor comprar caro do que não comprar".

O que ficou evidente no processo de investigação era que não se comprava bem porque o time de Suprimentos estava, "viciado" em um tipo de prática, ou seja, essas ações eram recorrentes. Como os profissionais da companhia já conheciam os fornecedores há muito tempo, eles recebiam vantagens: brindes, presentes, comissões e, nesse contexto, notamos que as pessoas ficavam fissuradas em entrar naquele modelo de vantagens pessoais, que tinha evidentemente um custo elevado para a empresa. Afinal, não existe almoço grátis.

Por isso, quando percebo que os fornecedores antigos, de 15, 20 anos ou mais, têm ótimo relacionamento com a equipe de Compras fico de orelha em pé, como se houvesse algo suspeito na relação. Por quê? Porque pode estar ocorrendo algo errado. Podemos ter fornecedores de longa data? Sim. Mas é preciso, periodicamente, fazer novas concorrências para descobrir quem está oferecendo os melhores preços ou as melhores ofertas de valor. Aquele fornecedor antigo pode participar da nova concorrência? Pode. Só que ele tem que seguir as especificações técnicas, assim como os demais. E quem tiver as melhores condições técnicas e comerciais vai se tornar o fornecedor da empresa. Muitas vezes a pressão de várias áreas da empresa em Suprimentos, no sentido de manutenção de determinados fornecedores que "todos já estão acostumados", também é um fator que bloqueia as mudanças.

Nesse caso, o remédio oferecido para resolver o problema real da empresa (que era a existência de uma equipe de Suprimentos "viciada", para continuar usando o eufemismo inicial) foi a reformulação de toda a área, o estabelecimento de políticas de compras mais rigorosas e a implantação de um sistema de desenvolvimento e avaliação de fornecedores.

O mesmo princípio de procurar a causa principal do problema da organização a partir das dores aparentes se aplica na investigação do alto *turnover*. Por que as pessoas não ficam na empresa por muito tempo? Você precisa descobrir o motivo. É o clima organizacional, é a política salarial ou é o tipo de contratação realizada? O que está acontecendo?

Algo que ajuda muito na investigação da causa-raiz do problema é olhar não apenas para os números macro e sim mergulhar nos pormenores dos indicadores. Analisando, por exemplo, o *turnover* médio da empresa, você pode chegar à conclusão de que a situação geral não é tão calamitosa quanto imaginada. Porém, ao se atentar aos indicadores de cada área, setor e região, você descobre que há partes do negócio com resultados ótimos e partes com resultados péssimos, o que torna a média mais ou menos equilibrada. Emerge, então, uma pergunta: o que algumas lideranças estão fazendo para gerar números tão positivos e o que outras estão fazendo para obter indicadores tão negativos?

Há que ficar claro que a dor aparente é a saída excessiva de pessoas. Mas, o que está levando a isso? Só uma investigação e análise atentas, detalhadas e focando onde os resultados são piores trará as respostas corretas.

Nas ocasiões em que liderei empresas na posição de presidente, gostava de promover o que chamávamos de "*Café com o Presidente*" ou "*Papo com o Presidente*". Nesses encontros frequentes com os colaboradores dos mais diferentes níveis hierárquicos e áreas, eu realizava bate-papos sobre as rotinas deles e os desafios da empresa, questões de carreira, dentre outras. Da minha parte, não era simplesmente se sentar e conversar, mas procurar entender quais eram os problemas de gestão e quais eram as atitudes e comportamentos das lideranças sob o ponto de vista da equipe. Invariavelmente, eles me mostravam a realidade por outras perspectivas.

Há líderes que tratam muito mal a equipe, inclusive com assédio moral. Por mais assustadoras que sejam tais práticas, esses comportamentos ainda acontecem hoje, com maior ou menor frequência nas organizações. E muitas vezes não são atitudes restritas aos profissionais da base da pirâmide, há gerentes e diretores que apresentam condutas tóxicas como dinâmica de trabalho.

Tais comportamentos impactam diretamente no clima organizacional e na satisfação, na motivação e no engajamento dos liderados. E tudo isso, por sua vez, aumenta o *turnover*. O que fazer quando se descobre esse tipo de problema na sua empresa? Vale criar canais de denúncia e dar voz aos colaboradores para que relatem o que está se passando no dia a dia. É fundamental incentivá-los a falar, sem medo de retaliações, punições ou julgamentos. Uma vez identificados os casos que fogem da política da empresa, ou casos inaceitáveis de comportamento da liderança, é o momento de agir, seja dando *feedbacks* ou, em casos extremos, promovendo demissões.

Repare que as soluções encontradas nesses dois casos (empresa que dava destaque aos problemas financeiros e empresa que alegava ter problemas de *turnover* elevado) produziram efeitos tanto no curto prazo quanto nos médios e longos prazos. Isso é justamente o que se espera da aplicação de bons remédios e de tratamentos adequados. Eles devem atuar no combate para valer das doenças dos negócios e não apenas em seus sinais aparentes. Pense nisso quando você propuser soluções para as dificuldades de seu negócio.

No próximo capítulo, vamos mudar um pouco a dinâmica de debate e reflexão. Ao invés de analisarmos mais o passado e o presente da empresa, como fizemos até aqui, nós vamos calibrar o olhar para o futuro. É por meio dessa visão, para o que acontecerá lá na frente, que conseguimos estruturar um negócio para os novos desafios do mercado.

03

OLHAR PARA O FUTURO PARA PERENIZAR O NEGÓCIO

Depois de falar dos principais fatores que levam à derrocada das empresas no capítulo 1, e das dores mais comuns dos negócios no capítulo 2, quero agora de propor algo diferente. Ao invés de olharmos apenas para as dificuldades identificadas no presente e para o histórico de erros, vamos encarar o futuro. Quero dar ênfase, neste terceiro capítulo, à importância da alta liderança das organizações em separar uma parte do tempo em sua rotina atribulada para refletir sobre o amanhã.

Afinal, quais os desafios que o mercado reserva para nossa organização a curto, médio e longo prazo? O que queremos para o futuro do nosso negócio? Quais os impactos das mudanças do mundo contemporâneo em nosso setor? E o que podemos fazer para ajudar nossa companhia em seu processo de transformação ao longo do tempo, para que continue perene e relevante no mercado?

Trabalhando como consultor, diretor e presidente de empresas por muitos anos, notei o quão importantes são as questões relacionadas ao planejamento e à definição do futuro da organização. É raro alguém de bom senso discordar da relevância de se analisar o futuro e quase não há quem negue a urgência de se traçar os planos para a empresa ter um amanhã próspero. Entretanto, é difícil encontrarmos nos altos escalões das organizações empresários e executivos que reservem espaço nas agendas para as questões mais estratégicas. Muitos preferem descer um ou mais níveis na estrutura organizacional para discutir detalhes operacionais do dia a dia e, muitas vezes, acabam interferindo (e atrapalhando) a gestão de seus liderados e a dinâmica da organização como um todo. Desta forma, nunca sobra tempo para a discussão da agenda do futuro.

É aquela velha história: todo mundo sabe e garante que é importante, mas parece que não há quem faça essa discussão na prática. Para não ser injusto em meu comentário, poucas são as companhias que promovem tal movimento. No dia a dia, percebo que, tanto em multinacionais quanto em negócios familiares, as lideranças não fazem exercícios para identificar as tendências que serão predominantes no futuro nem tem planos com ações olhando lá na frente.

Por que isso acontece?

O DESCASO EM RELAÇÃO AO FUTURO DA EMPRESA

Em primeiro lugar, as pressões pelos resultados no curto prazo atrapalham sensivelmente as empresas no processo de planejamento. Quando todos os profissionais da companhia estão apagando incêndios, resolvendo problemas operacionais e focando nas metas imediatas, fica complicado olhar um pouco mais ao longe. Quando o foco é apenas o amanhã, o que acontecerá depois do amanhã passa a ser desconsiderado.

O olhar de curto prazo faz com que você se esforce ao máximo para atender aquilo que é instantâneo. E uma vez que a liderança possua essa prioridade, a equipe como um todo adota a mesma visão. Por mais que se saiba da importância do trabalho a médio e longo prazo, a administração volta-se apenas para a melhoria da produtividade daquele mês, para o aumento da venda do próximo bimestre e para a redução de custos e despesas trimestrais. Olhar mais para frente é quase que um luxo que poucas organizações acham que têm direito.

No Brasil, também tivemos por muito tempo a cultura da falta de planejamento. A hiperinflação até o início da década de 1990 foi muito prejudicial para uma gestão mais profissional dos negócios. Com a inflação a 80% ao mês, as pessoas diziam que não dava para se planejar. Afinal, de um mês para outro, os preços dobravam e a política econômica podia sofrer alterações significativas. Como consequência, tivemos uma ou mais gerações de profissionais criadas à base da lei da ação e reação, em que olhar para o futuro era um exercício de ficção científica. O que valia era trabalhar na operação do dia a dia.

Repare que é muito mais cômodo atuar olhando exclusivamente para o curto prazo. Por mais complexa que seja a operação de uma empresa, ainda assim é mais instintivo resolver os problemas cotidianos. A alta direção e os membros mais experientes da equipe já estão acostumados com as dores de cabeça do dia a dia e sabem apontar rapidamente as melhores respostas para cada tipo de questão. São ações mais palpáveis, que estão ao alcance das suas mãos.

O cliente reclamou? Vamos fazer assim. A mercadoria não chegou? Faz de outro jeito que resolve. A produção foi interrompida? Atue dessa maneira que rapidamente o problema passa. É possível resolver a maioria das questões de forma direta, ou seja, de modo confortável. Por mais que seja estressante viver em um ambiente de caos, as pessoas sabem o que fazer e caem em uma zona de conforto. Pode ser cansativo e desgastante fisicamente, mas mentalmente é muito mais tranquilo. Quando se reage instintivamente, não há espaço para refletir e pensar lá na frente.

Por outro lado, trabalhar na preparação da empresa para o médio e o longo prazo é completamente diferente. Ao olhar para o futuro para se planejar, as incertezas são maiores. Surgem as chamadas de zonas cinzentas e o certo e o errado são episódios relativos. As ações não são mais tão automáticas e exigem análises aprofundadas, leituras de cenários e investigação das informações, que nunca serão 100% garantidas. Note que você tem que tomar decisões em cima de incertezas, de coisas que você não sabe ao certo.

Lembro que, com o fim da hiperinflação, as empresas passaram por um choque de gestão. Até então, era impensável usar o modelo do *Just in Time* na cadeia produtiva, uma vez que muitos negócios viviam da manipulação do estoque e não da eficiência do processo produtivo e, dessa forma, seguravam ao máximo o estoque para vender mais caro lá na frente, aproveitando-se do jogo inflacionário. Assim, planejar era desnecessário. E se tornou fundamental depois que a economia do país e a dinâmica dos mercados se ajustaram com o advento do Plano Real. Nesse novo cenário, quem não tivesse um processo produtivo realmente eficiente estava em maus lençóis.

Normalmente, as transformações culturais levam algum tempo para serem processadas e com o planejamento não foi diferente. Muitos profissionais que viveram o período do auge da inflação já se aposentaram, e outros já faleceram, mas o desprezo pelo olhar futuro foi transmitido para a geração seguinte. Embora a hiperinflação não esteja mais na memória de vários executivos, a falta de cuidado com o olhar a médio e longo prazo está muito presente na mente de vários deles.

O QUE É OLHAR O FUTURO?

Quando eu falo para olhar para o futuro do negócio, não proponho um jogo de adivinhação e sim buscar informações, analisar tendências, mapear cenários e entender a realidade com profundidade.

Em um dos trabalhos de planejamento estratégico que realizei em uma empresa em meados da década de 1990, tínhamos na equipe um profissional com visão futurista. A atividade desse profissional era estudar para onde o mundo caminharia nos próximos anos, projetando cenários com base em dados, pesquisas, tendências e comportamento da sociedade. Ele atuava em uma organização da Suíça e nos mostrou como seriam as rotinas, as tecnologias e os mercados dali a algum tempo. Portanto, já havia pessoas pesquisando esse assunto e elas mostravam como seria o nosso dia a dia 20, 30 anos depois.

Lembro que esse profissional falou algumas coisas muito interessantes e, há 36, 37 anos, ele já previa que nós teríamos duas ou três carreiras ao longo da vida. Pontuava questões demográficas como a maior expectativa de vida, as famílias menores e o aumento da participação feminina no mercado de trabalho. Apresentava a maior internacionalização dos negócios e da sociedade, com os indivíduos viajando e se mudando com mais frequência para outras partes do mundo. E, ainda, relatava a revolução que teríamos nas comunicações com os avanços das TICs — Tecnologias de Informação e Comunicação. Ou seja, vários aspectos que são banais hoje em dia já eram apontados lá atrás com grande chance de acontecer.

O que esses especialistas que trabalham olhando para o futuro estão falando sobre os próximos anos e décadas? É isso o que os profissionais à frente da direção das empresas precisam saber. As características das famílias vão mudar ainda mais. Depois da diminuição do número de filhos, estamos assistindo ao fenômeno das famílias que incorporaram a presença de *pets* — casal mora junto, não quer ter filhos e adota um animalzinho de estimação e, nesse quadro, o cachorro e o gato viram quase que os filhos dessas pessoas. Se por um lado os serviços voltados para as crianças tendem a ser prejudicados, o setor dedicado aos *pets* passa a prosperar.

Quando você consegue entender para onde o mundo caminha, fica mais fácil enxergar os impactos das mudanças em seu negócio. As famílias menores mexem com o comércio alimentício e com os fabricantes de comida. Quem não tiver embalagens individuais ou em quantidades reduzidas poderá ter problemas para vender para aqueles que moram sozinhos ou dividem o lar com outra pessoa.

Outro exemplo é a redução das emissões de carbono. Estamos acompanhando a tendência de eletrificação da frota de veículos leves e pesados, que com o tempo trarão grandes mudanças para toda cadeia automotiva, desde postos de combustível, passando por oficinas, manufatura de peças e motores a combustão até a própria indústria automotiva. Se as empresas não acompanharem as mudanças socioculturais, tecnológicas e ambientais, em algum momento ela ficarão para trás. Está aí justamente a importância de se parar um pouco o trabalho operacional e de curto prazo para pensar em questões que, certamente, ocorrerão mais à frente.

Quando digo parar, não significa interromper as operações do negócio por algumas horas ou dias e, também, não é deixar de cuidar dos problemas cotidianos. É só reservar um tempo na agenda de trabalho para o estudo do futuro e a realização de um planejamento estratégico que fortaleça a posição da empresa no mercado a médio e longo prazo. Ou seja, ao invés de dedicar 100% do tempo e do esforço para as questões mais imediatas do negócio, dedique-se 95% ou 90% a elas. Os 5% ou 10% restantes poderão ser investidos na discussão dos caminhos futuros. No caso dos executivos C-Level, é bom dizer que a parcela da rotina direcionada ao planejamento deveria ser bem maior do que os meros 5% ou 10% da agenda.

Curiosamente, quanto mais preparado você estiver para o amanhã, menores serão as exigências operacionais e os problemas do cotidiano. Muitas das dificuldades que empresas e profissionais vivenciam hoje são fruto do descaso com o planejamento no passado. Em outras palavras, investir uma parte do tempo na investigação do futuro é se antecipar e resolver previamente complicações que poderiam surgir depois. Não por acaso, quanto mais nos dedicamos a compreender os cenários, as tendências e para onde caminha o mercado, menos complicações operacionais teremos em pouco tempo, sobrando mais tempo para o trabalho estratégico.

Para onde cada setor está sendo direcionado? Como as tecnologias têm alterado as questões produtivas, de vendas e de relacionamento com os consumidores? Quais são as melhores práticas do segmento e de outros mercados? Como as mudanças comportamentais estão impactando na relação da empresa com colaboradores, fornecedores, distribuidores e consumidores?

Associado à dificuldade natural de se fazer o exercício de planejamento e de encontrar tempo para olhar mais lá na frente, alguns profissionais permanecem apenas ligados aos números. É fundamental dizer que a análise de cenários futuros não deve ser uma questão meramente quantitativa, deve permitir conceber novos caminhos que irão se abrir, prospectar tendências socioculturais e compreender os efeitos das novas tecnologias.

Veja a quantidade de negócios e serviços criados a partir da chegada da Internet e, naquele momento, havia empresas e pessoas que não davam muita bola para ela. Achavam que aquilo era uma tecnologia exclusiva para o setor de TI e para as gerações mais novas, que não iria impactar a sociedade. E a Internet mudou totalmente a vida de todo mundo.

Com a Internet das Coisas (IoT)[7], as transformações estão sendo ainda mais radicais. E, curiosamente, há novamente quem se oponha à nova tecnologia, desvalorizando seus efeitos e consequências para o dia a dia de empresas e consumidores. Para piorar, há organizações e profissionais que simplesmente não monitoram os estudos da IoT e as perspectivas de sua adoção, desconhecendo completamente o assunto. Internet do quê?! O que é essa tal de Internet das Coisas? Isso deve ser coisa do pessoal de TI ou da geração nova que não larga o celular!

Outro ponto que precisa ser esclarecido sobre o ato de se planejar é que você não fará um plano escrito na pedra, que terá que ser seguido independentemente do que aconteça dali para frente. O exercício do planejamento é algo dinâmico, cíclico e constante. A todo o momento você terá que monitorar os mercados, a sociedade, os concorrentes, as tecnologias, o meio ambiente e o governo para calibrar, atualizar, seu plano. É muito comum (e até mesmo recomendável) a realização de correções de rota no meio do caminho. Só com esse acompanhamento fino e atento, evita-se rumar para o sentido errado.

COMO MOBILIZAR A EMPRESA?

Entendida a importância de se olhar mais para frente e procurar entender como será o futuro, a dúvida que surge é: como mobilizar os gestores e colaboradores de cada empresa para que esse trabalho comece o quanto antes?

---

7 Termo cunhado em 1999 por Kevin Ashton refere-se a interconexão de dispositivos físicos cotidianos através da internet, permitindo a coleta e troca de dados entre eles sem necessidade de intervenção humana. A IoT evoluiu de aplicações industriais simples para um ecossistema complexo que abrange residências inteligentes, cidades conectadas, veículos autônomos e *wearables*.

O primeiro passo é convencer a alta administração a parar de trabalhar apenas olhando para baixo, para os aspectos imediatos do negócio, e começar a olhar também para frente, para os elementos que despontam no futuro.

Pensando em uma conversa com os líderes da companhia, é essencial sensibilizá-los logo de cara para os riscos que as mudanças do mercado podem trazer para o negócio. A citação de casos reais de empresas que foram engolidas pelas transformações é muito didática e sempre ajuda.

Vale a pena nos lembrarmos do caso da Kodak. Eu mesmo fiz um curso de fotografia e, naquela época, tinha uma máquina fotográfica e a revelação dos filmes era feita no quarto escuro, com aquela com luz vermelha. Desse cenário para a emergência da fotografia digital muita coisa ocorreu e é espantoso saber que foi a própria Kodak que inventou a máquina fotográfica digital que, depois, a derrubaria. Porém, ela pouco se importou com o invento e sua equipe não acreditou no potencial daquela tecnologia. E quem acreditou foi a Sony, uma empresa que não tinha nada a ver com o setor de fotografia.

Ainda hoje, muita gente diz que a fotografia irá acabar. Não só não acabou como se popularizou com o desenvolvimento dos celulares e a chegada dos *smartphones*. Todos querem deixar o registro fotográfico nas redes sociais. Atualmente, há câmeras fotográficas cada vez mais potentes nos aparelhos celulares. Conheço pessoas que trocam de aparelho pensando na resolução da câmera. Repare na enorme transformação que o negócio da fotografia passou em pouco tempo.

Também é aconselhável fazer provocações em encontros formais pautados unicamente pela descoberta de como será o futuro. Pode ser um *workshop* ou uma reunião inicial. O importante é que esse encontro tenha a presença do C-Level e da sua equipe mais próxima. Mas, se a alta administração não comprar a ideia, dificilmente ela será colocada em prática.

Quando eu era consultor e precisava mobilizar as lideranças da empresa cliente, eu costumava fazer *workshops* de final de semana. Eram dois dias seguidos em que os profissionais saíam da rotina e podiam pensar exclusivamente no futuro do negócio. Nesses eventos, fazíamos dinâmicas aparentemente simples, mas que tinham impacto considerável nos participantes, conforme era possível observar.

Uma atividade que de gostava muito era imprimir papéis como se fossem capas de jornal, com o logotipo e tudo, e colocar várias notícias futuras sobre aquela empresa e seu mercado. A companhia X faliu em tal data. Ela quebrou por causa do produto concorrente que foi lançado no ano Y. A organização Z conseguiu superar a crise ao mudar a estratégia dos negócios, ao aproveitar a tecnologia e trazer novidades para os clientes. Dessa forma, os líderes da empresa se veem frente a manchetes jornalísticas como se estivessem 15, 20, 30 anos para frente.

Uma vez provocada, a alta liderança começa a pensar em aspectos do negócio que estavam, até então, distantes de suas rotinas operacionais, mas são essenciais para a perenidade da organização. Por exemplo, a questão climática interfere e está presente desde a logística e a qualidade das matérias primas até o consumo das famílias e a imagem da empresa perante a sociedade. E a tendência é que os impactos só aumentem. Mesmo assim, se esse tema não for colocado em debate, ele pode passar despercebido pelos profissionais atarefados e com problemas mais imediatos para resolver.

Portanto, o primeiro passo é provocar a discussão e abrir a cabeça da equipe com conversas ricas e atividades lúdicas. Uma vez que a alta administração esteja convencida da importância de olhar para frente, o segundo passo é entender, sob diferentes perspectivas, o cenário em que aquele negócio está inserido. Para isso, é fundamental estudar, fazer pesquisas, conversar com consumidores e realizar um *benchmarking, pois se* não conhecermos a situação geral do mercado e do setor com profundidade, não conseguiremos fazer um bom planejamento estratégico.

Quando alguém diz: "mas nós já temos um plano!", realmente tem. Muitas empresas estipulam metas e definem as ações para o próximo ano ou, no máximo, para os próximos três anos. Mas, e o que será feito no médio e longo prazo, hein?! Elas não estipularam. Em outras palavras, o planejamento está incompleto. É preciso olhar mais à frente, para períodos de cinco, dez, quinze e vinte anos.

Ao procurarmos entender como estará o mundo, a sociedade e o nosso mercado lá na frente, podemos estipular como queremos estar como companhia. Por consequência, precisamos definir desde já quais as ações que faremos ano a ano até atingirmos a posição almejada em meia década, uma década ou duas décadas.

Invariavelmente, as empresas líderes de mercado e em posição de destaque são aquelas que se prepararam previamente para o futuro e, provavelmente, para o sucesso. Por outro lado, os negócios em dificuldade e em situação desesperadora são aqueles que em que, algum momento, a alta administração e os gestores perderam a conexão com a realidade e com as mudanças da sociedade.

Exatamente por isso, rascunhar o futuro é importante para as organizações. Os exercícios de reflexão e as pesquisas exploratórias não só contribuem para o debate de uma série de temas, mas levam os líderes a pensarem na minimização dos riscos e na potencialização das oportunidades. Quem não fizer esse trabalho, certamente será pego de calça curta em algum momento. Junto com a surpresa, vem a decepção: como não pensamos nisso antes? Nesse momento, quando for (re)agir, poderá ser muito tarde.

UM *CASE* PARA REFLETIRMOS

Para este capítulo não ficar muito teórico, vamos apresentar um caso prático. Imagine que você seja o diretor de uma universidade que tenha 70% do faturamento proveniente das mensalidades da graduação. A maioria dos estudantes, jovens entre 18 e 25 anos, está no primeiro curso universitário. A instituição de ensino está localizada em uma cidade da Grande São Paulo.

Atualmente, a localização é o principal diferencial da empresa. Os estudantes acham cômodo estudar em uma universidade próxima de casa, o que traz baixo impacto para suas rotinas. E, por fim, a alta administração não investiu nos cursos a distância. Todas as aulas acontecem de maneira presencial no campus, ação que é elogiada pelos estudantes, que gostam do convívio próximo com colegas e professores.

A partir desse pequeno relato, já é possível tirar algumas conclusões sobre a situação desta universidade no mercado. Como você avaliaria o cenário futuro dessa empresa? E quais os desafios que ela tem para superar no curto, no médio e no longo prazo se quiser crescer e continuar atuante?

Para chegar a essas respostas, vamos dar um panorama do mercado universitário no Brasil. Em primeiro lugar, o número de matrículas está diretamente relacionado à pirâmide populacional. Com o envelhecimento médio dos brasileiros e a menor quantidade de filhos por casal, a tendência é que o número de estudantes caia. Pelo menos, o número daqueles que buscam a primeira graduação deve cair no médio prazo.

Por outro lado, com as pessoas vivendo mais e tendo novas carreiras ao longo da vida, a busca pela segunda ou terceira graduação tende a aumentar. A própria busca por cursos de pós-graduação já vem apresentando uma considerável elevação nos últimos anos. Dessa maneira, a tendência é que o estudante universitário de amanhã não seja apenas o jovem ou a jovem de 18 anos. O profissional em fase de transição de carreira com 30, 35 anos ou as pessoas de 50, 60 anos que almejam novas perspectivas profissionais também vão procurar os cursos universitários.

Além disso, tivemos durante a pandemia da Covid-19 uma aceleração no processo de Ensino a Distância (EaD). Eu me lembro que lá atrás, quando se falava em aulas remotas, tínhamos uma ideia depreciativa e a visão era que se tratava de cursos de baixa qualidade. Nos últimos anos, o cenário mudou completamente. Se o número de estudantes universitários no EaD já estava crescendo antes da pandemia, depois ele explodiu. Nos últimos 10 anos, essa modalidade cresceu 700% no Brasil[8]. O crescimento foi tão elevado

---

8 FREITAS, Paula. Graduação a distância aumenta 700% em 10 anos; média é de 171 alunos por professor na rede privada. O Estado de São Paulo. 10 de outubro de 2023. Disponível em: https://www.estadao.com.br/educacao/graduacao-a-distancia-aumenta-700-em-10-anos-media-e-de-171-alunos-por-professor-na-rede-privada/.

que há atualmente mais matrículas novas sendo realizadas para os cursos de EaD do que para os cursos presenciais[9].

O público mais velho, que está em busca do segundo e do terceiro diploma e/ou que deseja fazer pós-graduação, acaba preferindo as aulas virtuais. Não há a necessidade de deslocamento nem a obrigação de estar naquele dia e horário na frente do professor. As aulas podem ser assistidas quando a pessoa quiser e puder.

A partir dessa leitura de cenário, como eu gosto de dizer, já dá para ver alguns problemas sensíveis para a universidade do nosso *case*: o modelo de negócios está ancorado em um público-alvo que vai diminuir ao longo dos anos e, ao mesmo tempo, seu principal produto não possui a tecnologia que o mercado e os consumidores abraçaram com tanta empolgação.

O que fazer?

Em relação ao curto prazo, essa empresa precisa investir urgentemente no ensino a distância e, como vimos, já está bem atrasada nesse tema. Algumas instituições de ensino resistem porque ainda têm muito preconceito, apesar de o contexto da pandemia da Covid-19 ter mostrado que é possível oferecer ensino de qualidade *online*. No caso de cursos como medicina, odontologia e engenharia, dá para realizar um modelo híbrido, com as matérias mais práticas ocorrendo nos laboratórios e as matérias mais teóricas, no ambiente virtual. Em vários cursos, é possível lecionar totalmente à distância sem qualquer problema.

No médio prazo, que abrange um período de 2 a 5 anos, a universidade precisa olhar para as transformações demográficas e socioculturais. Nos grandes centros urbanos, o tema da mobilidade é cada vez mais relevante. Com o ensino a distância, os alunos não precisam mais escolher a instituição de ensino que fica mais próxima de suas casas. Eles podem viver em uma região do país e estudar, via EaD, em outra. Os estudantes podem trabalhar durante a semana em longas jornadas

---

9 Curso à distância tem maior adesão do que presencial no Brasil pela 1ª vez. Portal Exame. 18 de fevereiro de 2022. Disponível em: https://exame.com/brasil/curso-a-distancia-tem-maior-adesao-do-que-presencial-no-brasil-pela-1a-vez/.

e assistir às aulas só aos finais de semana. Para oferecer produtos mais adequados para o público, é preciso investigar os hábitos dos alunos do ensino superior e a pirâmide demográfica.

É fundamental avaliar a criação de novos cursos. Coloquei esse tema aqui porque existe uma lentidão natural da burocracia no Ministério da Educação (MEC). Você não cria cursos universitários rapidamente. É preciso aprová-los, o que exige estudos e pesquisas por parte dos órgãos governamentais. Por falar nisso, as universidades poderiam se aproximar institucionalmente do MEC e trabalhar para que as decisões fossem mais rápidas. As entidades que representam essas empresas devem ser mais atuantes.

O mundo acadêmico também precisa se aproximar do mundo do trabalho e da produção. E, vale destacar, no Brasil há preconceitos de ambos os lados. O mundo do trabalho, sobretudo o setor industrial, acha que a academia está sempre em outro cenário, distante da realidade. As aulas seriam teóricas demais e ninguém no ambiente universitário se preocuparia com a criação de produtos e serviços e com o atendimento das necessidades dos consumidores. A academia, por sua vez, acha que grande parte dos envolvidos na produção industrial apresenta um comportamento prático demais e/ou superficial, atropelando os processos e agindo sem o rigor e o devido conhecimento científico. Contudo, quando olhamos para o que se faz no exterior, vemos países com trabalhos muito próximos e sinérgicos entre as duas pontas. Há países em que a indústria e academia atuam juntas e o resultado se explicita em benefícios para todos os envolvidos.

Refletindo agora sobre as ações de longo prazo, deve-se repensar o modelo da educação. Como serão as aulas e a universidade, de forma geral, daqui a 10, 15, 20 anos? O processo de aprendizado está mudando, porque a transformação digital é muito forte. As mudanças não dizem respeito apenas ao ensino a distância, há muitos aspectos que precisam ser revistos. A título de exemplo, podemos destacar os cursos de engenharia. Em parte deles, os alunos ainda aprendem a parte prática em laboratórios completamente defasados do que acontece no dia a dia das empresas: há a presença de muitas tecnologias ultrapassadas, equipamentos que a indústria já aposentou. As empresas usam *softwares* para tudo. Não faz sentido ensinar algo que não será utilizado em nenhum momento na jornada profissional dos estudantes.

Os cursos de mestrado e doutorado também podem também aproveitar a facilidade da tecnologia a distância. Dessa forma, eles podem ser realizados parte em um país e outra parte em outro país. Os meios de comunicação permitem essa flexibilidade. Muitas universidades de renome internacional têm inúmeros programas 100% a distância em seus portfólios de cursos.

Compreendida a relevância de se olhar para o futuro, o capítulo 4 continuará essa discussão. Nas próximas páginas, vamos nos aprofundar nas oportunidades de melhoria da empresa. Como identificar e mapear os pontos que devem ser tratados mais rapidamente pela alta direção?

04

COMO IDENTIFICAR AS OPORTUNIDADES DE MELHORIA NA EMPRESA?

Este capítulo dá continuidade ao capítulo anterior, pois a discussão tem como eixo a identificação das oportunidades de melhoria em nossos negócios. Para isso, vamos detalhar o mapa do que precisa ser transformado nas empresas. Assim, podemos chamar essa seção do livro de segunda etapa do diagnóstico empresarial.

Iniciamos a conversa fazendo uma contextualização. O que é, afinal, uma melhoria? Melhoria é toda solução encontrada para um problema que atrapalha e prejudica o bom andamento da organização. Não é porque a companhia está bem, apresenta bons resultados e tem batido as metas que está tudo perfeito. Não! Até mesmo as líderes de mercado e as organizações mais lucrativas apresentam pontos que podem e devem evoluir. O que dirá, então, as que não vão bem das pernas.

As oportunidades têm diferentes níveis de abrangência. Elas podem ser pequenas, por exemplo, localizadas em processos específicos, ou podem ser gigantescas, relacionadas às transformações na estrutura da empresa como um todo.

Quando os líderes de um negócio, que pode ser familiar, nacional ou multinacional, querem fazer mudanças devido às dificuldades enfrentadas no mercado, eles demandam, em geral, um apoio externo, no caso os consultores, ou convocam uma equipe interna. O objetivo é resolver um problema, e não o efeito do problema, como visto no capítulo anterior. Quando começamos a investigar as dificuldades de uma organização, conseguimos ver várias causas para os diferentes problemas, e para cada problema ou conjunto deles, há oportunidades de melhoria. São esses os pontos que precisam ser trabalhados. Mas como tratá-los?

Para começo de conversa, é fundamental usarmos as metodologias e ferramentas disponíveis. Os vários anos de experiência como consultor e executivo me mostraram que há passos metodológicos que devem ser seguidos na busca das oportunidades de melhoria.

ALINHAMENTO DAS EXPECTATIVAS AOS PROCESSOS

Gosto de imaginar a empresa como uma pirâmide, conforme mostrado na imagem abaixo[10]. No topo do triângulo, temos as expectativas dos *stakeholders*. Quem são eles? São todas as partes interessadas naquele negócio: os clientes, os colaboradores, os acionistas, os fornecedores e a sociedade. Há, também, o governo ou os órgãos de controle / reguladores, no caso de uma empresa concessionária.

Pirâmide da Visão Integrada da Empresa

10 O esquema visual e a minha explicação sobre a Pirâmide da Visão Integrada da Empresa foram baseados nos meus aprendizados e experiências vividos como consultor na empresa Arthur D. Little. https://www.adLittle.com/sites/default/files/prism/1992_q1_01-14.pdf.

Cada uma das partes interessadas tem expectativas que precisam ser compreendidas, até porque elas podem ter convergências em alguns pontos e podem ser antagônicas em outros pontos. Se não compreendermos o que os *stakeholders* querem da empresa, sequer conseguimos começar o trabalho de diagnóstico.

Na parte central da pirâmide estão os processos da empresa, que são feitos para atender às expectativas das partes interessadas. Quando eu uso a palavra "processo", você pode pensar automaticamente na operação industrial, nos aspectos produtivos da organização. Porém, todas as áreas do negócio possuem seus processos. O comercial, os recursos humanos, o marketing, o *supply chain*, o financeiro e o atendimento têm cada um suas próprias dinâmicas de trabalho. Há processos que começam fora e terminam internamente. Outros começam dentro, cruzam diversos níveis hierárquicos, e acabam externamente. Há clientes internos e/ou clientes externos para serem atendidos.

Depois de olhar para os processos, é preciso encarar os recursos e os aspectos específicos da organização, pois são eles que dão suporte ao negócio. Não por acaso, esses dois elementos estão na base da pirâmide. Os recursos podem ser tecnológicos, financeiros, humanos, de *know-how* ou de tempo. Os detalhes da organização são componentes relativos aos produtos e serviços, à estratégia corporativa, aos elementos culturais e à história da empresa.

Somente após comparar as expectativas dos *stakeholders* com os resultados apresentados pelos processos da organização e depois de avaliar os recursos e as particularidades da organização é que conseguimos fazer um diagnóstico preciso. Os acionistas ou o próprio executivo C-Level podem não querer efetuar determinadas mudanças naquele momento e, portanto, nunca é demais alertar: transformações na base do negócio exigem muito mais esforços do que a promoção de simples alterações processuais.

O primeiro aspecto que o consultor externo ou o líder interno deve se atentar é identificar os aspectos que estão incomodando o negócio e o porquê. Apenas depois de efetuar essas descobertas, ele conseguirá identificar as oportunidades de melhoria.

AS REGRAS NÃO ESCRITAS

Nas empresas, há regras escritas e regras não escritas e todas elas devem ser objeto de nossa análise. O que são as regras escritas? São aquelas que registram os procedimentos, as normas e as políticas da organização: se você perguntar pelas questões de sustentabilidade, a equipe vai mostrar o relatório de sustentabilidade; se você questionar algum indicador financeiro, vão te mostrar os balanços e os demonstrativos do mês, do trimestre e do ano. Portanto, essa é, normalmente, a parte visível do negócio, pois está no papel, todo mundo enxerga claramente.

Por outro lado, as regras não escritas envolvem a cultura da empresa. Quase sempre, são aspectos do dia a dia em relação ao comportamento e atitudes da equipe e da liderança, mas que não estão registrados nem aparecem explicitamente para quem é de fora ou não está familiarizado com aquele ambiente. Como ocorrem os relacionamentos entre os colaboradores? Qual o estilo de liderança e como ela atua no cotidiano? Como os liderados entendem e percebem o trabalho da alta administração? Como acontece o processo decisório e a tomada de decisão? Quais os níveis de motivação e engajamento dos colaboradores. Note que isso é bem subjetivo e não está registrado em documentos, relatórios ou balancetes.

Como podemos fazer para descobrir as regras não escritas de uma empresa? Eu só conheço um jeito: interagindo com a equipe e perguntando, sempre que oportuno. As conversas do dia a dia, as entrevistas informais e o convívio com as pessoas permitem identificarmos a parte oculta do negócio. Mas, se você não gostar de conversar, não se atentar para o que está sendo comentado na área do cafezinho e não entender as preocupações presentes nos diversos ambientes de trabalho, você não descobrirá os elementos não escritos da cultura empresarial. É a combinação da curiosidade com a interação com as pessoas que promove as revelações.

Imagine uma conversa com o gerente ou o diretor de uma área. Na certa, logo ele falará sobre as regras escritas: como são os processos, quem é responsável por cada setor e quais são as normas. Depois, você vai a campo conversar com o time da operação e, nesse momento, é comum notar que o funcionamento daquela área é totalmente diferente do discurso oficial. O trabalho não é a simples execução de regras estabelecidas, ele também tem fortes traços culturais, transcendendo o que está formalizado.

Portanto, as regras não escritas são relevantes e você só conseguirá entender o que se passa em um negócio quando compreender os comportamentos e os hábitos da equipe. Muitas vezes, há problemas em processos que não são causados por aspectos técnicos, administrativos ou de gestão, são problemas de atitude e comportamento dos líderes e/ ou dos liderados.

Em uma das empresas em que trabalhei, um dos diretores relatava para o C-Level que sua área funcionava maravilhosamente bem, estava integrada e a equipe estava sempre motivada. Porém, bastou eu interagir com os diferentes colaboradores para ver outra realidade. O estilo de liderança centralizador daquele profissional acarretava vários problemas. Como tudo tinha que passar por ele, das pequenas atividades operacionais às grandes questões estratégicas, a equipe estava desanimada, se sentia sem liberdade de ação e achava que os problemas não eram resolvidos da maneira correta e na velocidade necessária. O resultado era uma operação com várias falhas.

A METODOLOGIA *LEAN*

Desde o início da minha carreira, eu uso uma metodologia para identificar oportunidades de melhoria que acho excelente. Ela nasceu na indústria automotiva e agora está disseminada em todos os segmentos do mercado. Trata-se do *Lean Manufacturing*, também chamado de Manufatura Enxuta, Produção Enxuta, Sistema Toyota de Produção ou simplesmente de *Lean*.

Qual é o conceito e quais são os pilares do *Lean*? Eles falam que você deve buscar incessantemente eliminar os desperdícios do seu negócio. É justamente aí que estão as grandes oportunidades de melhoria e de ganho de produtividade. Desperdício refere-se a tudo que não agrega valor para a empresa nem para os clientes. Ao enxergá-lo e cortá-lo, todos saem ganhando: os acionistas, os colaboradores e os clientes.

Porém, é fundamental ter em mente os elementos que agregam e os que não agregam valor para o negócio. Empresas de um mesmo segmento, mas com estratégias e posicionamentos de mercado diferentes, podem ter entendimentos distintos sobre esses dois conceitos. O que é desperdício para um pode ser o diferencial competitivo do outro, e vice-versa.

Há um livro lançado em 1990, chamado de *A Máquina que Mudou o Mundo*[11], que mostra em detalhes a aplicação do *Lean* na indústria automotiva. Seus autores, James P. Womack, Daniel T. Jones e Daniel Roos, que eram acadêmicos do MIT (Instituto de Tecnologia de Massachusetts), fizeram um estudo de cinco anos que comparava o funcionamento do sistema produtivo das montadoras do Japão, dos Estados Unidos e da Europa. Obviamente, os japoneses tinham vantagens por causa da aplicação do Sistema Toyota de Produção.

A criação e o desenvolvimento da metodologia do *Lean Manufacturing* não aconteceram de uma hora para outra. Seus princípios demoraram cerca de duas décadas para serem aprimorados e consolidados. Taichi Ono, o engenheiro japonês por trás dessa invenção, dedicou-se por muito e muito tempo em busca das melhores técnicas para se reduzir os desperdícios e potencializar os processos.

Quando eu falo do *Lean*, muita gente reclama: "Isso só dá certo para quem faz carro. Nunca vai servir para o meu negócio". Esse conceito evoluiu muito nos últimos anos e é aplicado com sucesso em companhias de segmentos diversos, inclusive em prestadoras de serviço e em empresas familiares. Eu mesmo apliquei os princípios do *Lean Manufacturing* em vários setores diferentes ao longo da minha carreira e pude constatar seus resultados positivos.

---

11 JONES, Daniel T.; ROOS, Daniel; WOMACK, James P. *: A Máquina que mudou o mundo: baseado no estudo do Massachusetts Institute of Technology sobre o futuro dos automóveis*. Porto Alegre: Bookman, 2ª edição 2023.

Há alguns anos fiz um estudo detalhado sobre o uso do Sistema Toyota de Produção na área de saúde. Há um *case* internacional muito interessante de um centro médico em Pittsburgh, nos Estados Unidos que usou os conceitos do *Lean* para promover uma revolução nos cuidados de seus pacientes e obter ganhos enormes de eficiência operacional e satisfação dos clientes. É claro que eles não usaram o nome da Toyota, renomeando a metodologia para *Patient Care*[12].

Um exemplo simples, do nosso dia a dia, sobre a aplicação do *Lean* está presente até mesmo no uso do espaço enquanto escrevo este livro. Estou em uma grande sala, mas só utilizo efetivamente um pedaço dela, onde está a minha escrivaninha. Com isso, temos gastos desnecessários: energia elétrica, valor do aluguel e do IPTU, equipe da limpeza etc.

Além disso, algo que jamais pode ser excluído desse debate é o tempo. Quantos minutos, horas ou dias estou levando para realizar determinado processo? O que todo gestor precisa se questionar é: por que não faço o mesmo trabalho em menos tempo?! Esse conceito do *Lean* se aplica para as áreas produtivas como também para o atendimento aos clientes, vendas e financeiro.

Quando pensamos no avanço da tecnologia e na quantidade de atividades *online* que temos atualmente, a velocidade dos processos cresceu muito. Veja o que se passa no campo da logística. Quem mora em um grande centro urbano brasileiro, compra hoje e recebe o produto no mesmo dia. Qual o milagre que foi realizado se há alguns anos o prazo era de três a cinco dias? O segredo está na otimização dos processos e na redução dos desperdícios.

As principais empresas de logística têm agora muito mais eficiência no último quilômetro, a etapa final da entrega até a casa do cliente. Elas desenvolveram também a pulverização e a capilaridade de pontos de contato com os consumidores. Você não apenas recebe rapidamente como pode devolver se não gostou ou se tiver algum problema.

---

12 GRUNDEN, Naida. *The Pittsburgh way to efficient healthcare: improving patient care using Toyota-based methods*. United States: CRC Press, 2008.

Outro dia eu devolvi uma compra que fiz em um *pet shop* que não era exatamente aquilo que imaginei. O local tinha uma prateleira em uma das grandes empresas de comércio eletrônico. Essas empresas espalharam esse tipo de ponto de contato em várias lojas parceiras para os clientes depositarem as mercadorias e, nesse caso, os produtos devolvidos não eram comercializados pelo *pet shop*.

Falo sobre isso porque o tempo é um recurso que costuma ser desperdiçado e, em geral, a maior dificuldade é a resistência da equipe. Sempre que propomos alterações para otimizar os processos, haverá quem reclame: "Aqui sempre fizemos assim"; "Estamos acostumados dessa maneira"; "Não adianta trazer novidades porque não vamos mudar a forma de trabalho".

Se você quer melhorar, precisa procurar novas alternativas para realizar aquele trabalho. Não faz sentido combater os desperdícios imaginando que fará os processos do mesmo jeito ou tentando aprimorá-los só um pouco. As empresas que utilizam o *Lean* possuem ganhos enormes. Não estou falando de melhorias na casa de 3, 4 e 5%. Os ganhos podem chegar à ordem de 20, 30, 40% ou mais. Parece um absurdo? E é mesmo, principalmente para negócios que nunca utilizaram essa metodologia.

Para exemplificar a otimização no processo, e para tornar a compreensão mais fácil, vou descrever uma operação física. Imagine um processo produtivo com várias etapas. Em um setor, você produz uma peça, na outra área, faz a segunda peça, em outro setor, fábrica a terceira peça. Depois, todas essas peças são levadas para uma nova área e lá o produto final é montado.

Por que essas peças não são montadas em espaços próximos que possibilitem a montagem já na sequência? Há várias vantagens na mudança da dinâmica de trabalho: economia de espaço (não precisa de uma área exclusiva de montagem), tempo (as peças não precisam mais percorrer longas distâncias) e de estoque (com a produção sendo realizada instantaneamente, não há mais a necessidade de estoque dos três tipos de peças). Chamo isso de aproximar as operações. É assim que o

McDonald's trabalha e, por isso, eles são *fast-food,* e contam com uma produção bem ágil. Quando estão produzindo o sanduíche, o espaço se transforma em uma verdadeira linha de montagem. O colaborador da cozinha tem tudo à mão: o hambúrguer, o pão, as verduras, o queijo, os molhos, a embalagem etc. Ele vê em uma tela a solicitação e monta na hora o que o cliente quer.

Como as lanchonetes tradicionais trabalham? Com um processo menos dinâmico e menos eficiente. O colaborador precisa ir à prateleira para pegar um item do pedido. Depois, caminha para a geladeira para pegar outro item. Na sequência, se desloca até a chapa para acompanhar o processo de fritura do hambúrguer e, depois, para verificar se ficou pronto. No final, tem ainda que ver onde está a embalagem. Note que ele não tem tudo fácil em um espaço reduzido e, assim, o desperdício de tempo é enorme.

Citei propositadamente o trabalho em uma lanchonete para mostrar que não é só na produção dos carros que o *Lean* tem efeitos positivos. Em uma empresa de alimentos ele é bem-vindo. Na área médica e no setor de serviços também. Nos processos comerciais, no atendimento aos clientes e na logística muito mais.

Antigamente, o paciente que estava internado em um quarto do hospital precisava se deslocar pelo prédio para realizar os exames. Cada exame era realizado em um andar e em uma determinada ala. Agora não. Boa parte dos equipamentos está no próprio leito. Qual a vantagem disso? O atendimento é mais rápido e não é mais necessário ficar carregando o paciente, muitas vezes em um quadro clínico delicado, de um lado para o outro.

O *pit stop* da Fórmula 1 é melhor exemplo que eu conheço de eliminação de desperdício. Pergunto: quanto tempo você leva para trocar um pneu do seu carro? Talvez, uns 10 ou 15 minutos, não é? É preciso descer do veículo, ir ao porta-malas para pegar o macaco, a chave e o estepe, desparafusar quatro ou cinco parafusos, erguer o carro e coisa e tal. Na Fórmula 1, eles trocam quatro pneus em poucos segundos. E, há algum tempo, também podiam abastecer.

Para realizar tal façanha, eles usam uma parafusadeira elétrica e um macaco que ergue o carro inteiro instantaneamente. Cada pneu tem apenas um parafuso. Há dois ou três mecânicos para fazer a troca de cada pneu e mais um só para levantar o veículo (e tinha outro quando podia fazer abastecimento). O trabalho da equipe de 13, 14 pessoas é sincronizado para que não se perca nenhum décimo de segundo.

Na Fórmula 1, eles investiram na melhoria desse processo e na redução dos desperdícios (algo que as pessoas comuns e as borracharias do mundo inteiro jamais cogitariam fazer) porque *o pit stop* bem-feito agrega valor ao negócio deles. Corridas são ganhas ou perdidas pelo desempenho dos mecânicos nas paradas dos pilotos nos boxes. E a conquista de vitórias e campeonatos rende milhões e milhões de dólares em patrocínios e prêmios todos os anos.

Portanto, para as equipes do automobilismo, vale muito a pena investir algumas centenas de milhares ou mesmo alguns milhões de dólares nessa operação. Quanto você imagina que custou para desenvolverem uma parafusadeira elétrica tão rápida ou um macaco que ergue o veículo em décimos de segundo? E quanto foi investido para que o único parafuso que prende a roda aguentasse a pressão do pneu de um carro de corrida? Contudo, o retorno que eles tiveram, têm e terão são gigantescos.

Os profissionais das empresas devem identificar quais são os processos em seus negócios que valem o investimento na melhoria e na redução dos desperdícios. Aposto que há atividades na sua organização que se fossem realizadas com a eficiência de um *pit stop* da Fórmula 1, a companhia teria enormes ganhos de escala e alcançaria grande relevância no mercado.

Certa vez, fiz um trabalho de consultoria para uma empresa que produzia equipamentos de telefonia. A área de marketing havia elaborado um plano de comunicação que, sem brincadeira, tinha mais de 300 páginas. O que me chamou a atenção é que ninguém leu e nem olhava aquele documento, nem mesmo a equipe do setor. Se ninguém conhecia o seu conteúdo, para que ele servia? Para nada! Além de não agregar valor para o negócio e para o marketing da organização, ele representou um enorme prejuízo de tempo e dinheiro para a organização, uma vez que as pessoas que trabalharam em sua elaboração gastaram um bom tempo preparando aquelas páginas.

Conversando com a equipe e trabalhando para conscientizá-los sobre a importância de melhorar os processos, aquele livro de informações de marketing foi transformado em uma única planilha, que era consultada frequentemente. Nessa planilha, tínhamos as cinco características-chaves da área que precisavam ser monitoradas e os indicadores eram transmitidos de maneira visual para que rapidamente todos enxergassem e entendessem a situação.

Por falar nisso, durante os processos, o *Lean* recorre e se apoia, frequentemente, em elementos visuais. O que é isso? É colocar uma foto, uma seta, uma imagem ou uma figura para que a pessoa, ao bater os olhos, já entenda a recomendação. Ao invés escrever frases com muitas informações, mostra-se uma representação gráfica. É mais ou menos o que acontece no trânsito. Em qualquer cidade do mundo as placas com elementos visuais permitem uma compreensão universal e indicam rapidamente o que se pode e o que não se pode fazer ao volante. O apelo visual é muito mais impactante do que o apelo escrito. Além de eliminar o desperdício, ele garante a segurança da equipe, a estabilidade para o processo e a maior qualidade do produto.

Em uma organização multinacional que produzia pneus, contávamos com um estúdio de gravação de vídeos. E veja que isso ocorreu em meados da década de 1980, quando não havia a facilidade que temos hoje para gravar e editar vídeos. Por que a empresa fez esse investimento? Porque os colaboradores da linha de produção e os engenheiros não liam os manuais técnicos de como o trabalho devia ser feito. Para melhorar o treinamento da equipe e elevar os índices de qualidade, a opção escolhida foi gravar em vídeos os detalhes dos procedimentos da produção industrial. Assim, quando um novo colaborador era incorporado à empresa ou quando alguém queria tirar alguma dúvida, bastava assistir aos vídeos. Tudo mais rápido, simples e eficiente.

Essas metodologias e técnicas que estou comentando são fundamentais para que a empresa ganhe eficiência e aumente a produtividade. Em um mundo em que a tecnologia evolui tão rapidamente, precisamos saber utilizar as novas e modernas ferramentas que estão à disposição. Não é simplesmente recorrer à tecnologia e usá-la nos processos atuais, é repensar toda a dinâmica de trabalho. A melhor alternativa ocorre quando usamos as novidades tecnológicas para transformar completamente os processos de nossas empresas.

Gosto de comparar esse processo àquele de asfaltar o caminho da roça. Imagine que temos uma estradinha de terra toda sinuosa entre as montanhas e alguém tem a ideia de melhorá-la. Como? Asfaltando-a. A pessoa fala: "Com o asfalto no lugar da terra, o viajante ganha em tempo, segurança e conforto". É verdade. Porém, essa não é a melhor proposta à disposição. Por quê? Porque a estrada continua sinuosa. Portanto, a opção mais interessante seria mudar primeiramente o traçado da via para só depois pensar em asfaltá-la. Note que dependendo da nova configuração da estrada, a mudança de traçado trará maiores ganhos do que a própria aplicação do asfalto.

Em outras palavras, é importante começar modificando o meu processo e só depois devo aplicar a nova tecnologia. Apenas dessa maneira, conseguirei a redução do desperdício e a melhoria dos processos em grande escala, como comentei há pouco. Quando é possível obter ganhos na casa de dois dígitos, por que se contentar com ganhos ínfimos? Não faz sentido.

Só conseguimos identificar as oportunidades de melhoria em nossos negócios quando fazemos avaliações atentas dos processos e temos disposição para mudá-los para melhor. Tão ou mais importante do que promover essas transformações na empresa é preparar a nossa equipe para que ela tenha essa mentalidade, enxergue sozinha a oportunidade e faça as mudanças necessárias. Quando modificamos a cultura organizacional em direção à qualidade e à melhoria contínua, o trabalho posterior de evolução do negócio se torna natural e mais veloz.

Ademais, não podemos nos esquecer de olhar para a companhia de maneira integral. Não adianta uma área ter ótimos processos se eles não estiverem conectados com os processos dos demais setores do negócio.

Para uma data comemorativa, a equipe de marketing, de uma grande companhia do mercado de perfumaria e cosméticos em que trabalhei, criou uma cesta grande com sabonetes, cremes, perfume e toalha. O objetivo do produto era que os consumidores comprassem essa cesta para dar de presente. Além dos produtos da companhia, fazia parte da cesta peças de palha. Essas peças eram provenientes de um trabalho social desenvolvido por uma comunidade e garantia seu sustento atuando de forma integrada e preservando uma região de mata atlântica.

Como a embalagem era muito bonita e tinha forte apelo social e ambiental, o produto rapidamente se tornou um grande sucesso de vendas, com vários pedidos e encomendas. O problema surgiu na hora de entregá-lo às lojas: as cestas eram grandes demais para caber no padrão da logística da empresa. Como consequência, elas ocuparam grande espaço nos caminhões, o que atrapalhou toda a operação em um período de grande demanda. Ou seja, a equipe do marketing desenvolveu um produto com forte apelo comercial e que foi um grande sucesso de vendas. Porém, não conversou com a equipe responsável pela logística para ver a real viabilidade daquele item. No final das contas, o transporte das cestas saiu tão caro que inviabilizou a margem de lucro prevista para aquele produto. Além disso, impactou também as lojas, pois ocupava um espaço maior que a média das embalagens anteriores.

Infelizmente, esse tipo de problema é mais comum do que parece. As áreas da empresa muitas vezes trabalham de maneira míope, não enxergando o que se passa no processo logo à frente. Não deixe isso ocorrer no seu negócio! Além de analisar o que se passa em cada etapa do processo, veja como está a integração entre eles, não apenas dentro da empresa, mas em toda a cadeia produtiva. Muitas oportunidades de melhoria estão justamente nesses pontos de interação das áreas.

OUTRAS METODOLOGIAS: PDCA E GUT

O *Lean* porque é uma metodologia que nos ajuda muito, razão pela qual eu trouxe para o debate. Mas existem outras. Uma ferramenta muito utilizada é a do Ciclo PDCA, da qual falei rapidamente no capítulo 1. Vale a pena aprofundarmos a discussão sobre os conceitos dessa ferramenta.

O PDCA se mostra como uma longa escada de melhoria contínua: em cada degrau que você sobe, você aplica o P (*Plan*/Planejar), D (*Do*/Executar), C (*Check*/Verificar) e A (*Act*/Agir). Ao final do ciclo, você subiu o degrau, mas não chegou ao fim da escada, há mais degraus para superar. Assim, você aplica novamente os passos do PDCA no novo lance de escada e, em cada ciclo, a empresa consegue reduzir desperdícios e promover melhorias nos processos.

Outro método de trabalho muito utilizado por mim é o GUT — Gravidade, Urgência e Tendência. Essa matriz é ótima para quem precisa escolher o que deve ser priorizado. Afinal, diante de tantas oportunidades de melhoria, por qual devemos começar? O GUT nos auxilia na tomada de decisão e na solução dos problemas.

Para compreendê-lo, faço uma provocação. Imagine que você é um médico e está de plantão em um posto de saúde, em uma cidadezinha bem afastada. De repente, entram três pacientes. Um está com uma forte dor de dente, o segundo está com apendicite e o terceiro está com câncer. Quem você atende primeiro?

Note que é uma dúvida delicada. O primeiro é quem mais grita de dor, o que gera naturalmente maior comoção, e o terceiro é quem tem a doença mais grave, o que também causa apreensão. Contudo, o paciente que deve ser priorizado é o que tem apendicite. Por quê? Porque se o médico não o tratar rapidamente, ele terá uma infecção generalizada e morrerá em questão de horas. Dificilmente a pessoa com dor de dente, por mais grave que seja, falecerá por isso. O paciente de câncer também não precisa de um atendimento imediato. O que ele precisa é de um tratamento, que poderá durar vários meses.

Na empresa, a equipe e os líderes muitas vezes não sabem o que é uma dor de dente, o que é uma apendicite e o que é um câncer e, portanto, não conseguem priorizar. Com o GUT, você faz uma planilha que indica qual o problema que deve ser atendido primeiro. A partir dos níveis de gravidade, urgência e tendência, conceitos que, embora parecidos à primeira vista, são completamente distintos, e para os quais temos as definições racionais e lógicas do que fazer em cada estágio.

A *gravidade* é a intensidade e a profundidade causadas pelo problema. A *urgência* é o tempo necessário para que o problema se torne crítico, e a *tendência* é a evolução do problema, se nada for feito naquele momento. Para se decidir o que fazer, é preciso levar em consideração esses três fatores e os objetivos da área e da empresa. O que não podemos fazer é tentar atacar todas as oportunidades de melhoria ao mesmo tempo ou escolher aquelas menos prioritárias.

Depois de identificarmos as oportunidades de melhoria da empresa, é hora de montarmos o plano de ação. Porém, esse assunto fica para as próximas páginas. No capítulo 5, vamos falar do desenho da Estratégia de Transformação Organizacional para ajudar na criação de um plano voltado à realização das mudanças que são desejadas para o seu negócio.

05

ESTRATÉGIA DE TRANSFORMAÇÃO ORGANIZACIONAL (TO) PARA AS MUDANÇAS QUE QUEREMOS

Nos capítulos anteriores, conversamos bastante sobre a importância de os líderes fazerem o diagnóstico das "dores" de suas empresas para entender as causas das dificuldades que estão ocorrendo. Uma vez compreendida a situação real e o cenário, é chegado o momento de partir para a ação. Afinal, precisamos resolver os problemas de uma vez por todas. Mas como podemos fazer isso? Por onde começar?

Antigamente se falava muito em planos de negócios. Era preciso detalhar o que seria feito. Produziam-se documentos extensos e relatórios complexos. Na visão de boa parte dos profissionais, uma organização que não tivesse um bom plano de negócios não conseguiria ser bem-sucedida em seus desafios no mercado. Por isso, cada etapa do planejamento era descrita minuciosamente. Só depois de meses e meses de discussões, a equipe estaria pronta para colocar as ideias em prática. Quem tem pelo menos duas décadas de experiência profissional em grandes companhias com certeza vivenciou esse modelo de planejamento estratégico.

Nos trabalhos de Transformação Organizacional (TO) que tenho realizado nas empresas, não fazemos mais um plano de negócios tradicional, o que construímos é um plano para as mudanças. Na nova configuração, estabelecemos quais são os passos para a implementação das transformações que desejamos fazer. O foco está mais no desenho do plano prático e menos nas questões teórico-conceituais. Definimos aquilo que cada área precisa realizar para resolver os problemas atuais e chegar ao estágio almejado pela alta direção. Assim, já partimos para a ação.

Ou seja, na minha visão, uma boa estratégia é aquela que rapidamente se materializa em atividades concretas.

ESTRATÉGIA DE IMPLEMENTAÇÃO

Quando olhamos para o plano de mudanças, o primeiro elemento a ser trabalhado é a estratégia de implementação. Vale ressaltar que uma coisa é a parte teórica da TO, outra é a implementação prática. Na estratégia de implementação, discutimos aspectos como a velocidade das transformações que pretendemos, por onde começar as mudanças, quem vamos envolver em cada estágio do plano e quais cuidados devem ser tomados na hora de comunicar o que será feito.

Quando pensamos nos aspectos macro do planejamento, que podem acarretar dificuldades de implementação, o principal ponto está nas pessoas. Se não nos anteciparmos às possíveis resistências da equipe, o plano não irá acontecer. Qualquer mudança que vamos fazer, seja algo envolvendo as bases do negócio ou questões referentes aos processos de uma área específica, é preciso conversar bastante com o time.

Se os colaboradores e as lideranças setoriais não entenderem as necessidades de mudanças e não compreenderem a urgência das transformações, o processo será lento, traumático e ineficiente. Só depois de pensarmos nas pessoas que temos hoje e nas pessoas que precisaremos ter no futuro é que podemos montar o plano.

E o que é pensar nas pessoas? É discutir as questões que as envolvam. Alguns questionamentos devem ter prioridade: Quem vai implementar o plano? Quando o projeto de TO começará e quanto tempo durará? Como as mudanças serão comunicadas? Quem deve ser mais impactado? Quais são as ações que envolvem todo o time? Todas as áreas serão envolvidas ao mesmo tempo? Note que até aqui só citei temas que dizem respeito ao comportamento humano.

Ainda nessa linha da gestão humana, precisamos criar um grupo de implementação. Por que esse ponto é relevante? Porque as alterações no negócio ocorrem em paralelo ao dia a dia da empresa uma vez que não é possível parar o dia a dia de trabalho para promover as mudanças. Como consequência, a transformação vai se dando na organização enquanto ela segue operando, comprando, produzindo, vendendo e entregando. Daí a necessidade de termos um grupo que olhe especificamente para as alterações que desejamos promover. O ideal é que essa equipe não olhe para os aspectos operacionais da rotina, que ficarão a cargo de outros times, mas que trabalhe os aspectos da mudança considerando as necessidades do dia a dia, ou seja, é preciso "trocar o pneu com o carro em movimento", percebendo e atuando rapidamente para fazer os ajustes necessários.

O grupo de implementação deve envolver outras áreas da empresa, como as áreas centrais do negócio que vão pôr a mão na massa e fazer a transformação. E há outras áreas que não estão tão envolvidas nas mudanças, pelo menos não diretamente, e podem esperar, mas que, ainda sim, estão internamente ligadas às áreas centrais e precisam saber o que está acontecendo. A chave do sucesso de um projeto de TO é envolver, informar e motivar todas as equipes da empresa.

Quanto aos impactos das transformações, ressalto que há inclusive setores e até unidades de negócios que desaparecerão à medida que o plano for colocado em prática, pois é natural a decisão estratégica da empresa em deixar de trabalhar com determinados produtos e serviços e investir em novos mercados. E como as pessoas vão reagir a tantas alterações? É preciso considerar seus medos, inseguranças e dúvidas.

Também devemos levar em consideração o que é sigiloso ou não. Quais informações não podem vazar para o mercado em hipótese nenhuma? Com quem podemos compartilhar os caminhos estratégicos da empresa? Quais integrantes da equipe têm maturidade e estabilidade emocional para participar de um projeto com tal dimensão? Para se envolver com tomadas de decisão tão delicadas, que envolvam tantas pessoas na organização e que terão impactos por anos ou décadas, os profissionais atingidos precisam estar preparados psicologicamente. Não basta serem bons tecnicamente. Precisam ser competentes e maduros também no aspecto comportamental.

O plano de Transformação Organizacional, como destacado anteriormente, é ancorado basicamente nos conceitos do PDCA. Alguns projetos de consultoria que realizo são divididos nas seguintes fases: planejar/organizar, fazer/checar e agir/terminar. Ou seja, usamos justamente as etapas do PDCA para estruturar o plano.

Além disso, é preciso dividir a discussão do que fazer em objetivos de curto, médio e longo prazo. Afinal, não dá para estabelecer apenas metas de curto prazo e sair tocando os projetos. Não! É essencial o quanto antes, pensar também nas metas de médio e longo prazo, até porque muitas ações de curto prazo que vamos estabelecer visam o cumprimento de objetivos que queremos atingir lá na frente.

PAPÉIS DO CEO NO PROJETO DE TO

Quando falamos no processo de Transformação Organizacional, seja ele feito em uma empresa familiar, nacional ou em uma multinacional, o papel do CEO ganha um enorme destaque. Ele é o principal articulador das mudanças junto ao fundador e/ou ao Conselho de Administração. Ele é também o maior motivador e incentivador da diretoria executiva ou dos executivos C-level para que abracem as transformações que o negócio tanto precisa.

O CEO é quem contrata a consultoria que ajudará no processo de transição, é quem define a velocidade com que as mudanças vão ocorrer na prática, é quem escolhe a estratégia de TO, é quem seleciona os integrantes do grupo de implementação e, ainda, é quem sabe quais resultados devem ser alcançados. Entretanto, na minha visão, sua principal função é sensibilizar o fundador e os acionistas para promover as melhorias na empresa.

Não é fácil aprovar no Conselho grandes alterações na dinâmica do negócio. É preciso mostrar números, argumentar muito bem, trabalhar nos bastidores e pouco a pouco convencer as pessoas.

Quando presidi uma concessionária de transporte ferroviário de passageiros na região metropolitana de uma capital brasileira, tive que investir muito nos encontros com os acionistas japoneses. Não dava para chegar às reuniões do Conselho, mostrar, à queima-roupa, a terrível realidade da empresa e imaginar que eles fossem aceitar minhas propostas de mudança. Porque a primeira reação deles seria de choque. E em choque, ninguém quer ou costuma (re)agir. A atitude inicial é geralmente de dúvida, de não acreditar no que está sendo mostrado de ruim e ficar na defensiva. Nesse caso específico, contava, ainda, o aspecto cultural bastante diferente do que vivemos no ocidente.

Por isso, investi nos encontros e nas conversas nos bastidores por três meses. Um a um, fui mostrando aos acionistas as dificuldades operacionais, o contexto político, socioeconômico e as estratégicas. E paulatinamente fui convencendo os membros do Conselho do que precisava ser feito. Quando apresentei o diagnóstico e a estratégia de TO em uma reunião com os acionistas meses depois, todos estavam cientes do cenário e já prontos para concordar com o plano exposto.

Para realizar esse trabalho é preciso sensibilidade e tempo, porque envolve um processo demorado. O CEO precisa ter a habilidade do velejador para ler para onde os ventos estão soprando e manejar as cordas do barco para aproveitar tanto a maré quanto as rajadas. Se ele puxar demais a corda da vela, o veleiro pode dar um "cavalo de pau". Se puxar de menos, a embarcação pode não caminhar no sentido pretendido. Em outras palavras, cabe a ele entender os comportamentos, as inseguranças, as visões e as dúvidas de cada um.

Caso o CEO não consiga o apoio incondicional do Conselho, do fundador ou mesmo dos executivos C-level, dificilmente o projeto de TO caminhará. Ele até pode aprovar algumas medidas, mas "na marra", por decreto, sem o engajamento de todos a sua volta, mas ele não conseguirá implementar suas ideias. Sem muitos e fortes aliados na alta direção e em posições-chave da organização, o trabalho de mudança simplesmente não acontecerá de maneira exitosa.

TRABALHANDO COM ORÇAMENTOS LIMITADOS

Quando falamos em planejamento estratégico e em plano de Transformação Organizacional, as pessoas imediatamente pensam que será preciso um investimento elevado de recursos. O mais comum é acreditarem que vão ter que colocar muito dinheiro para promover as mudanças que resolverão os problemas da empresa. Todavia, essa não é uma verdade em muitos casos.

É incrível o que a criatividade da equipe e o trabalho bem embasado em metodologias e ferramentas podem fazer. É a famosa lei do "mais com menos", ou quando "menos é mais". Quando o dinheiro é curto, o time identifica o que é desperdício e deixa de lado aquilo que não agrega. Em uma palestra que participei há alguns anos, conheci uma empresária que dizia: "na minha empresa, a gente atua pensando como rico e realizando como pobre". Acho que é bem isso o que deve ser feito.

Imagine que você tem que fazer algo e não tem dinheiro. Quem possui disposição, curiosidade, criatividade e proatividade pode fazer muitas coisas, mesmo sem os recursos. Mas para isso, é preciso encontrar formas alternativas e ter coragem para atuar em condições adversas.

Na empresa de trens metropolitanos que citei há pouco, tínhamos uma série de problemas de infraestrutura que precisavam ser resolvidos. O governo estava devendo muito dinheiro para a empresa e não mostrava disposição em pagar. Não tínhamos dinheiro, mas também não queríamos ficar de braços cruzados. O que fizemos? Focamos nas atividades que não exigiam tantos investimentos. Há muita coisa que dá para fazer com baixo orçamento. Se o *budget* já está fechado e descobrimos que tem mais coisas para fazer, com criatividade, fazemos caber tudo no orçamento.

Para essa filosofia dar certo, temos que nos apegar também à técnica. Uma ferramenta de gestão ótima para isso é o Diagrama de Pareto. Segundo seus conceitos, 20% dos problemas de uma empresa ou área representam 80% das reclamações dos clientes. Sabendo disso, ao invés de tentarmos resolver todas as dificuldades do negócio, devemos focar nos20% dos incidentes, pois os resultados serão significativos e, de certa forma, atingirão os demais 80% dos problemas.

Na concessionária de trens de passageiros, vimos na prática a força do Diagrama de Pareto, aliado a outras metodologias e ferramentas já citadas. Com orçamento limitado, tínhamos uma série de questões para resolver. E por onde começamos? Focando nas principais queixas dos usuários, descobrimos que o que mais irritava os passageiros era o ar-condicionado quebrado ou que não funcionava corretamente. Eles até aceitavam que as viagens atrasassem um pouco e demorassem mais que o previsto. Porém, não toleravam passar calor dentro das composições.

Naquela região, no verão as temperaturas ultrapassam facilmente os 40°C. Imagine isso dentro do trem lotado e sem janela para abrir. Muita gente passava mal e chegava a desmaiar. E todo dia saía na imprensa reportagens dos usuários sofrendo dentro dos vagões e reclamando da concessionária. Desesperados com o calor, vários passageiros forçavam as portas; havia quem quebrasse propositadamente os sensores para que o trem andasse com as portas abertas, pois o vento que entrava durante a viagem refrescava o pessoal. Mas e a segurança?! Era um perigo!

Quando descobri essa falha operacional, fui investigar. Por que os aparelhos de ar-condicionado não funcionavam? Porque a empresa tinha uma única equipe responsável pela manutenção e conserto, que obviamente não dava conta da alta demanda. O que foi feito? Colocamos uma nova equipe no segundo turno de trabalho e preparamos vários equipamentos reservas, além de criar um plano dedicado à manutenção preventiva. Assim, os aparelhos eram vistoriados com antecedência. A equipe não precisava mais esperar algo quebrar para só aí inspecioná-los. E se o ar-condicionado parasse de funcionar, a troca era imediata e não precisava esperar o conserto. Porque, enfim, havia itens de reposição.

Ao resolver esse problema, o índice de reclamações desabou. Não foi preciso gastar muito dinheiro e, na base dessa solução estava o uso do Diagrama de Pareto. Perto das necessidades de investimento que a companhia tinha, eu posso dizer que a solução encontrada foi muito,

muito barata e, além disso, os usuários se sentiram muito melhores. No calor extremo, muitos passaram a preferir se deslocar de trem e não em ônibus. Eles sabiam que a viagem podia atrasar um pouco, mas o serviço prestado estava melhorando. E, na sequência, o trabalho foi focar no segundo maior problema indicado pelo Diagrama de Pareto, e assim por diante.

Em muitos casos, você não precisa colocar a mão no bolso. Em outra companhia que atuei, identificamos a necessidade de treinamento para colaboradores de uma área. Mas não tínhamos orçamento para contratar uma empresa de consultoria e treinamento. O que fizemos? Selecionamos dentro da própria organização as pessoas que tinham habilidade e conhecimento para dar o treinamento. É o que as empresas chamam de facilitadores internos ou multiplicadores. Os colaboradores foram lá e deram o treinamento. O custo disso? Nada, ou quase nada. A energia elétrica, a sala de aula e os instrutores já estavam instaladas.

A IMPORTÂNCIA DOS PROJETOS-PILOTO

Outro pensamento comum que os empresários e executivos possuem é que as estratégias de Transformação Organizacional demandam necessariamente muito tempo, esforço e energia. Diante de tanto trabalho, vários profissionais se questionam se vale mesmo a pena promover mudanças tão significativas nos negócios.

O que posso dizer para quem tem essa crença é que o desenho do plano da TO não precisa consumir muito tempo. O planejamento não deve ser algo demorado, que ficará lá no papel, que ninguém usará para nada e depois se perderá. Não! O planejamento serve para você desenvolver suas ideias e resolver problemas com agilidade.

O plano não deve ser escrito em pedra — você pode, e deve, mudá-lo sempre que necessário. Na verdade, é até recomendável que plano seja melhorado com o passar do tempo. Não é preciso ficar meses e meses desenhando as estratégias, o ideal é que à medida que você for construindo o plano, já vá implementando.

Algo que gosto de usar e que funciona muito bem é desenvolver projetos-piloto. Muitas vezes, esse é o melhor caminho para convencer os clientes da empresa de consultoria e/ou os acionistas da companhia. Quando vejo que há dúvidas a respeito do meu plano, eu simplesmente falo: "deixe-me fazer um piloto; aí vocês poderão ver os resultados".

É para isso que serve o plano-piloto — para mostrar a viabilidade das ideias e a eficiência das propostas apresentadas. Por isso, ele não deve ser muito longo. Gosto quando duram algumas semanas ou poucos meses. Um plano-piloto não resulta em problemas, não custa caro e não toma bastante tempo. E ainda permite que as pessoas adquiram confiança no que está sendo proposto e entendam o funcionamento das transformações.

Sabendo disso, minha recomendação geralmente é: faça um plano-piloto pequeno e rápido para exercitar a empresa, treinar os colaboradores e ganhar a confiança do C-level. Porque receber um NÃO logo de cara sem poder testar é muito ruim. Agora, testar sem fazer um plano minimamente viável é jogar fora a oportunidade de ouro de promover as transformações no negócio. Nesse caso, você está jogando fora não só o dinheiro da companhia como a motivação das pessoas e a credibilidade em seu trabalho.

CASE DE UMA GRANDE EMPRESA DO SETOR DE BELEZA QUE ATUA COM FRANQUIAS

Para ficar mais claro como esse processo de Transformação Organizacional ocorre na prática, vou relatar a experiência que tive nos anos 1990 como consultor de uma grande empresa do setor de beleza.

Como já explicitado, começamos nessa empresa o projeto de TO por meio do diagnóstico; depois, apresentamos as informações para a direção da companhia as oportunidades de melhoria, discutimos as mudanças necessárias e conseguimos as aprovações com o Conselho e o fundador.

O que notamos durante a realização do diagnóstico é que a organização não podia ficar tão dependente de uma só categoria de produto, que representava, na época, 85% de seu faturamento. Ficou definido que o crescimento da receita e das margens de lucro deveria estar relacionado ao aumento dos segmentos de produtos que até então não eram trabalhados pela empresa, como cabelos, cremes, loções e maquiagem. De acordo com o nosso plano, a companhia deixaria de se posicionar como uma empresa forte em perfumaria e se tornaria uma empresa de beleza mais completa e sofisticada.

Como as mudanças eram grandes e profundas, tivemos que dividi-las em vários níveis. Um bloco de trabalho estava voltado à alteração do portfólio da empresa: entraríamos em segmentos que não tínhamos muita experiência. Para efetuar algo desse porte, era preciso transformar toda a infraestrutura e a cultura da organização. Note que teríamos que produzir, movimentar, guardar, distribuir e fazer a logística de alguns produtos pela primeira vez. Nas lojas, precisaríamos de expositores diferentes. Na área de desenvolvimento, novos laboratórios de pesquisa eram necessários. E na fábrica, além pessoal especializado que seria contratado, novos equipamentos, além da busca e inserção de novos fornecedores compatíveis com o perfil da empresa.

Em outro bloco de trabalho, tínhamos a questão do *layout* das lojas. Na maioria das unidades o visual e disposição dos móveis e produtos não eram amigáveis para os clientes. Analisando a arquitetura do ponto de venda, o balcão, em madeira escura, era uma barreira entre consumidores e produtos. Ter que pedir algo para os vendedores para só então manusear os itens ofertados atrapalhava bastante a experiência de compra.

Depois de muitos debates, chegamos ao novo padrão de loja: mais interativo e voltado ao autoatendimento. Ao invés do balcão, os pontos de venda teriam ilhas, prateleiras e demonstradores. Dessa forma, os clientes chegariam e experimentariam sozinhos os produtos, poderiam passar o creme na pele, cheirar o perfume, testar os cremes e maquiagem e, ainda, no lugar de vendedoras tradicionais, as unidades possuiriam consultoras. Os consumidores tirariam suas dúvidas nas lojas e receberiam dicas de como usar e o que utilizar. A venda, nesse caso, poderia ser realizada de outra maneira, sem forçar os clientes e sem empurrar os produtos.

Quando vimos o impacto e os custos das transformações, decidimos realizá-las aos poucos. A escolha recaiu por trabalharmos os dois blocos paralelamente: desenvolver os novos produtos do portfólio e mudar o padrão das lojas. E, claro, fizemos projetos-piloto.

Se não dava para mudar todos os pontos de venda de uma só vez, dava para, pelo menos, implementar as novidades em algumas lojas próprias e a partir daí fazer os ajustes necessários. Sabíamos que com o tempo e com o êxito do plano-piloto, a proposta maior com foco na mudança do padrão de lojas acabaria envolvendo toda a rede de franquias. Contudo, em um primeiro momento, não envolvemos sequer os franqueados, que certamente iriam criar resistências às mudanças. Nas lojas próprias selecionadas, mudamos o *layout*, a dinâmica de atendimento e os produtos comercializados.

Ao mesmo tempo, a empresa começou a criar cremes, loções, maquiagens e *shampoos* próprios. Como não ainda não havia *expertise* nesses novos produtos, não foi possível começar o desenvolvimento das novas linhas com muitos itens. Iniciamos, assim, com projetos-piloto. Ademais, foi necessário trazer gente do mercado com conhecimento nessas novas áreas. E esses novos colaboradores vieram de onde? Da concorrência, óbvio!

A perfumaria também passou por importantes transformações, pois precisava ser mais moderna, ter uma estética mais jovial e ganhar novas fragrâncias. Conversamos com os fornecedores de vidro, de tampa e do *design* e foram criadas embalagens novas. Além disso, selecionamos mais empresas de fragrâncias e outros perfumes foram concebidos. Desse modo, foi preciso mexer também na cadeia de suprimentos.

Todas essas etapas ocorreram contando com planejamento em blocos, colocando metas e realizando projetos- piloto. Criamos um grupo de implementação, responsável pela realização dos projetos de mudança, enquanto a empresa continuava funcionando normalmente.

Havia o núcleo encarregado de promover as alterações nos *layouts* das lojas, o núcleo focado no desenvolvimento de novos produtos e o núcleo designado à atualização do portfólio da perfumaria.

O trabalho do grupo de implementação era muitas vezes assessorado por empresas de consultoria, escritórios de arquitetura, companhias de *branding* e especialistas em áreas específicas, como fragrância dos perfumes, por exemplo. Vale ressaltar, que tudo que era realizado tinha o respaldo do fundador da empresa, era ele quem "batia o martelo" sobre o que estava bom ou não. O desenho das novas lojas, a apresentação dos novos produtos, os materiais no ponto de venda, o perfil da equipe de consultoras e os novos perfumes tinham que passar pela sua aprovação.

Essa postura foi muito positiva, pois ele se envolveu diretamente e moldou a transformação do negócio a partir de sua visão, preferência e conhecimento. Lembro que, em determinado momento, o fundador achou que a estrutura e o visual das novas lojas estavam ficando muito caros. Ele entendeu que os franqueados não iriam bancar aquele nível de sofisticação do ponto de venda. A partir daí, mudamos e criamos algo mais acessível financeiramente, mas que mantivesse o bom gosto e a elegância almejados.

No bloco do desenvolvimento dos produtos, o fundador da empresa foi apresentando suas ideias e agregando informações ao trabalho da equipe de implementação. Até que chegou a um estágio em que ficou clara a necessidade de reforçar o time de colaboradores em algumas áreas. Foi preciso, por exemplo, criar uma diretoria de marketing para cuidar de uma série de demandas que nasceram com a ampliação do portfólio de produtos, da gestão da marca e das suas submarcas.

As transformações pelas quais a empresa passou também mexeram com o quadro de colaboradores. Como todas as áreas foram impactadas — compras, produção e pesquisa até logística e gerência de lojas —, era natural que os perfis dos colaboradores sofressem alterações no processo.

Antes do projeto de TO, eu me lembro, havia na empresa nove diretores, no final, ficaram apenas quatro diretorias e nenhuma delas era ocupada pelos antigos profissionais. Dois diretores que permaneceram no quadro interno da empresa foram promovidos e outros dois vieram do mercado. Nas posições de gerência, assistimos ao mesmo padrão de mudança, com potenciais internos sendo promovidos e novos colaboradores advindos do mercado. Assim, houve a mescla da experiência da companhia e a apropriação da cultura do pessoal mais antigo com as novidades e as novas *expertises* que a empresa precisava trazida pelo pessoal recém-chegado.

É importante dizer que não é preciso, necessariamente, trocar as pessoas para o plano dar certo. Depende muito do nível das mudanças promovidas, do perfil da equipe e da velocidade das transformações. No caso dessa empresa do ramo da beleza, precisávamos de alguém para desenvolver os cremes corporais o quanto antes, e ninguém da empresa tinha amplo conhecimento nessa categoria de produto. Então tivemos que buscar alguém de fora. O mesmo episódio se passou com o marketing: não havia quem possuísse as competências necessárias para liderar essa área e, por isso, foi contratado um profissional do mercado.

Houve colaboradores que deixaram o negócio no primeiro momento. Outros saíram da empresa ao final do primeiro ano e alguns no meio do segundo ano da transição. Nós apoiamos essas pessoas, ajudando-as a se reposicionar na carreira. Nessa companhia, muitos colaboradores de longa data que viraram franqueados, outros criaram suas empresas e se tornaram nossos fornecedores. Assim, conseguimos contribuir com as pessoas que saíram da companhia. Com respeito e consideração pela equipe, aqueles profissionais que estiveram por muitos anos na empresa criaram vínculos que não podiam ser quebrados de uma hora para outra.

Outro ponto chave que consideramos, monitoramos e gerenciamos o tempo inteiro foi a comunicação. Os grupos de implementação precisaram ter muito cuidado com o que era divulgado, para quem falavam e quando informavam, pois não podíamos comentar tudo o que estava acontecendo. Por exemplo, não deixamos vazar para os franqueados que iríamos mudar o padrão das lojas. Por quê? Porque certamente teríamos uma parcela deles reclamando: "Eu vou ter que gastar mais dinheiro? Mudar para quê? Isso é "frescura". Deixa do jeito que está, pois, funcionando bem". Se isso acontecesse, já iniciaríamos o projeto com fortes resistências.

Como os franqueados foram convencidos a participar das mudanças? Houve um esforço diário de medição da temperatura em que colocávamos frequentemente o termômetro na água para avaliar sua condição. Se estivesse esquentando demais, era hora de colocar água fria para acalmar os ânimos. Se estivesse muito fria, seria preciso jogar água quente para motivar a equipe e fazer o plano caminhar na velocidade certa.

Esse projeto de Transformação Organizacional levou em torno de quatro anos. Só o plano-piloto da mudança da estrutura e do visual das lojas demandou 12 meses. Quando eu digo isso, há quem se surpreenda. "Mas tudo isso?!". Sim, demanda tempo desenvolver o novo *layout*, aprová-lo, encontrar os fornecedores certos para os novos equipamentos do ponto de venda, escolher as lojas que farão parte do projeto-piloto, reformá-las, contratar a nova equipe e inaugurar a unidade.

E, obviamente, é preciso considerar que, em geral, são necessários outros meses para avaliarmos os resultados das mudanças. Os clientes não percebem a transformação no nosso negócio logo de cara. Eles notam aos poucos, o que é natural. A medição do impacto nos consumidores foi fator fundamental para fazermos ajustes e melhoras continuamente. Como consequência, os indicadores da companhia mostraram a maior satisfação dos clientes e o aumento dos resultados comerciais.

As transformações no visual e no portfólio precisavam ter impactos no faturamento, e o plano elaborado previa que as vendas nas novas lojas aumentariam entre 5 e 10%. A ideia não era mudar a estrutura e o modelo de negócios só para a empresa ficar com um padrão mais bonito e diferente. A proposta era que as novas concepções caíssem no gosto dos consumidores e que eles pudessem comprar mais.

Portanto, levou pelo menos um ano para termos as duas lojas-piloto prontas e, depois, foram mais seis meses para avaliarmos os resultados. O faturamento aumentou acima do esperado. As mudanças promoveram o incremento nas vendas na ordem de 20%. Para os franqueados saberem o que estava acontecendo, promovemos uma espécie de convenção para apresentar os detalhes dos projetos-piloto e os números alcançados. Quando eles entenderam a força das transformações, todo mundo queria ser o primeiro a participar. Porém, como na época eram 1.600 unidades, não seria possível mudar tantas lojas ao mesmo tempo.

O que foi feito? Além de estabelecermos padrões de loja para os diferentes tamanhos (50 metros quadrados, 100 metros quadrados, 200 metros quadrados etc.), criamos critérios para ordenar os interessados. As primeiras lojas dos franqueados a migrar para o novo modelo deveriam estar em regiões com mais fluxo de clientes e com maior visibilidade em cidades-chave. Ao mesmo tempo, os donos das franquias precisavam ter capital para investir.

Ou seja, a próxima etapa do plano era fazer a expansão do novo modelo com racionalidade, sem afobação e com o envolvimento dos franqueados. Quantas lojas eu consigo mudar por mês? Quem irá participar e em qual momento? Eram essas as novas preocupações da equipe de implementação da TO.

Repito: esse é um processo que não é instantâneo. Demora! Foram mais de dois anos mudando as centenas de lojas pelo Brasil. Além das unidades antigas, também tínhamos que promover o lançamento de novos pontos de venda já no modelo atual. Mas por que aumentar o número de lojas? Porque tínhamos que ter mais capilaridade. Com mais produtos no portfólio, era necessário vender mais itens, pois do contrário, a conta não fecharia no positivo.

A partir desse ponto, o que aconteceu? Após o primeiro ano dessa transformação, a empresa passou a crescer aproximadamente 25% ao ano. Pelo menos durante quatro anos, a empresa expandiu sua atividade velozmente. Houve um período de dois anos nesse intervalo que abríamos em média uma loja por dia. Foram mais de 360 lojas inauguradas por ano, já no novo padrão.

Repare que tudo isso ocorreu no bloco da mudança do *layout* das lojas. Em paralelo, tínhamos as alterações da fábrica. Desenvolvemos novos produtos, selecionamos e treinamos fornecedores e construímos uma cadeia produtiva inteira. Nossos parceiros estavam acostumados com um tipo de produto e precisaram se adaptar aos novos itens e uma maior sofisticação. Isso tudo demora e exige investimento de tempo e esforços de todos.

Eram muitas mudanças ocorrendo simultaneamente, que precisavam ser gerenciadas. Nesse momento, você vê que muita coisa escapa do planejamento e as surpresas aparecem de todos os lados. O fornecedor de tal item não consegue entregar ou vai entregar fora do prazo. O que fazer para minimizar o problema?

Outra questão eram os produtos que deveriam ser lançados nas datas comemorativas. Esse segmento aumentou muito e os fraqueados pediam itens que pudessem ser vendidos como presentes: estojos com desodorantes, perfumes e batons. Segundo nosso novo conceito, não podíamos mais vender esses kits de qualquer jeito, com um saquinho improvisado envolvendo o pacote. Tínhamos que desenvolver caixas bonitas, que compusessem o visual do presente. Porém, não tínhamos essas caixas nem fornecedores para produzi-las. Então, fomos atrás de quem as fizesse com ótima qualidade e bom preço.

Por falar em fornecedores, levei para essa empresa de beleza o trabalho de valorização e premiação dos principais parceiros, prática já experimentada quando atuei em um projeto de consultoria em uma empresa do segmento de equipamentos elétricos. Assim, conseguimos desenvolver, avaliar e reconhecer os fornecedores da nossa cadeia produtiva. Os melhores eram reconhecidos e ganhavam prêmios, além de terem preferência no processo de suprimentos em função do seu alto grau de comprometimento, qualidade, níveis de serviço e preços. Esse tipo de evento, com o reconhecimento e desenvolvimento dos parceiros, existe até hoje na empresa, o que me deixa muito orgulhoso.

Concluído esse debate sobre a Estratégia da Transformação Organizacional, vamos falar no próximo capítulo sobre o lado comportamental que mudanças importantes requerem. Afinal, qual é a importância da gestão dos aspectos psicológico-emocional da alta liderança no momento de conceber e promover as melhorias necessárias no negócio? É sobre isso que vamos discutir nas próximas páginas.

06

A GESTÃO DOS ASPECTOS PSICOLÓGICO-EMOCIONAIS NO PROCESSO DE MUDANÇA

Neste capítulo vamos abordar alguns dos aspectos psicológicos e emocionais identificados no processo de Transformação Organizacional. Curiosamente, tema ainda pouco debatido nos livros de administração e negócios, apesar de sua enorme relevância. Afinal, quando promovemos mudanças sensíveis na estrutura da empresa, mexemos automaticamente com os sentimentos, as emoções, as expectativas e as crenças da equipe.

Se a alta administração não se preocupar com os impactos nas pessoas advindos das alterações promovidas nos processos, nas plantas, no portfólio da companhia e nos negócios em geral, certamente encontrará muita dificuldade à medida que cada um dos níveis da organização for se envolvendo com as novas definições estratégicas. Não é errado dizer que o maior vilão do processo de transformação em pequenas, médias e grandes empresas está na resistência à mudança por parte dos colaboradores, e no boicote do time às decisões tomadas pelo fundador, Conselho, CEO e C-level.

Quando ocorre de as pessoas não aceitarem verdadeiramente a nova realidade e os novos parâmetros de trabalho, e se não forem criadas condições para que elas se convençam a fazer diferente, ninguém (ou poucos membros da equipe) aceitará sair da zona de conforto. Nesse caso, ao invés do esforço para mudar, as pessoas vão se esforçar para não mudar.

Por isso, esse é um tema tão delicado. Diria até que se ele não for o mais decisivo para o sucesso das mudanças, é um dos mais importantes. E, acredite se quiser, a gestão dos aspectos psicológico-emocionais dos colaboradores é um dos pontos menos enfatizados por consultores e líderes empresariais que desejam promover grandes transformações em seus negócios, mas não possuem experiência nesse tipo de projeto.

ENCARANDO AS MUDANÇAS NO COTIDIANO DO TRABALHO

Todos os profissionais acabam impactados pelas mudanças na empresa, do diretor ao porteiro, do presidente ao operador de fábrica. Cada melhoria nos processos, cada alteração nas linhas de produto e cada nova estratégia comercial, produtiva ou logística, mexe com o dia a dia das pessoas que ali trabalham. Portanto, as transformações possuem consequências concretas e são palpáveis na rotina dos colaboradores.

Ao analisarmos o perfil dos executivos C-level, observamos que boa parte é constituída por administradores, engenheiros e profissionais das finanças. Na visão estritamente técnica de quem tem essas formações, tudo aquilo que envolva o lado psicológico, emocional e comportamental da empresa deve ser tratado pela área de Recursos Humanos que, supostamente, entende desse assunto. Daí vem o famoso bordão que ouvimos em muitas salas de reunião mundo a fora: "Chama o RH porque eles têm que participar dessa fase do projeto". Por tal perspectiva, os aspectos comportamentais parecem uma mera disciplina do processo de transformação e não a essência da promoção das mudanças. Não é preciso aprofundarmos muito o debate para já encontrarmos um erro grave de gestão quando os elementos humanos não figuram no alto da pirâmide de prioridades da alta administração.

Em qualquer etapa da vida, somos sempre agentes de transformação ou componentes do processo de mudança. Isso ocorre tanto no ambiente de trabalho quanto no âmbito pessoal. Não importa o tamanho da empresa, se ela é pequena ou grande, a sua origem, se é nacional ou internacional, e a sua estrutura, se é familiar ou corporação, as mudanças vão acontecer e afetarão todas as pessoas. A partir daí, temos que ver a forma e a intensidade desse impacto.

Nos processos de mudança organizacional que promovi em minha carreira, utilizei muito o livro *O Espírito Transformador*[13], escrito por Jair Moggi[14] e Daniel Burkhard[15]. Essa obra trata da questão da antroposofia, um assunto que não é discutido com tanta regularidade na esfera corporativa. O que é isso? É a maneira como a gente pensa, sente e quer realizar as mudanças, o que implica nas energias básicas do processo de transformação. A antroposofia é usada como filosofia básica para a promoção das alterações nos negócios e para o desenvolvimento do relacionamento com a equipe de colaboradores.

Sempre que falo sobre isso eu me lembro de Michelangelo[16], artista de renomadas esculturas e trabalhos artísticos E como Michelangelo fazia uma escultura? Ele dizia: "Eu simplesmente retiro do bloco de mármore tudo aquilo que não é necessário". Ou seja, ele olhava para o bloco de pedra e imaginava o que criaria. Ao pensar o que faria, e realizando agora uma analogia com os conceitos do livro de Moggi e Burkhard, o artista italiano já sentia o poder da transformação e estimulava a vontade de mudar a realidade. A partir daí, ficava mais fácil para começar a esculpir.

Gosto de trazer esse debate porque no íntimo sempre queremos mudar: as pessoas sempre pensam ou falam: "eu vou melhorar", "tenho que desenvolver isso e aquilo" e "sei que tenho que parar de fazer tal coisa". Contudo, as vontades não são concretizadas e, muitas vezes, param no pensamento. Por quê? Porque faltou estímulo para o processo

---

13 BURKHARD, Daniel; MOGGI, Jair. **O espírito transformador:** a essência das mudanças organizacionais no século XXI. São Paulo: Antroposófica, 2013.

---

14 Economista, advogado, administrador e consultor empresarial brasileiro com vários livros publicados sobre gestão, negócios e carreira.

---

15 Suíço radicado no Brasil há quase 50 anos, é engenheiro de formação e atua como consultor de desenvolvimento organizacional.

---

16 Pintor, escultor, arquiteto, anatomista e poeta nascido em 1475 na Toscana e falecido em 1564 em Roma. Foi um dos grandes artistas da Renascença Italiana.

de transformação acontecer de fato. Se as pessoas não transformarem pensamentos em sentimentos e, na sequência, sentimentos em intenção genuína para agir, as ações concretas não aparecem e a realidade nunca será alterada.

Outra publicação que utilizei muito como referência conceitual foi *Renascença Organizacional*[17], de Fela Moscovici[18], autora que trabalha o conceito de luz e sombra. A luz é tudo aquilo o que aparece para o público, ou seja, são nossas ações, nossas falas e nossos esforços ao trabalho. Assim, a estratégia e o planejamento da empresa, por exemplo, são aspectos de luz no processo de Transformação Organizacional, são visíveis e podem ser acessados por todos com facilidade.

E o que é, então, a sombra? São as emoções, os medos, as dúvidas e as incertezas sentidas pelas pessoas. Repare que esses são elementos que podem ficar imersos no ambiente profissional sem que ninguém consiga acessá-los. Ou podemos, por um acaso, visualizar com facilidade as preocupações e os receios dos outros? É muito difícil. Normalmente não conseguimos vê-los de forma tangível, mas eles existem, estão presentes no dia a dia e influenciam positiva ou negativamente o ambiente de trabalho.

Trouxe essa conceituação de Moscovici para dizer que é um equívoco muito presente e comum na gestão das mudanças nos atentarmos apenas para os aspectos de luz e ignorarmos, quase completamente, os aspectos de sombra. Muita gente acredita que se algo está oculto ou escondido, dá para ignorá-lo sem grandes consequências. No caso dos projetos de Transformação Organizacional, o lado não concreto das relações humanas tem um impacto grande nos resultados da empresa.

Quando falamos em mudança, o primeiro pensamento que surge é: "o que eu preciso fazer a mais para melhorar?". É como se precisássemos

---

17 MOSCOVICI, Fela. *Renascença organizacional: a revalorização do homem frente à tecnologia para o sucesso da nova empresa*. Rio de Janeiro: José Olympio, 1993.

---

18 Professora de pós-graduação da Fundação Getúlio Vargas e consultora de empresas. É autora de livros sobre desenvolvimento interpessoal.

inserir um sinal de + no processo de trabalho. Por mais complicado que seja incluir novidades na rotina, as pessoas, quando motivadas, estão dispostas às mudanças, mesmo que envolvam algum tipo de sacrifício. Porém, muitas vezes é exatamente o contrário o que deveria ser feito: precisamos retirar muitos elementos das atividades cotidianas — o sinal no caso não é o + (mais) e sim o — (menos), dificultando as atividades para as pessoas. Paradoxalmente, a resistência é muito maior em ter que subtrair atividades do que acrescentar. A perspectiva de desaprender algumas coisas e, por consequência, ter que reaprender a trabalhar gera enormes incômodos, que muitos não estão dispostos a encarar.

Talvez esse apego ao que estamos acostumados seja uma característica humana. É normal o receio de fazer algo para o qual não fomos educados e treinados. Se olharmos para todas as gerações, elas sempre se apegaram ao mundo no qual estavam familiarizadas. Enquanto os mais velhos optam, normalmente, pela dinâmica já consolidada, pela rotina estável e pela previsibilidade, os mais novos estão abertos às novidades, em um contexto marcado por inúmeras mudanças. Lembro do meu pai e de seus colegas que entravam em uma empresa e ficavam 40, 50 anos trabalhando ali até se aposentar. Por que faziam isso? Porque era o que estavam acostumados a fazer. O mundo era mais estável e as mudanças ocorriam de forma mais devagar. Na minha geração, ficar em uma só empresa pareceria coisa de maluco, eu mesmo trabalhei em várias. Essa mudança constante de emprego virou uma marca, que dificilmente vamos conseguir abandoná-la.

Mas o que a nova geração pensa disso? Para muitos jovens, o simples fato de se empregar em uma (ou mais) empresa(s) parece uma prática abominável. Eles não querem mais "ser funcionários", querem ter suas próprias empresas ou poder trabalhar de um jeito independente/autônomo e, nesse novo cenário, a liberdade de atuação é um conceito que eles não abrem mão, situação que não existia, por exemplo, na minha geração.

Note que as mudanças de uma geração para outra configuram o cérebro das pessoas para uma determinada situação. Uma vez definida essa condição, ela passa a ser o "novo normal" para aqueles indivíduos, algo difícil de mudar depois.

O CÉREBRO HUMANO COMO INIMIGO DAS MUDANÇAS

Do ponto de vista da neurociência, o cérebro humano foi estruturado para buscar acima de tudo previsibilidade e segurança. O seu maior objetivo é garantir a sobrevivência do indivíduo e da espécie e as condições para a procriação. Ou seja, ele, naturalmente, não gosta das mudanças que trazem geralmente níveis mais elevados de risco. O que ele quer é rotina e estabilidade. Tudo aquilo que quebra a dinâmica normal da vida e que tira as pessoas do estado de conforto é encarado pelo cérebro como uma grave ameaça. Dessa maneira, há o disparo natural de sentimentos como medo, ansiedade, dúvida, resistência, estresse e irritação, além de outros incontáveis elementos emocionais negativos, sempre que uma alteração no dia a dia surge no horizonte.

Imagine a rotina do homem das cavernas. Naquela época, a sobrevivência estava ligada à habilidade de caçar e de não ser caçado pelos outros animais. A parte mais desenvolvida do sistema nervoso era a que chamamos atualmente de cérebro reptiliano, que foi moldado por mais de 100 milhões de anos de evolução e está intimamente ligado à sobrevivência e às reações instintivas. Em questão de segundos e sem o processamento elaborado do pensamento, era possível agir e reagir aos acontecimentos da natureza para obter alimentos e evitar ser pego pelos predadores.

Quando a vida em sociedade passou a exigir novas habilidades de relacionamento interpessoal, o sistema límbico foi desenvolvido nos seres humanos. Ele é quem gerencia as emoções e trabalha a integridade emocional dos indivíduos. Evidentemente, essa parte da mente é mais recente do que a do cérebro reptiliano. No cotidiano da comunidade com muitas pessoas e devidamente protegida das ameaças naturais, as competências emocionais se tornam mais relevantes do que as reações instintivas.

Há também o neocórtex, a parte do cérebro que comanda a razão e controla os instintos e os sentimentos mais exagerados. Ele foi desenvolvido há apenas 2 ou 3 milhões de anos, que pela perspectiva da evolução da espécie, é pouco tempo, e deu aos seres humanos a capacidade de, por exemplo, lidar com as imagens e de desenvolver a linguagem. No mundo contemporâneo, pelo menos do ponto de vista da estrutura cerebral, as habilidades racionais são agora mais importantes para as pessoas tomarem decisões importantes.

A partir do funcionamento dessas três partes do cérebro, interagimos de diferentes maneiras com o mundo externo. Dependendo da situação, não controlamos nossas reações mais primitivas e agimos só pelo instinto. É o cérebro reptiliano trabalhando em prol da sobrevivência. Em outras ocasiões, somos naturalmente emotivos e pouco racionais, é o sistema límbico mostrando sua força. Por fim, há momentos em que nos comportamos de forma racional, controlando os sentimentos e os instintos naturais. Nesse caso, o mérito é do neocórtex, que está em plena atividade.

Como não há uma chave na nossa cabeça para ligar e desligar cada um dos dispositivos reagimos às ações do ambiente inconscientemente. Isso ocorre na nossa vida privada e na nossa jornada profissional. Estamos lá no cotidiano do trabalho e nosso cérebro está processando os acontecimentos da forma como ele entende ser a mais correta. A mudança é algo assustador para a nossa mente. E como seu funcionamento foi projetado para nos defender e para proporcionar maior estabilidade/segurança, o cérebro está no seu papel ao refutar as novidades que aparecem.

Não por acaso é tão difícil emagrecer. Enquanto a pessoa busca fazer tudo racionalmente para consumir menos calorias, a cabeça emite ordens para que ingira mais alimentos calóricos e acumule reservas energéticas. Em outras palavras, o maior culpado por acabar com a dieta de emagrecimento do indivíduo é o cérebro. É ele quem comanda a o apetite, a saciedade, a química do organismo e do sistema metabólico. A pessoa se torna vítima das imposições de sua própria mente.

Nos processos de Transformação Organizacional, precisamos analisar as interações que as pessoas terão com as mudanças propostas. Enquanto o ser humano foi projetado para resistir às alterações da dinâmica da vida, vivemos em um mundo em que elas acontecem aceleradamente. Para entender o que estou dizendo, é só olharmos tudo o que se criou de novo e de revolucionário nos últimos cinco, dez anos. Chega a ser assustador o nível das transformações. Tal como ocorre no mundo externo, devemos pensar nos impactos dessas transformações no universo corporativo?

Em diversas empresas em que trabalhei várias pessoas pensavam e diziam: "Poxa, quando esse negócio de ficar mudando as coisas vai acabar para que possamos voltar logo ao normal?". Elas não entendiam que não havia mais longos períodos de estabilidade. Mal as transformações são colocadas em prática, já é preciso promover novas alterações nos produtos, nos processos e na estrutura organizacional. Só assim a companhia conseguirá continuar atuante e se destacando no mercado.

O ideal é o profissional se acostumar com a nova dinâmica, se desenvolver continuamente e aprender a conviver com a quantidade absurda de mudanças. Mesmo assim, há pessoas que se sentem muito mal com o processo de transformação e o abalo emocional que sofrem chega a ser destruidor em alguns casos. Se a liderança da empresa não tiver um olhar cuidadoso e compreensivo para o comportamento dos colaboradores, fornecedores, distribuidores e parceiros, o cenário pode ser ainda mais desalentador para o bem-estar psicológico da equipe.

AS TRANSFORMAÇÕES PELA PERSPECTIVA DA ALTA ADMINISTRAÇÃO

Considerando que a promoção de transformações causa tantos problemas psicológicos e emocionais na equipe, então por que a alta administração decide mudar? Em muitos casos, ela não tem escolha. É através das dores causadas pela perda de relevância no mercado, pela diminuição do faturamento e pela dificuldade financeira, ou seja, o sumiço do lucro e o aparecimento do prejuízo, que os líderes da organização abraçam o processo de transformação como se ela fosse uma boia salva-vidas no alto-mar. Se mudar é ruim para alguns colaboradores, não mudar é péssimo para o negócio como um todo.

Infelizmente, são poucas as companhias que promovem alterações quando estão ganhando o jogo. No mundo dos negócios, o ditado "em time que está ganhando não se mexe" é mais comum do que podemos supor. No entanto, se a equipe está prosperando e conquistando vitórias, é preciso sim olhar para o futuro e promover melhorias. Não é preciso esperar as dores aparecerem e incomodarem para agir. São pouquíssimas as empresas fazem isso no momento positivo, quando a alegria cria uma atmosfera favorável. Dessa maneira, é quase sempre o risco de não sobreviver à concorrência e às novas exigências dos consumidores o que move os líderes a (re)agir.

É muito interessante quando o fundador, o C-level e CEO das empresas realizam trabalhos que chamo de aconselhamento profissional. O que é isso? É parar um tempo para conversar com alguém de fora da empresa sobre os problemas de sua organização. É refletir com qualidade, sinceridade e profundidade sobre a situação vivida pelo negócio.

Vale lembrar que os líderes das companhias são pessoas como quaisquer outra, seus cérebros funcionam como o meu e o seu, eles têm medos, dúvidas, preocupações, desconfianças e indecisões sobre o que fazer e como superar os desafios crescentes do mercado. Em alguns casos, a alta administração sabe que algo precisa ser feito urgentemente, mas não sabe o que e como fazer; sem mesmo sabe por onde começar ela tem certeza.

Essa troca de experiências quando feita com alguém de fora da companhia, que seja confiável e competente, é fundamental por vários motivos. Em primeiro lugar, o tom de desabafo promove um alívio momentâneo, pois colocar para fora as preocupações do dia a dia pode ser uma experiência catártica para a pessoa angustiada.

Além disso, é interessante ouvir a opinião de terceiros. A dimensão das dificuldades se torna totalmente distinta pela perspectiva do outro. Muita gente só percebe que "o monstro não é tão monstruoso assim" quando alguém que está do lado de fora do problema mostra isso em um papo franco.

Outro aspecto é fazer uma espécie de *benchmarking*. Imagine a riqueza da conversa entre dois fundadores de empresas familiares que estão passando pelo processo de sucessão. Certamente, as dificuldades deles serão distintas. Porém, haverá muitos elementos em comum entre eles, que podem e devem ser debatidos e compartilhados. Interagir com indivíduos que passam pelos mesmos problemas que os nossos é uma excelente oportunidade de aprendizado.

CUIDADOS COM O BEM-ESTAR DA EQUIPE

Se as mudanças são inevitáveis para o bem coletivo, o caminho mais salutar é promovê-las e, a partir daí, cuidar dos aspectos emocionais do time. Para isso, é necessário tomarmos cuidados para que as alterações na estrutura do negócio não sejam traumáticas nem para a equipe nem para a liderança. Vamos supor que a empresa vai reduzir de tamanho ou vai se mudar para outra região do país, mudanças que são gigantescas. O que fazer com os funcionários e suas famílias? E os fornecedores? Não é fácil lidar com todos os aspectos humanos relacionados à nova estratégia.

O executivo C-level tem que saber lidar com isso e o aprendizado muitas vezes vai ser desenvolvido na prática. Não existe aula teórica que o ensine a encarar todas as consequências da Transformação Organizacional. Por isso, os profissionais precisam de coragem. Não é a bravura dos super-heróis como estamos acostumados a ver nos livros e no cinema. É ousadia para enfrentar desafios em que não temos completa noção da sua dimensão ou iniciar o processo de transformação sem sabermos todas as respostas para as incontáveis dúvidas. É coragem para dar *feedbacks* ou para tomar decisões depois de ouvir a equipe.

Possuir maturidade e inteligência emocional é fundamental para enfrentar tantas questões delicadas. Acredito que ninguém queira magoar os outros, nem criar uma legião de ressentidos por onde passa. Mas se os profissionais da alta administração não estiverem habituados ou prontos para esse tipo de desafio, eles podem contratar quem os apoie: há consultores, psicólogos e psicoterapeutas organizacionais habilitados e acostumados a realizar tais trabalhos. O importante é não estar sozinho nem desassistido.

O apoio é para fortalecer o lado psicológico e emocional dos tomadores de decisão e daqueles que conduzem as transformações organizacionais. Como e quando comunicar as mudanças para a base da empresa? Como tratar as decisões mais difíceis e como explicá-las? Quais os critérios para as priorizações que serão feitas dali em diante? Quanto mais apoio o C-level tiver nesse momento, menos difícil e traumático será o processo para ele e para os colaboradores.

Não é porque estamos incentivando a presença de profissionais externos para ajudar a lidar com as questões emocionais que não devemos utilizar a competência da área de Recursos Humanos. O RH, certamente, deve estar presente e participar de todo o processo de Transformação Organizacional e é inviável começar um projeto como esse sem o envolvimento direto dos profissionais que cuidam das questões humanas do negócio.

Atuei em um projeto de TO em uma empresa familiar que, no segundo ano do processo, o fundador, que era o CEO, me chamou e disse: "Sanches, vamos ter que tirar o pé das mudanças. Precisamos ir mais devagar porque está criando muito ruído. Eu não imaginava que seria tão difícil". Qual era o ruído? Havia pessoas que estavam com ele desde o início do negócio e se sentiam incomodadas com os rumos que a companhia estava tomando. Havia ali a mistura entre a relação profissional e a pessoal, e ele não sabia lidar com a tensão crescente.

Quando resolvemos um problema profissional, devemos ser estritamente objetivos e racionais: se é para melhorarmos os processos e os sistemas da empresa, devemos buscar os melhores resultados. Ponto. Porém, as pessoas não estavam encarando daquela forma. A pressão para que não mudássemos foi aumentando, principalmente no nível gerencial e de coordenação. É o cérebro dizendo: "melhor não arriscar"; "vamos manter tudo como antes"; e "sigamos pelo caminho menos perigoso".

O nível de estresse estava tão alto que o médico da empresa me confidenciou, lá pelo quinto ou sexto mês do processo em curso, que o atendimento de colaboradores com pressão alta e ansiedade tinha disparado. As pessoas estavam somatizando porque o projeto não estava sendo bem realizado. Quando o processo de mudança é bem-feito, já é difícil, imagine quando há falhas!

E qual era o problema? A falta de transparência. Por se tratar de uma empresa familiar, com histórico de concentração de poder e de tomada de decisão unilateral, a comunicação das mudanças não estava sendo realizada corretamente, o que gerava preocupações e temores na equipe. Como consequência, um turbilhão de pensamentos negativos e temores estavam presentes na cabeça das pessoas. A quantidade de fofocas explodiu. Muitos colaboradores criavam fantasmas e esses fantasmas abalavam o seu lado emocional dentro da empresa, o que impactava diretamente no clima organizacional e na saúde de todos.

Ao invés de melhorar a comunicação, o que o líder do negócio familiar logo pensa? Pensa em interromper o processo de transformação e, nesse momento, é papel dos consultores e dos executivos mais experientes em processos de TO explicarem que o caminho mais adequado não é interromper o projeto e sim aperfeiçoá-lo. É preciso avaliar o nível de transparência, a qualidade da comunicação, o tipo de orientação que as pessoas diretamente envolvidas com a execução das mudanças estão recebendo, o treinamento dos colaboradores e a velocidade impressa na construção do novo. Temos que ter sensibilidade para entender o momento de acelerar e de atrasar as transformações.

No caso específico dessa empresa, decidimos mudar mais devagar pelo bem da equipe e de sua relação com o proprietário. E foi isso que ocorreu efetivamente no segundo ano. As transformações aconteceram no tempo adequado e hoje, mais de uma década depois, a organização continua líder de mercado, crescendo e sendo bastante lucrativa, todos estão felizes e satisfeitos. Se não promovêssemos a correção no curso do trabalho para modelar o processo de transformação às necessidades particulares daquela organização, o trabalho inteiro poderia ter sido perdido ou, até mesmo, jogado no lixo. Às vezes, é melhor imprimir um ritmo mais lento e adequado ao contexto do que colocar tudo a perder.

PROJETO-PILOTO COMO FERRAMENTA DE QUEBRA DAS RESISTÊNCIAS

Uma boa estratégia para ajudar no convencimento da liderança e da equipe para que abracem o futuro e busquem novas iniciativas sem tanta ansiedade e medo é promover projetos-piloto. Sei que falamos bastante desse tema no capítulo anterior e não quero ser repetitivo. O que gostaria de acrescentar sobre esse assunto, agora que estamos falando do apoio psicológico e emocional ao processo de mudança, diz respeito a usá-lo como uma espécie de ferramenta de aclimatação emocional. Ao invés de fazer a mudança na empresa inteira, algo que pode gerar mais dúvidas e receios do que certezas e entusiasmo, a proposta é para atuar apenas no microcosmo.

Com a implantação dos projetos-piloto, tanto o fundador, o CEO e o C-level quanto a equipe e os parceiros externos podem atestar as alterações no negócio com mais tranquilidade. À medida que comprovam paulatinamente que o ensaio está dando certo e promovendo melhorias substanciais, todos, inclusive a média gerência e demais níveis de coordenação e supervisão, adquirem a convicção e a calma necessária para seguir em frente, sem crises ou estresse desnecessários.

O projeto-piloto tem o papel fundamental de fazer a regulação emocional no momento da execução das mudanças. O que vamos preferir: realizar as transformações de forma muito rápida, passando o rolo compressor e atropelando tudo e todos? Ou vamos fazer um experimento, escolher a área que é mais fácil para ser implementada, com menor nível de resistência e com possibilidade de resultados mais destacados? A segunda alternativa me parece mais interessante na maioria dos casos, tanto pela perspectiva técnica e metodológica, como discutimos com mais profundidade no capítulo anterior, quanto pelo lado psicoemocional.

Essa é uma estratégia eficiente para quebrar as resistências internas e para começar a implementação das mudanças com baixo nível de estresse na equipe. Em vários casos que presenciei muitos colaboradores, que provavelmente se colocariam ferozmente contra as grandes transformações na empresa ou na sua área de atuação, são os primeiros e/ou os mais empolgados a participar do projeto-piloto. Isso ocorre porque entendem que o experimento será pontual e de ação limitada. É muito curioso esse paradoxo.

Uma vez dando certo o projeto-piloto, o time e a liderança adquirem confiança para seguir no processo de transformação em maior escala, compreendendo o que precisa ser feito e vendo o quão positivo foi o resultado prévio. O medo e o pânico da equipe não emergem da mudança em si, mas de não conseguir visualizar como será o dia a dia das pessoas no futuro. Quando a visão do amanhã fica clara, naturalmente a tranquilidade e a confiança são restabelecidas.

Fazer projeto-piloto é como treinar para correr uma maratona. Ninguém que esteja começando na atividade física já chega correndo 42 quilômetros. Também não vai se inscrever em uma prova com tal distância. O que a pessoa faz? Em primeiro lugar, faz uma avaliação física e médica. Depois, arruma um treinador e começa a correr aos poucos e com frequência. Ao invés de querer chegar rapidamente aos 42 quilômetros, pode ter como meta correr simplesmente 5 quilômetros. Dessa forma, a preparação do atleta amador e novato se torna mais lógica e viável, além de não demandar tanto tempo para se visualizar os resultados concretos.

Em dois ou três meses a pessoa já estará participando de provas de rua com essa distância. A partir desse ponto, o desafio aumenta: participar de corridas de 10 quilômetros. Dois ou três meses depois, ao atingir a nova marca, o próximo objetivo será participar de meia-maratona, de21 quilômetros. Repare que enquanto vivencia a experiência de correr provas de menor distância, a pessoa se prepara ao mesmo tempo física e emocionalmente para a maratona, o que a motiva a seguir em frente na busca da meta maior, os 42 quilômetros. Em outras palavras, o corredor vai se tornando aos poucos um maratonista e consegue sentir que aquele desafio que parecia, lá atrás, quase impossível é bastante factual.

ANGARIANDO AGENTES DA TRANSFORMAÇÃO

Ao se avaliar a situação psicológico-emocional da equipe para a construção de processo de Transformação Organizacional, os líderes precisam analisar o perfil de seus colaboradores. Depois de ter atuado por tantos anos em várias companhias, posso assegurar que os times possuem certo padrão de composição.

Há sempre uma turma mais engajada, que quer mudanças e está aberta às novidades. Esses profissionais querem trabalhar em empresas pioneiras e líderes de mercado. Assim, entendem e abraçam tranquilamente o processo constante de transformação. Eles encaram como positivo para suas carreiras e para o desenvolvimento profissional a busca contínua em direção à excelência e às melhores práticas. A má notícia é que esse grupo é geralmente formado por poucas pessoas, trata-se, quase sempre, da minoria nos ambientes corporativos.

Outra turma é composta por aqueles que esperam para ver para onde as águas vão correr. A partir daí, tomam uma posição, positiva ou negativa, sobre os acontecimentos. Costumo brincar que esses profissionais são adeptos dos princípios de São Tomé, porque só creem naquilo que podem ver e atestar concretamente. Ou seja, são muito desconfiados e precavidos. Eles jamais vão tomar uma posição inicial, seja a favor ou contra sobre algo que desconhecem. Simplesmente esperam para ter respostas mais concretas sobre as mudanças propostas. Esse grupo é tradicionalmente o predominante nos ambientes de negócios.

Por fim, temos a turma que sempre é radicalmente contra qualquer alteração nos processos, na dinâmica da empresa, na estrutura organizacional e na linha de produtos. Essas pessoas não querem que mexam em nada daquilo que estão acostumadas. Quanto mais previsível for a rotina, melhor será. Por que agem assim? Porque não estão dispostas a gastar tempo e energia aprendendo, estudando e melhorando. A realidade está muito satisfatória e o futuro que desejam é idêntico ao presente. Nas empresas convencionais, esse grupo é normalmente minoritário, mas costuma ser um pouco maior do que o de profissionais engajados pela mudança.

Quando se participa de um processo de Transformação Organizacional, é preciso identificar as pessoas ao seu redor a partir da definição desses três grupos. Esse panorama é importante para entendermos as forças e as influências que são exercidas no dia a dia da empresa. Os engajados vão sempre puxar os colegas em direção à mudança. Os contrários vão sempre fazer o movimento em prol da manutenção do *status quo*. Mesmo sendo minoritárias, as duas turmas moldam a opinião dos desconfiados/precavidos. Dependendo da força e do grau de influência de engajados e contrários, a maioria dos colaboradores, normalmente cética, toma uma posição favorável ou desfavorável às transformações.

Monitorar e, principalmente, participar da disputa de influência dos colaboradores, fortalecendo os engajados e minando a ação dos contrários, é uma etapa fundamental para a execução do projeto de Transformação Organizacional. O ideal é angariar o maior número possível de profissionais para o papel de agentes da mudança. Como consigo essa façanha? Descobrindo quem são os engajados e ajudando-os a disseminar seus valores, ideias, propostas e princípios ao grupo dos desconfiados/precavidos. Quando a maioria da equipe foi convencida das vantagens das mudanças, a força da opinião e das ações da turma contrária às alterações se torna mais fraca e irrelevante. Assim, o caminho para as transformações está pautado porque um número elevado de agentes da transformação aderiu ao processo.

IMPORTÂNCIA DA COMUNICAÇÃO BEM-FEITA

Como se faz para convencer a equipe ou a maior parte dela da importância das mudanças? Se comunicando bem com os colaboradores de todos os níveis. As palavras-chave para o sucesso de um projeto de Transformação Organizacional são comunicação eficiente e transparência no processo.

O que é, afinal, uma comunicação transparente e com qualidade? É aquela que diz ao time com franqueza o que será feito passo a passo. Ela é realizada prioritariamente de maneira presencial ou por vídeo ao vivo, e não por escrito e de forma impessoal (por e-mail, por exemplo).

Sua dinâmica abrange primeiramente a conversa, em tom de diálogo, com grupos menores para depois atingir grupos maiores. Uma conversa sadia predispõe que todas as partes tenham oportunidade de ouvir e falar, sem a imposição de um discurso unilateral ou de um monólogo.

As pessoas precisam acreditar naquilo que está sendo compartilhado pela liderança. Se não houver confiança mútua, a comunicação e o trabalho coletivo serão penalizados pelos possíveis desgastes da relação. É impossível alcançar o engajamento da equipe se não existir uma relação forte e positiva entre colaboradores e alta administração. A comunicação é, portanto, o ponto de atenção número um para que a empresa em processo de transformação possa calibrar as emoções e os sentimentos da equipe.

No próximo capítulo, vamos tratar de outro desafio que os líderes precisam enfrentar quando querem promover melhorias em suas empresas: os choques culturais. Afinal, falar de transformação de processos e estruturas é também abordar as mudanças culturais. Não dá para alterar o comportamento e as ações das pessoas sem rever e alterar suas visões e concepções de mundo.

07

MUDANÇAS NA CULTURA DAS EMPRESAS

Para a Transformação Organizacional acontecer com consistência e contundência, ela precisa vir acompanhada de mudanças culturais. Do contrário, você corre o sério risco de regredir ou estancar na hora que estiver revendo estratégias corporativas, estruturas, portfólios e processos. Seja na vida pessoal, seja no âmbito profissional, qualquer alteração significativa no aspecto técnico do dia a dia de indivíduos, grupos e organizações deve estar ancorada em um novo olhar sobre a realidade e o mundo. Os dois aspectos estão sempre intimamente ligados e é até difícil de dizer o que vem primeiro: se a mudança cultural provoca a mudança prática do trabalho ou se a transformação da organização influencia as transformações no ambiente e na crença das pessoas. É a velha discussão do que vem primeiro, o ovo ou a galinha?

Em um país gigantesco como o Brasil, temos uma cultura em cada Estado. Se a Europa, que em tamanho pode ser comparada ao nosso país, tem várias nações com línguas, hábitos, histórias, gastronomias, manifestações artísticas, religiões e etnias próprias, nós também temos essa rica variedade em escala regional. Se viver na Inglaterra é diferente de morar na Espanha e se trabalhar na Itália é diferente de atuar na Alemanha, a mesma distinção ocorre se compararmos a vida em Santa Catarina e na Bahia ou o trabalho em São Paulo e no Amazonas. Ignorar essas peculiaridades é tapar os olhos para a complexidade da nossa sociedade.

Nas empresas ocorre a mesma dinâmica em relação às suas peculiaridades. Há grupos empresariais que têm uma determinada cultura tão consolidada que é difícil questioná-los para fazer ou a pensar de outra maneira. E esse não é um problema só do executivo C-level ou do fundador, como alguns podem cogitar. É algo que permeia a companhia inteira de forma profunda e intensa. De tão acostumadas com aquelas crenças e princípios, as pessoas naquele ambiente agem espontaneamente de acordo com os valores e os pensamentos que foram solidificados através dos anos. A partir de um determinado estágio, ninguém precisa impor ou controlar as atividades dos colaboradores. A própria cultura organizacional molda por si só o trabalho ali. Exatamente por isso, ela é tão poderosa e de difícil alteração.

Conhecer os aspectos, a força e o alcance da cultura da empresa em que se está trabalhando é fator decisivo para quem almeja fazer transformações na parte técnica e na gestão do negócio. Se não entendermos as complexidades das mudanças organizacionais a partir do olhar daquele grupo de pessoas e se não conseguirmos avaliar o nível de dificuldade/facilidade do time em promover as alterações almejadas, nosso projeto de levar a companhia em direção ao amanhã corre grande risco de naufragar.

O QUE É CULTURA EMPRESARIAL?

Afinal, o que é exatamente a cultura de uma empresa? Gosto de explicar esse conceito como sendo o "jeitão de ser" e de se comportar da companhia. É aquilo que identificamos nas atitudes diárias e nas concepções de mundo de um determinado grupo de trabalho. Porém, essa é apenas uma maneira sucinta de explicarmos um termo que é, evidentemente, muito mais complexo.

Betania Tanure[19], no livro *Você e Seu Barco*[20] detalha a distinção entre o jeito de fazer e o jeito de ser. Há aspectos da cultura de uma empresa ou família que não conseguimos explicar em palavras para as pessoas ao nosso redor. Porém, eles traduzem com perfeição o que somos e o que fazemos e conseguem replicar tais valores na prática. Essa decodificação da cultura acontece em casa (na educação dada pelos pais aos filhos), no trabalho (no treinamento dos líderes para os liderados) e nas sociedades (hábitos e convicções passados de geração para geração).

CONHECENDO A FUNDO A CULTURA DA ORGANIZAÇÃO

Para mudar uma cultura empresarial, o primeiro passo é, obviamente, conhecer qual é a cultura vigente na organização. Sem essa compreensão, fica difícil promover qualquer tipo de transformação. É importante deixar claro que cultura organizacional não é só o que a alta administração prega, mas também o que a equipe pratica no dia a dia. Até porque há aspectos dessa cultura que não aparecem objetivamente nos discursos do executivo C-level, do fundador e da diretoria nem estão nos quadros de missão, visão e valores pendurados pela empresa, mas podem ser vistos nas condutas diárias dos colaboradores. Se esses elementos não são tão evidentes, como vamos percebê-los? Somente com a análise do cotidiano dos diferentes níveis hierárquicos é que conseguimos entender o cenário completo.

Como a empresa trata a questão dos resultados? Como ela gerencia as pessoas? Como cuida da comunicação interna e externa? Se perguntarmos para o CEO, teremos um tipo de resposta. Se questionarmos a equipe operacional, vamos ter outra categoria de explicação. E não é

---

19 Consultora empresarial, palestrante, professora universitária e escritora, Bethânia Tanuri é doutora pela Brunel University (Inglaterra) e psicóloga pela PUC-MG.

---

20 TANURE, Betania; PATRUS, Roberto. *Você e seu barco: bússolas, motores e mapas para você liderar a si mesmo e liderar pessoas, equipes e empresas rumo a resultados extraordinários e admiráveis em mares com fortes ventos.* Rio de Janeiro: Qualitymark, 2022.

impossível que, ao interagirmos na prática com os demais colaboradores da organização, tenhamos um terceiro *feedback* para esses mesmos temas. Por que isso acontece? Porque há diferentes percepções dependendo do ponto de vista.

Mesmo com tantas opiniões diversas, uma coisa é certa: a cultura organizacional é única para todos. Por mais que as pessoas não consigam expressá-la verbalmente, ela é nítida (para alguém que se esforça em identificá-la) e molda o trabalho desde o presidente ao colaborador da base da organização. Exatamente por isso, é preciso entender suas nuances. Como a empresa vive? Quais são seus comportamentos habituais? No que ela acredita e no que não acredita? Como respira? Quais são os sonhos e buscas? Como se relaciona interna e externamente?

Quando falamos em negócios familiares, a cultura da empresa é constituída fortemente pela cultura pessoal do fundador-proprietário. O jeitão dele, seus gostos e vontades, a maneira de trabalhar, suas crenças e opiniões, o olhar para as questões corporativas e a forma como se relaciona com os produtos e as pessoas influenciam significativamente a equipe. Notamos essas características com mais intensidade justamente nas fases de transição de poder: venda ou sucessão.

Muitas vezes, a sensação é que, ao entrar um novo presidente, o ritmo da equipe diminui, o resultado da companhia cai, o trabalho deixa de ser como era antes e a qualidade dos produtos e serviços se deteriora. Por quê? Porque nem sempre o novo líder, ainda que seja da família do fundador/antecessor, tem os mesmos valores e traços culturais. Caso ele queira fazer mudanças profundas na organização sem planejamento e sem a compreensão do que o time estava acostumado a fazer, certamente terá graves problemas tão logo assuma a cadeira de comando.

Esse cuidado se aplica tanto aos negócios familiares quanto aos outros tipos de companhias. Antes de propor e executar transformações, é preciso conhecer e entender a cultura da empresa, quais seus traços culturais e como as pessoas que a integram pensam e se comportam. Como a organização chegou até aqui? Nesse momento, ela está bem ou não? O que podemos fazer para melhorá-la daqui para frente?

O que pode ser realizado de diferente para que o negócio se perpetue e siga seu caminho com solidez e relevância? E o que precisa ser mantido em nome da coerência e da identidade corporativa? Quando falamos de cultura de uma empresa, estamos considerando a comunicação, a tomada de decisão, a gestão humana e o relacionamento com clientes, fornecedores e parceiros.

Vale a pena destacar que não existe certo ou errado quando tratamos de cultura empresarial. Cada empresa tem seu jeito e age da forma como se acostumou a trabalhar. Se pegarmos companhias do mundo inteiro, com acionistas norte-americanos, alemães, japoneses, sul-africanos, chineses, franceses ou colombianos, há exemplos de negócios bem-sucedidos em todas as partes. E a cultura desses empreendimentos segue, na maioria das vezes, a visão das sociedades locais.

No Brasil, assistimos à pluralidade de características regionais. Uma organização gaúcha tem traços distintos de uma cearense, que por sua vez é diferente de uma carioca, que é diferente de uma mineira. Eu sei que não dá para generalizar. Porém, o ambiente exerce sim forte influência sobre as pessoas, não apenas na hora de se fazer negócios e trabalhar como em todos os aspectos da vida. As empresas familiares nascem pequenas e crescem sob os traços do fundador, que é de uma região e carrega naturalmente características da comunidade onde nasceu, cresceu e se formou.

Vejamos o caso da Baterias Moura, empresa do interior de Pernambuco, com mais de 65 anos de atuação e que é líder na América do Sul no mercado de baterias automotivas. Natural de Belo Jardim, cidade localizada no Agreste pernambucano e onde está, até hoje, o parque fabril da companhia, a Baterias Moura tem alguns traços culturais dos fundadores, o casal Edson Mororó Moura e Conceição Moura, e, por consequência, dessa região do Brasil. Repare que estamos falando de uma organização bastante inovadora e que atende às principais montadoras de automóveis. Ela soube manter suas particularidades e usá-las como diferencial competitivo.

PROMOVENDO A MUDANÇA CULTURAL

Toda transformação precisa acontecer primeiramente na cabeça e no coração das pessoas para depois ser efetivada no dia a dia da empresa. A cultura da organização, ou seja, seu jeito de ser e seu jeito de fazer, é que vai ditar o ritmo das mudanças nas diferentes áreas da companhia -política comercial, sistema de logística, parte produtiva ou gestão humana, ou mesmo na estrutura geral, no negócio como um todo.

Vivenciei esse desafio quando promovi uma transformação cultural em uma das unidades de um grande grupo nacional de energia elétrica, constituído por várias empresas no Brasil que, por sua vez, se dividem em distribuidoras, transmissoras, geradoras e comercializadoras de energia elétrica. Na época em que lá estive, o grupo possuía 50 empresas e meu desafio era promover a Transformação Organizacional em uma delas, que distribuía a energia para todo o estado de Pernambuco.

Logo no início do trabalho, percebi que a companhia era composta por profissionais bastantes técnicos. Em outras palavras, era uma empresa formada por engenheiros que cuidavam de eletricidade, falavam de distribuição, se preocupavam com os transformadores e detalhavam os aspectos dos fios que levavam a energia até as residências, aos escritórios e aos estabelecimentos comerciais e industriais. os usuários finais.

Para se ter uma ideia da dimensão da organização, naquele momento eram 3,6 milhões de clientes, entre consumidores residenciais e pessoas jurídicas, que a empresa enxergava apenas como um número. Quando faltava energia aqui ou ali, isso queria dizer simplesmente que tantos clientes ficaram momentaneamente sem luz. Essa estatística era alta ou era baixa? Dependia. Se a queda de energia acontecesse em um bairro pouco populoso da capital, longe dos olhos dos formadores de opinião, ou em pequenas cidades do interior do Estado, o mal não era tão grave, pensava a equipe. Se ocorresse em uma localidade com alta quantidade de consumidores, ou em bairros de maior visibilidade social, o problema era considerado era maior.

Os colaboradores acreditavam que estavam vendendo apenas energia elétrica. Porque, se pensarmos bem, a companhia não comercializava luz acesa para quem tinha luz apagada, uma vez que a energia é muito mais do que isso: é Internet, é entretenimento com televisão e é qualidade de vida para as famílias; é produção, é faturamento e é dinamismo empresarial para as grandes fábricas, para os pequenos prestadores de serviços e para os comércios locais. Enfim, há também aspectos intangíveis que representam bem-estar, conveniência, desenvolvimento socioeconômico, saúde e tantos outros atributos. É isso o que realmente importa no fim das contas.

Ao perceber essa incongruência, a primeira ação foi mostrar para a equipe que os produtos e os serviços que levávamos aos nossos clientes não eram apenas assuntos do campo técnico. Por mais que essa concepção tivesse lógica para mim e para quem estivesse fora do negócio, não era tão claro para os colaboradores e para as lideranças, pois estavam acostumados, há anos e anos, a pensar e a ver os clientes como meros números. O time não tinha essa visão mais humana imbuída em seus propósitos e em suas práticas diárias.

E qual era a consequência dessa miopia? De um jeito um tanto óbvio, a empresa vivia uma péssima situação financeira. Ademais, os clientes conviviam com mau atendimento expresso principalmente na constante falta de energia e na demora de horas ou dias para ser restabelecida. Não havia investimento suficiente em infraestrutura para elevar a qualidade nem para promover a expansão da oferta dos serviços. O quadro era tão crítico que a Agência Nacional de Energia Elétrica — ANEEL[21] estava a ponto de cassar nossa concessão. Era urgência promovermos uma mudança radical no panorama geral da empresa: ou ela melhorava rapidamente ou ela seria impedida pelos órgãos do Estado de continuar atuando.

Como eu e o time executivo da empresa poderíamos mudar esse cenário? Mostrando a importância do atendimento aos clientes, que

21 Autarquia federal vinculada ao Ministério de Minas e Energia que regulamente e fiscaliza a produção, transmissão, distribuição e comercialização de energia elétrica no Brasil.

estavam muito insatisfeitos: eles ligavam todos os dias reclamando, com razão. Visando transformar o *mindset* da equipe, coloquei como objetivo conhecer quem eram os clientes. O que eles queriam? Quais eram suas expectativas? Como enxergavam nosso trabalho?

Assim, fomos mostrando aos colaboradores que éramos um serviço público essencial, como água e telefonia. Se, naquele momento, estávamos como funcionários da empresa, poderíamos estar nós mesmos, amanhã ou depois, na posição daquela pessoa, solicitando um atendimento básico para a vida moderna, para um dia a dia com o mínimo de bem-estar. Até porque não parece difícil de imaginarmos a complicação de ficarmos várias horas ou dias sem energia elétrica, em casa ou no trabalho.

O cliente não é um número. Ele é uma pessoa com necessidades e desejos específicos. Há residências com familiares com problemas de saúde, que dependem de um aparelho ligado à tomada 24 horas por dia, se ficarem um minuto sem energia, eles podem morrer. A interrupção desse serviço essencial pode provocar enormes problemas e variadas dores de cabeça para a população.

O maior desafio era mostrar que uma empresa não é constituída só com a parte técnica: a subestação, o poste, o transformador, o fio, o protocolo. Não! Uma empresa é feita de pessoas. Os clientes são indivíduos como eu e você. Nosso trabalho é restabelecer o mais rapidamente possível a energia e, além disso, devemos cuidar para que não ocorram novas interrupções no fornecimento. Afinal, não adianta nada resolver um problema agora e ele voltar a acontecer nas semanas seguintes.

Quando o time entendeu isso, mudamos completamente a maneira como os projetos eram desenvolvidos, como os processos eram realizados e como a companhia era estruturada. A preocupação de todos passou a ser outra: cada uma das pessoas que atendíamos deveria ficar satisfeita com o nosso trabalho diário. O departamento de engenharia, a área de manutenção e o setor de prestação de serviço no campo começaram a trazer ideias e soluções até então inimagináveis para os seus problemas cotidianos.

Por exemplo, como poderíamos chegar mais rapidamente a uma localidade assim que detectamos o problema da falta de energia? A própria equipe optou por trabalhar de moto. Dessa maneira, ela podia escapar do trânsito pesado do Recife e chegar mais rapidamente ao local danificado. Mas, como na moto não dá para levar todo o equipamento, para resolver essa limitação, o serviço do SAMU, o Serviço de Atendimento Móvel de Urgência, da cidade de São Paulo, foi usado como referência.

O que o pessoal do SAMU paulistano faz? A ambulância não chega tão velozmente ao local do acidente. Porém, o enfermeiro de moto com uma maca dobrável e um kit de primeiros socorros consegue antecipar o trabalho, ele faz o atendimento inicial. Quando a ambulância e o restante da equipe chegam ao local do incidente, o paciente já recebeu a atenção de um profissional especializado, o que muitas vezes é decisivo para o seu salvamento. A partir daí, ele é levado para o hospital.

Sabendo disso, dividimos cada equipe em duas. Uma pessoa ia de moto, na frente, para fazer o serviço inicial de reparo da energia elétrica. O caminhão, com o restante do time e com os materiais mais pesados, seguia logo atrás. Quando o caminhão chegava ao local do incidente, o colaborador de moto normalmente já tinha feito o levantamento completo do ocorrido, isolado a área para evitar riscos às pessoas que circulavam nas proximidades. Se ele não conseguisse resolver, sozinho, a situação, a equipe partia para o trabalho de um ponto mais avançado. O tempo de resposta para nossos problemas em campo foi reduzido.

Quando os colaboradores visualizaram a importância do cliente, tudo ficou mais fácil. Eles começaram a dar sugestões de melhorias e a trazer ideias para alteração nos processos. A partir desse momento, o poste deixou de ser a prioridade número um do dia a dia da empresa e os consumidores foram alçados ao topo das prioridades da equipe. Eu brincava que nosso cliente não era o poste na rua, e sim as pessoas que moravam dentro das casas e/ou os profissionais que estavam trabalhando nos negócios que atendíamos. Pode parecer engraçado ou estranho dizer isso agora, mas na época em que cheguei para trabalhar nessa companhia pernambucana, o poste era efetivamente a clientela de boa parte do nosso time.

As mudanças no trabalho dos colaboradores só foram possíveis porque vieram precedidas por mudanças na cultura da organização. Como conseguimos isso? O primeiro passo foi conscientizar e, de forma clara, colocar na cabeça dos gestores a nova mentalidade, pois quando a diretoria não compra a ideia, ela jamais será disseminada para os demais segmentos.

E como se coloca uma nova ideia na mente dos outras pessoas? Não é impondo ou forçando, e sim debatendo. Nesse caso, apresentei minha visão e comecei a conversar com a diretoria sobre o que eles achavam de priorizarmos a satisfação dos clientes. É claro que alguns rapidamente concordaram comigo, outros foram contrários logo no início, e a maioria com o tempo foi sendo convencida. Esse tipo de comportamento é muito natural, como vimos no capítulo anterior. Acho graça das pessoas que acreditam ingenuamente que o CEO manda e todos na empresa obedecem cegamente às suas ordens. Não é dessa forma que as coisas funcionam na maioria dos negócios. O presidente precisa convencer o time que suas propostas e suas crenças fazem sentido, do contrário, elas jamais serão aceitas e executadas.

Uma vez que a diretoria foi convencida, a próxima etapa foi transmitir a nova mentalidade para a gerência. Em seguida, partirmos para o nível de coordenação e supervisão. Só quando a média liderança tinha comprado as ideias é que elas foram expandidas para a base da pirâmide da empresa. Esse processo, vale ressaltar, não é rápido nem simples. Mudanças culturais levam tempo e exigem um considerável esforço. Qualquer vacilo, as crenças antigas podem voltar.

Quando tínhamos um projeto em desenvolvimento na empresa, eu sempre insistia que a equipe fizesse a conexão com os clientes. Vamos construir uma subestação. Para quê? Precisamos fortalecer a linha de transmissão. Por quê? Se não houvesse um impacto direto na melhoria do atendimento dos consumidores finais e em seu nível de satisfação, o projeto debatido perdia a relevância instantaneamente.

Nas reuniões de resultados, passamos a cobrar do time aspectos para além das questões operacionais e financeiras, que eles já faziam automaticamente. Os indicadores comerciais eram até então inexistentes. Como consequência, o cliente estava colocado em uma posição de maior visibilidade interna. Os esforços eram para que os consumidores ficassem no centro do negócio e que tudo o que fizéssemos fosse voltado para a melhoria dos serviços prestados.

Na sequência, expandimos o olhar e a escuta dos clientes nos comitês da empresa. Nos debates com a equipe, sempre dávamos oportunidade para que eles opinassem e dessem *feedbacks*. Como rotina, diretores e gerentes passaram a ir mensalmente ao Serviço de Atendimento ao Cliente — SAC para ouvir as queixas de cobranças indevidas, as reclamações sobre a falta de energia e a demora no restabelecimento do serviço. O impacto foi enorme! Ouvir pessoalmente que alguém que naquele momento morava numa roça simples e ia perder toda a plantação porque a bomba que fazia irrigação não estava funcionando era de cortar o coração. Ou a situação da dona de casa estava desesperada porque sem o funcionamento do *freezer* a família perderia a comida estocada para o mês inteiro.

Conhecer essas histórias sensibilizou os colaboradores de todos os níveis. Foi aí que eles entenderam que o cliente não era o poste e sim as famílias, os trabalhadores e os pequenos empresários. Quanto mais contato com os consumidores a equipe tinha, maior era o seu nível de preocupação e o seu envolvimento com a qualidade do serviço prestado.

O CEO preciso dar o exemplo e mostrar a preocupação. Nesse papel, eu visitava rotineiramente o SAC, espaço que muitos diretores e gerentes-executivos jamais frequentaram, e trazia relatórios e relatos verídicos de reclamações. Dessa maneira, foi possível plantar, no dia a dia, as sementes do cuidado com os consumidores na cultura organizacional. Essas sementes seriam mais tarde disseminadas no restante da empresa e replantadas nos demais segmentos.

O papel da liderança é, por suposto, criar mecanismos para a promoção das mudanças, incentivar a equipe a trilhar o novo caminho proposto e dar o exemplo de como agir na prática. É assim que se transforma a cultura empresarial.

RESISTÊNCIA À MUDANÇA CULTURAL

É normal uma parte da equipe não concordar com mudanças na cultura de uma organização e, uma vez que esse problema é identificado, cabe à alta administração trabalhar para convencer o time mais resistente. Não cabe simplesmente mandar embora todos aqueles que não concordam com as mudanças ou que têm opiniões diferentes, como alguns executivos C-level têm vontade de fazer. Muitos profissionais que se mostram resistentes possuem bastante experiência e altíssimo nível técnico e contar com eles é importante para uma companhia que deseja ou precisa passar por uma Transformação Organizacional.

O papel da liderança é ajudar sua equipe a moldar o trabalho segundo as novas perspectivas. Há pessoas que têm mais facilidade e há, naturalmente, aqueles que têm um pouco mais de dificuldade para assimilar as novidades. Penalizar quem for mais lento na adaptação cultural não é uma política sadia de gestão de pessoas. A ideia não é promover uma caça às bruxas.

Entretanto, não é porque vamos dar tempo para a adaptação, e estamos nos esforçando para convencer a equipe inteira, que podemos ser negligentes com os casos ruidosos que afrontam à nova cultura organizacional proposta. Se já foram dados alguns *feedbacks* para o profissional, se ele recebeu explicações sobre o que ele precisava fazer de diferente, se contou com ajuda no processo de transformação e, ainda assim, não mostra nenhuma disposição à mudança, cometendo inclusive afrontas aos clientes e aos colegas, a troca se faz urgente até para o bem do time.

A mudança cultural traz naturalmente uma elevação do nível de estresse para os colaboradores. Ao invés de tentar diminuir a temperatura, é válido manter a tensão em um patamar sadio para a promoção da Transformação Organizacional. É saudável provocar o time a se superar e lançar desafios que comprovam que as alterações na empresa estão se consolidando. Quando bem-feita essa estratégia de gestão humana motiva a equipe durante o caminho em direção ao cenário projetado. Porém, repito, não dá para exagerar na dose nem realizar ações extremas. Lembre-se que a diferença do remédio para o veneno está, muitas vezes, na quantidade das doses ministradas.

Na empresa de energia elétrica de Pernambuco, em seis meses já tínhamos conseguido angariar em torno de 80% da equipe para o novo modelo e, consequentemente, para a nova mentalidade. Foi nesse momento que apresentamos um plano de reestruturação para a ANEEL para que nossa concessão não fosse cassada. O pedido foi aceito e, a partir daí, mês a mês os resultados foram sempre melhores. O que consolida a transformação cultural, queiramos ou não, é o retorno objetivo e mensurável das ações. Quando a equipe enxerga uma melhora significativa no trabalho realizado e o aumento dos principais indicadores do negócio, as últimas resistências vão sendo minadas.

Mesmo assim, ainda havia lá uma meia dúzia de profissionais totalmente inflexíveis à mudança de postura e de mentalidade. Quando vimos que se tratava de "casos perdidos", foi preciso mexer. O restante da empresa já sentia um crescente desconforto com aquelas vozes cada vez mais dissonantes e que provocavam estrondoso ruído interno. É interessante dizer que, de tão incomodados com o processo de mudança, muitos resistentes acabaram pedindo demissão quando notaram que se tornaram "peixes fora d´água" e, assim, nem foi preciso demitir boa parte deles. Ao entenderem que não conseguiriam trabalhar plenamente a partir da consolidação da transformação cultural, vários tomaram a iniciativa de sair.

A mudança da cultura da empresa deve ser feita respeitando a história de cada companhia e das pessoas que a ajudaram a crescer. Não é porque seja, em geral, um processo longo, difícil e delicado que podemos ser insensíveis e inconsequentes. Por exemplo, quando falamos sobre o perfil da liderança, não significa simplesmente fazer escolhas por afinidades: fui com a cara daquele profissional, ele permanece; não fui com a cara daquele outro, ele sai. Não é assim que funciona!

Dessa forma, é fundamental investir no desenvolvimento da equipe: treinar, qualificar, acompanhar de perto, avaliar com rigor, dar bons *feedbacks* e ajudar os colaboradores, são ações que devem ser incorporadas pelos executivos C-level. Existem técnicas e testes científicos promovidos por empresas sérias que identificam o perfil dos gestores e suas principais competências e limitações. Toda ajuda é bem-vinda na hora de fazer a análise dos integrantes da alta administração, da média gerência e dos cargos de coordenação e supervisão. A área de Recursos Humanos deve ser envolvida nessa dinâmica do início ao fim. E, como falamos no capítulo anterior, o cuidado com a comunicação deve ser algo constante.

Uma vez que entendemos a importância da gestão dos aspectos psicológico-emocionais e a relevância da mudança da cultura empresarial, já podemos pensar nas transformações do modelo do negócio. O que alterar na estrutura da organização? Quais os processos devem ser melhorados? Qual a nova estratégia da empresa? Como devemos configurar a linha de produtos e serviços da companhia daqui para frente? Essas são questões técnicas que vamos debater no próximo capítulo.

08

MUDANÇAS NO MODELO DE NEGÓCIOS

No capítulo anterior, vimos que as mudanças culturais preparam a liderança e a equipe para possíveis alterações no modelo de negócios da empresa. Agora, na segunda parte deste debate, focaremos no que fazer, e não mais em como fazer, para melhorar a companhia.

Não dá para pensarmos em Transformações Organizacionais robustas sem que haja uma análise profunda da estrutura, dos processos, das estratégias e do portfólio. Por que isso acontece? Porque as novas demandas dos clientes, as diferentes configurações da sociedade, os avanços tecnológicos e as evoluções nos aspectos legais têm o poder de modificar as bases de sustentação do mercado.

Com os constantes rearranjos das placas tectônicas da economia, ganham relevância as empresas que souberem se adaptar mais rapidamente ao novo cenário. Parafraseando Charles Darwin[22]: "Não é o mais forte que sobrevive, nem o mais inteligente, mas o que melhor se adapta às mudanças"[23]. Assim como ocorre na natureza, a lei da evolução das

22 Naturalista, geólogo e biólogo inglês, Charles Darwin é famoso pelas pesquisas e livros sobre a evolução das espécies nas ciências biológicas. Sua obra mais celebrada é *A Origem das Espécies*, publicada originalmente em 1859.

23 Famosa frase atribuída a Charles Darwin que resume a importância da adaptação das espécies ao longo do tempo para a sobrevivência de suas futuras gerações.

espécies também pode ser aplicada perfeitamente à competição nos negócios. E essa alteração fica mais nítida quando avaliamos as intervenções nos modelos de negócios das empresas.

Há vários tipos de mudanças possíveis: das mais profundas, que transformam totalmente a empresa, às pontuais, que mexem em apenas alguns elementos da essência organizacional. Há, ainda, quem prefira o modelo híbrido, ou seja, são adotadas alterações dentro do seu portfólio ou são abertas novas frentes de negócios que convivem lado a lado com as operações tradicionais. Dessa maneira, preservam-se os elementos originais da companhia ao mesmo tempo em que se permitem as incorporações de uma série de novidades mais substanciais.

Falar de modelos de negócios é tratar da competitividade das companhias e de suas (re)inserções nos mercados em posições mais vantajosas.

O QUE É UM MODELO DE NEGÓCIOS?

No meu entendimento, o modelo de negócios é uma espécie de *framework*[24]. Ele é o padrão utilizado pela empresa para entregar o que se propõe aos clientes. É por meio dele que a empresa gera valor aos consumidores. O modelo de negócios não deve ser engessado nem rígido, pelo contrário, ele precisa se adaptar às diferentes situações do mercado.

Na literatura de administração e gestão, muitos autores falam dos modelos tradicionais: o B2B (*business to business*)[25] ou o B2C (*business to consumer*)[26]. Porém, as opções são variadas, talvez infinitas. Por isso, não dá para listarmos quantos modelos existem exatamente e quais são. O que dá para garantir é que são muitos e, sem qualquer critério

24 Termo extraído da engenharia e da arquitetura e muito utilizado no desenvolvimento dos projetos, essa ferramenta permite olhar de forma geral o negócio ou o projeto. A partir da visão global, podemos compreender o mecanismo integral das diferentes partes.

25 São companhias que atendem a outras empresas. Os clientes desses negócios não são pessoas físicas e sim pessoas jurídicas.

26 São organizações que atendem diretamente os consumidores finais. Seus clientes são preferencialmente pessoas físicas e não pessoas jurídicas.

posso citar: franquia, *marketplace*, *outsource*, aluguel e arrendamento, Group-Buying, Pay-per-use, Anúncios (usado pelo Facebook, Instagram etc.), Freemium (livre de anúncios como Youtube e Spotify) e outros mais.

Olhando para a história de uma única empresa, é possível constatar a proliferação de modelos de negócios ao longo do tempo. De maneira orgânica, a companhia começa com um modelo, passa para outro e muda à medida que cresce e se consolida no mercado.

É importante que a empresa saiba qual é o seu modelo de negócios atual, suas particularidades, o porquê ele foi escolhido e quais são suas vantagens e desvantagens quando comparado ao da concorrência. Obviamente, antes de querer mudá-lo, é fundamental realizar uma análise profunda do cenário interno, da situação da companhia, e externo, que se refere às condições do mercado. A partir daí, pode-se chegar a várias conclusões: não é preciso mexer no modelo, pois ele não é o problema principal e ainda está adequado; deve-se apenas adaptá-lo para a nova realidade, embora mudanças sutis sejam bem-vindas; ou a alteração deve ser completa, uma vez que o modelo em uso já está ultrapassado e, portanto, precisa urgentemente ser substituído por um novo.

Em algumas situações, quando o problema não é do modelo de negócios em si, podemos, por exemplo, promover a implementação de mudanças tecnológicas para aprimorar o parque fabril e a modernização da linha de produtos. O incremento na oferta de serviços também pode ser muito interessante e, ademais, as melhorias nos processos e na organização das equipes também são bem-vindas. Isso tudo, reforço, sem mudar o modelo de negócios da companhia.

Por outro lado, há casos de organizações que apresentam piora significativa nos resultados operacionais e financeiros porque seus modelos de negócios, que até então eram fontes de diferenciais competitivos e molas propulsoras do crescimento, já não atendem mais aos anseios dos clientes atuais nem às novas dinâmicas dos mercados. Quando isso é detectado, é preciso promover alterações mais sensíveis em sua estrutura. Essas transformações podem ser direcionadas tanto aos processos e ao portfólio quanto à essência da companhia.

Várias empresas varejistas migraram da operação física para o modelo virtual. A mesma mudança se aplica a algumas instituições de ensino, que passaram a adotar o sistema híbrido de ensino (presencial e a distância). Esse tipo de movimentação não é fácil e exige uma atenção especial da alta administração. Até pouco tempo não existia *marketplace*, o modelo de negócios de algumas empresas enormes, bem-sucedidas e muito lucrativas que não tem sequer instalação física nem trabalham com estoques.

A própria mudança do mercado e a incorporação de novas tecnologias colocam, frequentemente, em xeque a maneira como as empresas e os clientes enxergam os modelos de negócios. Vejamos o setor de geração de energia. A instalação de placas fotovoltaicas nas residências está transformando esse mercado. As famílias que são donas de painéis solares deixam o papel de simples consumidoras para se tornarem também geradoras de energia. Há equipamentos que podem ser instalados nas fachadas dos edifícios, como se fossem uma película Insulfilm, que produzem energia solar, ou telhas que já vem com essa tecnologia como revestimento.

O curioso é que uma mudança puxa a outra. Com a alteração das figuras de produtor e consumidor de energia, esse mercado está se modificando mais velozmente no Brasil nos últimos anos. Em breve, os consumidores poderão escolher de quem comprar a energia elétrica. Ou seja, acabará o monopólio da distribuidora que podia fazer o que bem quisesse com os clientes em sua região de concessão, como apresentado no capítulo anterior. Os fios de transmissão são como trilhos de trem em que poderão trafegar várias companhias, os vagões, simultaneamente.

Assim, uma pessoa na cidade de São Paulo poderá escolher a fornecedora de energia localizada em Minas Gerais como sua fornecedora, que transportará a energia elétrica pela fiação e pelos cabos compartilhados com as demais companhias. Isso já acontece para os grandes consumidores de energia com o mercado livre, onde cada empresa pode comprar energia mais barata de" comercializadoras de energia", receber pela distribuidora local e pagando pelo "uso do fio", como se diz no setor.

Essa mudança na configuração do setor pelos órgãos reguladores tem a capacidade de transformar radicalmente o mercado de energia elétrica no país, desconfigurando modelos de negócios que funcionavam bem ou mal há décadas. Isso já é uma realidade em países da Europa e o Brasil está caminhando nessa direção.

TIPOS DE MUDANÇAS NO MODELO DE NEGÓCIOS

Em suma, podemos dizer que há dois tipos de mudanças no modelo de negócios: (1) preconiza a melhoria incremental ou a mera atualização de algo já existente e (2) busca a completa alteração nas bases estratégicas da organização. O que irá nos dizer qual caminho a ser seguido é o estudo completo do cenário interno e externo.

Peguemos como referência o setor automotivo. A troca dos veículos com motores a combustão, movidos a gasolina, álcool e diesel, pelos veículos de motores elétricos não me parece uma mudança tão corriqueira. "Ah, mas é tudo veículo", alguém pode alegar. Sim, é verdade, mas a nova tecnologia muda a relação das pessoas com as máquinas e abre janelas de oportunidades para novos investimentos, o que pode gerar alterações significativas nesse mercado.

Como o motorista irá fazer as recargas das baterias? Os postos de combustíveis vão desaparecer ou vão se moldar às novas exigências, tornando-se espaços para recargas e manutenção rápida de componentes específicos dos carros elétricos? Como será construída a nova rede de abastecimento? A autonomia dos veículos vai crescer nos próximos anos? As oficinas de manutenção vão sobreviver? Os mecânicos especializados em motores a combustão ficarão desempregados? A cadeia produtiva que fornece peças e componentes terão que se transformar também? Como será o descarte das baterias?

Como disse, uma mudança puxa outra. Com o surgimento dos automóveis totalmente autônomos, uma realidade cada vez mais próxima e viável já para os próximos anos, a relação das pessoas com os veículos sofrerá grandes alterações? O hábito das novas gerações em não comprar carros, e bens duráveis, irá influenciar na configuração desse mercado? Ele passará a ser prioritariamente voltado para a locação e não mais para a venda? Essas são questões que precisam ser monitoradas e debatidas pelos profissionais do setor.

Diante de transformações tão profundas, me parece que o caminho para uma montadora de veículos está mais na mudança completa de seu modelo de negócios do que na simples alteração incremental de elementos de sua estrutura. Prova do que estou falando é que as principais montadoras de veículos elétricos já não são as maiores montadoras de veículos a combustão. Várias empresas de tecnologia entraram nesse mercado e marcas até então inexistentes estão entre as líderes do novo segmento.

Para onde olhamos, notamos as transformações da tecnologia e dos hábitos dos consumidores, cenário que impõe a completa reconfiguração das velhas fórmulas de se fazer negócios. Os bancos trabalham com a mesma estrutura por séculos e, não à toa, são vistos como uma área tão conservadora. Por mais que tenham promovido incontáveis mudanças incrementais em seus processos ao longo das últimas décadas, eles ainda operam com base em agências físicas, no contato direto com os clientes, na burocratização dos processos internos e no cuidado extremo na hora de fazer a concessão de crédito. No entanto, em um determinado momento, a digitalização surgiu como uma melhoria incremental daquilo que sempre fora feito pelos bancos tradicionais.

O surgimento das *fintechs* nos últimos anos provocou uma revolução que sacudiu as bases desse mercado. Para isso, elas não apenas usaram as novas tecnologias e a digitalização dos serviços financeiros como proposta de melhoria pontual de processos e da relação com os consumidores. Ao mesmo tempo, criaram novos modelos de negócios com outras marcas: inexistência de agências físicas, contato e atendimento 100% *online*, desburocratização das relações entre banco e correntistas e lançamento de novos serviços e ferramentas na modalidade "faça você mesmo, sem a necessidade de intermediários".

Esse movimento de inovação forçou as instituições financeiras tradicionais a mudar seus modelos de negócios. Alguns *players* importantes optaram por alterações incrementais e outros foram pelo caminho de implementar uma nova base estrutural.

Existem bancos que não podem simplesmente fechar todas as agências, pois seu tamanho e capilaridade elevados não permitiriam um passo tão ousado. Para se adequarem ao novo modelo houve diminuição na quantidade de unidades e o atendimento ao cliente foi reformulado. Para completar, incrementaram seus aplicativos e hoje oferecem vários serviços digitais aos clientes. Porém, ainda sim, estão longe da velocidade e do nível de inovação das *fintechs*.

Por outro lado, bancos menores optaram por promover mudanças mais significativas nas suas estruturas, processos e produtos, se tornando mais parecidos aos novos concorrentes do que aos velhos e poderosos "bancões".

Há uma opção que acho interessante para as grandes empresas ou para companhias há muito tempo consolidadas: tornarem-se híbridas. Ao invés de promoverem mudanças radicais em seus modelos, uma dificuldade comparável a mudar subitamente a rota de um transatlântico em alto-mar, ou realizar melhorias incrementais, algo muitas vezes limitado diante das profundas alterações do mercado, a organização escolhe a rota do meio. Ou seja, mantém suas estruturas, processos, estratégias e produtos originais, mas insere inovações em partes determinadas e/ou independentes do negócio.

É muito comum, nesse caso, ter uma nova unidade de negócio com características especiais, uma linha de produtos disruptiva, uma nova empresa dentro do grupo com cultura bem particular ou mesmo um centro de pesquisa com atuação separada. Em outras palavras, não se deixa de promover mudanças profundas (mas em apenas uma parte da organização!), ao mesmo tempo em que se mantém a estrutura tradicional intacta, faturando e trabalhando segundo o modelo de negócios que a consagrou.

Um segmento que faz bastante isso é o dos bancos. Já que usamos esse exemplo há pouco, vamos continuar com ele. Qual foi a decisão que muitos bancos varejistas, grandes e tradicionais, do Brasil e do mundo, fizeram para acompanhar o ritmo alucinante das inovações promovidas pelas *fintechs*? Eles abriram (ou compraram) suas próprias operações 100% digitais. Dessa maneira, permanecem com o modelo de negócio que os consagrou, promovendo diversas alterações incrementais e, simultaneamente, incorporam uma unidade de negócio totalmente nova e disruptiva. Sinceramente, não conheço nenhum grande banco brasileiro que não seja híbrido atualmente. Todos têm uma operação 100% digital concentrada em uma unidade de negócio independente.

MUDANÇAS NOS NEGÓCIOS FAMILIARES

Vamos olhar agora para os modelos de negócios pela perspectiva das empresas familiares. Normalmente, essas companhias têm um líder muito atuante. Ele pode ser o fundador ou alguém da segunda ou terceira geração da família controladora do negócio. Nesse caso, é comum o presidente insistir na permanência do modelo de negócios original. As justificativas giram quase sempre em torno da importância de se manter a tradição e por acreditar que aquela é a vocação natural da organização. Porém, a verdade é que a mentalidade de amor ao passado está arraigada na cabeça desse líder, que não abre mão das velhas crenças e se fecha para as oportunidades que surgem diariamente no horizonte.

Às vezes, a simples avaliação de possíveis mudanças é encarada como uma afronta pelos empresários. Eles acham que as pessoas estão deturpando o que eles criaram ou que não respeitam o legado da família. Além disso, há sempre o medo de as possíveis mudanças impactarem a geração de receitas que foi construída com sucesso no passado graças ao modelo de negócios vigente. E se mexer e der errado?! Eles não percebem que essa inflexibilidade às novidades é muito perigosa no mundo atual com tantas transformações que já acontecem com frequência nos curto e médio prazo. Ao não se movimentar, a empresa pode ser atropelada pelos concorrentes mais inovadores e ágeis ou ser ignorada completamente pelos consumidores com novos hábitos, necessidades e exigências.

Em alguns casos, a empresa familiar até aceita mexer em alguns aspectos do seu modelo de negócios. Entretanto, as alterações não ocorrem na profundidade e na intensidade que ela realmente necessita. As mudanças são tão pequenas que dão apenas a sensação de que algo diferente está sendo feito, enquanto os velhos problemas persistem. Também é muito comum interromper o processo da mudança do modelo de negócios no meio, antes do término. Isso ocorre porque os empresários e suas equipes sentem demais as dores da transformação. No fim das contas, eles acham melhor sofrer com velhos problemas do que padecer com novos desafios.

Outro aspecto que vejo nos negócios familiares é que, muitas vezes, a equipe se fecha muito em seus próprios mundinhos, sendo que o fundador e sua equipe têm o mesmo *mindset*. Há donos de companhias que só se cercam de pessoas iguais a eles, ou que apenas contratam profissionais que validem incondicionalmente suas posições e atitudes. Como consequência, raramente vozes dissonantes são aceitas nesses ambientes. Nesse quadro, não há valorização de eventos e feiras, das novidades de mercado. Além disso, as boas práticas de outros segmentos não são analisadas e não aparece qualquer iniciativa para ampliar a rede de relacionamentos.

Vale destacar que essa característica não é comum apenas nas empresas familiares de pequeno porte. Algumas chegam a crescer bastante e continuam com esse perfil inflexível e pouco diverso por anos e anos. Mas uma empresa assim pode crescer?! Claro que sim! O sucesso vem principalmente se ela tiver um modelo de negócios ajustado e interessante para o seu mercado de atuação. O problema não está em crescer e se desenvolver, mas sim quando a dificuldade surge, quando os ventos que eram favoráveis mudam de direção e passam a soprar em sentido contrário. Nesse momento, as opiniões dissonantes enriquecem o debate e ajudam a promover transformações.

Quando expresso a importância de contar com pessoas diferentes no quadro de colaboradores, estou me referindo aos profissionais que pensam e agem de maneira distinta aos colegas e ao presidente. Esse colaborador pode fazer a diferença na empresas ao: estreitar relacionamentos com figuras de destaque do mercado; realizar visita às principais feiras nacionais e internacionais; estudar os hábitos e o comportamento de compra das novas gerações; investigar os fatores que vão impactar aquele segmento em alguns anos; descobrir tendências; apontar *benchmarking* em outros setores; estar atento e atualizado com as novas tendências tecnológicas, e, por que não, questionar o modelo de negócios vigente.

O colaborador com essas características é uma preciosidade. Porém, em algumas empresas familiares, o pessoal olha meio torto para ele. "O quê? Ele está indo almoçar de novo fora para conversar com os amiguinhos! Que mordomia ficar passeando pelo país e pelo exterior para visitar as feiras! E essa mania dele de sair mais cedo para fazer cursos e assistir palestras, hein? Volta sempre cheio de ideias que ninguém gosta!". Essas são as impressões dos colegas e do CEO na maioria das vezes.

Só que por trás de cada negócio disruptivo que surgiu nos últimos anos há uma ou mais pessoas com essas características e com mentes fervilhantes. Na pandemia, cresceu muito o mercado das *dark kitchens*. Esses restaurantes não têm salões com mesas e cadeiras, apenas cozinha e atendem unicamente ao *delivery*. É, portanto, um novo modelo de negócio. O contato com os clientes é exclusivamente digital e os fatores críticos de sucesso são a agilidade e o raio de atendimento, além da qualidade das refeições que deve chegar intacta até as casas dos consumidores. Há casos em que um mesmo espaço é compartilhado por mais de 35 cozinhas de estabelecimentos diferentes.

Usando as tecnologias atuais, alguém criou um setor totalmente novo dentro do *foodservice*. Por que ninguém tinha pensado nisso antes? Porque era mais fácil repetir velhos modelos do que inovar. Mas com a pandemia da Covid-19, veio uma crise muito forte para o setor e esse novo modelo de negócios permitiu que vários restaurantes continuassem vivos. Centenas de outros estabelecimentos fecharam as portas, pois mantiveram o velho modelo enquanto a realidade exigia mudanças rápidas.

Vale a pena dizer que, em muitos casos, promover várias mudanças incrementais no modelo de negócios da companhia familiar tem o poder de resultar em grandes transformações ao longo do tempo. Cada pequena alteração na estrutura e nos processos da empresa mexe com sua dinâmica, o que exige novas adaptações e reformulações mais tarde. Dessa maneira, a transformação é realizada sem grandes rupturas em um espaço temporal maior. Quando a organização tem esse período para se adaptar, tudo bem. O problema é quando não há prazo para esperar a evolução gradativa.

Algumas práticas incrementais que acho essenciais para os negócios familiares são a gestão por resultados, a gestão humana profissional e a governança corporativa. Outras oportunidades estão ligadas ao aumento da produtividade, à melhoria de processos, à adoção de tecnologias de ponta, à digitalização, à automação, ao uso de IoT (Internet das Coisas), à Inteligência Artificial, à robotização e à Indústria 4.0. Note que quando incorporadas, essas novidades têm o poder de promover mudanças significativas na empresa familiar e até influenciá-la mais à frente na reconstrução do seu modelo de negócios.

MUDANÇAS NAS MULTINACIONAIS

Quando falamos das multinacionais, os desafios que elas têm para promover mudanças em seus modelos são bem particulares. Essas organizações possuem normalmente uma gestão mais profissional e um nível de automação muito superior aos dos negócios familiares. Muitas delas já adotam tudo aquilo que sugerimos no tópico anterior. A questão aqui é ajustar da melhor maneira possível o trabalho de *compliance*[27] e de governança, assim como a atuação do conselho de administração. Esses pontos reúnem as principais oportunidades de transformação nas organizações.

Pelo seu tamanho, a multinacional se torna comumente mais lenta e burocrática para realizar a tomada de decisão e promover grandes mudanças. O que uma *startup* ou uma empresa familiar fazem rapidamente, os grandes e tradicionais grupos empresariais, quando agem, levam muito, muito tempo. As várias regras corporativas e a enorme hierarquia interna acabam engessando suas estruturas e imobilizando sua gestão. Muitas filiais precisam se reportar o tempo todo à matriz e não têm qualquer autonomia local. A estrutura de *compliance*, a governança e o conselho estão lá fora, muitas vezes em outros países, e eles possuem seus rituais e normas que precisam ser rigorosamente seguidos.

Para qualquer pedido da operação brasileira, por mais simples que seja, demora-se muito para avaliar e aprovar. Imagine o desespero dos profissionais daqui vendo o mercado nacional "pegando fogo", os consumidores mudando, novos produtos e serviços sendo lançados pelos rivais, os concorrentes se modernizando, modelos de negócios inovadores sendo apresentados e sua empresa parada à espera de uma decisão para algo aparentemente simples!

No Brasil, as instabilidades políticas e econômicas além de serem de natureza distinta daquela que ocorrem nos mercados maduros, como Estados Unidos, Canadá, União Europeia e Japão, acontecem com maior frequência. Se a operação nacional não tiver maior autonomia e agilidade para se adaptar às constantes alterações do ambiente, a empresa fica para trás, por melhor que seja seu modelo original. Fora as questões tributárias que temos por aqui que podem ser vistas como uma "verdadeira jabuticaba", além das questões regulatórias, ainda engatinhando em vários setores.

---

27 *Compliance:* Termo em inglês que significa "conformidade" ou "cumprimento", refere-se ao conjunto de disciplinas e práticas adotadas por uma organização para cumprir normas legais e regulamentares, políticas internas e diretrizes estabelecidas para suas atividades.

Chegamos à questão mais delicada de todas: então quer dizer que o ideal seria a abolição do *compliance*, da governança e do conselho de administração?! Com certeza não é esse o melhor caminho, até porque essas áreas realizam um trabalho extremamente importante para as companhias. O que precisa ser feito é estruturá-los para que ganhem velocidade no processo de decisão.

Em algumas multinacionais em que atuei, tive a preocupação de mostrar a nossa realidade e conseguir da matriz a abertura para fazer muitas coisas de maneira independente e direta. Para não perder o *timing*, precisávamos agir rapidamente. Por exemplo, à frente de uma concessão pública, houve discussões com o secretário de Estado e com o governador em que precisava me posicionar imediatamente. Não dava para esperar dois ou três meses para ver o que a reunião do conselho, lá do outro lado do mundo, iria responder.

Se pela perspectiva da filial a maior autonomia da operação local deveria ser óbvia, também precisamos olhar essa discussão pelo ponto de vista da matriz. Não é fácil para eles a delegação de responsabilidades aparentemente sem controles e sem acompanhamentos rigorosos. Muitas multinacionais já tiveram no passado péssimas experiências no nosso país e em outras partes do mundo: corrupção, insegurança jurídica, decisão errada que provocou prejuízo enorme e atitude dos executivos que abalou a credibilidade da marca. Ou seja, não é fácil dizer: "façam o que vocês acham melhor aí no outro lado do planeta".

Por causa de um histórico marcado por vários problemas internacionais é que foram criados e/ou desenvolvidos a área de *compliance*, governança e conselho de administração. Infelizmente, o Brasil ocupa uma posição nada confortável quando se fala em corrupção. O Índice de Percepção da Corrupção — IPC, de 2023 divulgado pela Transparência Internacional registra que estamos na 104ª posição no ranking dos 180 países avaliados e, certamente, isso também tem forte impacto na gestão dos negócios por aqui.

Entendendo os dois lados da realidade, precisamos chegar a um equilíbrio. Não é possível ter controle completo das filiais e ser lento na tomada de decisão. Por outro lado, não dá para conceder total autonomia e não analisar, ou não enxergar, os caminhos escolhidos pelas unidades no exterior. A estrutura da organização deve ser pensada para que ela tenha o melhor dos dois cenários — agilidade e controle -, e exclua as deficiências — lentidão e descontrole.

Mesmo que não seja possível que a subsidiária da multinacional tenha liberdade para fazer, tocar e rodar tudo sozinha, pelo menos ela precisa ter autonomia para realizar velozmente aspectos importantes do negócio. É isso o que precisa ser estruturado e, em muitos casos, negociado com a matriz. Do contrário, o CEO e a diretoria local não conseguem trabalhar no nível de excelência que todos almejam.

Para concluir esse capítulo, gostaria de dizer que o modelo de negócios é um elemento vivo da organização. Ele está sempre evoluindo e deve ser atualizado constantemente pela liderança. Para a empresa permanecer competitiva no mercado, é preciso olhar com atenção todos os seus elementos estratégicos e as suas bases conceituais. É claro que não devemos mudar duas ou três vezes por ano o modelo. Não é isso! Precisamos entender para qual direção o segmento, os clientes, os concorrentes, os produtos e serviços e a geração de valor da empresa caminham. Quando os ventos do mercado mudam, devemos ajustar as velas da nossa embarcação para que ela continue navegando com boa velocidade e no sentido correto.

No próximo capítulo, vamos falar de outro tema delicado da Transformação Organizacional: a sucessão do C-level, de posições de gerência, supervisão e coordenação, assim como de profissionais altamente especializados e técnicos. Quais os desafios e as oportunidades que aguardam as companhias no momento de saída de peças-chave do negócio?

09

POR QUE É ESTRATÉGICO CUIDAR DA SUCESSÃO?

Neste capítulo, vamos tratar da sucessão em posições importantes da empresa. Ela pode acontecer tanto na alta administração (fundador, presidente, executivo C-level, diretor e conselho de administração) quanto em postos técnicos (especialistas em determinadas áreas e temas que impactam sensivelmente o sucesso do negócio) e na média liderança (gerentes, coordenadores e supervisores). A troca de profissionais-chave em uma companhia acarreta geralmente enormes mudanças que podem transformar a organização positiva ou negativamente. Esse assunto é tão sensível que é preciso planejá-lo e gerenciá-lo com o devido cuidado.

É importante dizer que a sucessão é um processo que ocorre naturalmente. Uma hora ou outra há a substituição de todos os profissionais das mais diferentes áreas e hierarquias. Repare que na frase anterior eu disse TODOS! Por mais que algumas pessoas se considerem insubstituíveis, ainda não conheci ninguém que conseguisse desafiar a lógica da passagem do tempo para ficar eternamente na mesma posição.

Sabendo disso, a questão que deve ser analisada pela liderança é como essa dinâmica irá ocorrer na prática. Ela será feita racionalmente, de maneira tranquila e organizada dentro de uma dinâmica previamente estabelecida, ou será realizada no improviso, sob forte emoção e se agarrando unicamente às circunstâncias momentâneas e aos caprichos pessoais?

Quando não é bem administrada, a sucessão pode representar um risco enorme para a perenidade da empresa. Muitos negócios morrem não porque não eram competitivos ou porque não tinham demanda para seus produtos e serviços. Eles sucumbem por problemas internos causados pelo processo caótico de sucessão, pelas escolhas equivocadas das lideranças, pelos choques geracionais e pela falta de substituição periódica dos postos-chave da organização.

PLANEJANDO A SUCESSÃO

A sucessão é o ato de uma pessoa entrar no lugar de outra. Mesmo se o profissional não fizer nenhum planejamento para que isso aconteça, ainda sim haverá sucessão. Ou seja, por mais que se evite, procrastine ou recuse determinada substituição, ela ocorrerá em algum momento. São comuns os casos de empresas familiares em que os fundadores ficam doentes, sofrem acidentes, precisam se ausentar por longos períodos ou falecem. Além da dor natural dos parentes, amigos e colegas pelos infortúnios pessoais, há o estresse de quem assumirá as responsabilidades nas companhias que de repente ficam acéfalas.

Nesse momento, é comum ouvirmos as expressões: "fomos pegos desprevenidos", "não esperávamos uma fatalidade como essa" ou "tudo aconteceu muito rapidamente". Como não esperavam a sucessão se ela é um processo natural? Como tudo aconteceu rapidamente se o presidente estava no cargo há 25 anos e jamais havia pensado que um dia teria que ceder seu lugar?!

Sendo sincero, o que faltou nessas situações foi um planejamento ordenado, qualificado e profissional para a transição das posições mais relevantes da empresa. Perdida a oportunidade de se estar no controle das mudanças, só resta, ainda no calor das emoções do "susto" ou da "fatalidade", improvisar ou atenuar os estragos. E o que é feito geralmente no improviso e com a cabeça quente tem, em geral, um resultado pior, mais enigmático e muito mais estressante. Exatamente por isso, a minha insistência em se planejar a sucessão o quanto antes.

Para algumas pessoas, o simples fato de usarmos a palavra "planejamento" já assusta. Elas acham que planejar é colocar no papel e, depois, seguir à risca o que foi esboçado. Contudo, planejamento é um conceito abrangente. Como já discutimos neste livro, o exercício de planejar ajuda no ordenamento das opções que a pessoa terá diante de si. O que vou fazer daqui para frente? Posso fazer isso, aquilo ou aquilo outro? Analisar a situação, avaliar os caminhos e se preparar para a tomada de decisão lá na frente são as ações que melhor explicam a dinâmica do planejamento. Ademais, sabemos que o planejamento não é escrito em pedra; à medida que o tempo passa é preciso reavaliar, estar atentos às novas variáveis e fazer os ajustes necessários. Em outras palavras, planejar é se preparar para o futuro.

Há também muita gente que não gosta de discutir a questão da sucessão. Para elas, esse assunto é quase um tabu: "Onde já se viu ficar debatendo quem vai ficar no lugar de quem como se fôssemos todos, morrer amanhã?" ou "Falar dessas coisas é dar indícios de que seremos demitidos ou aposentados em breve!". Com tantas crenças equivocadas, a simples junção dos termos "planejamento" e "sucessão" em uma mesma frase, pode transformar a reunião em um legítimo filme de terror, com sentimentos de pânico e medo se espalhando pelos corredores da empresa.

Sinceramente, não entendo essa aversão à discussão da sucessão. Sei que existem muitas razões para essa visão equivocada. Há, inclusive, um famoso seriado de TV, da HBO, *Succession*[28], que explora na ficção o lado mais nefasto do processo da troca de comando. Na trama televisiva, o proprietário de um dos maiores grupos empresariais de mídia e entretenimento do mundo, um senhor de 80 anos extremamente inescrupuloso, usa a passagem de bastão na sua organização para manipular os quatro filhos. O protagonista faz tudo aquilo que não deve ser feito quando tratamos de sucessão. Situações radicais como essa contribuem para alimentar a resistência das pessoas em discutir a substituição no ambiente de trabalho.

---

28 ARMSTRONG, Jesse (Criador). Succession. Estados Unidos: HBO, 2018-2023. Série de televisão.

Diante desse quadro, assistimos ao variado leque de motivos que dificultam ou inviabilizam o debate sadio. Há quem se recuse, para usarmos uma expressão bem popular, a "largar o osso". Há, também, quem do alto da sua arrogância crê que ninguém poderá substituí-lo à altura. Temos o melindrado, que não quer magoar os preteridos no processo de escolha de um único sucessor. Há o profissional míope, que não consegue olhar um pouco mais adiante e não prepara a empresa para quando ele não estiver por perto. Certamente, existe o supersticioso, que imagina que procurar substitutos é flertar com a morte ou a aposentadoria iminente. E, ainda, há aquele que teme se tornar uma peça inútil na engrenagem empresarial tão logo consiga preparar os candidatos para sua posição.

Muitos são os motivos que explicam essa resistência e vários deles são de caráter psicológico e, assim, é difícil apontar quais são as questões mais delicadas que rondam a cabeça dos profissionais quando inserimos o debate da sucessão. Tratar disso é, muitas vezes, tão incômodo como falar da morte. Para muitas pessoas é impossível falar sobre a finitude da vida com algo natural e, acho eu, esse é um bom paralelo: a simples menção à sucessão na empresa dá a impressão, principalmente para o fundador, de que sua a morte está se aproximando, quando, afinal, irá passar suas responsabilidades e funções para outro. A partir daí, o que ele fará? Note que sua vida poderá perder de repente o sentido e isso é muito perigoso.

Por esse motivo, na sucessão temos uma dupla preparação: a capacitação daquele que chega e a capacitação daquele que sai. Pela perspectiva de quem é sucedido, ele precisa se organizar para deixar o que está fazendo e projetar o que fará dali em diante. Não dá para largar uma ocupação com ritmo frenético, elevada responsabilidade, com alta adrenalina e enorme demanda intelectual e ir, em um piscar de dedos, para uma rotina vazia e sem desafios. Se isso ocorrer, a pessoa pode cair em depressão ou até mesmo ter outros problemas ligados à saúde mental. Portanto, a ideia não é essa E o ideal é que ela deixe uma posição para ocupar outra, mas adequada ao seu nível de experiência e capacitação, ao estágio de vida e às expectativas e propósito.

Quando olhamos os três círculos de John Davis e Renato Tagiuri[29], a família, a propriedade e a empresa, entendemos que o profissional tem que tratar todas as emoções da mesma maneira. Porém, é muito comum o empresário ou o executivo mergulhar na rotina de trabalho, que é algo que ele gosta e sabe fazer muito bem, para não precisar discutir a relação com a esposa ou a dificuldade com os filhos, que são aspectos do seu dia a dia considerados mais chatos e incertos. Se ele não tiver mais uma agenda cheia de atividades profissionais, certamente os fantasmas e os incômodos das outras áreas da vida podem soterrá-lo.

Precisamos superar de uma vez por todas os preconceitos e as percepções equivocadas sobre esse assunto. Planejar a sucessão é debater os caminhos futuros da organização e os próximos desafios profissionais da equipe. Devemos fazer esse exercício nas empresas familiares e nas multinacionais. E temos que contemplar a troca nas posições da alta administração, da média liderança e das áreas técnicas. Em alguns casos, a saída repentina de profissionais técnicos com habilidades e conhecimentos muito específicos pode representar uma enorme dor de cabeça para a companhia, até mesmo mais sensível do que a troca do presidente.

Iniciar o debate da sucessão é normalmente difícil porque implica tomar decisões delicadas. Muitas vezes, as pessoas não querem se estressar com algo que terá impacto a médio e longo prazo. Aí acabam "empurrando com a barriga", procrastinando e saindo pela tangente. Convenhamos que essa não é uma postura profissional e adequada. Se o tema é importante e precisa ser debatido, então vamos tratá-lo com a seriedade e o rigor necessários.

SUCESSÃO NAS EMPRESAS FAMILIARES

Nas empresas familiares, a sucessão deveria ser um item da gestão assim como a abertura de filiais, a diversificação do portfólio e a estratégia comercial. Esse tema precisa ser discutido tanto no âmbito das

29 Modelo desenvolvido em 1978 que estrutura os sistemas de funcionamento das empresas familiares.

famílias controladoras quanto no âmbito dos conselhos de administração, uma vez que impacta diretamente na perenidade do negócio e na elevação dos riscos da organização.

Há uma pesquisa recente da PwC que se chama *Global Next Gen*[30] que mostra, segundo os dados de 2022, que 24% dos comandantes das empresas familiares no Brasil afirmaram ter um plano robusto de sucessão. Confesso que fiquei alarmado ao ver esse indicador, pois, segundo a informação, os outros 76%, não estão pensando na sucessão ou estão fazendo de qualquer jeito. Para a maioria delas, a sucessão é levada quase que na brincadeira. Muitos empresários falam: "'Está vendo aquele garotão ali? É o meu filho. Ele é quem vai ficar no meu lugar daqui a alguns anos". Com essa piada, totalmente sem graça, acreditam que estão cuidando do futuro do negócio.

De tão confiantes nessa crença, vários empreendedores colocam o filho de 18 anos para estagiar na empresa. Enquanto cursa a faculdade, o rapaz atua numa determinada área e aprende o ofício aos poucos. Depois de rodar por todos os departamentos, "o filhão" estará pronto para assumir a cadeira principal do negócio. Se o empresário tiver mais do que um filho, a principal posição de comando cabe, naturalmente, ao primogênito. É com essa mentalidade quase medieval que, acredite se quiser, muitas companhias familiares são administradas em nosso país até hoje.

Se olharmos os dados mais recentes do IBGE, 90% das empresas no Brasil são companhias familiares. Elas empregam 75% da mão de obra do país e representam 50% do PIB nacional[31]. Ou seja, quando não se dá a devida importância à sucessão e à longevidade desses negócios, uma enorme parcela da nossa economia corre perigo. Não é só o patrimônio familiar que está em risco. As engrenagens econômico-sociais

30 Mais informações em: https://www.pwc.com.br/pt/estudos/setores-atividade/empresas-familiares/2022/pesquisa-nextgen-2022.html.

31 RITTER, Affonso. *Perfil familiar de empresas.* Portal do Jornal do Comércio do RS. 9 de janeiro de 2024. Porto Alegre. Disponível em: https://www.jornaldocomercio.com/colunas/observador/2024/01/1138380-perfil-familiar-de--empresas.html.

do Brasil também podem sofrer com o amadorismo e com a visão limitada dos líderes empresariais.

Raras são as empresas nacionais centenárias e, dentre as que conseguiram se manter por um século ou mais no mercado, pouquíssimas ainda estão sob controle da família fundadora. O mais comum é elas serem vendidas para grandes grupos empresariais em algum momento da sua longa trajetória.

O negócio familiar mais antigo do mundo que ainda permanece na mão da mesma família é um hotel no Japão. Ele se chama Hoshin Ryokan, tem 1.300 anos e está na 46ª geração. Um dos motivos para a sua enorme perenidade está relacionado às regras criadas há séculos para estabelecer a sucessão. A cada geração, apenas um descendente herda o controle da empresa, a riqueza da família e o nome do clã. O processo de escolha do herdeiro é rigoroso e, pelo visto, extremamente eficiente.

No Brasil, não há essa tradição e as empresas acabam morrendo na migração da primeira para a segunda geração. Quando sobrevivem à primeira mudança, aí o perigo se renova periodicamente: na passagem da segunda para a terceira e na passagem da terceira para a quarta geração. Como não há critérios claros, a chance de algo sair errado é enorme. Há desde brigas internas que enfraquecem a empresa e também descendentes despreparados para as responsabilidades assumidas. Em algumas oportunidades, a nova geração até foi bem-preparada, mas o processo de sucessão foi atrapalhado e não potencializou a competência dos sucessores.

Um problema muito comum é quando se traz um profissional do mercado para comandar uma empresa familiar. Quase sempre, a primeira pessoa vinda de fora encontra sérias dificuldades para realizar o trabalho. Isso ocorre principalmente quando é preciso conviver diariamente com o antigo fundador, que insiste em permanecer acompanhando a operação de perto, ou quando é necessário lidar com os descendentes imediatos que, por quaisquer motivos, continuam no dia a dia do negócio. Mesmo sendo consenso entre a família, a chegada do forasteiro traz a sensação de mal-estar e incômodo geral, que cresce tão logo ele começa a promover mudanças mais significativas. Conforme discutimos nos dois últimos capítulos, as transformações culturais profundas e as alterações substanciais no modelo de negócios acarretam quase sempre pânico nos fundadores e em seus familiares.

Mesmo quando, a princípio, todos externavam a vontade de mudar, quando a mudança bate à porta o assunto é outro, o medo e a preocupação afloram e ganham novas dimensões. O filho preterido pensa: "Poxa, se esse cara for mesmo tão bem, será que meu pai e meus tios vão me descartar definitivamente para esse cargo e eu jamais vou assumir a empresa?!". O pai pensa: "Quem é esse sujeito abusado que acabou de chegar e quer mudar tudo o que eu fiz até agora?!".

Assim, repito: a primeira mudança é tradicionalmente crítica. O profissional vindo do mercado assume como CEO, mas a sensação é que há figuras internas que mandam ou que querem mandar mais do que ele. Além do desconforto natural, esse profissional fica em uma posição muito vulnerável. Ele foi contratado para mudar e recebeu a promessa de ter autonomia e, de repente, as mudanças passam a ser vistas com desconfianças e ele não tem mais a liberdade de ação que imaginava. De bem-vindo, passa a ser malquisto.

Essa primeira alteração no comando é um período de aprendizados mútuos, que requer maturidade e sangue frio de todos os envolvidos. A empresa não é mais gerida de forma familiar como no passado nem possui ainda as bases profissionais sólidas como almeja, ela está no meio do caminho: uma posição sujeita a turbulências, incertezas e estresse.

Nessas horas, a transparência é uma peça fundamental do CEO. Ele precisa saber comunicar o que quer e o que não quer. Outra característica essencial é a paciência. Ele deve saber o instante de falar, entender como colocar suas ideias para não melindrar o fundador e se esforçar para conquistar a confiança da família e do conselho. A construção de relacionamentos sólidos é difícil e demorada e nesse percurso é normal que ocorram desentendimentos. Por mais complicada que seja a personalidade do fundador, cabe ao CEO achar o ritmo ideal para promover as transformações.

Se não dá para apertar o parafuso de uma vez só, dê uma volta e espere. Daqui a algumas semanas, vá lá novamente e dê uma nova apertada. E assim vá trabalhando aos poucos, sentindo o ambiente. Qual é o momento certo para prosseguir e qual a velocidade ideal? Não tem uma escola que explique cartesianamente essas questões. Só será possível descobrir através dos anos de vivência no mercado e com a sensibilidade apurada do profissional.

O que eu estou dizendo é que o novo CEO, nesse caso um profissional que veio de fora, mas que poderia muito bem ser o filho do fundador, deverá fazer as mudanças com cuidado e dar a sua cara à gestão sem pressa. Não pode radicalizar nem transmitir a sensação de que tudo o que fora feito antes estava errado. Se errar, certamente ganhará inimigos fortes, que, como vingança, poderão retomar o controle da empresa.

Portanto, o primeiro desafio do novo presidente é conquistar a confiança de quem o contratou. Logo de cara, o antigo fundador precisa pensar: "esse cara vai conseguir fazer aquilo que eu gostaria de ter feito e não fiz". A partir daí e dando tempo ao tempo, o recém-chegado tem a oportunidade de convencer o antigo CEO, o conselho de administração e a família controladora de suas ideias. Para conseguir essa façanha, ele não pode ter o ego inflado nem a vaidade de receber os méritos pelas novas conquistas. Compartilhar vitórias e dividir os louros com a equipe e os antigos comandantes são as melhores estratégias para pautar o caminho das transformações.

Se o novo CEO não perceber que deve se unir ao antigo fundador, principalmente nesse primeiro ciclo sucessório, para ambos atuarem unidos e fortes, haverá muitos mal-entendidos. O presidente atual vai querer fechar o antigo em uma sala para que viva como a Rainha da Inglaterra, sem mandar em nada. Por outro lado, o ex-comandante mexerá os pauzinhos nos bastidores e irá influenciar o trabalho de todos, gerando uma pressão insuportável no gestor formal.

Outra preocupação é entender as motivações reais das pessoas. Há fundadores que dizem querer sair da operação, mas fica evidente que não conseguem ficar longe do dia a dia dos seus negócios. Por sua vez, há herdeiros que não querem atuar na empresa da família, desejam tocar suas vidas longe dali e não almejam em hipótese nenhuma estar na linha de sucessão. Nesse caso, vão exercer o papel apenas de acionistas e não de executivos da organização.

Com o tempo, o ideal é o fundador ficar no conselho de administração e o novo CEO na posição executiva. Enquanto o primeiro cuida dos aspectos estratégicos e gerais do negócio, o segundo cuida do dia a dia e dos detalhes da operação. Desse modo, ninguém se mete no trabalho do outro e as brigas de interferência indevida na área alheia desaparecem. E como se consegue chegar a esse mundo idílico? Dia a dia, semana a semana, mês a mês, ano a ano. A transição tem que ser gradativa e consensual. Enquanto as mudanças acontecem, é preciso ter resultados sólidos para demonstrar os benefícios das alterações realizadas. Se os números positivos não surgirem, certamente o clima entre o novo presidente e o fundador pode azedar.

Muitas vezes, os filhos dos fundadores, jovens com mentalidade mais moderna, alguns com ampla vivência profissional, vários anos de estudo e experiência internacional, se tornam os principais incentivadores da sucessão. Eles pressionam por mudanças e não se conformam com a lentidão nas Transformações Organizacionais. Quando vão trabalhar na empresa da família, já estão com 30, 40 anos e possuem uma sólida carreira. Por isso, chegam com gás para colocar em prática o conhecimento de gestão que adquiriram. Porém, as organizações paternas não são tão atualizadas quanto eles imaginavam e é quando ocorre o choque de gerações. Dependendo da relação entre pai e filho, da diferença de estilo de liderança entre os dois e do GAP das práticas de gestão deles, os problemas podem ser significativos.

Há empresas em que os potenciais sucessores insistem na importância de se iniciar o processo de sucessão o quanto antes, mas os fundadores não querem passar o bastão. Há outras que definem regras claras para a dinâmica sucessória. Por exemplo, colocam como norma que os filhos não poderão atuar como executivos. Como herdeiros, eles são preparados para atuar exclusivamente como acionistas. Eles até podem fazer estágio e trabalhar por um ou dois anos em uma área do negócio. Porém, são proibidos de assumir posições executivas e, principalmente, a cadeira de comando. Assim, evitam-se possíveis favorecimentos, nepotismo ou intrigas entre as famílias controladoras, com cada uma tentando emplacar seus descendentes em detrimento aos dos sócios.

SUCESSÃO DAS MÉDIAS E DAS ALTAS GERÊNCIAS E DAS LIDERANÇAS TÉCNICAS

Como vimos no início deste capítulo, a sucessão não abrange apenas a mudança da alta cúpula das empresas. Ela se aplica também à troca dos profissionais das médias e altas gerências e das lideranças técnicas. Dependendo do negócio, as alterações nessas posições são delicadíssimas.

O ideal não é preparar as pessoas para que assumam áreas específicas ou determinados postos na organização, mas desenvolver as habilidades e competências dos colaboradores para que possam atuar em uma série de funções na companhia. Até porque quando se atinge posições de liderança, é fundamental ter experiência multisetorial e a visão completa do negócio.

Uma empresa que trabalha com a sucessão do CEO e dos executivos C-level precisa contemplar também a sucessão dos níveis intermediários e inferiores. É fundamental ter programas de estágios, programas de *trainee* e cursos de formação de coordenadores e supervisores. Dessa maneira, a companhia vai construindo uma trilha de carreira para sua equipe. Os colaboradores entendem os diferentes caminhos organizacionais existentes e podem almejar o crescimento gradual.

Dessa forma, a empresa cria um mapa de posições: estágio, *trainee*, supervisão/coordenação, gerência, diretoria e presidência. E quais profissionais estão em cada patamar? E quais são os dois ou três candidatos para cada posto de liderança? E o que os sucessores em potencial precisam desenvolver desde já para estarem aptos no futuro próximo a assumirem as posições desejadas?

Essas são questões estratégicas que devem ser discutidas e estruturadas junto com a equipe do RH. Para dar certo, essa política de gestão humana deve contar com *feedbacks* constantes, avaliação completa da equipe, desenvolvimento dos talentos internos e preocupação com a sucessão em todos os níveis hierárquicos. Se os líderes do negócio não estiverem comprometidos com a formação para esse mapa de posições, certamente eles vão continuar tratando em suas reuniões apenas do fluxo de caixa, do resultado das vendas e do retorno sobre o investimento.

Quando a empresa como um todo se volta para a sucessão dos diferentes postos-chave, os colaboradores que estão na base da pirâmide organizacional percebem que há seriedade e profissionalismo na gestão das pessoas. A criação de planos de carreira e a construção de trilhas profissionais têm a capacidade de transformar o ambiente interno. Todo mundo consegue ver as oportunidades que se abrem e se preparam para elas.

O problema é que essa não é a cultura habitual das empresas brasileiras. Se não há preocupação nem profissionalismo com a sucessão no topo da organização, é ainda mais raro encontrar o cuidado de sistematizar, identificar e capacitar os talentos nas partes intermediárias e inferiores. Há inclusive práticas negativas, como o sujeito que não contrata bons colaboradores porque tem medo de amanhã ou depois ser suplantado por essas pessoas. Ou aquele que não quer passar todo o conhecimento e experiência para a equipe com temor de ser depois substituído por alguém do próprio time.

A falta de dinâmicas sucessórias em todas as posições da empresa só aparece nos negócios familiares? Certamente, não é isso que percebemos e que ocorre. Em várias multinacionais, dependendo da cultura organizacional e do perfil da liderança, encontramos os mesmos tipos de falhas e deficiências no processo de seleção, desenvolvimento e promoção da equipe. Por mais incrível que possa parecer para quem não está acostumado à realidade das companhias internacionais, muitas delas não planejam a sucessão da alta e média gerências. Com exceção da preparação dos executivos C-level, essas companhias ignoram as mudanças nas posições técnicas e ao longo da hierarquia corporativa.

Vale notar que esta é uma questão que engloba não apenas a sucessão, mas a gestão de pessoas. Quando analisamos o que se passa nos níveis intermediários, encontramos outros tipos de dificuldades organizacionais. Os choques de geração, por exemplo, ficam mais nítidos aqui do que na alta administração. O pessoal antigo olha com desconfiança para os jovens, que por sua vez também encaram com relutância os hábitos e os estilos dos veteranos. Há locais de trabalho que têm enorme preconceito com profissionais de determinadas faixas etárias, fato que se percebe para além do olhar torto para quem tem mais idade. Às vezes, os alvos dos preconceitos são os jovens. Identificado esse problema, o RH precisa agir.

Em uma empresa que pensa na sucessão em todos os níveis, o colaborador não pode ser acomodado. Ele precisa querer evoluir sempre e deve estar pronto para assumir novos desafios constantemente. Com a certeza de que seu caminho está pautado, ele cede seu lugar para os novos talentos sem ressentimento ou drama. Por outro lado, quando o profissional se mostra acomodado e pouco ambicioso, é quase certo que ele vai ficar preso à sua cadeira por muito tempo e, como consequência, acabará interrompendo o ciclo de crescimento de vários colegas. Assim, a cadeia sucessória do negócio inteiro emperra.

No próximo capítulo, vamos falar de inovação, já que esse é um tema que envolve uma boa ou uma grande dose de Transformação Organizacional.

10

INOVAÇÃO NA TRANSFORMAÇÃO ORGANIZACIONAL

A inovação é certamente um dos temas mais delicados da Transformação Organizacional. Ora ela é vista como salvadora da pátria, capaz de resolver todos os problemas da empresa, ora é demonizada pela equipe, responsável pela destruição da cultura e da essência do negócio. Não por acaso, colocamos esse tema logo depois do debate sobre a sucessão. Como vimos no capítulo anterior, uma das principais causas de conflitos geracionais se dá justamente pelas visões antagônicas sobre os diferentes níveis de inovações esperados entre quem deixa o poder e quem assume o comando.

Afinal, qual é a verdadeira face da inovação? Ela é, no fim das contas, algo positivo ou negativo? Inovar é um sonho distante das pequenas empresas e dos negócios familiares ou pode ser usada como ferramenta estratégica por todas as organizações? Quais são os tipos de inovação? E como buscar as novidades que o mercado e os consumidores tanto anseiam?

E, por certo é impossível falar de Transformação Organizacional e não abordar a discussão sobre a inovação pretendida pela alta administração. Essas são algumas das questões discutidas neste capítulo.

O QUE É INOVAÇÃO?

Vamos começar pelo básico. O que é inovação? Na minha visão, inovar é pensar em algo novo e impactante. Quando trazemos uma novidade sensível e proveitosa ao mundo, renovamos ou melhoramos um aspecto do negócio e geramos valor para a sociedade. Repare que estou propositadamente já discutindo esse conceito do ponto de vista empresarial. Porque a inovação acontece também fora das empresas; há soluções que as pessoas promovem em diversos ambientes fora das companhias que geram enormes melhorias no dia a dia, aumentam a qualidade de vida e potencializam a conveniência. Na empresa, funciona exatamente igual.

Até hoje, pode reparar, o símbolo da inovação é normalmente uma lâmpada incandescente acesa. Esse produto representou uma enorme transformação para a humanidade e iluminou nossas vidas de maneira concreta e figurativa. Quantas coisas úteis e importantes não surgiram depois que a luz artificial permitiu a extensão das horas de trabalho e de lazer das pessoas? Na verdade, a luz artificial é uma das novidades que a energia elétrica proporcionou. Foi um tremendo salto no desenvolvimento industrial, no avanço da medicina, e das novas tecnologias digitais. Daí o paralelo com a inovação.

Inovar é trazer novidades para o mundo e iluminar a nossa realidade por uma nova perspectiva. Você até pode criar em cima de aspectos já existentes, mas precisa necessariamente trazer benefícios para a sociedade. Do contrário, não é inovação. E quando digo que se deve agregar algo à sociedade, estou me referindo aos consumidores finais, aos clientes diretos — distribuidores e parceiros comerciais -, aos acionistas e aos colaboradores.

Por essa definição, inovar não é apenas lançar produtos revolucionários ou apresentar serviços inusitados, como muita gente ainda acredita. Uma melhoria, por exemplo, nos processos que reduza os níveis de falhas dos produtos ou eleve a produtividade da equipe pode ser encarada como uma inovação. Afinal, essa novidade impactou bastante o negócio e promoveu benefícios evidentes — para os acionistas com a diminuição das despesas, para os colaboradores com alívio na carga de trabalho e para os consumidores finais com a elevação da qualidade.

Se por muito tempo vigorou a ideia da inovação disruptiva, agora tem se falado cada vez mais nas melhorias incrementais. Outra mudança de mentalidade foi sobre o olhar de como promovê-la. Enquanto lá atrás as novidades ficavam escondidas a sete chaves, nos últimos anos a Inovação Aberta ganhou relevância no cenário corporativo. Um dos seus principais méritos está justamente na busca por sugestões, opiniões e ideias vindas de fora dos muros da empresa. Muitas vezes, o pontapé inicial e o desenvolvimento da parte crítica da inovação são realizados pela comunidade científica, pelos parceiros acadêmicos ou mesmo pelos consumidores espalhados pelo mundo e conectados à internet.

De acordo com essa visão mais ampla e acessível, a inovação se torna possível para todos os tipos de empresa: do negócio familiar à multinacional, da pequena à grande, da privada à pública, da companhia de produtos à de serviços, da nova à antiga e da organização do setor X à do setor Y.

TIPOS DE INOVAÇÃO

A inovação mais conhecida é a tecnológica, aquela realizada em centros de pesquisa científica sofisticados, que demanda enorme investimento de dinheiro e pessoal e que gera produtos revolucionários. A organização que melhor representou esse modelo foi a 3M nas décadas de 1980 e 1990. Quem não conhece o *case* do *Post-it*? Até quando sai errado, o trabalho da área de Pesquisa & Desenvolvimento (P&D) surpreende positivamente o mercado consumidor. Nos últimos anos, outras companhias se tornaram referências nessa área: Weg, Embraer, Mercado Livre, Apple, Amazon, Tesla, Alphabet, Microsoft, Moderna, Samsung, BYD Company, Nvidia e Meta.

Esse tipo de inovação está cada vez mais restrito a um número ínfimo de empresas. A grande maioria das companhias contemporâneas recorre a outros tipos de inovação. As novidades impactantes podem vir de novas técnicas produtivas, processos, atendimentos, materiais, metodologias, comunicação, gestão, relação institucional, ESG[32], modelos de negócios etc. Essas melhorias não exigem grandes estruturas de P&D nem rios de dinheiro. Até porque, nos últimos anos, a tecnologia se tornou muito mais barata e acessível.

Veja o caso dos centros educacionais que migraram das aulas presenciais para as aulas virtuais. Há alguns anos, esse tipo de mudança no modelo de negócios exigiria elevados investimentos e o domínio de uma tecnologia própria. Atualmente, há vários serviços deste tipo sendo oferecidos às empresas do setor com preços extremamente competitivos e com requintadas ferramentas pedagógicas. Portanto, nenhuma empresa desse segmento precisa investir muito para aproveitar os benefícios conferidos pela modernidade. Os desafios maiores são agora de natureza processual e cultural.

Não é à toa que grande parte das inovações ocorre das portas para dentro e não apenas das portas para fora dos negócios. Olhando os processos das organizações, quantas coisas não podem ser melhoradas diariamente? Mesmo com a automatização das atividades, há oportunidades de ganhos enormes na simples lógica de se redefinir o jeito como a equipe trabalha. Já usei nos primeiros capítulos deste livro a expressão "asfaltar o caminho da roça" para designar a mania de automatizar os processos sem repensá-lo previamente. Obviamente, há elevação de produtividade, bem-estar, qualidade e segurança ao se asfaltar uma estrada até então de terra. Porém, o ideal seria repensar o seu traçado como um todo antes de colocar o asfalto. Dependendo da característica da estrada, a redefinição do caminho pode gerar ganhos mais substanciais do que a alteração do piso.

Para ser sincero, acredito que a força da inovação está mais na qualidade das ideias e na disposição da equipe em promovê-las do que na sofisticação e na quantidade de recursos disponíveis para pesquisa. Há

32 ESG é a sigla em inglês para *Environmental*, *Social* e *Governance*. Em bom português, significa Ambiental, Social e Governança Corporativa. A partir desse trio de preocupações, as empresas moldam suas ações institucionais.

alguns anos, realizei um trabalho no Porto Digital[33] e conheci a atuação do CESAR, instituição pernambucana de pesquisa que está entre as mais inovadoras do país[34]. O mais interessante é que os pesquisadores estão sempre inovando através da própria metodologia de trabalho.

Um bom exemplo é a pesquisa que gerou a produção de órteses artificiais, por preços muito mais baratos do que os praticados pelas empresas tradicionais do mercado. Assim, foi possível beneficiar pessoas mais simples que, vítimas de acidentes ou com problemas congênitos, tinham dificuldade de pagar milhões de reais em uma órtese. Usando plástico, um material barato, que pode ser reciclado e que tem grande impacto ambiental quando não tratado, impressoras 3D, uma tecnologia comum atualmente, e o conhecimento adquirido em suas pesquisas, a equipe do CESAR desenvolveu órteses com custo muitas vezes menores e em um tempo também menor quando comparado às soluções tradicionais. Imagine o impacto de um produto desse tipo na vida de milhares de pessoas?

Em todos os mercados e em todas as áreas, até mesmo nas mais conservadoras, temos exemplos de mudanças significativas promovidas pelas inovações. Poderia citar as transformações ocorridas no setor bancário e na esfera pública. Poderia exemplificar, mostrando o que aconteceu com os departamentos financeiros e jurídicos ou como as novas tecnologias facilitaram a vida de todos e otimizaram os processos — é inacreditável. Até os tribunais, que por muito tempo foram avesso à digitalização, estão usando a Inteligência Artificial na pesquisa, na busca e no resumo dos processos.

Assim, a cultura da inovação saiu da área de P&D e alcançou os demais setores das empresas. As novidades que ficavam concentradas nos produtos migraram para as transformações nos processos e para

33 Um dos maiores parques tecnológicos do Brasil, o Porto Digital está localizado na capital pernambucana. Conheça mais em: https://www.portodigital.org/.

34 Fundado há mais de duas décadas em Recife, o CESAR — Centro de Estudos e Sistemas Avançados do Recife — é um respeitado centro de inovação brasileiro sediado no polo tecnológico do Porto Digital e com filiais em várias cidades do mundo. Saiba mais em: https://www.cesar.org.br/.

a alteração na dinâmica do negócio. O que por muito tempo ficou fechado em quatro paredes, nos laboratórios de pesquisa, se tornou aberto tanto para as demais salas das companhias como para suas relações com o mercado. E isso ocorreu em muitas organizações: das gigantescas multinacionais até os pequenos negócios familiares.

Atualmente, muitas inovações são geradas pelo *Lean*, que visa à eliminação dos desperdícios, e pelo *Design Thinking*, que reconfigura os elementos do produto, da experiência do consumidor e do negócio a partir da real utilidade e necessidade dos usuários. Como inovar é trazer novidades impactantes para as pessoas, podemos agregar valor pela simplificação e pela facilitação da vida delas.

Não dá para falar de inovação hoje e não comentar a importância da Inovação Aberta. As ideias do que deve ser melhorado e do que precisa ser incrementado pela empresa vem de qualquer lugar, inclusive daqueles que estão fora da organização. A sociedade contemporânea está ancorada em uma intensa interação e cooperação. Assim, essa dinâmica acaba refletindo nos negócios.

Os funcionários atuam muitas vezes como sócios e apresentam *benchmarking* de outros setores. Os fornecedores e os distribuidores trazem constantemente novas ideias e soluções a partir de suas experiências e da visão externa. Os clientes mais empolgados tomam a iniciativa e se dispõem a participar do desenvolvimento dos produtos. Grandes redes varejistas interligam suas cadeias produtivas e trabalham pensando no todo. As diferentes esferas governamentais promovem políticas de incentivo para o florescimento e para a expansão dos negócios. Instituições acadêmicas e centros de pesquisa se colocam à disposição para compartilhar projetos e trocar conhecimentos. E redes de investidores procuram boas iniciativas para investir capital. A velocidade e a abrangência da Inovação Aberta são tão grandes que é difícil de acompanhá-la e de precisá-la.

Quando falamos de inovação, há sempre quem diga: "Mas isso aí não é inovação! Já existem ideias, produtos ou processos parecidos com esse em outros lugares". Contudo, para o meu negócio, isso é sim uma grande novidade. Dessa maneira, podemos vê-la, nesse novo ambiente, como uma inovação. Além do mais, o que foi feito na minha empresa tem características bem peculiares, talvez únicas. Nesse contexto específico, a novidade trazida é algo totalmente diferente do que foi feito em outros locais e é impactante para a nossa realidade.

Note que inovação não é sinônimo de ineditismo. Podemos levar uma solução que já existe em uma empresa ou em um determinado mercado para outra companhia ou setor e, ainda assim, ela será uma inovação para seus novos usuários. Não por acaso, muitas práticas e soluções, que parecem geniais, vieram de realidades completamente distintas. E como se faz para descobrir o que está ocorrendo nos outros lugares? Visitando feiras, participando de palestras, interagindo com novos profissionais e fazendo cursos. Isso tudo fora do seu ramo de atuação!

As soluções para os problemas da nossa empresa podem estar no segmento que aparentemente não tem nada a ver com nosso negócio. Caminhar por áreas distintas alimenta a curiosidade e potencializa a criatividade. Sabendo disso, não é produtivo alguém viver mergulhado 100% do tempo em seu trabalho e em sua empresa. Quando a pessoa não faz mais nada da vida além de trabalhar e olhar para um segmento específico do mercado, ela perde a visão do todo e as conexões saudáveis entre as diferentes realidades. O resultado é a perda de criatividade, a menor bagagem cultural e a dificuldade de se fazer *benchmarking*. Nesse cenário de aridez intelectual, inovar se torna um desafio quase impossível.

Os profissionais mais inovadores são geralmente aqueles com mais diversidade e repertório cultural. Ao beber de diferentes fontes de informação, ao buscar amplo leque de conhecimento, ao viver ativamente os mais diferentes aspectos do mundo, ao procurar novas realidades e ao conhecer indivíduos com pensamentos e crenças distintas, aprimora-se a habilidade de procurar por novas soluções para os problemas do dia a dia. O que as pessoas criativas e com ampla bagagem sociocultural fazem com enorme facilidade, as demais julgam como uma atividade complicadíssima.

CULTURA DA INOVAÇÃO

Algumas empresas de tecnologia acreditam que a cultura da inovação passa necessariamente pelo trabalho do P&D. Não dá para lançar produtos e serviços inovadores sem que se faça muita pesquisa e sem que se promovam avanços científicos notáveis. Essa é a crença delas. Para diminuir os custos e potencializar os resultados, é comum a realização de consórcios de pesquisa. Por meio de parcerias, unem-se as habilidades e as vantagens do mundo empresarial com as habilidades e as vantagens do mundo acadêmico. Em alguns casos, há a participação dos governos e de investidores externos.

Porém, uma organização com a cultura da inovação não restringe seus esforços ao trabalho do P&D. Todas as demais áreas e boa parte dos profissionais da companhia se envolvem direta ou indiretamente na busca por novidades. Do contrário, esse negócio será voltado para o P&D e não para a inovação propriamente dita. Pode parecer sutil a diferença, mas não é.

A equipe de Pesquisa & Desenvolvimento procura viabilidades técnicas para os produtos e serviços comercializados pela companhia. Por sua vez, inovar é, como já falamos, criar novidades que agreguem valor a todos os aspectos do negócio. Portanto, podemos usar o trabalho do P&D para isso, mas não necessariamente. As empresas realmente inovadoras trazem mais novidades do que a sua área de Pesquisa & Desenvolvimento pode oferecer.

Quando a busca por elementos novos é uma preocupação que nasce nos executivos C-Level, no conselho e no fundador, e chega até os colaboradores mais operacionais, podemos dizer que a cultura da inovação está disseminada pela empresa inteira. Se esse cuidado fica limitado apenas a algumas equipes da organização, não podemos falar de abrangência cultural.

Quando todos participam ativamente da busca por novidades, a organização cria programas de geração de ideias, grupos de trabalho fixos ou sazonais em projetos de inovação, formas de reconhecer as melhores soluções, políticas de incentivo e premiação aos colaboradores mais inovadores. Uma vez estabelecidas a força da estrutura e a influência da mentalidade do grupo atuam naturalmente para que as iniciativas inovadoras apareçam. Nesse sentido, a inovação não é mais o esforço individual ou específico de um grupo de pessoas, mas acontece porque aquele ambiente está capacitado e condicionado a promovê-la.

Para se chegar a tal nível de disseminação cultural, é importante lembrar que o processo é longo, muita água passou por debaixo dessa ponte. A inovação começou como uma preocupação do alto da pirâmide organizacional. Depois, o C-level e sua equipe mais próxima compraram a ideia e ela foi transmitida para a média gerência. Em seguida, os profissionais da operação foram convidados a participar dos projetos. No caso das multinacionais, a preocupação antes restrita ao P&D se alastrou para as demais áreas. Dessa forma, como resultado, todos promoverão inovações, por mais que algumas iniciativas não sejam vistas por essa perspectiva nem ganhem tal designação. Eliminou desperdícios em um processo? É inovação. Economizou tempo e esforço com a incorporação de um novo maquinário? É inovação. Foi alterada a dinâmica de atendimento ao cliente? É inovação. Criou uma extensão de produtos? É inovação.

Em um ambiente com tais particularidades, os profissionais ficam mais atentos aos *feedbacks* externos. Se as empresas mais fechadas têm dificuldades para ouvir o que o público de fora diz, a companhia com a cultura da inovação está atenta a qualquer sinal que pode representar melhoria. Sua equipe está naturalmente motivada para interpretar as reclamações e sugestões que chegam e transformá-las em *inputs* de projetos inovadores.

A principal distinção entre uma empresa inovadora e uma empresa que promoveu uma ou algumas inovações está justamente na dinâmica da equipe. No primeiro grupo, o ambiente é propício para o surgimento frequente de novidades. Cada vez mais os colaboradores vão trabalhar para fazer algo de diferente e surpreender os consumidores. No segundo grupo, o time fica tão feliz com o que conseguiu que tende a relaxar. Não é incomum os colaboradores se tornarem contrários a quaisquer tipos de novidades surgidas após o êxito. De tão apegados às inovações realizadas, eles deixam de inovar a partir dali.

Dessa maneira, não podemos nos confundir. Existem empresas com a cultura da inovação e existem empresas que inovaram em algum momento de sua história, mas que não têm essa cultura fortemente disseminada. Por suposto, é mais fácil promover Transformações Organizacionais mais intensas no primeiro grupo de companhias do que no segundo.

Quando se vive e transpira a cultura da inovação, nada é empecilho para a equipe. O contrário também é verdadeiro: sem essa mentalidade tudo vira obstáculo intransponível. "Não consigo inovar porque não tenho dinheiro!", é uma reclamação recorrente que ouço. Muita gente usa o mito de que é preciso gastar muito para inovar e, assim, permanece parado. Contudo, trata-se de um equívoco gigantesco.

Certamente há inovações que exigem um investimento maior, mas existem outras que requerem pouco investimento ou nem mesmo qualquer quantia financeira. Se você não tem dinheiro, comece pelos projetos mais baratos. Uma vez tendo melhorado seu negócio com essas novidades mais econômicas, reserve um pouco do retorno monetário para realizar inovações de custo mediano. Assim, você trabalha gradativamente até conseguir promover as inovações mais ousadas e caras. Porém, note que é preciso começar de um ponto, de algum lugar. Nesse sentido, gosto da frase da Luiza Helena Trajano, presidente do Magazine Luiza[35]: "Sempre pense como rico e realize como pobre".

Para isso acontecer, é preciso uma boa dose de criatividade. Lembro que trabalhei em uma empresa que dizia que não investia em treinamento porque era muito caro contratar empresas externas de consultoria. Então surgiu a ideia: e se os colaboradores mais experientes treinassem os novatos?! Quando o pessoal foi levantar as possibilidades viu que no quadro interno havia professores universitários que

35 Luiza Helena Trajano Inácio Rodrigues é uma das principais empresárias brasileiras. Ela ficou nacionalmente conhecida após levar a rede de lojas Magazine Luiza, empresa de sua família, à posição de uma das principais companhias varejistas do Brasil.

ministravam aulas à noite. Ou seja, havia, internamente, os recursos humanos para promover os treinamentos sem precisar recorrer às organizações de fora. Assim, o valor gasto foi pequeno.

Em outra companhia, tivemos a possibilidade de treinar o time técnico e operacional, que era formado por pessoas muito simples, por meio de histórias em quadrinho. "Ah, mas vai custar caro para contratar uma agência de marketing para criar os gibis!?", logo alguém disse, "E se fizermos internamente?". Quando fomos ver, entre os quase 8 mil funcionários, havia quem tinha ótimo traço e habilidade para desenhar e, também, havia ótimos contadores de história para escrever o roteiro. Novamente, realizamos internamente uma ação que, longe de custar a "fortuna" indicada, saiu com baixíssimo investimento.

Muitas vezes, a restrição dos recursos financeiros é a melhor ferramenta para a inovação. Não tem dinheiro para realizar algo? Então inove! O que fazemos muitas vezes intuitivamente em nossa vida pessoal e em casa para superar as limitações orçamentárias, as empresas devem fazer no dia a dia nos negócios.

Para a maioria das pessoas que não está acostumada ao exercício da inovação, pensar diferente cansa bastante e é difícil. É desgastante ter que achar soluções inusitadas para velhos problemas. Se a motivação não for alta e genuína, a pessoa não se esforçará. Se ela não estiver habituada ao processo de busca da inovação, também terá sérias dificuldades para saber o que e como fazer.

Por outro lado, quanto mais familiarizado com a inovação, mais facilidade o indivíduo encontrará no trabalho e mais satisfação terá com os resultados obtidos. Nesse caso, a dinâmica se transforma em uma "bola de neve", os estímulos para prosseguir aumentam e as melhorias são potencializadas e, ainda, a prática leva à excelência e a motivação é a mola propulsora do êxito. O que para os outros parece complicado ou impossível, o profissional acostumado à cultura da inovação apresenta as novidades com naturalidade e espontaneamente.

INTEGRAÇÃO AO ECOSSISTEMA DA INOVAÇÃO

Além da cultura inovadora, a empresa precisa fazer parcerias com os vários agentes do ecossistema da inovação. Quem não estiver envolvido intimamente com universidades, centros de pesquisa, associações de classe, comunidades científicas, órgãos do governo e entidades de fomento à pesquisa dificilmente conseguirá inovar.

No Brasil, o envolvimento da iniciativa privada com a academia ainda é muito tímido e está permeado por vários preconceitos. As companhias acham os acadêmicos muito professorais e teóricos, estes, por sua vez, veem os profissionais do mercado como superficiais e sem tanto conteúdo. Talvez os dois lados tenham razão nas críticas. Entretanto, a união de forças, conhecimento de um e capital do outro, pode promover inovações de maior impacto para a sociedade. Se os dois lados não aprenderem a trabalhar juntos e não enxergarem os benefícios da atuação integrada, certamente ambos sairão perdendo.

O CESAR é um ótimo exemplo dessa união entre o universo corporativo e a universidade, está ligado ao Porto Digital, um dos maiores parques tecnológicos do Brasil. Localizado na capital de Pernambuco, o Porto Digital possui mais de 350 empresas integradas, várias organizações de fomento à pesquisa, universidades e órgãos do governo: são aproximadamente 17 mil profissionais e acadêmicos trabalhando em projetos de inovação. Nesse ambiente, que exala novidades e onde se busca constantemente o novo, a inovação acontece diariamente.

Um setor que tem histórico brilhante de proximidade com a universidade é o agronegócio. Não por acaso, as técnicas e as boas práticas desenvolvidas pelos acadêmicos chegam rapidamente ao campo. Como consequência, o agro nacional é uma potência internacional. Um *case* de sucesso conhecido é o da Empresa Brasileira de Pesquisa Agropecuária — Embrapa, empresa voltada para a inovação e que tem foco na geração de conhecimentos e tecnologias para o Agro. Por outro lado, a indústria automotiva, um ramo que gera milhões de empregos e envolve alta tecnologia, não tem essa afinidade tão grande com a universidade. Coincidentemente ou não, este é um mercado que vivencia em nosso país graves dificuldades há muitos anos.

Para as pequenas empresas que, sozinhas ou com a academia, não têm estrutura, orçamento e braços para participar de grandes projetos de inovação, a solução continua está no estabelecimento de parcerias. Nesse caso, a melhor proposta é entrar em um *pool* corporativo ou setorial com companhias de tamanhos parecidos. Nesse caso, cabe ao coletivo de empresas entrar em contato com as universidades, com os centros de pesquisa, com os órgãos de fomento e com as instituições governamentais. Juntos, os pequenos adquirem a força de uma organização mediana ou até mesmo de uma grande companhia. Vale ainda ressaltar que os benefícios gerados pelos projetos inovadores sempre serão compartilhados entre todos os parceiros do *pool*.

Já as empresas multinacionais, com grandes orçamentos e sofisticados centros de P&D, acabam pecando em alguns casos pela arrogância. Muitas resistem a fazer parcerias e a se integrar ao ecossistema da inovação. Há até organizações em que a direção não aceita que suas filiais trabalhem de forma proativa na promoção de novas soluções para o negócio. Além disso, várias organizações internacionais focam tanto no desenvolvimento de novos produtos que acabam se esquecendo de promover outros tipos de inovação. Ou seja, a cultura inovadora de várias multinacionais é limitada à área de P&D e à matriz. Mas existem casos em que as multinacionais investem em Centros de Pesquisa no Brasil, como a IBM, GE e L'Oreal, além de outras como Petrobras, Suzano, Embraer e Hospital Einstein.

Os empresários e os executivos que não investirem tempo e dinheiro, e não colocarem a inovação como prioridade cultural e estratégica de seus negócios, terão graves problemas em pouquíssimo tempo. Ou seja, s não promoverem novidades no ritmo que o mercado e a sociedade exigem, a empresa acabará engolida pelos concorrentes mais criativos.

No próximo capítulo, vamos debater a importância do "desaprender". Quais são os benefícios de "resetar", ou redefinir, a mente em prol das novidades que, chegam continuamente? Afinal, para conseguirmos mudar, precisamos transformar o nosso *mindset* e reaprender muitos conceitos e técnicas. Apenas dessa forma estaremos aptos a aceitar as transformações que o mundo à nossa volta nos impõe.

11

"RESETE A SUA CABEÇA" (PARA DESAPRENDER)

No penúltimo capítulo da primeira parte deste livro, vamos tratar da importância de se repensar os nossos comportamentos e as nossas atitudes profissionais, uma vez que, para mudar algo externamente é preciso, antes, alterar as próprias concepções, visões, mentalidades e hábitos.

Se refletirmos bem, ninguém muda realmente se continuar pensando e agindo da mesmíssima forma. Assim, os empresários, os CEOs e as lideranças que pretendem reinventar suas companhias precisam cuidar de suas próprias evoluções e atualizações. Do contrário, o processo de transformação corre risco de ser abortado ou de não ser finalizado com o grau de profundidade esperado. Se o alicerce não for bem construído, a edificação será frágil e poderá vir abaixo ao menor sinal de oscilação e/ou crise.

Portanto, a primeira preocupação da alta administração é ter a sensatez de reconhecer que não sabe tudo. É humanamente impossível alguém deter todo o conhecimento do negócio e ser especialista em cada detalhe da sua empresa. Quanto mais o profissional ascende na hierarquia corporativa, maior é a sua visão macro e, como consequência, menor é o seu entendimento das questões técnicas e do cotidiano da empresa. Essa característica mais generalista é perfeitamente natural para quem chega ao topo da organização. A perda de contato com a operação acontece em todos os lugares e com todos os líderes, principalmente em companhias que crescem velozmente.

Quando as empresas são pequenas e iniciantes (até mesmo multinacionais gigantescas e grandes grupos familiares líderes de seus mercados surgiram, acredite se quiser, como negócios simples, tímidos e com estruturas acanhadas), o fundador tem domínio de todas as partes e da maioria dos processos. Porém, com a mudança de porte e com a elevação da complexidade, ele perde esse contato com as especificidades da organização. A própria maneira de gerenciar a companhia muda bastante. De repente, o empresário ou o presidente tem equipes espalhadas pelo país ou pelo exterior, situação que torna o trabalho mais complexo, com tantas coisas para cuidar: geografia, diferenças culturais, complexidade tecnológica, perfil dos recém-contratados, novos materiais e maquinários, diversificação dos produtos, novos tipos de cliente etc.

Se a pessoa não tiver a humildade para entender que ela não é onisciente nem onipresente, e jamais será, por mais que se esforce para tal, sérios problemas vão rapidamente bater à sua porta. Ao compreender essa limitação da natureza humana, a primeira consequência imediata para o indivíduo é reconhecer que precisa pedir ajuda. Se você não se cercar de ótimos profissionais e se não consultar regularmente pessoas que sejam referências em áreas de atuação estratégicas para a sua companhia, a qualidade e a relevância do seu trabalho despencarão.

O segundo efeito colateral, e aí está a parte mais interessante e contraditória desse debate, é descobrir que é preciso desaprender muitas coisas para que novas coisas possam ser aprendidas.

APRENDENDO A DESAPRENDER

É inegável que o mundo se transforma a uma velocidade contínua e alucinante. As novidades surgem a todo instante e de todos os cantos. Mas como fazer para captar tanta modernidade e estar sempre atualizado? As pessoas imaginam intuitivamente que o método de aprendizado mais eficiente seja o aquele que se propõe a absorver a maior quantidade possível de informação e conhecimento, como se fôssemos esponjas com capacidade ilimitada de armazenamento (algo que definitivamente não somos).

Essa dinâmica seria pertinente até o instante em que as novidades se chocassem com as crenças e as convicções já estabelecidas, ainda que não houvesse limitação de retenção de dados.

A neurociência explica que nosso cérebro continua se modificando ao longo da vida; essa adaptabilidade é chamada de neuroplasticidade e nos mostra que é possível mudar nossos comportamentos por meio de alterações em pensamentos, ações e hábitos. Como nós repetimos caminhos neurais ao longo dos anos, é mais difícil sair dessas vias neurais preferenciais. Uma das razões é que nosso cérebro busca economizar energia e opta preferencialmente pelos caminhos mais fáceis e conhecidos, operando muitas vezes no automático. A chave para fugir dessa armadilha é sempre criar conexões neurais novas e buscar novas vias de acesso.

Note que quando o novo conhecimento vai totalmente contra o que até então se acreditava como certo, a absorção estanca. Como aceitar algo que afronta os aprendizados antigos? Não dá para lidar com essa ideia! Quando a mente humana encontra essa enorme contradição, ela cria barreiras para a chegada das novidades.

Exatamente por isso, para aprender coisas novas, a pessoa precisa se desfazer de parte da bagagem conceitual que ela carregou até então, e que a ajudou a construir sua história de sucesso. Quanto mais exitosa for a trajetória do profissional e de sua empresa, mais difícil será se desapegarem das antigas crenças e valores. Convenhamos, não é fácil apagar as receitas tradicionais que deram tantas alegrias por tanto tempo. O problema é que não se conseguirá aprender nada novo se não se "deletar" boa parte desse conhecimento antigo, principalmente se ele entrar em choque com as ideias e os valores contemporâneos. E isso deve ser um exercício constante, para estabelecer sempre novas conexões neurais.

Certamente não é corriqueiro chegar a esse nível de compreensão. Além de humildade, como já disse, para o indivíduo não se vestir de "super-homem", "supermulher" e "superprofissional", é preciso ter maturidade para colocar a cabeça para funcionar. Mas, como assim, vou ter que desaprender algumas coisas para aprender outras? Não é lógico nem natural o que estou propondo, apesar de fazer todo o sentido do ponto de vista intelectual.

Quando digo desaprender é não ficar preso ao passado e às ideias antigas. É não se contentar em atuar sempre do mesmo jeito. Para aceitar o novo, você tem que dar algum espaço para que ele entre. Não é simplesmente esquecer o passado, mas usá-lo como referência de comparação.

Peguemos o exemplo da gestão do comando-controle, em que havia enorme pressão sobre a equipe, controle gerencial absurdo, autoritário e com pouca margem para as iniciativas individuais. Se esse método de trabalho funcionou há algumas décadas não quer dizer que funcionará hoje, nem que será eficiente daqui para frente. Lembremos que a sociedade mudou muito e as relações entre as pessoas se transformaram bastante. Para aprender as novas metodologias de gestão empresarial é preciso colocar em xeque os princípios da gestão do comando-controle. Se o líder não estiver aberto para comparar as diferentes e novas formas gerenciais com as antigas, ele não absorverá os novos conhecimentos. Se ele viver preso às crenças do passado, não conseguirá ver as vantagens do que está sendo proposto agora.

APRENDIZADO ENTRE DIFERENTES GERAÇÕES

A nova geração, em geral, é que tem mais afinidade com as novidades; principalmente por não possuir amarras com o passado, os jovens têm o olhar mais favorável ao novo e conseguem aprender sem traumas e sem conflitos internos. Dependendo da fase do negócio e do tipo de organização, muitos herdeiros estão mais aptos a dar o impulso maior na empresa da família do que o próprio fundador. Porém, admitir isso, principalmente se é você que está há muito e muito tempo no comando da companhia, não é nada tranquilo.

Então quer dizer que é só colocar a nova geração no comando e os principais problemas da organização serão automaticamente resolvidos? Sinceramente, não acho que uma resposta positiva para essa pergunta seja minimamente prudente. A antiga geração possui mais experiência e maturidade para lidar com vários assuntos complexos, com temas que, talvez, os mais jovens não tenham tanta familiaridade. Em um primeiro momento, o ideal é dar mais espaço para a nova geração se posicionar e opinar. Esse já seria um passo enorme que, infelizmente, muitas empresas não fazem. Para elas, o que os mais jovens dizem não passa de modismo, de volúpia da juventude e de imaturidade daqueles que não estão no comando.

Uma vez acostumado a ouvir as novidades que são trazidas pelos mais novos, o próximo passo de quem está hoje na posição de liderança do negócio é aprender com as novas gerações. Reiterando: os mais novos têm sim o que nos transmitir. É comum os pais falarem: "Meu filho de 7, 8 anos mexe melhor do que eu nos computadores e nos aparelhos eletrônicos. Sempre aprendo algo novo com ele". Quem tem criança pequena em casa sabe o quão verdadeiro é esse sentimento. Outro dia conversando com um médico cirurgião de 55 anos, que é professor universitário, ele disse: "Os residentes que oriento no hospital são muito mais craques do que eu na hora de manusear os robôs que fazem as cirurgias de laparoscopia. Chega a ser absurda a habilidade que eles têm no manuseio do equipamento".

As perguntas que faço podem ajudar na reflexão: você como pai ou mãe daria o controle da sua casa ao seu filho só porque ele mexe melhor nos aparelhos eletrônicos? E você, como paciente hospitalar, deixaria um residente sem supervisão de um médico experiente fazer uma operação delicada em você só porque ele mostrou mais habilidade no manuseio do robô?

Independentemente das respostas que damos para essas dúvidas, é preciso reconhecer o valor das novas gerações e dar espaço para que elas contribuam ativamente nos processos de Transformação Organizacional e de transmissão do conhecimento. Somente com a parceria entre quem tem experiência e maturidade e quem tem o domínio de novas habilidades e está "antenado" às novidades é que estaremos mais preparados para encarar os grandes desafios do mercado.

Vale lembrar que os conflitos geracionais estão acentuados hoje em dia e, para ser franco, acho que esses choques sempre existiram. Entretanto, eles parecem mais fortes agora ao ponto de gerar segregação entre as diferentes gerações. Os mais experientes olham com desdém para os mais jovens, como se eles não fossem capazes de realizar nada de relevante. E os mais jovens encaram os mais antigos como profissionais ultrapassados e sem interesse em se atualizar. Quando esse tipo de preconceito toma conta do ambiente empresarial, a união de forças, que seria o esperado pela troca saudável de experiências, se torna nula.

AUTOCONHECIMENTO COMO PILAR DO APRENDIZADO

Ao falarmos de aprendizado e de busca do conhecimento, é preciso trazer o tema do autoconhecimento para o nosso debate. Se eu não reconheço que tenho limitações, nem que necessito melhorar em determinados aspectos, não vou buscar ajuda e, assim, vou atrás de desenvolvimento. Às vezes, as pessoas acham que autoconhecimento é um tipo de autoajuda, mas não é. Quem se autoconhece, olha para si de maneira transparente e consegue apontar o que faz de bom e o que precisa ser melhorado. Afinal, quais são as áreas que não são a "minha praia" e em que assuntos eu preciso melhorar bastante?

No papel de presidente de uma empresa familiar que irá passar por um processo de sucessão, autoconhecimento também implica conhecer as habilidades e os potenciais de cada um dos membros da própria família. O que os meus parentes mais próximos têm de positivo e em que precisam melhorar para que possam, um dia, assumir o comando da organização? Qualquer limitação, seja pessoal ou do grupo, precisa ser entendida, assimilada e trabalhada. Do contrário, o futuro da companhia estará em perigo. Claro, isso vale para as famílias que insistem em ter um membro tocando diretamente o negócio, algo que em muitos casos não vai funcionar. Em outros casos, dependendo do estágio de maturidade da organização, da questão da sucessão e outros fatores, o mais aconselhável é que a família esteja preparada para atuar como acionista e não como executivo dentro do negócio.

Se o líder da empresa não tiver autoconhecimento do que pode melhorar e se não possuir ciência de quais são suas deficiências mais sensíveis como profissional, ele jamais conseguirá evoluir. Esse princípio vale para todos os gestores, independentemente das características da organização — pequena ou grande, privada ou pública, familiar ou com ações em bolsa.

Há pessoas que assumem a direção de uma companhia varejista e não sabem quase nada da área comercial, considerando que esse tipo de empresa tem, obviamente, foco na comercialização de produtos. O que ele fará? Deixará tudo nas mãos do diretor de vendas? Não! Ele precisa buscar ajuda, precisa aprender, se desenvolver e crescer nesse campo do conhecimento. Será difícil no começo? Pode ser que sim. Porém, é preciso seguir em frente e ir atrás do aprendizado, custe o que custar.

Há, também, quem entre para o conselho de administração de uma empresa conhecer os detalhes daquele mercado. Por exemplo, a empresa é do ramo de tecnologia e o profissional não entende quase nada de tecnologia. O que fazer? Novamente é preciso correr atrás do conhecimento.

Em linhas gerais, trabalhando com vários empresários e altos executivos ao longo de tanto tempo, o que percebo é que é preciso coragem para tomar decisões difíceis e para buscar as mudanças. Não é fácil admitir deficiências, fragilidades e inseguranças. Não é banal buscar ajuda e se esforçar para aprender coisas novas. Não é fácil e tranquilo desenvolver habilidades que não são naturais na pessoa, nem se aprofundar em áreas em que não se possui familiaridade. Para isso, é preciso coragem, muita coragem.

Há muitos fundadores e presidentes de empresas que têm bastante coragem quando o assunto é gestão. Eles arriscam, inovam e buscam novidades para os mais diferentes aspectos do negócio. Contudo, eles sempre possuem alguma “pedra no sapato” ou um calcanhar de Aquiles. Pode ser o empresário que, ao se falar de sucessão, se torna amedrontado e trava. Ou o CEO que, quando a discussão vai para a parte tecnológica, que ele não domina, patina e procrastina na tomada de decisão. Nesses momentos, é preciso ter ousadia, encarar os receios de frente, pedir ajuda e iluminar com conhecimento o que parece escuro no primeiro momento. Se você não domina os conceitos de finanças, será preciso se aprofundar nisso para gerir adequadamente a companhia.

Quanto mais alto o nível que um profissional alcança na empresa, mais ele vai lidar com incertezas no seu trabalho. Muita gente costuma pensar: às vezes a melhor decisão é não tomar decisão nenhuma e ir empurrando os problemas "com a barriga". Não concordo com essa crença. Não é para sair correndo e tomar qualquer decisão. É preciso ter fundamento, base lógica, dados, informações e coerência. Mesmo assim, ninguém terá 100% de segurança no que está fazendo. O que almejamos é minimizar os riscos. Mesmo sabendo disso, uma hora ou outra o fundador e o CEO precisam tomar a decisão. O que será feito? Vamos para a direita ou para a esquerda?

Se o líder vacilar ou procrastinar, as pessoas ao seu redor vão notar. Ficar "em cima do muro" e não se posicionar rapidamente são atitudes que podem se tornar um hábito da alta administração e esse comportamento pode contaminar a cultura da organização. Vendo o padrão praticado pelo comando superior, a equipe repetirá automaticamente as atitudes dos líderes no dia a dia. A partir daí, até mesmo as decisões operacionais acabam adiadas ou postergadas ao máximo.

Por mais difícil que seja uma decisão, ela precisa ser tomada. Há assuntos que envolvem a família, os sócios, os funcionários, os fornecedores ou até os clientes antigos. Às vezes, é necessário fechar uma planta, transferir uma unidade e descontinuar uma linha de produtos. Pensando nas consequências negativas, muitos profissionais não agem acreditando que amanhã a situação será diferente. Porém, o mais comum é o problema se tornar ainda maior. Usando uma figura de linguagem, a água que batia no joelho chega à cintura; depois, bate no pescoço; piscou mais um pouco, a água já cobriu a cabeça e não dá mais para fazer nada.

Muitas das causas de falência e do alto endividamento das empresas não são originadas das decisões equivocadas que foram tomadas e sim de decisões que simplesmente nunca foram tomadas. Nem sempre vamos acertar em nossas escolhas. Apesar das incertezas, seguimos em frente e agimos com a convicção de que estamos fazendo o melhor.

Outro elemento importante é o desprendimento. O fundador e o CEO têm que preparar suas companhias para o dia em que não estiverem mais sentados na cadeira de comando. Pensar no futuro do negócio, preparar os sucessores, ter visão mais estratégica e desenvolver a equipe para andar com as próprias pernas são atribuições dos grandes e legítimos líderes empresariais. Mas como ter essa mentalidade quando o poder, o ego, a remuneração, a qualidade de vida da família e a segurança profissional estão em jogo? Infelizmente, há presidente de empresa que faz hora extra no posto ao só olhar para o próprio umbigo, quando um substituto poderia extrair resultados muito mais promissores.

Só é possível ter esse tipo de entendimento mais amplo quanto se atinge um determinado nível de maturidade, confiança e coragem para saber que portas maiores serão abertas quando se faz o correto do ponto de vista institucional. Em busca do melhor para o negócio, nem mesmo os interesses individuais impedirão o profissional de tomar as decisões mais adequadas para a sua empresa.

MENTORIA COMO MÉTODO DE APRENDIZADO

Em busca de conhecimento, muitos líderes recorrem à mentoria. Acho muito interessante esse tipo de troca de experiências e de aperfeiçoamento. Não importa a área e a profissão, ter mentores é sempre bem-vindo. O que tenho reparado é que cada vez mais se recorre a uma gama diversa de especialistas para esse apoio. Ou seja, há o mentor de tecnologia, o mentor de inteligência artificial, o mentor de biologia, o mentor financeiro, o mentor de redes sociais etc. Através de mergulhos profundos em temas determinados, aprende-se mais rapidamente e mais intensamente. Os mentores são profissionais com muito conhecimento em áreas específicas e podem transmitir aos "mentorados" sua experiência e sabedoria.

É importante dizer que não é necessário apenas ter mentores formais. Conheço muita gente que se assessora com ótimos especialistas em áreas importantes de um jeito informal, sem que seja estampado o rótulo de mentor. Às vezes você tem um amigo que é muito bom, um verdadeiro "craque" no assunto que você precisa saber mais, e bons bate-papos com ele já poderão despertar sua curiosidade e promover muitos aprendizados.

Na hora de buscar mentores, não se pode ter preconceitos. Conheço um empresário reconhecido nacionalmente que conversa periodicamente com um jovem de 25 anos que é *expert* em tecnologia. O dono de uma importante *startup* internacional, que está na casa dos 35 anos, se assessora com um experiente gestor de mais de 75 anos. Há o mentor tatuado e com muitos *piercings* que fala de redes sociais para o executivo engravatado do banco de investimento. Sei, também, de um médico cheio de formalidades e de conceitos científicos que presta mentoria de biologia para os jovens do Vale do Silício que desejam investir nessa área.

Sempre que falo sobre isso, me lembro dos 14 princípios de Deming[36] e de como podemos usá-los na gestão empresarial. Um dos princípios que ele propagava era o de afastar o medo[37]. Mas medo do quê? Medo de tomar decisão, medo de perguntar, medo de dar um passo maior do que a perna, medo de mostrar insegurança, medo de estar errado, medo de mudar, medo de recorrer a mentores... Os empresários e os altos executivos têm esses receios, apesar de muitas vezes não os externar verbalmente. A consequência imediata de quem sente medo é o bloqueio das ações ou a fuga do perigo. A pessoa apavorada simplesmente tem seus movimentos paralisados ou corre para longe de onde está a ameaça. Nos dois casos, não se age diretamente para resolver o problema.

---

36 Nascido nos Estados Unidos, William Edwards Deming (1900-1993) foi um dos principais gurus da qualidade do século XX.

---

37 Os princípios de Deming são explicados por ele na seguinte obra de sua autoria: DEMIN, W. E. *Out of the crisis*. Cambridge: MIT Press, 1986.

Para superar o medo, o profissional precisa agir. Mesmo que seja só o começo de uma ação maior e mais longa, ainda assim é preciso iniciar de um ponto. Estar em movimento é o melhor remédio para espantar as preocupações. Em outras palavras, a ação leva à superação do medo. E a paralisia só alimenta ainda mais os traumas e os receios.

A Transformação Organizacional só acontecerá se a equipe envolvida no projeto tiver a coragem para encarar os desafios e a imprevisibilidade do futuro. Se houver qualquer tipo de dúvida e hesitação dos líderes, certamente haverá dificuldade para o time seguir em frente e se renovar.

No próximo capítulo, conversaremos sobre o valor estratégico do *networking* para a transformação das empresas.

12

O VALOR DO *NETWORKING* PARA A MUDANÇA

Não poderíamos terminar a primeira parte do livro sem falar da importância do *networking* para a promoção das mudanças na empresa. Uma vez que as bases da Transformação Organizacional estão definidas, a companhia vai precisar não apenas da alta liderança e de suas equipes para realizar as movimentações necessárias. Certamente, ela necessitará contar com uma rede de contatos mais ampla e poderosa para efetuar a caminhada em direção ao futuro almejado. Trata-se da união dos esforços internos e externos em prol do desenvolvimento, da melhoria e da evolução dos negócios.

Nessa hora, o acesso aos parceiros de fora, ao capital humano disponível no mercado, às novas tecnologias, aos processos mais modernos e aos fornecedores de nível internacional se mostra imprescindível. E como se obtém esses recursos tão estratégicos? Por meio do *networking*! Não é à toa que profissionais e empresas com bons e variados contatos saem na frente quando realizam mudanças estruturais.

O ditado popular que melhor representa essa ideia é: "A união faz a força". Para se alcançar grandes feitos é melhor contar com o apoio de mais pessoas, inclusive de gente de fora da organização, do que agir sozinho e com apenas a equipe interna, que muitas vezes se divide entre as atividades corriqueiras do dia a dia e a projeção do planejamento de médio e longo prazo.

A IMPORTÂNCIA DO *NETWORKING* PARA PESSOAS, PROFISSIONAIS E EMPRESAS

Para mostrar a importância do *networking*, termo universal para designar a rede de contatos, gosto de fazer um exercício reflexivo. Imagine a vida sem amigos, sem conhecidos, sem vizinhos, sem colegas, sem familiares, sem ninguém por perto. É possível?! Até é, mas a rotina seria muito, muito difícil. Não se vive sozinho.

Olho para os meus netos e vejo que desde muito pequenos — têm entre cinco e sete anos — eles já estão cercados por vários grupos. É o núcleo familiar, são os parentes do lado do pai e da mãe, são os amiguinhos do condomínio, são os colegas da escola, é a turminha do futebol, da natação ou da dança etc. Isso sem contar os vários adultos que os rodeiam.

Conversando com a garotada, eles falam das festinhas em que estiveram, das brincadeiras que fizeram, das várias atividades escolares e do que conversaram com esse e aquele menino e menina. A sensação é que o tempo todo, essa garotada está interagindo com muitas pessoas, e realmente está. O ser humano desde que nasce se integra à sociedade. Acaba sendo influenciado e influenciando os vários grupos em que se insere. Esse contato é natural e ajuda na formação da personalidade do indivíduo. Quando algo sai errado, são as pessoas de confiança que o apoiam e o auxiliam.

Networking é a rede de apoio pessoal e profissional que construímos à nossa volta, sobretudo porque há muitas coisas que não sabemos e não acessamos diretamente, mas interagimos com quem conhece e com quem tem acesso àquilo que precisamos. A ajuda externa é valiosa tanto no âmbito individual quanto pela perspectiva das organizações. A companhia tem muitos colaboradores, fornecedores, distribuidores e parceiros formais, mas muitas vezes esse contingente é insuficiente para atender ao que ela precisa nos momentos críticos. Lembremos que estamos falando de grandes mudanças. Dessa maneira, quem tem um *networking* grande, ativo, atualizado e qualificado consegue acessar mais rapidamente o auxílio externo.

Às vezes, pode ser uma dúvida simples sobre qualquer detalhe técnico de um projeto. Em outra oportunidade, pode ser a necessidade de indicação de um profissional qualificado para integrar a equipe. Em determinado momento, a troca de experiências e o debate sobre assuntos de gestão colaboram para a nossa qualificação. São incontáveis os benefícios e as possibilidades de uso do *networking*.

Ou seja, contar com uma rede de contatos é fundamental para a carreira profissional de empresários e executivos e para o desenvolvimento de negócios. Engana-se quem pensa que são só as pequenas e médias empresas que se beneficiam do apoio externo, pois grandes conglomerados, multinacionais famosas e líderes globais estão o tempo inteiro trocando figurinhas e recorrendo a parceiros e conhecidos de fora de seus quadros.

Inclusive, enquanto escrevo esse texto, acabei de ser contactado por um estrangeiro que conheço há muitos anos e que vive em Portugal. Essa pessoa, que desconhece em detalhes o Brasil e a realidade do nosso país, me consultou sobre aspectos que parecem importantes para sua tomada de decisão. Ao invés de decidir no escuro, ela facilmente, com o celular, ligou para alguém que tinha mais e melhores informações sobre aquele assunto. Isso é *networking*!

DESENVOLVIMENTO DO *NETWORKING*

O motivo pelo qual inseri esse assunto em um livro que trata da Transformação Organizacional não está ligado simplesmente ao convencimento da importância do *networking*, pois acredito que a maioria dos executivos C-level entende a relevância deste tema. A questão não é tanto o poder da rede de contatos, e sim em como desenvolvê-la para o bem da nossa atuação profissional e para o desenvolvimento da empresa em que atuamos.

O *networking* deve ser cultivado sempre e não apenas quando se precisa de algo. Esse é o primeiro equívoco que vejo ocorrer no dia a dia. Quem só extrai ajuda do grupo de conhecidos acaba exaurindo o relacionamento e sendo visto como alguém interesseiro. *Networking* é essencialmente troca e ajuda mútua. Quanto mais contribuímos com os outros, mais as pessoas vão querer nos ajudar depois. É como se conseguíssemos créditos sociais. Quanto mais ajuda nós recebemos, mais teremos que devolver no futuro, ficamos, assim, com débitos sociais.

Além disso, não é para só aparecer no momento de receber ajuda ou de oferecer apoio. Muitas vezes, os relacionamentos se fortalecem quando a amizade e o companheirismo superam os interesses pessoais e profissionais. É importante almoçar com aquele colega antigo, perguntar se o antigo chefe está bem, visitar amigos queridos e "jogar conversa fora" com pessoas com quem gostamos de conviver. É o famoso se manter presente na vida dos outros.

Sobre essa dinâmica, alguém pode falar: "Mas isso dá muito trabalho! Eu não tenho esse tempo para me dedicar aos outros". E quem foi que disse que cultivar o *networking* é uma tarefa simples e fácil?

Devido à complexidade das responsabilidades diárias que temos e à necessidade de mantermos nossa rede de relacionamento revigorada, surge o grande paradoxo do *networking*. Se nossa rede é pequena, conseguimos mantê-la ativa com mais facilidade e podemos tirar proveito dela de maneira qualitativa. Se a rede é grande, temos mais dificuldade para sustentá-la e, como consequência, não é tarefa fácil aproveitar todas as oportunidades que ela conferiria. Ademais, o *networking* não é o número de seguidores que se tem no Instagram ou no LinkedIn, e sim o grupo seleto de pessoas que você sabe que poderá contar em caso de necessidade.

É claro que não precisamos estar toda semana falando com a pessoa, tomando café com ela e conversando o dia inteiro pelo WhatsApp para manter ativada nossa conexão. Tenho um amigo francês que conheci há muitos anos quando trabalhávamos na mesma empresa. A relação profissional se transformou em amizade principalmente porque gostamos de conversar sobre cultura, vinho, geografia e viagens. Ele está no Brasil há várias décadas, é uma pessoa muito interessante e, mesmo que cada um tenha seguido por um caminho profissional diferente, mantivemos o contato e a amizade se fortaleceu. Podemos ficar meses sem nos falar, mas quando um dos dois entra em contato, o vínculo permanece intacto e intenso. Essa é a força da amizade. Não é a quantidade de visitas e interações e sim a qualidade delas.

Quando assumimos muitas responsabilidades e estamos em cargos de direção, é difícil encontrar alguém com quem conversar e desabafar dentro da empresa. Por isso, é comum recorrer às pessoas de fora, que vivenciam problemas e desafios da mesma natureza e magnitude. O *networking* não confere só ajuda técnica e objetiva, de mão única, mas apoio emocional e psicológico de forma mútua. Um bom desabafo com o amigo ou com a amiga que entende os problemas e "perrengues" que estamos passando alivia a situação e pode trazer bons *insights* do que fazer. Porém, para que isso ocorra é preciso ter estabelecido uma relação de confiança. Sem confiança, não existe *networking*. Portanto, trocar cartões com desconhecidos ou fazer uma conexão no Linkedin, não é aumentar a rede de contatos.

NETWORKING NOS PROJETOS DE TRANSFORMAÇÃO ORGANIZACIONAL

Em projetos de Transformação Organizacional, é muito comum precisarmos de profissionais que fogem do nosso círculo de *networking*. O que fazer nessa hora? É preciso acessar as pessoas que têm maior proximidade com esses profissionais — é o famoso amigo do amigo. Para se chegar a alguém, necessitamos da indicação ou do intermediação de outro indivíduo e, por essa ponte, o contactamos.

Há inclusive a Teoria dos Seis Graus de Separação[38], citada por quase todas as publicações que abordam o *networking*. Segundo esse conceito, podemos acessar qualquer pessoa do planeta por meio de, no máximo, seis conexões entre nossos contatos em comum. Pense em qualquer indivíduo. Pode ser o astro da música internacional, o papa, a primei-

38 Desenvolvida pelo psicólogo norte-americano Stanley Milgran nos anos 1960, a Teoria dos Seis Graus de Separação se originou de um estudo científico que comprovou que duas pessoas quaisquer estão ligadas por no máximo seis laços de amizade. Por mais que as redes sociais tenham diminuído essa distância nos últimos anos, o conceito dos Seis Graus de Separação permaneceu intacto.

ra-ministra de um país europeu, o melhor jogador de futebol da atualidade ou a ganhadora do Oscar de melhor atriz. Usando seus contatos e os contatos de seus contatos, você chega a ele ou a ela. Sua distância para a pessoa imaginada é de até seis interações — seu amigo está no primeiro grau de separação, o amigo do seu amigo está no segundo, o amigo do amigo do seu amigo está no terceiro e assim por diante.

A Teoria dos Seis Graus de Separação mostra que o mundo é pequeno. Ou que a força do *networking* é capaz de apequenar o planeta gigantesco em que vivemos. Sabendo disso, podemos recorrer à nossa lista de amizades para garimpar oportunidades e desbravar novos ambientes.

Um bom exemplo disso me foi relatado por Eduardo Viegas Meirelles Villela, o diretor da editora que publicou este livro. Ele conta que um de seus autores queria ter na obra ficcional de estreia o prefácio de Amyr Klink[39], por quem sempre nutriu enorme admiração. Contudo, o romancista pensava ser impossível chegar até o navegador famoso. Aproveitando-se dos vários contatos que tinham em comum, não só foi possível acessar Klink, como o escritor conseguiu visitar o navegador em Paraty e fazer o pedido pessoalmente. Assim, seu primeiro romance tem o sonhado prefácio de Amyr Klink.

Conhecendo a essência da Teoria dos Seis Graus de Separação, imagine o poder e o alcance dos nossos relacionamentos! Quando eu vou a um evento ou a um congresso, procuro expandir minha rede de conhecidos. Gosto de conversar com pessoas de fora do meu círculo habitual e de me apresentar para profissionais de outros segmentos. Assim, consigo ampliar meu *networking*. Quem sabe se no futuro essa pessoa não será a ponte que me colocará diante de alguém com quem precisarei interagir.

Até há pouco tempo, eu conhecia pouquíssimo o mercado editorial brasileiro. Agora tenho grande proximidade com Eduardo e a equipe da EV Publicações. Certamente, o dia em que eu precisar de algo nesse setor ou da indicação de um bom profissional desta área, ele abrirá as

39 Nascido na cidade de São Paulo em 1955, Amyr Klink é um velejador famoso por desbravar sozinho os mares do planeta, em aventuras relatadas mais tarde em livros, palestras e documentários de televisão.

portas para mim. Com o trabalho de produção deste livro, acabamos nos aproximando bastante. Agora consigo acessar o conhecimento e a experiência de um editor com 20, 30 anos de experiência. Isso é *Networking*. Ao mesmo tempo, se alguém me pedir contato ou referência de uma equipe séria para publicar livros, posso sugerir a EV Publicações e o Eduardo Villela.

Em uma empresa, não é apenas o CEO e o fundador que disparam suas redes de contatos em prol das necessidades da corporação. A equipe inteira deve se envolver nessa atividade. Às vezes, o técnico da manufatura é quem conhece o profissional que precisamos ouvir para a aquisição de um novo tipo de maquinário. O supervisor de logística é quem tem acesso mais rápido ao prefeito da cidade que queremos construir a segunda fábrica. E a estagiária de marketing tem proximidade familiar com o cientista responsável pelos estudos do medicamento que a empresa farmacêutica deseja produzir. Por que não utilizamos o conhecimento e os contatos do nosso time? Faz muito mais sentido usá-los como estratégia de aproximação do que ficar dependendo apenas dos membros da diretoria.

A companhia recorre ao *networking* durante os projetos de Transformação Organizacional porque as mudanças promovidas, principalmente quando profundas, tiram a equipe do lugar comum. Ao escolher novos produtos e serviços para atuar, por exemplo, as alterações no negócio são gigantescas. Serão necessários novos maquinários, novos fornecedores, novas matérias primas, novos processos, novas estratégias, novos colaboradores, novos distribuidores, novas tecnologias etc.

E para não caminharmos no escuro diante de tantas novidades, recorremos ao conhecimento e à experiência daqueles que têm mais familiaridade com as novas áreas de atuação. No caso, o *networking* também contribui para economizar tempo, dinheiro e esforços durante o aprendizado. Ao invés de contratar um número grande de profissionais e uma série de empresas de consultoria para assessorar durante a implementação de projetos, moldamos o novo negócio a partir da indicação de gente capacitada que se dispõe a nos ajudar de modo colaborativo.

NETWORKING NOS PROJETOS NO EXTERIOR

Quando trabalhava em uma empresa brasileira de embalagens, precisávamos montar um escritório na China. O que fiz? Criei a base de operação da companhia utilizando essencialmente o *networking*. Eu e minha equipe não sabíamos quase nada sobre o país, não tínhamos os detalhes do mercado local e do jeito de se fazer negócio com os chineses, porém tínhamos contatos que já haviam passado por aquela experiência, conheciam a realidade chinesa e tinham estabelecido relações com profissionais e empresas locais.

Dependendo da cultura com que interagimos, o *networking* tem ainda mais importância. O brasileiro, por exemplo, é visto como um povo amistoso, informal e de rápido entrosamento; no entanto, não encontramos essas características em todos os lugares. Tradicionalmente, os asiáticos são mais fechados e desconfiados do que os latino-americanos e até conhecerem bem a pessoa, não fazem negócios. Por isso, as apresentações foram fundamentais e, principalmente, a construção do passo a passo do relacionamento a médio e longo prazo.

Fui à China várias vezes durante a fase de prospecção do referido projeto. Um conhecido meu, diretor financeiro em uma multinacional, me indicou uma empresa chinesa que já tinha feito acordos com companhias brasileiras e que poderia ser um bom parceiro. Para me aproximar dela, recorri a um agente de mercado, uma espécie de *broker*, figura comum por lá. Esse profissional fez os primeiros contatos e, a partir daí, iniciamos as conversas. Fiz várias visitas para construir o relacionamento, participação em vários eventos e feiras, tanto no Brasil quanto na Ásia, organizados pelas Câmaras de Comércio dos dois países. Foram mais de dois anos para ganhar a confiança dos empresários chineses e assinar a parceria comercial.

Curiosamente, algum tempo depois, outra empresa brasileira em que eu tinha trabalhado como executivo, também queria abrir um escritório na China. Quando souberam que já tínhamos trilhado aquele caminho, eles nos procuraram. É claro que os ajudei. Essa colaboração foi feita da mesma forma que há alguns anos, meu amigo CFO fez comigo: indiquei a empresa chinesa que era nossa parceira e apresentei os empresários para os brasileiros interessados em estabelecer acordos comerciais. De repente, estava na ponta oposta do *networking*: ao invés de recorrer aos contatos estava sendo contactado. Em resumo, empresa em que eu havia trabalhado montou o escritório em Hong Kong e até me convidou para ir à inauguração.

OUTROS ASPECTOS DO *NETWORKING*

O *networking* é muito abrangente e possibilita a inserção de informações vindas das entidades de classe e dos órgãos de regulamentação. Quando falamos de questões de legislação, a consulta às autoridades é fundamental. Uma farmacêutica que não conhece alguém na Agência Nacional de Vigilância Sanitária — Anvisa [40] pode ficar em posição de fragilidade em relação à concorrência. Esse contato é importante para conversar, entender as exigências da autarquia e saber das mudanças da lei e, nesse sentido, não há nada errado e nem eticamente condenável. Pelo contrário: é algo que contribui para que a empresa fique ou permaneça dentro da legalidade.

No caso de uma empresa que faz muitas pesquisas, é fundamental ter contatos no mundo acadêmico. É importante ter amizade com o pessoal dos principais centros de pesquisa e das universidades do país e do mundo. Para isso, é fundamental frequentar constantemente fóruns e congressos que tratam dos temas de maior interesse.

As concessionárias de serviços públicos, por sua vez, precisam ter bons trâmites com as autoridades governamentais, situação que não significa estabelecer relacionamentos escusos e comprometedores com a esfera pública. Não é isso! Considero que ter conhecidos nesses segmentos, com quem seja possível ter uma conversa sadia, pode ser produtivo. Se estamos com dificuldades ou dúvidas, podemos falar com o prefeito, secretário, vereador, governador, deputado, senador e minis-

40 A Agência Nacional de Vigilância Sanitária (Anvisa) é a autarquia do Ministério da Saúde responsável pela aprovação de medicamentos, alimentos, cosméticos, derivados de tabaco, produtos médicos, insumos hospitalares e serviços de saúde.

tro, pessoas que não são inacessíveis e, como figuras públicas, costumam ser receptivos. Nunca recebi uma negativa quando solicitei um encontro ou uma reunião.

A rede serve exatamente para abrir portas. Se a pessoa não nos conhece, dificilmente aceitará nossa aproximação. Entretanto, se alguém que a conhece nos referendou, as coisas mudam de patamar. Se um amigo ou colega nos aproximou, aí temos o caminho facilitado. Dificilmente a pessoa irá se recusar a nos receber, pois não quer desagradar o seu conhecido.

Participar de eventos, feiras e congressos são ações que ajudam quem precisa aumentar a abrangência de sua rede de contatos. Muitos pensam que esse tipo de atividade serve apenas para prospectar clientes. Mas, dependendo da feira, ela pode ser interessante para conhecer potenciais fornecedores, distribuidores e parceiros. Há empresas que organizam viagens de grupos de empresários para Estados Unidos, China, Alemanha etc. Essas missões comerciais são excelentes portas de entrada para negócios no exterior. O próprio governo brasileiro tem ações desse tipo, incentivando a exportação ou a internacionalização das companhias nacionais.

Os eventos corporativos permitem novas conexões e a criação de novos relacionamentos. Além de montar estandes e apresentar produtos e serviços, a empresa precisa cuidar do momento pós-feira, das implicações da sua exposição. Essa etapa é tão importante quanto a feira em si. Ao invés de voltar correndo para casa, os profissionais podem ampliar sua permanência por alguns dias e, assim, fazer visitas aos contatos recém-adquiridos e, ao mesmo tempo, as novas interações podem potencializar a geração de novos negócios.

Quando analiso o trabalho de empresários e executivos C-level, vejo uma forte correlação entre o desempenho e o cultivo do *networking*. Aqueles que possuem boas redes de contato sabem alimentá-las e fazem bom uso da *expertise* dos conhecidos, apresentam maiores chances de promover a Transformação Organizacional em seus negócios. Por outro lado, aqueles que não valorizam o *networking* e evitam usar suas redes de contatos têm maiores chances de fracassar no meio de um grande projeto de mudança empresarial.

Dessa forma, encerramos a primeira parte do livro. Uma vez discutido o que a empresa precisa fazer para crescer, como ela pode se tornar mais competitiva e como prepará-la para as alterações do mercado, podemos partir para a próxima seção.

Na segunda parte, vamos debater a operacionalização da Transformação Organizacional. Sairemos, portanto, da visão macro, do planejamento geral e do comportamento esperado pela alta administração, e partimos para a concretização das ações, para o detalhamento do projeto e para a importância da atuação da média gerência. Afinal, como promover as mudanças empresariais de maneira concreta? E como disseminar a cultura da transformação no dia a dia da empresa? Esses são alguns temas que vamos abordar a partir da próxima página.

PARTE 02

TRANSFORMAÇÃO ORGANIZACIONAL NO DIA A DIA E SUA DISSEMINAÇÃO POR TODA A ORGANIZAÇÃO

13

A IMPORTÂNCIA DE UMA ESTRUTURA PARA CONDUZIR A TRANSFORMAÇÃO ORGANIZACIONAL

A segunda parte deste livro, aborda os elementos mais técnicos da implementação da Transformação Organizacional (TO). A proposta apresenta o passo a passo para a operacionalização de todas as etapas que foram planejadas pela alta administração da empresa. Nosso enfoque, portanto, está nos planos práticos, nas ações concretas e na execução do que fora concebido e explicitado nos capítulos anteriores.

Para iniciarmos o debate, nada melhor do que mostrar a importância de conduzirmos esse processo com uma estrutura lógica, afinal, precisamos ancorar o trabalho da TO em bases sólidas. Assim, o plano geral poderá ser viabilizado e nossas propostas de mudanças do negócio serão concluídas satisfatoriamente.

VISÃO GLOBAL E SIMPLES DO PROCESSO DA TO

Para implementar em qualquer empresa as incontáveis alterações que pretendemos, é fundamental contar com uma estrutura mínima de trabalho. O que é essa estrutura? É a junção de governança, planejamento, equipe e regras adequadas.

Imagine a quantidade de problemas que podem ocorrer se o plano do que pretendido estiver apenas na cabeça de uma ou duas pessoas. E se elas se esquecerem de algo? Como reagir se, por um acaso, o projeto fugir do controle mais à frente? Quais os planos B e C que precisamos ter? Como agir se, no meio do caminho, uma parcela considerável do time não concordar com a forma com as quais as mudanças estão sendo implementadas? E quem irá assumir o comando das atividades se os responsáveis pelo plano de TO forem embora da companhia, amanhã ou depois?

Os processos de Transformação Organizacional podem ser identificados como amadores quando são caracterizados pela falta de métodos, equipes, planos, regras e de estruturas de trabalho. As mudanças são simplesmente promovidas sem qualquer base racional e analítica. Nesses casos, não se avalia as consequências de cada uma das alterações promovidas, não se comunica à equipe os motivos das ações e não se possui um cronograma com metas e prazos para cada estágio do plano. A impressão que tenho é que os projetos de TO com este perfil são, quase sempre, colocados de pé e se desenvolvem de um jeito passional e improvisado.

Sem uma estrutura formal e objetiva, as chances de os problemas surgirem são muito grandes. Além disso, é natural que durante o projeto ocorram algumas revisões e discussões que, certamente, poderão contribuir com a reflexão e para fazer ajustes que forem necessários. Como nem tudo sai 100% como imaginávamos, é relevante podermos acertar as ações ao longo do tempo. Porém, para realizarmos essas ponderações, é preciso existir um norte, um caminho que foi esboçado e apresentado a todos.

Em um plano de TO, como vimos nos capítulos anteriores, geralmente são definidos os objetivos de curto, médio e longo prazo, que são complementares e estão interligados. Portanto, existem atividades de longo prazo que vão começar agora, juntamente com outras de curtíssimo prazo. A diferença é que essas ações vão demorar mais tempo para serem concluídas e para darem resultados. Há atividades de longo prazo que só podem começar depois que várias ações de curto prazo forem concluídas. Assim, se não tivermos essa visão sistêmica e de interdependência das várias partes do projeto, certamente a implementação se tornará caótica.

Essa confusão fica nítida durante a execução dos projetos de ERP[41] ou de grandes mudanças nos programas de TI. Toda empresa possui um sistema de informática e uma estrutura organizacional com as quais já trabalha e está acostumada a operar. Essa dinâmica foi consolidada ao longo de muitos anos. O pessoal está tão acostumado com ela que sabe, previamente, onde estão os problemas e como agir no caso do aparecimento das principais dificuldades. Quando se altera radicalmente o sistema e, por consequência, os processos, o time perde todas as referências. O caos se instala porque ninguém, ou pouquíssimas pessoas, sabem exatamente como se deve proceder a partir da implementação do novo ERP ou *software*.

Fora do mundo empresarial, as mudanças também precisam ser muito bem traçadas. Para usar uma analogia do campo esportivo, posso relatar o que se passou na minha família. Um dos meus filhos fazia *CrossFit*[42]. Ele participava de campeonatos nacionais e levava esse esporte de maneira profissional até 2020. Durante a pandemia, aproveitando-se que as competições pararam completamente, meu filho resolveu mudar de modalidade e escolheu o *triathlon*[43], um esporte totalmente diferente do que ele estava acostumado. Enquanto o *CrossFit* tem foco na força e na musculação o tempo inteiro, o *triathlon* tem ênfase na resistência e no esforço aeróbico.

---

41 ERP é a sigla para *Enterprise Resource Planning* (Planejamento de Recursos Empresariais). Basicamente, é o sistema de gestão integrado da companhia que permite que todas as áreas troquem as mesmas informações entre si e interajam com o mesmo banco de dados.

---

42 *CrossFit* é um programa de treinamentos desenvolvido entre o final dos anos 1990 e o começo do século XXI nos Estados Unidos por Gary Glassman e Lauren Jenai. Caracteriza-se pelos exercícios de alta intensidade muscular, como levantamento de peso, saltos e ginástica.

---

43 Competição esportiva que consiste em uma corrida de três modalidades: ciclismo, natação e corrida a pé. É disputado em diferentes distâncias. Incluído no programa dos Jogos Olímpicos desde Sydney-2000, o chamado triathlon olímpico é composto por 1,5 quilômetros de natação, 40 quilômetros de ciclismo e 10 quilômetros de corrida. Há também versões extremas, como o Ironman, com 3,8 quilômetros de natação, 180 quilômetros de ciclismo e 42 quilômetros de corrida.

Essa mudança profunda nas características do tipo de treinamento obrigou-o a se adaptar. Ele fez um estudo para verificar como poderia se enquadrar na nova modalidade. A primeira providência foi perder vinte quilos: um atleta de *CrossFit* é grandão e forte, já o ciclista, o nadador e o corredor de longas distâncias precisam ser magros e ágeis. Na sequência, ele montou uma equipe com nutricionista, médico e orientador, além dos treinadores de *bike*, natação e maratona e, para completar, elaborou um plano para o desenvolvimento da parte mental; melhorar a concentração é algo fundamental em um esporte de longa duração.

É bom dizer que meu filho não saiu correndo longas distâncias a nado, de bicicleta e a pé de uma hora para outra. Ele começou com trajetos de 5 quilômetros, depois foi para 10 e 15 quilômetros. Demorou cerca de um ano e meio para ter condições de participar das primeiras provas de *triathlon*. E só conseguiu atingir a meta de longo prazo porque tinha metas de curto e médio prazo que foram sendo alcançadas. Note que os esportistas montam estruturas complexas de trabalho para cumprirem seus objetivos, pois sem esse cronograma detalhado do que fazer em cada momento, talvez fosse mais difícil se colocar em condições para a realização das provas.

No mundo corporativo há um cenário parecido. Em um projeto de Transformação Organizacional, é preciso contar com um projeto detalhado do que fazer passo a passo. Quais mudanças devem ser priorizadas no primeiro momento? O que servirá de base para as próximas alterações? O que deve ser almejado no curto, médio e longo prazo? Para usar uma expressão bem popular: só quando puxamos uma linha, percebemos o fio da meada.

ESTRATÉGIA DE IMPLEMENTAÇÃO

Uma vez esclarecido o que precisa ser feito no curto, médio e longo prazo, o próximo desafio é definir a estratégia de implementação. Se já estabelecemos *o que fazer* em cada momento, é preciso, agora, definir *o como fazer*. Por onde começar? Com qual rapidez vamos conduzir o processo? Vamos começar os trabalhos em alguma área específica ou iniciaremos as alterações na empresa inteira? É melhor começar com as transformações de cima para baixo ou de baixo para cima?

Essas discussões têm que ser exaustivas. A tomada de decisão precisa ser aprovada pelo executivo C-Level ou pelo fundador da empresa com rigor e cuidado. Afinal, não há uma receita de bolo pronta para se promover a TO. Seria muito cômodo se houvesse um caminho óbvio para seguir. Porém, não temos como saber o que é certo e o que é errado se não analisarmos as particularidades e a situação de cada empresa.

Comumente, a alta liderança aprova o planejamento macro. E cabe aos responsáveis pelo projeto de TO operacionalizar o plano no dia a dia. Sem o respaldo vindo de cima, é complicado para eles darem prosseguimento ao trabalho. Ou seja, só é possível realizar grandes e profundas mudanças na estrutura da organização quando as medidas são validadas pela direção. Por isso, é melhor investir tempo e energia nas discussões prévias. Sem o consenso do grupo diretivo e sem segurança quanto ao caminho escolhido, certamente haverá muitas mudanças de planos e incontáveis choques de opiniões durante a operacionalização. Como consequência, surgirão muitos retrabalhos e alterações de rotas.

GRUPO DE TRABALHO DA TO

Quando falamos de Transformação Organizacional, esse não é um trabalho para apenas uma ou duas pessoas, é necessário que um grupo esteja à frente de cada projeto. O maior envolvimento de pessoas é importante porque as mudanças pretendidas são complexas, com temáticas interdisciplinares e de longa duração, sendo, portanto, complicado deixar as responsabilidades concentradas em um ou dois profissionais apenas. É mais pertinente montar um time versátil e competente que potencialize suas forças e entendimentos.

Para a definição dos integrantes da equipe que será responsável pelo projeto de TO, é fundamental selecionarmos profissionais a partir de um perfil determinado. Não podemos ter, por exemplo, pessoas resistentes às mudanças ou pessimistas; os profissionais têm que ter os olhos brilhando na hora que os desafios são colocados à mesa. As grandes missões devem servir de motivação e de estímulo à equipe e não como desalento e preocupação. Vale lembrar que muita gente, ao ouvir os planos ousados de seus líderes, dirá: "Eles estão loucos"; "isso nunca vai funcionar!"; "mas essa ideia vai dar muito trabalho!"; e "não estou interessado em me matar pela empresa, quero paz e sossego".

Temos, então, que achar as pessoas com o perfil certo. Os profissionais que irão conduzir o processo de Transformação Organizacional são aqueles que provavelmente ocuparão os cargos mais importantes do negócio em pouco tempo. Isso ocorre porque eles passam a conhecer em minúcias as engrenagens da empresa e começarão a exercer, naturalmente, o papel de liderança. Além disso, têm nítido o que deve ser feito e o que pode ser alcançado. Daí a importância de escolhermos bem. Pense que não estamos apenas selecionando os integrantes-chave de um projeto, mas a futura liderança da companhia.

Será que vamos encontrar pessoas prontas para os desafios que estão por vir? É claro que não. Por isso, a necessidade de selecionarmos aqueles com maior potencial de desenvolvimento. E quem tem as habilidades e as competências gerais desejadas? Com a junção do perfil correto com o ótimo potencial, o profissional estará pronto para aprender e evoluir. A curiosidade para conhecer as técnicas mais avançadas de gestão, estudar novos processos produtivos, fazer *benchmarking*, analisar outros mercados e avaliar o que está sendo feito no exterior, são aspectos que distinguem esses profissionais. Também é preciso motivação e empenho para trabalhar além das oito horas protocolares, de segunda a sexta-feira. E, como já dissemos, o otimismo e a satisfação de abraçar as mudanças sem medo são pré-requisitos essenciais.

Vale a pena dizer que aqueles que vão integrar a equipe da Transformação Organizacional podem ter contribuição inicial *full-time* ao projeto, mas também atuam *part-time*. A dinâmica e a intensidade do trabalho e a rapidez das alterações indicarão as verdadeiras necessidades de cada um. Quase sempre, quem está *part-time* divide os desafios da TO com as responsabilidades pela operação da empresa. Afinal, a companhia não pode parar enquanto as mudanças ocorrem. Como consequência, as tarefas e a pressão cobram muito da equipe que está à frente, no dia a dia da empresa.

Em geral, se não é fácil executar as atividades das áreas financeira, de marketing, de RH ou logística, imagine ter que lidar com uma carga extra de atribuições! Então quer dizer que a vida da pessoa será sacrificada com um volume indecente de trabalho? Não. Os profissionais precisarão aprender a delegar e atuar mais na gestão das pessoas e menos na operação. Para cada responsabilidade assumida, deverão formar sucessores e dar autonomia a eles. A partir de um determinado ponto, o trabalho mais técnico e individual dará lugar para as competências gerais e de gestão. Ao mesmo tempo em que esse líder evolui, sua equipe também se desenvolve. Nesse sentido, a organização inteira se aperfeiçoa e amadurece.

Obviamente que o ritmo e a maneira de trabalhar mudam continuamente e nem todos se adaptam. Dessa forma, será necessário promover mudanças no time. Algumas vezes, a empresa sai de um modelo autocrático para um modelo mais participativo, pois não há como incentivar as pessoas a usarem a criatividade e serem empreendedoras em um ambiente autoritário, com uma gestão de choque, aquela de "manda quem pode, obedece quem tem juízo". Ademais, as novas gerações exigem normalmente mais liberdade e espaço de atuação. É preciso, portanto, entender as nuances culturais da organização para moldar o ritmo das mudanças.

Há alterações que devem ser conduzidas com mais cautela, de maneira gradativa. Pode ser um produto criado pelo fundador que ainda tenha grande valor emocional para o negócio, apesar de já não ser mais viável economicamente. Como é que o sucessor vai chegar e excluir o produto, acabar com aquela criação do antecessor? É complicado! Por isso, o melhor é deixá-lo, no início, apenas em uma regional, naquele ponto geográfico onde ainda possua alguma relevância. Depois, os investimentos naquele item poderão ser gradativamente reduzidos, até ele desaparecer naturalmente. Esse processo pode levar um, dois, três anos. Desse modo, a situação será contornada e não haverá ressentimentos do com a saída de linha daquele produto do portfólio da empresa.

Por outro lado, há mudanças que precisam ser mais radicais e instantâneas, não dá para esperarmos, é preciso agir, aqui e agora. Essas decisões podem ser as mais difíceis de serem tomadas, pois, às vezes, é preciso fechar um negócio, uma unidade ou uma fábrica para se investir em outros aspectos do negócio.

Nessas decisões tão complexas e difíceis é muito bom quando contarmos com a opinião e a ajuda de profissionais qualificados de fora da empresa. Ou seja, sempre que possível, incentivo os presidentes e os executivos C-Level a contratarem empresas de consultoria ou consultores especializados em TO. A presença deles nos projetos contribui bastante. E, invariavelmente, quando a liderança da companhia está bem assessorada, os trabalhos de mudança acontecem de forma mais harmônica ou menos estressante. O simples fato de termos alguém com experiência, para ditar os caminhos a serem percorridos, confere mais segurança a todos.

Outra iniciativa válida é criar comitês ou grupos de trabalho que tratem de temas específicos e de assuntos sensíveis do negócio. As tomadas de decisão do projeto de Transformação Organizacional ficam, assim, sob responsabilidade do Comitê de Mudanças constituído pelo fundador, pelo novo presidente, pelos consultores de fora e por alguns diretores. A definição técnica do que será feito com as áreas de Tecnologia de Informação, Marketing e Finanças, por exemplo, pode ser conduzida pelos Comitês de TI, Marketing e Finanças, respectivamente.

O cuidado que se deve ter quando se trabalha com vários comitês é não perder a visão do todo, dificuldade que muitos profissionais têm. Eles acabam conhecendo o passo a passo de uma área, mas não possuem a compreensão sistêmica do negócio. Muitos problemas da companhia que só serão resolvidos com a participação de todos os integrantes da equipe de liderança. Nessa hora, percebem-se as diversas lacunas e carências. Diante da complexidade e da dificuldade do projeto de TO, o time precisa sair do convencional e trazer soluções criativas. Se não dá para fazer algo do jeito tradicional, por que não inovar?

Sempre que for difícil produzir internamente uma matéria-prima ou um componente específico da produção, por que não comprar de fora? "Ah, porque a gente nunca fez isso antes", pode ser a alegação. Então não será que já está na hora de começar? Note que há alguns paradigmas que precisam ser quebrados. Qual o problema de ter um fornecedor de um componente importante da produção? Se ele trouxer mais qualidade e/ou menor preço está tudo bem. Muitas vezes a chance de um produto se tornar viável financeiramente decorre do uso de alternativas diferentes na sua produção. Se não houver bons fornecedores locais, dá para trazer de fora. A globalização permite essa alternativa para vários tipos de indústria.

A ESTRUTURA DO PROJETO DE TO

A estrutura para se colocar em prática um projeto de Transformação Organizacional não precisa ser gigantesca. O ideal é que ela seja pequena, com alguns profissionais *full-time* e outros *part-time*. Apesar de enxuta, a estrutura precisa ser formal. Do contrário, os resultados podem ser negativos e afetar diretamente o cotidiano do negócio.

Acho curioso quando alguém comenta: "Aqui não vai dar para montar uma estrutura nem uma equipe de TO porque todo mundo vive apagando incêndio. Se tirarmos os bombeiros da operação, a empresa explode". Pois é exatamente esse o tipo de cenário mais adequado para a realização da Transformação Organizacional. Se a rotina da companhia estivesse tranquila e com uma saúde financeira maravilhosa, talvez as mudanças não fossem tão urgentes. Com o colapso iminente, as alterações se fazem mais necessárias ainda. Assim, qualquer desculpa para evitar o processo de TO explicita sua urgência.

Não dá para inventar desculpa para tudo. É preciso vontade para fazer as mudanças. "Somos uma empresa de varejo e o Natal é nossa data com maiores vendas. É inviável dividirmos as atenções com qualquer outro aspecto do negócio nos dois últimos meses do ano", alguém pode alegar. Parece sensato, portanto, não iniciarmos as alterações radicais na organização em novembro e dezembro. Então, comecemos, impreterivelmente, a *implementação* do projeto de TO em fevereiro ou março. "Mas em fevereiro e março é fechamento do ano fiscal, muita gente sai de férias...". Desse jeito, nunca vamos começar os trabalhos!

A estrutura e a equipe básica do projeto darão velocidade ao processo de *transformação*. Serão eles os responsáveis por tocar o plano da perspectiva da média gerência, cujo trabalho resultará em um choque positivo dentro da empresa. O time *full-time* nota que a operação caótica está afetando a organização e se nada for feito em breve, a empresa deixará de crescer, se ainda estiver crescendo, e estará entregue à improdutividade. Não é incomum que integrantes sentam vergonha do que está sendo realizado, o que alimenta ainda mais a sede pela mudança.

Em relação à estrutura mais comum de um projeto de TO, temos lá no alto o Comitê Diretivo. Ele se reúne frequentemente, semanal, quinzenal ou mensalmente, dependendo da empresa, ou quando um assunto urgente e crítico aparece. O Comitê Diretivo é formado pelo C-Level, pelo fundador e por alguns diretores. É ele quem dá as principais diretrizes do projeto. Seus integrantes devem estar muito bem alinhados em relação às decisões estratégicas e precisam acompanhar atentamente as ações colocadas em prática. Logo abaixo, temos os Grupos de Trabalho, em geral são três: Gestão de Pessoas, Tecnologia e, outro, voltado à Implementação. O número de grupos de trabalho pode ser maior, depende da empresa e de suas necessidades.

O Grupo de Gestão de Pessoas cuida da seleção e da capacitação da equipe da TO e da escolha dos membros do Comitê Diretivo e dos demais grupos de trabalho, lida com os sucessores dos mais diferentes níveis hierárquicos (os profissionais que vão garantir que o dia a dia da empresa funcione) e com as pessoas que vão migrar de área (para novos setores originados pelas mudanças promovidas). Como será a comunicação com a equipe? Como iremos encarar os medos e as preocupações do time? Isso tudo faz parte das responsabilidades do grupo de Gestão de Pessoas.

No Grupo de Tecnologia pode-se discutir a digitalização das informações da empresa, a implementação de um sistema de ERP, o uso da inteligência artificial, a atualização dos equipamentos ou mesmo a troca dos *softwares*. É bom dizer que nem tudo deve ser feito internamente. Há parceiros no mercado muito bons e especializados nas mais diferentes soluções tecnológicas, que têm muito a agregar à empresa. Não existe mais aquela ideia de se fechar em um casulo com medo de que alguém de fora tenha acesso aos seus dados. A interdependência e o trabalho coletivo ocorrem também na área de TI. É melhor ter bons fornecedores de fora e que tenham algum acesso às informações da companhia do que ter uma equipe própria e discreta nessa área, mas que atue de maneira precária.

Já o Grupo de Implementação é propriamente o time responsável por tocar o projeto de Transformação Organizacional. O Grupo de Implementação é sinônimo de equipe de TO, e suas competências foram abordadas durante este capítulo.

Uma ferramenta que ajuda muito na hora de iniciar a execução do projeto é o Guia de Transformação, também chamado de Manual da Transformação ou *Quick Guide*. Esse documento fornece orientações práticas ao usuário, mostra os motivos e a dinâmica do projeto. Ou seja, ele reúne as perguntas mais comuns e as respostas objetivas para cada uma delas. Obviamente, esse material não precisa ter quinhentas ou mil páginas, porém, deve conter informações norteadoras sobre a implementação da TO, além de garantir um alinhamento em relação aos principais pontos.

As questões mais comuns do Guia de Transformação são: como montar Comitês e Grupos de Trabalho? Qual o perfil das pessoas que vão trabalhar na equipe responsável pela TO? Qual o tempo do projeto e suas fases? Por que a necessidade de mudança? Quais os caminhos traçados? Qual a periodicidade das reuniões de TO e quem participa delas?

Quando esses pontos são explicitados no papel, os líderes podem elucidar suas principais dúvidas e orientar adequadamente sua equipe e colegas. O alinhamento é fator determinante para o êxito da implementação do projeto. Não é errado afirmarmos que boa parte dos projetos de TO que apresentam problemas de execução tem como causa a falta de informações claras.

Outra função do Guia de Transformação é informar as decisões que são tomadas. Se você não puser no papel o que foi acertado, a equipe pode se esquecer. Após dois ou três meses, haverá gente que dirá que não sabia, que não se recordava ou que não concorda com isso ou aquilo. Assim, sem qualquer dúvida, é preciso registrar as novas diretrizes para que todos fiquem bem-informados.

Obviamente, esse material deve ser atualizado frequentemente. Conforme as dúvidas forem sendo esclarecidas, novas irão surgir entre os integrantes da equipe, esse é um processo normal. Sempre que aparece um questionamento, é preciso responder a ele e, além disso, é importante não se esquecer de registrá-los e divulgá-los. O Guia, em muitos casos, pode servir no futuro como base para o desenvolvimento da política institucional e dos procedimentos da empresa. Em companhias que não possuem a área de *compliance*, nem canal de denúncia, o que é colocado no papel do Manual da Transformação adquire valor de lei para aquela organização.

A elaboração do passo a passo do Guia requer ajuda externa de quem tem experiência na produção desse tipo de material e, nesse momento, a consultoria entra em ação. Os consultores ensinam os "caminhos das pedras" e fornecem as informações técnicas para o desenvolvimento das políticas e dos procedimentos organizacionais.

GOVERNANÇA PARA A MUDANÇA

Uma parte relevante da estrutura necessária para a implementação da TO é a Governança para a Mudança. É importante não confundir com a Governança Corporativa, que é responsável por dar orientações para que o trabalho geral da empresa seja conduzido por uma dinâmica adequada.

Por exemplo, a Governança Corporativa recomenda que a empresa tenha um Conselho de Administração, que seus membros sejam independentes, que existam Comitês e que aqueles que participam dos Comitês sejam membros do Conselho. As prioridades são a independência, a transparência e o profissionalismo. O objetivo é que os interesses da companhia estejam sempre acima dos interesses individuais.

Quando falamos de Governança para a Mudança, termo muito utilizado na área de TI, os temas são mais específicos. Como eu vou fazer para que um projeto se desenvolva bem e que não privilegie A ou B? Como garantir que vamos atingir as metas traçadas em termos de eficiência, integração de atividades e pessoas sem esbarrar em questões de politicagem interna?

A discussão sobre Governança passa tanto por sua estrutura quanto por regras que vão balizar o trabalho realizado na organização. Há cronogramas que devem ser respeitados e testes de validação que precisam acontecer, e todos precisam seguir os mesmos parâmetros de conduta e comportamento.

Nesse sentido, a Governança para a Mudança atua para garantir que a empresa siga o proposto, sem "meter os pés pelas mãos" no decorrer do processo de transformação. A Governança para a Mudança, como seu próprio nome diz, serve para a empresa governar as mudanças pretendidas.

Seus membros devem analisar o percurso, se o projeto de TO está no caminho certo, se o ritmo está adequado, se os parâmetros estipulados estão sendo respeitados e se a evolução ocorre ou não dentro da forma ideal. Suas regras foram combinadas previamente pelo Comitê Diretivo, que é o grupo que responsável pela estratégia de implementação, pela velocidade das mudanças, definição das prioridades e pelos riscos advindos das alterações.

A partir das diretrizes passadas pelo Comitê Diretivo, a Governança para a Mudança trabalha para que os interesses e as vontades dos acionistas, que são os patrocinadores das transformações, sejam respeitados. Ou seja, a governança busca o alinhamento das diferentes expectativas. A partir da definição das regras do jogo e da postura respeitosa com todos os envolvidos, a implementação do projeto de TO poderá começar. Estabelecida a estrutura da Transformação Organizacional, podemos seguir para a maneira como devemos preparar a cabeça da média gerência para a dinâmica da TO. Este é um assunto para o próximo capítulo.

14

COMO PREPARAR OS INTEGRANTES DA MÉDIA GERÊNCIA PARA A TO?

Neste capítulo, vamos abordar a preparação da média gerência para o projeto de Transformação Organizacional. Conquistar o apoio desse grupo de profissionais é, em geral, um grande desafio para os profissionais que desejam promover mudanças profundas na empresa, pois as alterações são concebidas quase sempre pela alta liderança. Como vimos, a decisão do que fazer as mudanças e definir para onde ir são etapas estabelecidas em um Comitê ou Grupo de Trabalho, que contou com a presença e anuência do presidente, da diretoria e dos principais acionistas.

No entanto, há uma enorme distância entre o que foi acordado e o que será colocado em prática. Para o plano ser viabilizado, as ações e metas preconizadas precisam chegar a todos os colaboradores da companhia, e o caminho entre a alta administração e a equipe operacional passa, necessariamente, pela média gerência. É ela quem irá cuidar da parte tático-operacional do projeto de TO e, também, definirá quais serão os profissionais que estarão, diariamente, em contato com a linha de frente do negócio. Basta qualquer problema ou ruído de comunicação para o efeito ser multiplicado para dezenas, centenas ou milhares de pessoas.

Assim, é preciso cuidar com carinho da maneira como as ações e os processos da TO chegarão aos gerentes, coordenadores e supervisores.

O PAPEL DA MÉDIA GERÊNCIA

Independentemente do porte da empresa (pequena, média ou grande), de sua característica (familiar com controle fechado ou multinacional com ações em bolsa), do mercado de atuação (comércio, manufatura, prestação de serviço, extrativismo ou agronegócio) e do tipo de mudança promovida (de uma melhoria contínua a uma transformação estrutural), algo é certo: a área mais impactada pelo projeto de TO é a média gerência. Frequentemente, ela concentra a maior parte das mudanças, muito mais do que ocorre nos segmentos da liderança e da equipe operacional, se somados.

Nas grandes companhias, uma camada significativa dos colaboradores é composta por gerentes que se dividem em dois, três níveis gerenciais, que se sobrepõem por área geográfica, linha de produtos e setor de atuação. Nas empresas familiares, também há os gerentes e supervisores. Em algumas organizações, não se usa formalmente o termo "gerente", mas os supervisores e coordenadores acabam, na prática, desempenhando esse papel.

Esses profissionais têm papel fundamental nas companhias, pois são o elo entre os executivos C-Level e os demais integrantes do time. É a partir da média gerência que a alta liderança sabe o que se passa na linha de frente do negócio. Ao mesmo tempo, é por meio da média gerência que parte significativa da equipe sabe o que a alta cúpula está projetando. Para que um projeto de TO seja bem-sucedido precisamos, obrigatoriamente, convencer e motivar os gerentes a "embarcar" na espiral de mudanças.

Ocorre que, muitas vezes, a primeira reação deles é de medo, insegurança e receio, e, entre eles, há aqueles que podem se sentir ameaçados no cargo que demoraram tanto tempo para conquistar. Nesse cenário, a chamada "rádio corredor" começa a funcionar veloz e intensamente, alimentada não só pelo time da operação, mas fundamentalmente pela média gerência.

Para evitar que problemas surjam, é fundamental promover uma comunicação direta e franca com esses profissionais. Tão logo as estratégias e os caminhos da Transformação Organizacional forem definidos, o C-Level deve pessoalmente transmitir aos gerentes as novas propostas para o negócio, por meio de um diálogo pessoal e transparente. Além de explicar o que acontecerá, a principal liderança da empresa precisa monitorar a reação da equipe, e a qualquer sinal de dúvida, insatisfação e pânico, será preciso dialogar ainda mais e solucionar o quanto antes os problemas levantados.

Do ponto de vista da alta liderança, as transformações esboçadas têm vários aspectos positivos. Elas vão alavancar o negócio, potencializar a competitividade, melhorar as condições de trabalho, diminuir as despesas, elevar a lucratividade, aumentar a participação de mercado, entrar em novas frentes de negócios etc. Porém, muitas vezes, de acordo com a média gerência, tais benefícios podem ficar em segundo ou terceiro plano. Quando qualquer profissional percebe, ou imagina, que seu emprego corre algum tipo de risco, mesmo que seja uma insegurança fantasiosa, sua relação com o time operacional fica tumultuada e as preocupações imediatas passam a ser outras. Enquanto o presidente, o fundador e a diretoria veem o projeto de TO com bons olhos, os gerentes o enxergam com viés negativo.

Dessa forma, se a média gerência não abraçar as mudanças com o legítimo entusiasmo, com a motivação necessária e com as informações adequadas, a chance de o restante da equipe aceitá-las reduz significativamente. Nessa hora, não adianta ter o melhor plano do mundo e a estratégia mais pertinente: quando o time não o aceita e não há esforços para viabilizá-lo, nada de produtivo acontecerá.

COMO ENVOLVER A MÉDIA GERÊNCIA

Entendido o papel da média gerência e a importância de tê-la ao nosso lado no processo de Transformação Organizacional, devemos trabalhar para conquistar seu apoio. Uma tática válida é envolvê-la de alguma forma no processo de tomada de decisão, até porque sua participação, com a visão e o conhecimento profundos da empresa, acrescenta bastante. Nem sempre a alta direção e as áreas estratégicas estão próximas da operação e conhecem perfeitamente a realidade do dia a dia. Quem, de fato, conhece é a média gerência e não se dispor a ouvi-la é jogar fora uma *expertise* valiosa.

Certa vez, participei de um projeto de automação da linha de produção de uma empresa de manufatura cuja proposta era modernizar o processo de embalagem. Com essa ideia, a empresa comprou um equipamento gigantesco que embalava os produtos automaticamente e substituiria as linhas manuais. A decisão foi tomada pela alta direção e coube à área de engenharia definir em que lugar da planta fabril ficaria o equipamento.

Para evitar problemas com a equipe, realizamos várias dinâmicas práticas antes da chegada do equipamento, pois queríamos simular a nova operação. No lugar da máquina comprada, que ainda não tinha sido entregue, improvisamos um protótipo de papelão em escala real que fazia o papel fictício do equipamento. Dessa maneira, a equipe podia visualizar onde ficaria o alimentador, em qual local seria realizada a divisão da montagem e por onde sairia os produtos embalados.

Durante essa dinâmica, a equipe notou uma série de problemas no *layout* desenvolvido pela engenharia: a maneira como a máquina ficaria na linha de produção, não daria para alimentá-la; as empilhadeiras, as paleteiras e os carrinhos não poderiam passar pelo corredor. A partir daí, a equipe começou a sugerir ideias para resolver a questão. E se invertêssemos a disposição da máquina? Não daria porque tem uma parede. E se a derrubássemos? Também não seria possível porque ali ficava o ar comprimido!

Foram necessários vários ajustes no plano até data da chegada da máquina. Ao viver essa realidade a equipe pode perceber as várias lacunas que havia no plano concebido pela equipe técnica. À medida que foram arrumando a disposição da planta e definindo a dinâmica de trabalho, a média gerência e seu time se tornaram mais envolvidos com as mudanças. Pelo fato de terem participado de uma parte sensível daquele processo, os profissionais da média gerência se sentiram incluídos no projeto.

Quando, enfim, a máquina de embalagem chegou à linha de produção, todos estavam ávidos para conhecê-la e usá-la, algo que jamais aconteceria se os problemas de adaptação não tivessem sido resolvidos previamente. A situação teria sido bem diferente se tivéssemos recusado a ouvi-los e não os convidássemos para participar da tomada de decisão. Posso garantir que o ajuste que eles fizeram no projeto foi decisivo para o sucesso.

O mesmo exemplo vale para uma infinidade de projetos de implementação: lançamento de produtos, melhoria de serviços, alteração na dinâmica de atendimento aos consumidores, novos procedimentos de vendas, entrada de uma linha de negócio, troca de fábrica etc. Nas diferentes situações, antes de partir para a prática, por que não ouvir o *feedback* da média gerência sobre o que está sendo planejado? A visão dela pode ser extremamente enriquecedora para o projeto. Se não dá para envolver todos os colaboradores nas fases iniciais do planejamento, ao menos podemos convidar a gerência e alguns integrantes de seu time para opinar enquanto caminhamos para uma conclusão do que fazer.

Eu me recordo de empresas que precisaram parar suas operações por algumas horas ou dias durante a implementação da nota fiscal eletrônica, sendo que essa decisão radical foi tomada porque não tinham feito simulações prévias do novo sistema. Como não ouviram a média gerência, não envolveram a equipe operacional e não testaram as mudanças, os problemas surgiram na hora da operacionalização. O caos foi enorme, além da perda financeira para uma organização que ficou horas ou dias sem faturar.

Ademais, quando os profissionais não têm ciência de algum detalhe da operação, eles sabem que podem, e devem, recorrer à média gerência para ter a visão específica, é nessa divisão que se encontra aquela pessoa que poderá esclarecer as dúvidas.

Algumas empresas trabalham muito bem essa interação entre o planejamento original e a contribuição prática da média gerência. Antes de promoverem a mudança em definitivo, a visão da equipe é rigorosamente avaliada, as diferentes possibilidades (fazendo protótipos ou projetos-piloto) são testadas e são medidos os resultados. Só quando toda equipe está segura é que tem início as mudanças em maior escala.

Por falar em projeto-piloto, ele é ótimo para quebrar resistências e minimizar medos, incertezas e preocupações. Ao visualizar a alteração na prática, os profissionais conseguem entendê-la melhor e com essa compreensão, muitos deles começam a gostar do novo processo e a enxergar várias vantagens. Além disso, o projeto — piloto também acelera o aprendizado e corrige possíveis falhas.

DESAFIOS EXTRAS DOS GERENTES

Nas empresas contemporâneas, de modo geral, todos estão sobrecarregados: há muita coisa para fazer, são várias metas para bater e surgem responsabilidades novas o tempo inteiro. Entretanto, nota-se que a média gerência tem um piano ainda maior para carregar, ou um "fardo" extra para puxar. As pesquisas organizacionais recentes apontam esse setor da empresa como foco da maior pressão e estresse. O fato de a média gerência se encontrar entre as exigências estratégicas da alta administração e os pedidos operacionais de seu time, faz com que os gerentes vivam em constante conflito de interesses e alta tensão.

Nesse quadro, como chegar a um profissional que trabalha 12 horas por dia em ritmo alucinante e pedir que, a partir de daquele momento, ele deverá a dar atenção às mudanças que se pretende implementar na companhia?

A chave para a resposta está na estrutura montada para a mudança e para responder a essa questão, precisamos voltar ao capítulo anterior. Discutimos o papel da equipe de TO *part-time* e *full-time*; tratamos do ponto de partida para a promoção das transformações; abordamos o perfil dos membros dos grupos e comitês; e exploramos a importância de os líderes terem sucessores e darem maior autonomia para que seus times cresçam.

A estrutura é fundamental para não sobrecarregar ninguém, mas o problema é que as companhias geralmente escolhem as mesmas pessoas para participar dos vários projetos. À medida que se destaca e se mostra entusiasmado, o profissional é chamado para atuar nos projetos A, B, C, D, E, F... E, é claro que uma hora ou outra ele não dará conta de tamanha sobrecarga. A equipe de Gestão de Pessoas deve olhar o "mapa de calor" da equipe e dizer: "Fulano não pode pegar mais nada!".

Assim, abre-se a chance de outros profissionais participarem. Nesse momento, começam as reclamações dos líderes e do pessoal do RH: "Há poucos integrantes que realmente confiamos"; "o restante do time não tem conhecimento e experiência suficientes para grandes desafios"; e "a maior parte da equipe tem desempenho sofrível".

Diante de um quadro com tais características, começamos a entender o motivo da sobrecarga de alguns profissionais: eles são ilhas de excelência daquela companhia. Se não houver uma melhora substancial na qualidade da equipe como um todo, os problemas vão persistir. A dúvida que sempre emerge é: por que se aceitou até então uma grande quantidade de pessoas com baixa capacitação e desempenho aquém do esperado?

Seja nas multinacionais, seja nas empresas familiares, boa parte das organizações tem aquele profissional que é chamado popularmente de "pau para toda obra", que, quando há dúvida ou não se sabe a quem recorrer, ele é escalado para realizar as mais diferentes tarefas. O motivo da escolha é a confiança que depositam nele e seu histórico de êxito. Quanto pior for a situação e mais grave parecer o problema, maior é a chance de o "pau para toda obra" ser escalado para a missão.

Não é preciso ser um gênio para saber que essa prática é como uma bola de neve que torna a rotina dessa pessoa cada vez mais inviável. Uma hora ela não irá aguentar e não conseguirá mais realizar, acertadamente, as tantas tarefas ora atribuídas. Além de ficar doente, seu desempenho desabará e, ainda, se esse profissional estiver envolvido, por exemplo, no projeto de TO, os planos da organização também estarão em risco.

O processo de mudança é por si só o causador de muitos incômodos clínicos. Há alguns capítulos, citei o caso da área médica que me chamou a atenção quando ouvi a seguinte constatação: "Sanches, olha o que está acontecendo aqui. O aumento de consultas subiu muito depois que começou esse projeto. Tem muita gente com dor de barriga, com pressão alta e pedindo afastamento". Se essa epidemia de enfermidades surge com frequência em todos os níveis da empresa, ele é endêmico na média gerência.

Quando olhamos o perfil desses profissionais, conseguimos entender o porquê eles se preocupam tanto com as possíveis novidades e se incomodam exageradamente com as mudanças propostas. Por causa da idade e do momento de vida, os gerentes são geralmente casados, têm filhos pequenos e assumiram compromissos financeiros importantes, como a compra do imóvel e a mensalidade da escola das crianças. Em alguns casos, essa posição é ocupada por pessoas mais velhas que não querem mais se desgastar para aprender novos conhecimentos nem assumir grandes desafios; são aqueles que querem tranquilidade e continuar fazendo o que já estão acostumados.

Por isso, ao menor sinal de alteração na rotina e de ameaça à sua carreira profissional, o medo vai a níveis estratosféricos. Para eles, a proposta de mudança não faz os olhos brilharem. Quando estamos em um projeto de TO, precisamos avaliar o perfil demográfico e psicológico da média gerência. Somente esse estudo dará indícios relevantes de como devemos abordar a equipe.

Infelizmente, a primeira alternativa da alta liderança é acelerar a saída dos mais resistentes. Porque há pessoas que, por mais que você tente convencer e a envolva no processo de TO, não quer participar das mudanças de modo algum. E essa resistência vai prejudicar o trabalho inteiro da organização, pois acabarão influenciando, com sua visão pessimista e seu inconformismo, outros colaboradores a eles subordinados.

Quando falamos da resistência da média gerência, é importante não generalizar. Ao mesmo tempo em que há os que não querem mudar, muitos profissionais se empolgam com a possibilidade das mudanças. Eles veem a oportunidade de aprender, se desenvolver e crescer na organização, querem abraçar o novo e as transformações com genuíno interesse. Portanto, são eles servirão de base de sustentação para a implementação do projeto de TO.

RESPEITO E CONSIDERAÇÃO PELAS PESSOAS

Antes de efetuar demissões sumárias na empresa, é válido e importante tentar convencer os mais resistentes. Quando se tem tal preocupação, cria-se um ambiente de confiança entre a liderança e a média gerência que, lá na frente, será sadio para a aceleração e a intensificação das mudanças. E como se faz para alterar a mentalidade das pessoas?

Podemos começar com a realização de projetos menores e rápidos em áreas com problemas críticos. Como se diz popularmente, quando o mato está muito alto, qualquer ação apresenta, rapidamente, resultados visíveis e positivos. Nesse caso, não é preciso colocar alguém da média gerência motivado e que abraçou instantaneamente a ideia da TO (e que deve estar cheio de compromissos) para tocar esses microprojetos. Vale a pena colocar aqui um gerente resistente, e ele terá "o gostinho" de ver as coisas mudando e funcionando. Em seguida, ele faz outra ação rápida e simples e novamente constata o quão benéfico foi a alteração promovida.

Quando ocorrem situações desse tipo, amanhã ou depois de amanhã encontraremos dois ou três gerentes "bicudos", aqueles que se mostravam resistentes às mudanças, no cafezinho comentando o que fizeram de diferente e que está funcionando. Pouco a pouco, eles vão sendo desafiados a aumentar a dose de dedicação em projetos mais complexos. Ou seja, o envolvimento desses colaboradores começou com intensidade pequena para dar confiança e a exigência foi paulatinamente ampliada.

Por isso, não é aconselhável fazer mudanças drásticas logo de cara. Se afetarmos demasiadamente a empresa no começo, trocarmos muitas pessoas, mexermos com a estrutura e virarmos a rotina de ponta-cabeça, a confiança desaba e corremos o risco de ganhar vários inimigos internos. Não é esse o nosso desejo! Queremos mais parceiros e novos agentes da mudança espalhados pela empresa inteira e a melhor maneira de consegui-los é partilhando êxitos e distribuindo resultados satisfatórios.

O processo é parecido ao da gamificação. Em qualquer jogo, começamos na fase 1, que é bem fácil. Animados com o êxito, partimos rapidamente para a fase 2. Ela tem um grau de dificuldade um pouco maior, mas ainda é possível superá-la sem tanto estresse. Na fase 3, as complicações aumentam, assim como na Fase 4. Quando percebemos, já estamos na fase 10, encarando desafios complexos com empolgação.

Imagine uma empresa que nunca faz mudanças ou que as realiza raramente. Sua equipe está bastante acomodada. A movimentação no começo não pode ser grande nem ruidosa, caso contrário virá o medo, o estresse e a ira. Com pequenos gestos e ações, o time começará a sair da letargia. Para quem estava parado, um movimento, mesmo que mínimo, já é positivo. A partir daí, eleva-se pouco a pouco o ritmo sem que a pessoa perceba. A média gerência observará, na sequência, que diversas transformações foram promovidas, a postura da equipe está inteiramente diferente e as ideias da alta liderança ganharam aprovação da maioria.

Essa estratégia funciona 100% das vezes? Não. Há profissionais e equipes que não aceitam qualquer tipo de alteração em seu ambiente de trabalho e serão eternamente resistentes aos planos da alta liderança. Contudo, em muitos casos, essa dinâmica de iniciar pelo mais simples e evoluir por meio da gamificação funciona muitíssimo bem, com resultados incríveis. Dessa maneira, vale a pena tentar usá-la.

O desenvolvimento do projeto de TO pode ser afetado pelo grau de maturidade da média gerência. A maturidade, nesse caso, tem várias facetas: tipo de gestão, liderança, trabalho com foco nos resultados, visão sistêmica, relacionamento interpessoal, facilidade de delegação, motivação, desenvolvimento de sucessores etc. Há vários meios de melhorar esses *skills*, como treinamento, mentoria e vivência prática. A ideia é que a equipe evolua constantemente.

Entretanto, em determinadas situações, a maturidade da média gerência poderá não ser compatível com os graus de complexidade e de sofisticação esperados pelo negócio no futuro. Ou seja, à medida que as transformações forem acontecendo, mais e mais os gerentes atuais se tornarão desatualizados e incompatíveis com os novos desafios. Por mais que a equipe se desenvolva rapidamente, ainda assim ela não atingirá o grau esperado de capacitação.

Quando a média gerência é fraca ou pouco qualificada, as dificuldades se potencializam. Demora-se para incorporar novas tecnologias, contratam-se mais funcionários do que o necessário, a produtividade é baixa, os custos saem do controle e não se aplicam as técnicas mais modernas de gestão.

Há alguns anos, trabalhei em uma empresa familiar de manufatura e que estava na transição da primeira para a segunda geração e, nesse processo, a ideia de modernização estava pautada. Como seus clientes eram multinacionais renomadas e grandes companhias nacionais, a alta direção desejava promover um choque de gestão e de tecnologia. Não era mais compatível ela ser vista como uma organização arcaica e pouco inovadora.

Por iniciativa e pressa do fundador, as grandes mudanças foram colocadas em primeiro plano. Ele não queria saber de melhorias incrementais, a ordem era partir logo para as disruptivas. E era o próprio dono da empresa quem tocava o projeto de TO a partir de suas ideias e do seu *feeling*. Em nenhum momento, a média gerência foi ouvida ou comunicada formalmente das mudanças. Os integrantes só sabiam das alterações dos processos, sistemas, produtos, equipamentos, tecnologias, matérias-primas e fornecedores na hora da implementação.

Não é preciso dizer que todo dia era um choque de realidade enorme. Dá para imaginar você indo trabalhar e descobrindo que mudaram tudo no seu setor sem que o avisassem? Se você que é o gerente não sabia das mudanças, imagina a sua equipe? Eles olham para você em busca de informações e você não tem noção do que responder.

Obviamente, o processo de TO foi uma catástrofe. Disposta a trabalhar apenas minimamente bem, a gerência sabotou os planos traçados pela direção e pelos consultores. Na visão dos gerentes, o boicote era o único caminho para que suas atividades fossem realizadas como de costume. Entre fazer algo sem saber como e por qual razão, e fazer o que estavam habituados e com segurança, priorizaram a segunda alternativa.

Sempre que me lembro desse caso, não consigo concordar com quem fala que a média gerência daquela empresa era resistente às mudanças.

Ela não era resistente, ela se tornou resistente. É diferente. O trabalho malfeito de convencimento, motivação e envolvimento dos gerentes os levou a trabalhar contra o projeto da TO. De tão incomodados que ficaram com a situação, eles minaram completamente os planos do fundador a ponto de afetarem gravemente os resultados da companhia. Era uma forma de dizerem: "Essas novidades que trouxeram de fora não funcionam aqui!". Resumidamente, ao invés de termos a média gerência ao nosso lado, a transformamos na pior inimiga do processo de Transformação Organizacional.

Em outra ocasião, dessa vez atuando em uma empresa alemã do setor eletroeletrônico, o desafio era fazer mudanças simultâneas no modelo de negócios e na forma de atuação das equipes. Das alterações, a segunda era a mais delicada, porque a ideia era terceirizar quase um terço das atividades da companhia, situação com potencial enorme para provocar ruídos. Não apenas as áreas desligadas iriam reclamar. As equipes remanescentes certamente pensariam: "Se hoje mandaram um terço dos colaboradores embora, amanhã poderá ser outro terço". Além disso, o que os profissionais fariam quando soubessem que seriam desligados independentemente dos esforços e da dedicação dos últimos anos?

Para minimizar a repercussão, foram realizados encontros prévios com a média gerência, mais diretamente impactada com as mudanças. A meta era envolvê-la na tomada de decisão para que ninguém saísse reclamando ou se sentindo prejudicado. Curiosamente, muitos gerentes ficaram tão empolgados com a possibilidade de empreender que se adiantaram, pediram demissão, abriram a própria empresa e viraram fornecedores do antigo empregador. Como eles já conheciam bem quem eram os melhores colaboradores da multinacional, contrataram vários profissionais que certamente ficariam desempregados. Como saíram antes, não foi preciso sequer demiti-los.

Agradecida com a solução encontrada, a empresa alemã ajudou os novos fornecedores cedendo equipamentos em comodato e transferindo conhecimento de gestão. Afinal, como se monta um novo negócio do zero? É preciso contador e advogado. A equipe de colaboradores que não saiu da empresa foi transferida para outras áreas e aproveitada em outras funções.

Repare que a transformação foi realizada sem traumas. A calma e a naturalidade do processo de mudança foram frutos da postura transparente e do diálogo franco da organização com a média gerência. No fim das contas, a alternativa encontrada foi benéfica para todos: os gerentes se tornaram empreendedores e começaram com um grande cliente na carteira, em um contrato com duração de alguns anos; os melhores colaboradores foram instantaneamente aproveitados e continuaram a serviço da empresa; e a multinacional conseguiu fornecedores com experiência e extremamente confiáveis.

Esses são dois exemplos de como a forma de atuação impacta diretamente os resultados do projeto de TO. Enquanto uma companhia não mostrou qualquer respeito e consideração pela equipe que permaneceria em atuação, a outra foi profundamente elegante e parceira até mesmo no processo de desligamento.

Por falar em problemas oriundos no processo de Transformação Organizacional, no próximo capítulo trataremos da maior de todas as complicações: a comunicação. Quando o projeto não é bem-informado para a equipe, as dores de cabeça surgem em progressão.

15

COMUNICAÇÃO PARA A MUDANÇA

Ao longo dos capítulos deste livro, falei diversas vezes da importância da comunicação nos projetos de Transformação Organizacional. Eu me lembro de ter repetido inúmeras vezes frases como: "A comunicação precisa ser feita de maneira adequada"; "A interação com a equipe precisa ser bem-cuidada pelos líderes"; e "Grande parte dos problemas do processo de mudança se dão pelos ruídos entre o que alta administração diz (ou não diz) e o que a base da pirâmide da empresa escuta (ou espera escutar)".

No último capítulo, por exemplo, continuei batendo nessa tecla. Lá disse: "Qualquer problema ou ruído de comunicação que se tenha na média gerência, o efeito é multiplicado para dezenas, centenas ou milhares de pessoas" e "para evitar que problemas surjam, é fundamental promover uma comunicação direta e franca com os líderes das equipes". Devido à relevância do tema, acredito que seja válido explorarmos ainda mais essa questão nas próximas páginas. Portanto, dedicar um capítulo inteiro para as dinâmicas, as nuances e as polêmicas da comunicação é tarefa fundamental para quem deseja realizar um projeto de TO adequado e sem tantos sobressaltos.

O QUE É COMUNICAÇÃO?

Já disse e repito quantas vezes forem necessárias: os principais problemas nas empresas são gerados pelo descaso e pelo amadorismo no trato da comunicação, e essa difícil relação não se aplica apenas aos processos de Transformação Organizacional. De maneira geral, até as companhias que não passam por grandes alterações em suas estruturas padecem de ruídos de comunicação, que podem ser pequenos, médios ou grandes. O aumento das tensões e dos medos provocados pelas mexidas nas bases corporativas acaba agravando a situação.

Infelizmente, ainda hoje muita gente acredita que a comunicação é algo banal, que pode ser feita por um "setorzinho" que cuida do jornal interno e do mural de informações diversas. Comunicação não é só isso! Ela é exercida o tempo inteiro. É o "olho no olho" do chefe na linha de produção, é o líder falando em uma reunião diária de vendas, é a pauta do diretor quando interage com as equipes de logística durante as entregas dos produtos, é o gerente que esclarece as dúvidas dos colaboradores, são as mensagens trocadas nos grupos de Whatsapp, nos e-mails, é o fundador em ação junto ao Conselho e é a entrevista do CEO para o veículo de imprensa.

A comunicação é um componente muito importante, principalmente durante a mudança organizacional. Ela ajuda no processo de transição ao mostrar o que está indo bem e o que está indo mal. Afinal, quais são as principais dúvidas da equipe? Onde é preciso fazer ajustes? Qual o tamanho desses ajustes e qual a receptividade do time em relação ao ritmo das alterações implementadas?

É bom explicar aqui que a comunicação não serve apenas como correção daquilo que se fez de errado, ela não é exclusivamente uma ferramenta de conserto ou de gerenciamento de crises. Porque é isso o que normalmente se pensa e se faz. A empresa cometeu uma falha ou tem um problema grave: corre-se atrás dos *experts* da comunicação para tentar encontrar soluções.

Com as redes sociais e os celulares nas mãos de todo mundo, não temos mais a tradicional divisão Comunicação Interna e Comunicação Externa como tínhamos há quinze, vinte anos. Agora elas se misturam. O que ocorre dentro das organizações, muito rapidamente vai para fora. No mesmo instante, um *post* ou um e-mail vazam, mesmo com todos sabendo que aquilo é confidencial. A "Rádio Corredor" é sempre muito mais ágil. Aliás, veja só que coisa curiosa, significativa e reveladora: no tempo das redes sociais, ainda chamamos essa comunicação informal das empresas de "rádio", um termo antigo.

Trabalhar com comunicação implica em ter respeito com as pessoas. Você pode não revelar todas as informações do negócio para a equipe, e pode não saber qual o melhor caminho estratégico a seguir, porém, sabe que deve ser sincero e educado no trato com os colaboradores. Não existe empresa perfeita e imune aos problemas. Contudo, se ela for receptiva, aberta a ouvir, participativa e compreensiva no entendimento dos seus *gaps*, já é meio caminho andado. O time se sente atuante e fica mais engajado.

Portanto, fica claro que a comunicação não são os informes fixados em murais que às vezes sequer são lidos, ainda que isso faça parte, pois são formas de contato. Mas a comunicação está efetivamente no trabalho diário do executivo C-Level, na atenção dada à média gerência e no cuidado de cada um dos líderes com suas equipes. Isso sim é comunicação!

PONTOS CRÍTICOS DA COMUNICAÇÃO

Em um projeto de TO, a atenção à comunicação deve estar presente desde o início. O ideal é que se tenha um comitê dessa área com especialistas no assunto. Ele pode ser formado com parte da equipe do departamento de comunicação e com integrantes da agência de comunicação. Esse comitê vai saber o que está acontecendo no projeto de mudança da empresa. Assim, poderá ajudar a moldar ou filtrar a comunicação.

O que é moldar ou filtrar a comunicação? É definir quando, como, onde e quem será informado sobre cada etapa das alterações organizacionais. Às vezes, é preciso suavizar a mensagem, e por mais difícil e dura que seja a realidade, ela precisa ser falada e explicada. O que pode variar é o tom. Conforme a situação e o público abordado, um determinado estilo e uma forma específica da linguagem devem ser empregados na comunicação. Repare que esses são aspectos técnicos. Por isso, o Comitê de Comunicação deve trabalhar bem próximo ao Comitê de Transformação.

Mas vamos fazer isso no meio do projeto ou só no fim? A resposta é simples e óbvia: é desde o início, a partir do "dia zero" da TO. O Comitê é que deve estruturar o processo de comunicação, colocá-lo em prática, monitorando-o regularmente. Não precisa ser um grupo grande de pessoas. Às vezes é preferível uma equipe menor, mas com alta qualidade.

Acredito que a área de comunicação deve estar sempre muito ligada ao CEO, que tem a responsabilidade de interagir com o Conselho de Administração, investidores, média gerência, colaboradores, público externo, principais clientes, consumidores, grandes fornecedores, imprensa etc. Boa parte do trabalho do presidente é feito na construção desses relacionamentos e na interface pessoal e, para isso, ter a assessoria de um grupo de profissionais da comunicação é extremamente relevante. Dá para dizer que a excelência da atuação do profissional à frente da companhia passa pela maneira como as pessoas o enxergam. Isso é comunicação!

Há presidente de companhias que gosta de se comunicar e as pessoas o chamam de "pavão", porque ele adora aparecer e sua disposição é encarada como exibicionismo ou vaidade. Diante dessa repercussão, será que ele está fazendo uma comunicação correta? Acredito que não. No polo oposto temos o líder que prefere fazer o estilo *low profile,* ele nunca aparece e evita falar com a equipe e com o público de fora e é tachado de pouco atuante, omisso e tímido. Com essa imagem será que ele está realizando uma boa comunicação? Duvido.

Há, também, o profissional que possui enorme erudição e cultura. Na hora de falar com o pessoal simples da organização, ele faz questão de utilizar o melhor vocabulário possível e o linguajar formal. Qual impressão ele está passando para a equipe? Será que a maioria das pessoas o entende? O pessoal irá gostar de ter um líder desconectado com sua realidade? Acho difícil.

Vale recorrermos àquela frase de Aristóteles[44]: "Pensa como pensam os sábios, mas fala como falam as pessoas simples". Você até pode ser

---

44 Filósofo grego nascido em Estagira, Aristóteles (384 a.C- 322 a.C) foi um dos mais influentes pensadores da Antiguidade Ocidental e foi o tutor de Alexandre, o Grande. Aristóteles escreveu obras clássicas da filosofia como *Política* e Ética a Nicômaco. Disponível em: https://www.pensador.com/frase/NTY4MjQ4/.

uma pessoa super qualificada, formada em vários cursos, com sólida experiência, falante de cinco ou seis línguas estrangeiras e que conversa fora da empresa com os principais empresários do país. Entretanto, quando estiver diante de um público de baixa escolaridade e com pouco repertório cultural, você tem que moldar seu discurso àquela plateia.

O contrário também ocorre com frequência. O fundador muitas vezes é alguém simples e com pouca educação formal. Sua fala é normalmente simplória. De tão acostumado a cativar os colaboradores mais humildes com seu jeito natural e sincero, ele não faz nenhum esforço para sair do padrão habitual. O risco de se comportar sempre assim ocorre quando tem de se comunicar com uma plateia externa mais elitizada. Será que sua estratégia comunicativa é sempre infalível e sairá perfeita, independentemente da audiência? É difícil responder afirmativamente a esta pergunta.

Os erros são variados. Há profissionais que querem ser frios e racionais quando o momento exige paixão, ou seguem esse caminho passional quando o oposto seria o mais adequado. Há, também, os que querem ser engraçados quando a situação pede seriedade e polidez. E vice-versa.

Nesse quadro, alguém pode reclamar: mas como vou saber como agir em cada caso? Se você não sabe, consulte então quem saiba. Não estou falando que a empresa tem profissionais especializados nesse assunto? Por que não os consultar com maior frequência? Em momentos-chave, o auxílio deles é essencial; no caso do projeto de Transformação Organizacional, todas as fases são delicadas e demandam uma comunicação 100% profissional, adequada e assertiva. Qualquer errinho nessa seara pode abalar o trabalho inteiro.

Como já falamos anteriormente, o processo de transformação suscita medos e inseguranças nas pessoas, inclusive nos líderes. Nesse momento, a "Rádio Corredor" trabalha ao máximo na divulgação de informações que não procedem: demissão em massa, a empresa fechará as portas. Se o C-Level não estiver próximo da equipe e com uma interlocução sincera e objetiva, os colaboradores acabam acreditando no que ouvem no cafezinho, nos comentários maldosos dos colegas fofoqueiros e nos boatos que surgem diariamente. Vários monstros entram na cabeça do time. E para tirá-los depois é bastante complicado.

Trabalhei em uma companhia que passou por dificuldades financeiras em função da pandemia da Covid-19 e entrou em recuperação judicial. O principal acionista, que era atuante junto à equipe, começou a fazer comentários de que a empresa poderia falir, que daquele jeito ela iria quebrar. Na dinâmica de recuperação judicial, só há dois caminhos: ou o negócio se recupera e volta à normalidade ou vai à falência. O próprio nome da lei diz isso: Lei de Recuperação Judicial e Falência. Contudo, você entra pensando no melhor dos mundos, não no pior.

Com o intuito de aplicar "uma dura" na equipe e ao mesmo tempo sensibilizá-la para o momento delicado que a empresa passava, o acionista apresentou um discurso muito negativo: "não vamos nos recuperar, vai dar tudo errado e vamos falir". Dá para imaginar o abalo que aquela atitude gerou na empresa? A situação, que já era difícil, se tornou desesperadora.

Naquele momento, chegamos ao ponto em que tive que pedir ao presidente do Conselho que fizesse uma correção de rumos de modo direto. Foram programados encontros presenciais com o pessoal operacional e *lives* com o time administrativo para explicar de forma clara o que era o processo de recuperação judicial e o que tínhamos que fazer para sair daquela condição. O cenário era complicado, mas não era o fim da linha.

Esse exemplo mostra só um tipo de ruído na comunicação. Existem vários, principalmente durante o projeto de TO. A reestruturação do negócio tem como reflexo transferir as pessoas de área, demitir, mudar o número e a quantidade de benefícios, alterar o perfil da equipe, mexer na dinâmica dos cargos de liderança, incrementar o portfólio de produtos. Cada passo precisa ser muito bem calculado e comunicado. Mesmo assim, é comum o sindicato ficar sabendo das mudanças propostas e exigir explicações da companhia. Os investidores ficam mal-humorados com as notícias e os preços das ações desabam.

É papel do CEO, do C-Level, do Comitê da Transformação e do Comitê de Comunicação evitar os desdobramentos negativos. É o que disse no início deste capítulo: você não pode esperar o problema surgir e fugir do controle para só então atuar. É fundamental trabalhar previamente para que as complicações não apareçam ou, ainda, sejam minimizadas. Mas se elas ocorrerem, será mais fácil resolvê-las.

O bom trabalho de comunicação é aquele que concentra mais os esforços nas ações preventivas do que nas ações resolutivas. A chave dessa área é antecipar os movimentos e os sentimentos da equipe. Ao projetarmos o surgimento de discussões, preocupações, fofocas e dúvidas, agimos para municiar a média gerência com informações suficientes e pertinentes. Dessa maneira, quando os colaboradores a questionarem sobre algo que os preocupa, ela não irá repetir aquele famoso discurso: "Não sei de nada"; "Isso é coisa do pessoal lá de cima"; ou "Também tenho preocupação com isso, mas não me passaram ainda nenhuma novidade". Não! Os gerentes precisam informar seus times o tempo inteiro do andamento do projeto.

A média gerência é peça essencial na engrenagem da comunicação corporativa. Ela tem a função de evitar a "Rádio Corredor" e acalmar os colaboradores. Muitas vezes, é mais rápido, fácil e efetivo municiar os gerentes com informações claras para que elas cheguem corretamente à base da empresa do que realizar gigantescos e sofisticados eventos e ações de comunicação para divulgar detalhes do projeto de transformação.

ELEMENTOS BÁSICOS DA BOA COMUNICAÇÃO

Tanto a alta liderança quanto a média gerência não podem se descuidar de alguns aspectos fundamentais da comunicação. O primeiro elemento básico é conhecer profundamente o seu público, pois se você vai se comunicar, precisa entender as características e as expectativas das pessoas com quem vai falar. É importante conhecer muito bem cada nível organizacional e o perfil dos colaboradores de cada segmento: quem são, o que pensam, como reagem, o que esperam, o que temem e como obtêm informações. Ao conhecer o público, consegue-se ajustar a mensagem.

A comunicação é, acima de tudo, um espaço de diálogo. Em uma conversa saudável, os dois lados falam e se escutam. Interagir com as pessoas não é promover um monólogo nem uma explanação professoral. Por isso, deixe a equipe se expressar. As falas dos colaboradores são relevantes para a compreensão do que eles sentem, entendem e como veem as mudanças. Essas vozes podem ser captadas nas reuniões ou nos canais formais de comunicação da companhia. Mais importante do que saber de onde as mensagens vêm é tentar interpretá-las.

Quando a empresa não está acostumada a ouvir sua equipe e, depois, passa a escutar as pessoas, é quase certo que inicialmente ocorrerá uma enxurrada de demandas. Com o tempo, esse fluxo tende a se normalizar. Daí a relevância de se instituir o diálogo o quanto antes e, no caso do projeto de TO, desde o início.

A sinceridade sempre é uma arma poderosa na interação com as pessoas. Se a transição é trabalhosa e complicada, nada melhor do que avisar previamente o time das dificuldades que virão. Os colaboradores sentem quando a alta liderança age de maneira honesta, clara e genuína com eles. Relacionamentos baseados na verdade e na transparência tendem a ser mais sólidos e duradouros do que aqueles pautados pela mentira e pela desconfiança.

Outra questão é encontrar o tom e a linguagem mais assertivos. Dependendo da situação, não se deve ser excessivamente formal na comunicação. Infelizmente, há profissionais que se expressam quase como um memorando na hora de falar. O ideal é nos expressarmos como cada um dos públicos está acostumado. Em alguns casos, deve-se evitar o uso de termos em inglês e de aspectos muito técnicos do negócio. Você pode estar em uma multinacional inglesa ou francesa, mas a fábrica está no Brasil e a equipe é formada por pessoas com a cultura local. Não se esqueça "desse detalhe"!

O treinamento de como se comunicar deve ser rotineiro para os líderes. Há muitos profissionais que têm dificuldade nessa atividade.

Eles foram promovidos pelas competências técnicas, mas os novos cargos exigem habilidades interpessoais e comunicativas. Como fazer para adquiri-las? Treinamento, *coaching*, mentoria, cursos e aplicação prática são os segredos do desenvolvimento. Confesso que não consigo visualizar alguém da média gerência se destacando positivamente sem ter boas habilidades em comunicação, relacionamento com a equipe e liderança.

Vale reiterar que a comunicação é uma atividade frequente e não ocasional. Os líderes estão a todo o momento interagindo com as pessoas e se comunicando. É claro que isso dá trabalho e exige tempo e esforço. Ter essa compreensão auxilia tanto no trabalho diário do líder quanto no desenvolvimento da Transformação Organizacional.

Outro aspecto a ser considerado é a mensagem positiva que a liderança deve transmitir sobre as mudanças. A empresa está passando por alterações, radicais ou pontuais, como o objetivo de se tornar melhor, mais competitiva, mais sustentável e com maior perenidade. As pessoas precisam enxergar os pontos vantajosos e perceber que as transformações não são "filmes de terror", com enfoque nas demissões em massa, no encolhimento de áreas e no abandono de mercados tradicionais. As transformações são oportunidades de crescimento e prosperidade para a companhia e, por consequência, para seus colaboradores. A comunicação tem que estar pautada por essa visão otimista.

Por mais difícil que seja o processo de mudança no curto prazo, o horizonte favorável a médio e longo prazo é estimulante. A empresa vai melhorar, crescer, ganhar mercado, se tornar mais competitiva, ser mais produtiva, o lucro vai voltar e/ou aumentar e novas vagas de liderança serão abertas. Mas se no meio do caminho surgirem obstáculos, vamos juntos superá-los. Esse deve ser o tom da comunicação, com uma postura que transmita confiança para a equipe que se resultará no aumento do engajamento. Porém, voltando a um ponto anterior, o otimismo deve ser sincero. Todo mundo gosta quando percebe que está conversando com alguém que está sendo verdadeiro e que acredita no que está dizendo. O brilho nos olhos é contagiante.

Proximidade é outro ingrediente da receita de sucesso da boa comunicação. Os colaboradores têm que sentir que a alta liderança é acessível. Hoje esse contato é até facilitado: há *lives* frequentes, promove-se cafés com o presidente, a cultura das portas abertas se consolidou e os CEOs circulam pela operação com roupa informal. Essa proximidade potencializa os relacionamentos e evita ruídos de comunicação.

É curioso falar em proximidade porque muita gente acha que basta contar com o "café com o presidente" uma vez por mês ou produzir uma *live* quinzenalmente para estar junto com a equipe. O que realmente funciona é "bater pé" pela companhia. É conversar com as pessoas, olhá-las nos olhos, conhecer o time pelo nome ou saber o que cada um faz. É dar bom dia, boa tarde, boa noite. É estar com a porta da sala aberta e receber com atenção e interesse quem aparece por lá. É envolver a equipe na busca das soluções e tratar a todos com educação e respeito. Isso é proximidade! Quanto mais junto da equipe o executivo C-Level estiver, menores serão as surpresas e os sustos que ele terá com as opiniões e as visões dos colaboradores.

PROBLEMAS DE COMUNICAÇÃO

Por melhor que a comunicação esteja presente no cotidiano da empresa, ainda assim os gestores estarão sujeitos às *dificuldades* inerentes à complexidade da interação humana. Não dá para fugir disso. Os problemas de comunicação, que chamamos de ruídos, surgirão. Podemos até minimizá-los e, para isso, é importante ter um plano de comunicação e treinar a liderança. Mesmo assim, uma hora ou outra os equívocos vão aparecer. Isso faz parte do processo comunicativo. Quem nunca disse algo com uma intenção e as pessoas entendem outra coisa completamente diferente? Das atividades humanas, certamente a comunicação é uma das mais difíceis.

A primeira coisa a se fazer quando surgem ruídos é chamar os especialistas da comunicação. No caso dos projetos de TO, é fundamental acionar o Comitê de Comunicação. Os profissionais técnicos irão auxiliar nas estratégias e nas ações para contornar o conflito que apareceu.

Nesse momento, é necessário traçar o que será feito e dito, não dá para deixar as emoções e os impulsos tomarem conta.

O líder precisa ter "jogo de cintura", pois se o ruído surgir no meio de uma reunião não há tempo de chamar um especialista e ficar pensando em formas para resolver o problema. É preciso agir rápido. E para tal, é importante ter a habilidade do improviso. Às vezes, as pessoas esperneiam, gritam, xingam e ameaçam, é preciso estar preparado para acalmá-las e trazer a conversa para um patamar minimamente razoável. É claro que talvez no calor das emoções nossas posturas e nossas falas não sejam as ideais. Passado o entrevero, contudo, o profissional deve refletir sobre o que poderia ter feito de melhor, lembrando que a autoavaliação o ajuda no desenvolvimento. Na hora que precisar lidar novamente com conflitos de alta tensão, ele estará mais preparado.

Quando for necessário dar a notícia ruim para a equipe, a empresa precisa ter tratado previamente aquele assunto com respeito e consideração. Se as atividades de uma fábrica forem encerradas, por exemplo, temos que fazer a lição de casa antes de avisar o time. O que será feito com os colaboradores no dia seguinte, no mês seguinte? Quais as alternativas que eles terão? Quando e como o sindicato será informado? Se houver mudança de localidade para outra unidade, quais os benefícios serão concedidos aos funcionários e seus familiares?

Ou seja, ao se comunicar o encerramento das atividades da planta, deve-se apresentar o máximo de informações aos envolvidos. Quais serão os próximos passos? Qual o calendário? O que foi contemplado para quem deseja sair da companhia? E para quem for ficar? A comunicação nesse instante tem que ser clara, completa e rápida.

Pode parecer óbvio dizer isso, mas um erro muito comum é transmitir as notícias ruins e demorar para apresentar a solução. Vamos fechar a fábrica. E o que faremos? Não sabemos ainda. Quando soubermos avisaremos. Há uma demora de dois, três meses para explicar o que acontecerá. Nesse período a equipe já está em ebulição. Não é assim que se faz! O mesmo se dá na demissão de um funcionário. Há empresas que comunicam o desligamento por e-mail. E-mail? Por melhor que seja a mensagem, a forma está errada. É preciso falar olho no olho. O mesmo princípio se aplica para o fechamento da fábrica. Será que um e-mail é a melhor alternativa? Parece-me extremamente frio e impessoal.

Em alguns casos, o apoio psicológico para a equipe é imprescindível. Há pessoas que estão ali há vinte, trinta anos e vão se abalar muito com a decisão. Se a companhia não oferecer esse serviço, alguns podem entrar em depressão. É fundamental estarmos próximos nesse momento e comunicar a disponibilidade de ajuda.

Por falar no lado psicológico, os líderes precisam saber lidar com a pressão, ainda mais em uma fase de grandes mudanças internas. Os funcionários cobram, perguntam e pressionam. Se a média gerência e a alta administração não tiverem paciência e equilíbrio emocional, certamente vão perder a cabeça, darão respostas atravessadas e serão ríspidas com as equipes e, por certo, há chances de a comunicação degringolar aumentam sensivelmente. Não existe comunicação de qualidade em clima de tensão e animosidade permanente de ambos os lados.

No próximo capítulo, vamos tratar do início do projeto de Transformação Organizacional. Afinal, como devemos tocá-lo no dia a dia.

16

O *START* DO PROJETO DE TO

Quando trabalhamos com as mudanças nas empresas, não possuímos uma receita de bolo pronta. Seria muito bom se tivéssemos um roteiro fixo para seguir e, com ele em mãos, a certeza de estar no caminho certo. A realidade mostra que cada companhia, cada situação, cada grupo de profissionais e cada mercado apresentam particularidades que exigem adaptações e cuidados de quem está conduzindo o processo.

Apesar dos componentes de personalização e adaptação, ainda assim há metodologias e ferramentas que facilitam nossa jornada. Para usá-las bem, é necessário conhecer suas características, efeitos e abrangências. A proposta desse capítulo é orientar o começo das atividades práticas da TO.

A DEFINIÇÃO DO PLANO DE AÇÃO

O ponto inicial da execução do projeto de Transformação Organizacional é (re)lembrar a equipe do porquê estamos mudando. São vários os motivos possíveis: melhorar a eficiência do negócio, tornar a operação mais competitiva, modernizar a estrutura, moldar a companhia para as novas necessidades e desejos dos clientes, preparar a troca de liderança, modernizar os processos, aumentar ou diminuir o escopo de atuação, reconfigurar o portfólio, potencializar a abrangência geográfica etc. As razões da TO devem estar claras tanto para a liderança quanto para o time operacional.

Peguemos como exemplo o setor da educação. Uma instituição quer mudar do ensino presencial para o híbrido. As alterações serão significativas: tecnologias e metodologias pedagógicas, perfil dos alunos, habilidades do corpo docente, processos de trabalho e região de atuação da empresa.

Pode ser, ainda, a situação de uma organização familiar que precisa promover a saída do fundador. Em vez de considerar a sucessão dos filhos e dos familiares do proprietário, opta-se pela ascensão de profissionais do mercado para a posição de liderança. Essa alteração na dinâmica das relações trará enormes consequências para o cotidiano da operação.

Os desafios são outros no caso de uma empresa que comprou uma nova unidade para complementar o portfólio. A integração passa pela junção de equipamentos, culturas, pessoas, processos, tecnologias, produtos, clientes, fornecedores e estratégias. Note que são muitas mexidas substanciais ao mesmo tempo e, nesse cenário, a liderança do projeto precisará cuidar simultaneamente de uma série de variáveis.

A depender da natureza da transformação, temos um caminho diferente para percorrer. Porém, em todas as situações, há um mesmo padrão de conduta que precisa ser seguido. Ele considera a lógica da pirâmide organizacional. A pirâmide organizacional é composta pelos vários *stakeholders* e engloba expectativas diversas. Esse é um olhar tanto de cima para baixo quanto de dentro para fora. Independentemente das alterações planejadas, as pessoas precisam ser respeitadas antes, durante e após o processo de TO, uma vez que não se promove qualquer mudança nas bases empresariais sem considerar os impactos na vida e na rotina de cada um dos envolvidos.

O anúncio do fechamento de uma planta pode ser comemorado pelos acionistas, que consideram a medida como uma ótima forma de enxugar a operação e de diminuir os custos e, como consequência, as ações da companhia poderão disparar. Por outro lado, a mesma decisão tem potencial para acarretar tensão e medo nos colaboradores (e em suas famílias) que perderão o emprego e a fonte de remuneração.

Os fornecedores também poderão ver o novo cenário com horror, pois perderão negócios relevantes. Alguns clientes vão temer as mudanças na política de preço e na oferta de serviços.

Trabalhar com TO é considerar o impacto das medidas tomadas em todas as esferas do negócio. Devemos entender o que as mudanças trarão para cada um dos *stakeholders*. Assim, o segundo questionamento que fazemos é: quais são as expectativas e os interesses que cada grupo envolvido com a empresa tem em relação aos planos de mudança?

Certamente, não é possível contentar a todos sempre, mas a busca por esse equilíbrio deve pautar os esforços da alta direção. Essa preocupação sistêmica acaba refletida principalmente na estruturação do início do projeto de TO. Determinado movimento pode ser feito para não apavorar os acionistas e não angustiar os colaboradores. Cada medida tem a força de provocar enormes desequilíbrios e esses passos precisam ser analisados previamente.

Há alguns anos, os bancos fizeram uma forte ação para digitalizar o atendimento. Introduziram aplicativos com os quais os clientes podem usar os serviços bancários 24 horas por dia e sete dias por semana. Tudo de um jeito simples, fácil e rápido. Contudo, alguns *consumidores*, principalmente os de mais idade, demonstraram medo no uso da nova tecnologia e/ou não sabiam utilizá-la. Essas pessoas preferiam as agências físicas e os antigos processos, por mais demorados e burocráticos que fossem. Como comunicar a esse público o caminho escolhido e ajudá-lo na adaptação? Esse é o esforço inicial que a equipe por trás do projeto de mudanças deve se atentar.

Há algum tempo, trabalhei em uma fabricante de vidros que tinha uma pequena área de decoração voltada à pintura e, em especial, fazia *silkscreen*[45] de forma artesanal. Ao antever a oportunidade de mercado desse negócio, a empresa comprou uma companhia especializada nessa atividade. Por ser maior e mais estruturada, a organização adquirida tinha processos e equipamentos mais modernos de pintura

45 Também conhecido como serigrafia, o *silkscreen* é uma técnica de impressão com tinta realizada em várias superfícies.

de vidros, que não eram nada artesanais. Ou seja, do dia para a noite, os colaboradores da área de decoração se viram impactados por uma enorme transformação. O trabalho deles poderia ser descartado? Eles seriam incorporados à nova empresa? O *know-how* daquele time seria aproveitado de alguma maneira ou a equipe precisaria passar por treinamento para aprender as novas técnicas produtivas? Esses são questionamentos que devem pautar a fase inicial da execução da Transformação Organizacional.

A interdependência entre as etapas (saber o que influencia no quê) e a ordem certa do que fazer (que não é linear, pois há etapas escalonadas) representam estágios sensíveis do projeto e devem ser feitos com bastante atenção.

A lista de atividades resulta em um mapa de tarefas. Se começarmos por aqui, o faturamento e o valor de mercado da empresa irão cair, mas têm grandes chances de gerar forte tensão na equipe. Se começarmos por ali, poderemos gerar um enorme mau humor dos investidores, mas os colaboradores e os fornecedores aceitarão mais tranquilamente. Qual caminho seguir? Por onde começar? A montagem do mapa de ações ajuda na definição das prioridades. No momento inicial, é importante focar naquilo que irá afetar menos o negócio.

Definido o cronograma, qual o tempo estimado que a realização das mudanças? Quem será o responsável por viabilizar cada ação? Qual será o orçamento? Alinhados os aspectos gerais, o próximo passo é envolver o time principal na execução. Pode haver elementos que a alta administração considere pertinentes, mas que, aos olhos do pessoal técnico, ainda precisam de adaptações.

AVALIAÇÃO DA EQUIPE E DOSAGEM DO RITMO DAS MUDANÇAS

Para o plano de ação dar certo, devemos avaliar as competências e as habilidades da equipe envolvida com o projeto. Será preciso contratar uma consultoria para ajudar na operacionalização das transformações ou há *know-how* interno? Será bom contratar profissionais para nosso time com *skills* que ainda não possuímos ou o grupo de colaboradores atual dará conta do recado?

Para responder a essas questões, temos que fazer um mapa geral das competências e habilidades que vão ser exigidas da equipe. Nesse caso, devemos olhar não apenas para a fase de transformação como também para o período após as mudanças. Porque não adianta caminharmos em uma direção e, ao chegar lá, percebermos que a empresa não tem condições de atuar no novo cenário. É preciso preparar o capital humano para o futuro próximo, e essa preparação deve estar contemplada no planejamento.

Imagine que uma rede varejista prepare a ampliação do número de lojas. Em dois anos, ela quer aumentar em 100 unidades e diversificar sua atuação para todas as regiões do país. Ou seja, em breve, precisará de uma centena de novos gerentes, de 300 a 400 supervisores e de aproximadamente 6 mil colaboradores. Como será o processo de seleção e, depois, o treinamento desses novos funcionários? A varejista tem estrutura para incorporar tanta gente ou precisará ampliar consideravelmente a área de Recursos Humanos? Como ficará a transmissão da cultura organizacional com a ampliação acelerada do time?

Muitas vezes, o maior gargalo das companhias em fase de grandes mudanças não está nos componentes processuais, tecnológicos, financeiros e/ou estratégicos, mas nos aspectos humanos. Há gestores que falam: "Não vou contratar ninguém novo e o time atual dará conta do recado". Contudo, a equipe não tem a experiência necessária ou poderá ficar rapidamente sobrecarregada com o excesso de novas demandas.

Nessa hora, é bom calcular o ritmo das mudanças. Às vezes, é recomendável imprimir velocidade às ações, e em outras oportunidades, é adequado ir com calma. O principal indicador para ajustar a intensidade é o cenário. Uma empresa que entra em recuperação judicial ou está perto de "quebrar" não tem tempo a perder. Nesse caso, é preferível um diagnóstico mais célere e a montagem de um desenho sem tantos detalhes. O mais importante é a colocação em prática das medidas saneadoras.

Enquanto o futuro não chega plenamente e o passado não vai embora de uma vez, precisamos conviver com a faceta dos dois mundos. Esse é normalmente um período crítico. Velhos modelos e processos convivem com os novos em função da necessidade de a companhia de se manter ativa e operando. Com raras exceções, não dá para fechar as portas por dias, semanas ou meses, e abri-las depois, com tudo remodelado. A transição é obrigatória e a estratégia de implementação das mudanças deve contemplá-la.

Imaginemos que a empresa vá fechar a fábrica no Sudeste e abrir outra no Nordeste. Como ocorrerá exatamente essa alteração? Ela vai encerrar a operação em um ponto, transportará as máquinas e os equipamentos em caminhões para a nova localidade e montará algo similar? Ou vai criar uma planta inteiramente do zero, com equipamentos e processos totalmente novos? Enquanto uma unidade encerra as atividades e a outra começa a operar, como ficará a produção? A resolução dessa questão está diretamente relacionada ao faturamento da organização durante a fase de transição, portanto é preciso organização e planejamento para que não haja problemas pontuais.

ANÁLISE DE PROBLEMAS POTENCIAIS

A empresa é um organismo que está em pleno funcionamento. Se a execução do projeto de TO não ocorrer adequadamente, coloca-se em risco o controle sobre o processo inteiro de mudança. Para evitar os inconvenientes, há uma ferramenta que gosto de usar, denominada Análise de Problemas Potenciais[46], que possibilita detalhar cada situação e avaliar como ficará a empresa durante a fase crítica das mudanças. Com essa ferramenta é possível simular o passo a passo das nossas ações, como se o problema estivesse ocorrendo naquele exato momento. Para termos um cenário o mais completo possível, não basta envolver apenas as pessoas diretamente associadas ao projeto de TO; precisamos convocar mais colaboradores.

46 Análise de Problemas Potenciais é o nome genérico de algumas ferramentas que investigam os modos de falhas e seus efeitos em processos, principalmente os industriais.

Uma alteração na área operacional ou na logística, por exemplo, tem que envolver também alguém de Finanças, do Marketing e do RH. E, nesse momento, haverá algumas reclamações: "Mas eles não entendem nada daquele processo? Vão acabar atrapalhando". No entanto, ocorre exatamente o contrário. Os colaboradores dessas áreas não fazem as perguntas mais óbvias nem apresentam visões corriqueiras como os profissionais acostumados àquelas atividades e, geralmente, contribuem para uma visão mais sistêmica, completa e inovadora do assunto debatido.

Usar a Análise de Problemas Potenciais como ferramenta de simulação das possíveis dificuldades e para a preparação da organização para essas complicações é de enorme ajuda. O que pode acontecer de mais grave? O que faremos para que isso não ocorra? É possível mitigar tal problema? Qual o passo a passo necessário no caso de o cenário negativo se materializar? Esse exercício lembra descascar uma cebola: avançamos camada a camada em direção à essência do que gerou a crise. É preciso testar cenários e checar exaustivamente os desdobramentos dos principais caminhos esboçados.

Não podemos dizer que os problemas que surgem são erros da mudança, pois do ponto de vista conceitual, são questões que não foram bem observadas no projeto de TO e/ou que foram mal dimensionadas. Há quem reclame do trabalho que dá para realizar esse levantamento de cenários, do esforço por imaginar as consequências de cada ação e da perda de tempo gerada pela análise detalhada do que está sendo projetado. Houve situações me que ouvi até mesmo executivos C-Level comentarem: "Para que ficar pensando nisso? Quando o problema surgir, a gente vai lá e resolve!". Não é tão simples assim.

Há obstáculos que geram prejuízos na casa dos milhões de reais e que atrasam em meses o processo de Transformação Organizacional. O estrago pode ser tão grande que não há muito a ser feito. Por isso, a importância do Método de Resolução de Problemas e da tomada de decisão rápida em períodos de crise. Ao invés de ficarmos no "campo do achômetro", partimos diretamente para o plano do que fazer em cada situação. Sem esse preparo, o risco se torna elevado, mesmo com dificuldades aparentemente pequenas.

ACOMPANHAMENTO DO PROCESSO DE MUDANÇA

Durante a execução, o C-Level e a equipe do Comitê de Transformação devem analisar a evolução do plano de ação. À medida que avança para baixo na pirâmide organizacional e para fora da organização, o projeto de TO é visto de forma mais técnica. O CEO não tem a capacidade de avaliação tão detalhada como os profissionais das diferentes áreas. Assim, é natural que o processo de operacionalização dê mais corpo ao planejamento.

Quando a execução começa, há reuniões de acompanhamento (diárias, semanais, quinzenais, mensais, bimestrais, semestrais e anuais) em que a alta administração e o Comitê da Transformação medem o que está sendo realizado. Há problemas cujos ajustes não podem esperar pela próxima reunião. Em casos de urgência, convocam-se reuniões extraordinárias para definir qual será o desvio de rota a ser promovido. O projeto de TO é muito dinâmico e exige essa celeridade de resposta para as eventualidades do dia a dia.

Em um projeto de mudanças realizado em uma empresa de celulose, especificamos bastante o que seria feito. O diretor era muito detalhista e gostava de acompanhar ponto a ponto o plano e ajudava muito na formação das equipes. O nível de detalhamento era tão grande que foi elaborado um guia de implementação. A transformação pretendida era elevar o nível de eficiência produtiva da fábrica. Nesse negócio, em uma ponta do processo entra a madeira e na outra sai a celulose. A fábrica parece um trem com várias locomotivas que operam 24 horas por dia e que podem atingir facilmente um quilômetro de extensão.

Diante desse cenário de enorme complexidade, o projeto precisava ser muito bem detalhado e discutido à exaustão. Quando o colocamos em prática, ocorreram alguns pequenos problemas que foram rapidamente solucionados graças à rapidez de respostas da direção que, no cotidiano, acompanhava atentamente a execução e ficava próxima do grupo de mudanças. Além do bom desenho e do planejamento bem calibrado, contamos com uma equipe qualificada e a execução foi impecável.

Por outro lado, em uma empresa familiar do segmento de embalagens que se propôs a efetuar mudanças significativas na base do seu negócio, não havia cultura do planejamento, mas a direção queria transmitir uma imagem de modernidade e mostrar a presença de novas tecnologias para clientes e fornecedores. Apesar de líder do segmento e com mais de 50 anos de atuação, não era uma empresa vista como uma organização atual e de ponta, portanto, uma mudança de percepção abriria novas oportunidades de mercado, principalmente em indústrias mais elaboradas.

No entanto, a falta de planejamento e o excesso de burocracia estavam no DNA dessa companhia, seu fundador e a diretoria não enxergavam a importância no estabelecimento de planos detalhados de mudanças. Como consequência, não apenas não desenharam o que precisaria ser realizado como não acompanharam a execução com tanta atenção. Não é preciso dizer que o projeto caminhou de maneira "capenga" do início ao fim. Muita coisa deixou de ser feita ou não foi realizada adequadamente. Os ruídos gerados foram tão grandes que a equipe passou a questionar a relevância do plano. Chegou um momento em que ninguém mais, nem mesmo alta administração, confiava naquilo que fora desenhado. O incômodo fez o projeto morrer por inanição.

Normalmente, projetos malfeitos, pouco detalhados e/ou mal planejados resultam em uma execução débil. A implementação falha potencializa os problemas e abala o moral da equipe. Por isso, discutimos bastante nos dois últimos capítulos o efeito da interação com a equipe para o êxito dos trabalhos.

Vamos supor que a TO envolva a alteração na Tecnologia de Informação. Quando isso ocorre, não se trata de algo que fique restrito à área de TI, a empresa inteira é amplamente afetada, pois os mais diferentes setores utilizam o sistema. Assim, no desenho do projeto de transformação é preciso que todos sejam envolvidos. Esse contato da liderança com o time tem que ser diário e com uma intensa troca de experiências. Em muitos casos, é preciso haver encontros no início do dia para pautar o que será feito, e no fim do expediente para avaliar progressos e problemas. Em situações que envolvam falhas graves, como dificuldades na produção, nas vendas, na satisfação dos clientes, na segurança da equipe e na interação com os fornecedores, a atuação precisa ser imediata, não dá para esperar algumas horas para resolvê-las.

A objetividade deve orientar as reuniões, que podem ser rápidas, sem qualquer "enrolação", de pé mesmo, algo em torno de 10, 15 minutos. "Tínhamos a questão 1, 2, 3 e 4 para fechar no dia, mas só resolvemos a 1, 2 e 4. Então, a 3 será prioridade amanhã. É bom chegarmos uma hora antes para deixar tudo preparado para o início da operação". Dependendo da situação, não é para explicar em detalhes o que se fez e por que não se fez. É só dar o *status* e o cronograma. "Fizemos isso e aquilo. Avançamos bastante, mas ainda falta cumprir 20% da meta. Pensamos em aproveitar o momento X para realizar as ações pendentes."

Se você for da alta administração ou dos comitês, não é certo delegar 100% das responsabilidades para o gerente. Se você for gerente, é bom não deixar tudo na mão da equipe. O ideal é que todos trabalhem juntos e de maneira integrada. Esse princípio vale também para as diferentes áreas da companhia, que precisam atuar ainda mais unidas. Dessa forma, o projeto de Transformação Organizacional ganha uma execução mais célere, minuciosa e precisa.

Na fase inicial da operacionalização do projeto de TO, é muito comum a ocorrência de problemas em cascata. Ou seja, você implementa uma melhoria em um processo e os outros são afetados negativamente. Nesse caso, será preciso ajustar as atividades lá na frente, o que poderá causar dificuldades para as áreas seguintes. É um efeito dominó que tem potencial para derrubar a organização inteira.

PAPEL DA ÁREA DE RH E DOS COMITÊS

Quando falamos em equipe, é bom verificar se há alguém sobrecarregado. Já tratamos desse assunto nos capítulos anteriores, mas como esse é um problema recorrente é bom reforçarmos a orientação. Não atire as responsabilidades das várias ações no colo de apenas uma ou duas pessoas. Não é rara a situação em que temos profissionais liderando algumas dezenas de atividades. Obviamente, essa overdose de carga trará, a curto e médio prazo, problemas não apenas para o profissional como para a fluidez do projeto de TO. Portanto, é preciso evitar a concentração de funções em pouquíssimos integrantes. Se você tem membros extremamente capacitados no seu time, delegue para eles as ações mais importantes, não todas, e dê a oportunidade para que mais profissionais mostrem seus valores.

Na falta de capital humano mais experiente e capacitado, a alternativa é promover o desenvolvimento dos colaboradores atuais e/ou contratar outras pessoas qualificadas. Invariavelmente, uma das principais ações dos projetos de TO é preparar a equipe para os enormes desafios que estão por vir.

Sabendo disso, precisamos ter uma atuação forte do Comitê de Gestão de Pessoas e da própria área de Recursos Humanos, que vão comandar esse processo. Há várias alternativas possíveis, desde a contratação de profissionais terceirizados até a mão de obra temporária. Curiosamente, quando falamos de terceirização e de trabalho temporário, as pessoas imaginam imediatamente a contratação de colaboradores não tão qualificados. Não é isso o que estamos propondo aqui. É justamente o contrário. A chegada dos funcionários complementares é para suprir a carência de qualificação. Por essa razão, deve ser realizada a seleção de colaboradores com esse perfil, seja para os novos desafios que surgiram e/ou surgirão com a Transformação Organizacional, seja para as atividades operacionais, de modo a liberar os integrantes mais experientes para o projeto de TO.

Vamos a um exemplo. Na alteração da estrutura e do *layout* das lojas de uma empresa com várias unidades, foi contratada uma consultoria especializada em varejo. Esses profissionais fizeram o trabalho de inteligência para mostrar o que os novos pontos de venda precisariam ter e, também, coordenaram a colocação do plano em prática.

Há empresários e gestores que não gostam dessa alternativa. A maior reclamação é: "Não vou pagar caro para alguém de fora ou um temporário fazer uma atividade que poderíamos realizar internamente!". Só que não enxergam o custo enorme da solução caseira de péssima qualidade, que resulta em atrasos, retrabalho e pouca eficiência.

Creio que já ficou evidente a relevância da atuação dos comitês para a promoção da TO. A novidade que gostaria de trazer para o debate é o uso dos Grupos de Trabalho na linha de frente das mudanças. Essas equipes não vão competir com os Comitês na gestão do plano e sim contribuir para a operacionalização das ações programadas. Nos projetos com grandes alterações estruturais, a divisão de responsabilidades dos Grupos de Trabalho se faz necessária. Define-se um time para cuidar da tecnologia, outro para a produção, um terceiro para a logística, outro para a gestão das pessoas etc., ou seja, cada grupo fica envolvido com um tema ou mesmo com um subtema.

Como exemplo, vejamos a mudança na estrutura produtiva de uma determinada companhia industrial. A modernização de sua fábrica exige atividades em diferentes áreas. O setor de manutenção tem normalmente uma enorme responsabilidade. Máquinas paradas geram prejuízos. Assim, sua equipe terá que trabalhar sob novos parâmetros tão logo as atualizações tecnológicas dos equipamentos comecem. Não dá para essa equipe pensar em outros elementos do projeto de TO que não estejam ligados ao melhor desempenho do processo de manutenção. Por isso, a relevância do enfoque e da divisão de tarefas.

Tratar de manutenção é envolver a área de produção, de sistemas ou mesmo de logística. A interdependência das atividades exige o trabalho conjunto dos setores. Às vezes, um subgrupo anda numa direção e acaba entrando no assunto de outro subgrupo. Se a companhia não estiver unida e voltada para o trabalho conjunto, há grandes chances de surgirem confusões e brigas entre os departamentos. É exatamente isso o que se deve evitar. O clima de animosidade e rivalidade deve ser evitado em todos os momentos, ainda mais na fase de grandes mudanças.

À medida que o plano de ação ganha fôlego, vários Grupos de Trabalho são criados para abarcar os diferentes braços do projeto de TO. Esses times, que irão tirar do papel os planos da empresa, devem respeitar o planejamento, o cronograma e o orçamento apresentados. É importante mostrar para a equipe que mesmo um subgrupo, voltado a um tema específico e com uma ação menor, está inserido em um contexto maior. A compreensão das partes e, principalmente, do todo é o desafio da comunicação. O colaborador pensa: "Estou fazendo esse pedacinho que se juntará aos outros pedaços e formará uma grande transformação. Sou uma peça de uma engrenagem enorme e não posso falhar, não posso atrasar. O projeto inteiro depende de mim". Quando se tem tal compreensão, o time permanece motivado.

Os profissionais da empresa têm que vislumbrar o lado positivo do futuro não apenas para o grupo como também para as individualidades. Projetos de TO são excelentes oportunidades para os talentos aparecerem, mostrarem seus valores e crescerem. Além de ser uma vitrine natural para os colaboradores, esse momento da companhia permite o desenvolvimento de novas habilidades e competências.

Em muitas organizações em que atuei, acompanhei colaboradores que foram alçados ao papel de liderança; supervisores/coordenadores se tornaram gerentes; gerentes passaram a diretores e diretores assumiram o papel de CEO. Em comum, eles mostraram excelência profissional, comprometimento e liderança durante a conturbada fase de grandes mudanças que a companhia vivenciava.

É claro que nem todos enxergam as portas abertas. Há muita gente que se sente insegura e receosa quanto às alterações no curto e no médio prazo. Em vez de confrontá-los, as lideranças precisam motivar os mais resistentes a mudarem de percepção. O projeto poderá evoluir mais rapidamente quando ganhar tração.

FERRAMENTAS DE GESTÃO PARA A EXECUÇÃO DOS PROJETOS DE TO

Quando falamos em colocar em prática os projetos de Transformação Organizacional, precisamos tratar das ferramentas de gestão que auxiliam na hora de fazer a roda das mudanças girarem. Existem várias metodologias que nos ajudam e que podem ser usadas. Porém, nenhuma delas é mandatória. O ideal é que cada companhia abra a caixa de ferramentas disponível e escolha aquela que melhor convenha para a sua realidade. Em outras palavras, a decisão do que utilizar deve ser da liderança.

Peguemos um caso específico: precisamos controlar o progresso dos vários projetos da TO e apresentar seus resultados. Quais ferramentas utilizar? Podemos recorrer ao Project[47], pois ele permite uma visão completa e estruturada do processo com várias interdependências. Mas há opções mais simples de *softwares* de gestão de projetos, entre os quais o Trello[48]. Qual escolher? É interessante a empresa identificar as ferramentas que já vem usando para não despejar um caminhão de novidades nos colaboradores. Se ela não tiver o hábito de usar algum programa, talvez seja bom recorrer a algo mais básico como o ciclo PDCA[49] para mostrar o passo a passo.

Na hora de apresentar os resultados, destacamos o que historicamente funciona. Mostra-se o desempenho por meio de gráficos nas cores do semáforo: vermelho para o que ficou muito abaixo da meta (e está em estado crítico), amarelo para o que está perto da meta (e requer atenção para atingi-la na próxima vez) e verde para o que ficou satisfatório. Na correria do dia a dia, não se perde tempo olhando para os indicadores positivos (verdes); vamos diretamente para o amarelo (que tem chance de virar um verde amanhã, mas também pode virar um vermelho se não for bem trabalhado) e para o vermelho (que está comprometendo o resultado do negócio).

A vantagem de se trabalhar com esse tipo de sinalização visual é tornar a comunicação mais rápida e universal. Todas as pessoas batem

47 O Microsoft Project é o *software* de gestão de atividades correlacionadas que auxilia na gerência de projetos.

48 Criado em 2011 pela Fog Creek Software, atual Glitch, o Trello é uma plataforma online de gerenciamento de projetos baseada no método Kanban, que organiza tarefas em quadros visuais com cartões móveis.

49 Ciclo PDCA é a sigla em inglês para *Plan* (Planejar), *Do* (Executar), *Check* (Verificar) e *Act* (Agir). Essa ferramenta metodológica de gestão foi apresentada com mais detalhes nos capítulos 1 e 4.

o olho e já sabem o que está acontecendo. Para que isso ocorra, a ferramenta utilizada tem que ser preferencialmente visual e padronizada. Com os equipamentos corretos em mãos, a equipe poderá executar as ações planejadas da melhor maneira possível.

O DIA A DIA DA EXECUÇÃO DA TO

Quando o plano é colocado em prática, o Comitê de Mudança segue em atuação: monitora a atuação dos Grupos de Trabalho, a evolução do desempenho do time e o cumprimento das metas. Tão importante quanto imprimir um bom ritmo inicial é mantê-lo depois. Como se consegue isso? Com reuniões de acompanhamento, revisões de rotas e multiplicações dos projetos-piloto para as demais áreas da companhia. O cálculo do ritmo empregado precisa ser bem planejado ao longo do projeto de TO. Em algumas fases será preciso acelerar; em outras, será prudente colocar o pé no freio. Isso é perfeitamente normal. A sazonalidade do mercado (com períodos de maior e de menor venda), o fechamento do ano fiscal (e sua pressão sobre a equipe e os números) ou a alteração de comando (planejada ou ocasionada por eventualidades) exercem fortes influências sobre a dinâmica da transformação.

O que não pode acontecer em hipótese alguma é a velocidade empregada ficar suscetível a outros fatores que vão contra os interesses da empresa e da equipe. É a organização que pauta o ritmo de suas mudanças e não as mudanças que pautam o ritmo da companhia. Entender essa diferença é estar no comando do processo e não ser conduzido por ele.

Quando as metas relevantes forem atingidas ou quando o projeto for ganhando forma, é fundamental comemorar com a equipe alguns marcos emblemáticos. Nessa hora, podemos fazer churrascos, reuniões de celebração, festas, *happy hours*. Elogios e festejos são estímulos positivos que reforçam quão comprometida a equipe está e quão exitoso tem sido seu trabalho. Esse momento pode ser usado também para apresentar um filme que mostre a transformação para os colaboradores: "Olhem de onde saímos há alguns meses, com várias dificuldades, e vejam o ponto em que chegamos. Estamos aqui e vamos para aquele lugar que é muito melhor". Ter em mente esse panorama ajuda a inspirar e a motivar a equipe a seguir com o projeto.

Na distribuidora de energia elétrica em Pernambuco, tínhamos algumas metas para a interrupção e duração dessa suspensão de energia. Conforme os tradicionais indicadores regulatórios, essas interrupções não podiam ocorrer, claro, mas se acontecessem, a energia deve ser restabelecida dentro de um prazo determinado. Esses indicadores eram monitorados pela ANEEL[50]. O problema é que, em algumas datas como Natal, Réveillon e Carnaval, alguns municípios do litoral pernambucano recebiam muitos turistas e, com o excesso de demanda, a energia costumava cair. Justamente quando mais precisavam os hotéis, os comércios e a população ficavam na mão. Para evitar complicações, foi estabelecido o Plano Verão. Ele começou a ser desenhado em agosto, meses antes do início do verão, e visava tanto a ampliação da capacidade energética dessas localidades quanto o treinamento da equipe operacional. Assim, os problemas seriam minimizados e, se ocorressem, seriam rapidamente resolvidos.

Para o Plano Verão, foram criados Grupos de Trabalho: grupo da operação, grupo de manutenção, grupo de gestão de pessoas etc. Eles precisavam pensar soluções para evitar os problemas com a linha de transmissão. No Carnaval, por exemplo, os trios elétricos trafegavam muito próximos dos cabeamentos, enroscavam na fiação e danificavam a estrutura. Qual a solução? Fazer o cabeamento subterrâneo ou elevar a altura dos postes nas ruas onde os blocos passavam.

Outra medida era chegar mais rapidamente aos locais em que os problemas ocorriam. O time da manutenção deveria estar sempre próximo do lugar que tinha histórico de incidentes mais graves. Para a equipe não ficar presa em congestionamentos, e conseguir se deslocar a tempo, foram montadas algumas unidades móveis com estrutura para banheiro, alimentação, ar-condicionado e conforto.

---

50 A Agência Nacional de Energia Elétrica (ANEEL) é uma autarquia federal ligada ao Ministério de Minas e Energia criada a partir da Lei 9.427, de 26 de dezembro de 1996.

Essas são ações que foram colocadas em prática antes do período crítico da temporada do turismo. Precisávamos de tempo para elevar e reforçar o cabeamento da fiação de energia e construir as unidades móveis do grupo de manutenção. Os resultados foram muito bacanas. O Plano Verão melhorou muito o nível de satisfação dos usuários. Ao mesmo tempo, a equipe da concessionária de energia entendeu como o trabalho bem executado e com antecedência poderia ser recompensador. Sem tantos problemas, o dia a dia da operação era realizado sem sustos, confusão e estresse.

No Capítulo 17, vamos debater as fases seguintes à implementação do projeto. Quais são as conquistas do pós-projeto de Transformação Organizacional?

17

O PÓS-PROJETO E A CONTINUIDADE DA MUDANÇA

Gosto de pensar no processo de Transformação Organizacional como a preparação de um triatleta para as competições. Concluir uma maratona não é fácil, afinal, são 42 quilômetros de corrida e o desafio não é para qualquer um. Quando falamos em triatlo, o nível de dificuldade se potencializa. Na modalidade *Ironman*, uma das mais famosas, são 180 quilômetros de ciclismo e quase 3,8 quilômetros de natação, além dos 42 quilômetros de corrida a pé. No *Ultraman*, são 421 quilômetros de ciclismo, 10 quilômetros de natação e 84 quilômetros de corrida a pé. Nesse segundo caso, de tão longas que são as distâncias, as provas são realizadas em três dias.

Os atletas de triatlo fazem essas jornadas enormes subindo e descendo montanhas, nadando em rios e mares contra a correnteza e correndo embaixo de chuva e do sol forte. É um esporte que exige o extremo do organismo humano. Portanto, ninguém alcança o estágio de triatleta de *Ironman* ou *Ultraman* do dia para a noite. O atleta evolui de estágio a estágio, sobe degrau a degrau.

Nas empresas que passam por grandes mudanças, os desafios são parecidos. Assim, como ninguém se torna um triatleta de repente, as companhias também não conseguem alterar radicalmente o patamar de seus negócios em pouco tempo. Invariavelmente, os projetos de TO exigem evolução constante e o crescimento gradativo.

Como vimos, o processo de mudança começa com um diagnóstico, depois surgem os debates do que melhorar, e em seguida é montado o projeto. A partir daí, mobilizam-se estrutura e definem-se recursos e pessoal para a execução. O próximo estágio é convencer e envolver a equipe e os parceiros do negócio em direção ao novo caminho. Quando o projeto é colocado em prática, surgem problemas e dificuldades imaginadas e não imaginadas. É preciso adaptar o planejamento à realidade do dia a dia. Foi sobre isso o que falamos no capítulo anterior.

Agora, trago para o debate o momento em que o projeto de TO foi finalizado. Uma vez encerrada tal dinâmica, a rotina da empresa volta ao normal. Quer dizer, então, que regressamos ao patamar anterior, aquele em que estávamos antes do início dos trabalhos? Não! O processo evolutivo levou a companhia para um nível mais alto está muitos degraus acima de onde começou. Porém, como sabemos disso? Quando observamos a incorporação de novos hábitos, crenças, valores, filosofias, práticas e processos.

As mudanças só são efetivamente assimiladas pela equipe quando entram na rotina de trabalho. Se o time passou a utilizar o novo comportamento como padrão, quer dizer que valeu a pena todo o investimento (de tempo, energia e recursos) para a alteração da dinâmica organizacional. O que lá atrás era um sonho distante, agora se tornou uma realidade concreta. O que antes causava incômodo, desgaste e tensão nos colaboradores e na direção, hoje é realizado normalmente por todos no expediente diário.

Ou seja, se correr centenas de quilômetros de ciclismo, nadar vários quilômetros e correr dezenas de quilômetros a pé em uma mesma prova parecia uma façanha impossível no passado, no fim do projeto de preparação do atleta de triatlo se torna algo habitual. Quem está fora desse esporte olha e pensa: "Como eles conseguem cumprir distâncias tão longas?".

De tão habituados, os triatletas passam a não mais pensar se vão ou não terminar a prova. O que eles querem é maximizar seus desempenhos. A cada nova disputa se preocupam em baixar o tempo alcançado nas últimas competições. Com o aumento do nível de exigência, o ritmo e a velocidade das corridas (pedalando, nadando e correndo) se tornam a principal preocupação dos esportistas em busca de melhores resultados.

Nas empresas acompanhamos o mesmo processo: concluídas a TO e a incorporação dos novos hábitos e práticas, uma das primeiras preocupações é olhar para os indicadores. Automaticamente fazemos medições para verificar a velocidade e o ritmo das melhorias. Por mais que estejamos realizando muito bem os novos processos, há muito que melhorar.

O PROJETO TERMINA, MAS AS MUDANÇAS CONTINUAM

O projeto de Transformação Organizacional até pode ter formalmente se encerrado, mas as modificações não param de acontecer na empresa, até porque o foco da mudança, por exemplo, pode ser a alteração de aspectos culturais. Uma companhia que incorporou a cultura inovadora, certamente, trará nos anos seguintes uma série de novidades para os clientes. Uma ideia criativa puxa outra, que deságuam juntas em um produto/serviço inovador, que pode revolucionar o mercado.

Em outro caso, a empresa adotou a Inteligência Artificial (IA) como tecnologia em seus processos internos. A partir desse projeto de transformação, diversas mudanças são previstas a curto e médio prazo. Nos próximos anos, certamente assistiremos a essa organização subir de patamar com a aplicação da IA, seja nas mudanças referentes às técnicas e ferramentas de trabalho, seja no próprio modelo de negócio.

Se pensarmos na entrada de um novo mercado de atuação e no lançamento dos primeiros produtos da nova linha, também veremos uma rotina de intensas transformações. Os produtos serão melhorados? Novos componentes serão incorporados à oferta de valor? Como a empresa, novata no segmento, conseguirá apresentar diferenciais competitivos aos clientes? Existe a intenção de comercializar serviços inovadores aos consumidores finais?

O projeto principal se encerrou, mas novos projetos surgem o tempo todo; mal acaba um, a equipe já pensa em outros. Uma vez que se familiarizam com a subida dos degraus, ninguém mais quer ficar parado. Como o triatleta que fez muitos esforços para atingir seus objetivos, queremos melhorar a colocação alcançada a cada nova competição que nos propusermos a participar. Queremos o pódio, almejamos os primeiros lugares.

Embora a mudança seja uma constante, precisamos definir um marco para o encerramento do projeto de Transformação Organizacional. Ter essa linha de corte é importante para o *mindset* da equipe e da liderança. Do contrário, se instaura a sensação de que o projeto não termina nunca. Por outro lado, se ele não for concluído, a impressão é que nunca conseguiremos alcançar os objetivos propostos. Não podemos deixar que isso ocorra! O gosto que o time precisa ter é de êxito, sucesso, missão cumprida. Daí a relevância do encerramento formal das atividades da TO.

Com o fim dos trabalhos, temos a desmobilização das estruturas e das equipes que foram montadas para que a TO acontecesse. Se pensarmos bem, como as mudanças já foram incorporadas pela equipe à rotina da companhia, não há mais a necessidade de comitês e de grupos de mudança. O entendimento é que a estrutura tradicional da empresa estará capacitada para dar o suporte necessário aos novos projetos de mudanças que vão emergir, em ritmo frenético, em todas as áreas

É claro que a reação dos colaboradores com o fim do projeto de TO pode ser contraditória. Há quem pense: "Ufa! Graças a Deus que terminou. Agora vou dar uma respirada. Posso voltar para a minha rotina mais tranquila". E há quem pense: "Terminou nada! Agora é que o trabalho mais intenso vai começar. Ainda temos várias melhorias para implementar".

Nas diferentes empresas encontramos os dois grupos de funcionários: em posições extremas, temos o pessoal com "garra", com vontade de mudar sempre e seguir em evolução, de promover mais e mais mudanças; e no outro extremo o pessoal acomodado, que quer "sombra e água fresca", que faz tudo para não mudar, que não gosta de novos desafios. Em maior ou menor grau, essa é a realidade em qualquer companhia.

Quando o projeto de TO é finalizado, há quem saia do processo com o nível de energia lá em cima e é possível identificar as pessoas que têm esse *drive:* normalmente são aqueles colaboradores *que* queremos incorporar à liderança da companhia. Há muita gente escondida, lá embaixo na estrutura da organização, que se destacou e que possui enorme potencial de crescimento. Esses profissionais precisam ser olhados com carinho e ganhar novas oportunidades para evoluir.

E, claro, tem aqueles que não estão muito a fim de seguir com a empresa nas novas condições. Em algum momento é preciso pensar na substituição deles, até porque eles estarão fora do ritmo dos demais integrantes da equipe. Cada vez mais mudanças vão ser exigidas e, portanto, mais resistentes e frustrados esses colaboradores ficarão com a realidade. Para o bem de todas as partes, é necessário evitar o prolongamento desse desgaste e conflito.

PREPARANDO A EQUIPE PARA AS FUTURAS MUDANÇAS

Uma das qualidades marcantes das empresas na fase que sucede às mudanças é a preparação da equipe para a complexidade, incertezas, imprevisibilidades e instabilidades do mundo contemporâneo. Ao entenderem que as alterações no negócio chegarão continuadamente, os profissionais adquirem a consciência e as competências necessárias para navegar em mares sempre turbulentos e não ficarão passivos frente às dificuldades. Pelo contrário: vão saber que precisam agir e saberão como.

A Transformação Organizacional é um meio para acabar com a acomodação natural das pessoas e para estimular a mentalidade empreendedora da equipe. Precisamos expandir. Temos que andar para frente. Somos obrigados a melhorar constantemente. Esses são princípios que ficam como legado dos projetos de TO. Assim, combatemos a natureza do nosso cérebro de querer ficar preso à rotina antiga e à tranquilidade advinda do que já conhece. Lembremos que a mente humana, por visar à perpetuação da espécie, é calcada na manutenção de padrões conhecidos e não no enfrentamento frequente de mundos desconhecidos.

O problema é que o universo corporativo contemporâneo não permite essa acomodação. Por isso, a importância de se adquirir as habilidades e a postura para enfrentar as alterações velozes dos mercados, das tecnologias e dos hábitos dos consumidores.

Curiosamente, quanto mais assistimos às transformações da nossa realidade, mais novidades surgem. Tivemos a incorporação da internet, dos *smartphones* e redes sociais em nossas rotinas. Agora começamos a nos preparar para o uso mais intenso da IA e da Internet das Coisas (IoT)[51]. Em outras palavras, teremos pela frente mais uma série de transformações com impactos no dia a dia de pessoas e empresas. Se não estivermos, mental e emocionalmente, preparados para lidar com as mudanças que vão aparecer ao nosso redor, certamente sofreremos muito nos próximos anos.

Sabendo que as mudanças são inevitáveis, temos que nos preparar para enfrentá-las. Se por um lado não é uma tarefa fácil, por outro também não é algo impossível. Basta nos condicionarmos. Assim, como o triatleta se preparou por um longo tempo até conseguir concluir suas primeiras provas de *Ironman* e de *Ultraman*, devemos iniciar nossa capacitação para os desafios da TO. Por se tratar de um processo de aprendizado longo, o quanto antes o começarmos, menos difícil será.

Estar apto à mudança é encarar como natural as alterações do cenário externo e interno da organização e se colocar à disposição para enfrentar com coragem os novos desafios sempre que necessário. O mais interessante, depois de vivenciar um grande processo de Transformação Organizacional, é que o profissional reconhece que é possível encarar as adversidades e as dificuldades do mundo. Quando

51 Em inglês *Internet of Things* (IoT), a Internet das Coisas é a fase de maior integração entre as tecnologias e os hábitos das pessoas.

se compreende o poder da mobilização, nenhuma dificuldade parece intransponível. Até pode ser difícil, mas não é impossível ou inatingível. Sair da rotina tem vários benefícios e mexer na maneira como se trabalha pode provocar enormes revoluções na instituição.

É mais fácil, ou menos difícil, para alguém que já participou de um projeto de TO, enfrentar um segundo projeto desse tipo do que para o novato. E cada vez é mais fácil, ou menos difícil, para os reincidentes. Portanto, quanto mais participar, mais tranquila se tornará essa dinâmica, principalmente se os resultados alcançados foram positivos e evidentes. Ao constatar o sucesso do conjunto de empreitadas anteriores, o colaborador perde o receio de mudar e de se lançar ao desconhecido. Mais confiante, motivado e capacitado, ele consegue superar os limites impostos pela própria mente. Otimismo e pensamento positivo influenciam bastante o nível do trabalho e, por consequência, nos resultados obtidos.

A partir desse ponto de vista, não acredito que existam tarefas muito difíceis ou projetos com alto grau de complexidade. O que há, são equipes bem ou mal preparadas para os desafios que lhe são impostos pelo mercado. Correr 25 quilômetros pode ser encarado como uma tarefa inviável para um sedentário. Ou pode ser visto como uma atividade trivial para quem está habituado a percorrer distâncias dez vezes superiores em três modalidades esportivas.

Com o *mindset* devidamente calibrado e um elevado nível de capacitação, não existem objetivos inalcançáveis.

O processo de transformação também ajuda no desenvolvimento dos *soft skills* da equipe. Mesmo em uma alteração na área da tecnologia, para as coisas acontecerem é fundamental a interação entre as pessoas. Sentimos as emoções e as intenções dos colaboradores nos olhares, nos gestos, nas expressões faciais e na linguagem corporal. A habilidade de negociação, por exemplo, é bastante exigida durante o projeto de TO. Ninguém consegue nada na marra, por decreto. É preciso conversar e convencer a equipe. O mesmo princípio se aplica à tomada de decisão, à empatia, à habilidade de ouvir, à resiliência e à leitura da saúde mental do time.

A Transformação Organizacional é quase um MBA prático de como desenvolver os *soft skills*. Diariamente somos exigidos em incontáveis campos comportamentais. Temos muitas vezes que colocar em ação, simultaneamente, várias habilidades interpessoais sem que possamos sequer pensar ou planejar como fazê-las. E, muitas vezes, somos levados a agir pelo instinto e de maneira espontânea.

Dessa forma, é fundamental que alguns valores estejam bem solidificados e incorporados ao nosso modo de ser e de fazer. Não é errado pensarmos que o sucesso do projeto está intimamente ligado às competências comportamentais da equipe e da liderança e não tanto nas suas competências técnicas.

Mesmo quando a TO é conduzida por consultores externos, nota-se um elevado ganho de maturidade da equipe da empresa para as habilidades interpessoais. Ainda que os consultores tragam a metodologia e as ferramentas para a resolução dos problemas, quem tem a responsabilidade de colocar em prática as ações é o time de colaboradores. E é nesse momento que as pessoas são desafiadas a melhorar seus comportamentos na parte humana e emocional.

A tecnologia pode ser adquirida de fornecedores. Novos maquinários podem ser comprados. Processos podem ser implementados com o auxílio de terceiros. O único elemento organizacional que exige a maturidade e o desenvolvimento próprio da equipe é o *soft skill*. É justamente essa a razão pela qual os consultores de TO trabalham incansavelmente na formação de multiplicadores internos. Se eles não estiverem espalhados por todas as áreas e níveis hierárquicos da organização, as chances de as mudanças avançarem caem consideravelmente.

A AVALIAÇÃO DOS RESULTADOS

Uma vez terminado o projeto de TO, a estrutura construída para promover as mudanças deve ser desmontada. A desativação não pode representar qualquer perda para a empresa. Afinal, é esperado que os processos rotineiros do negócio já tenham, com o passar do tempo, absorvido as responsabilidades das áreas que lideravam a TO.

É bom lembrarmos que há projetos que levam dez, 12 meses para serem finalizados, e há projetos que podem demandar três, quatro anos. Ou seja, em muitos casos, essa transferência de atribuição é natural. Entretanto, em algumas situações específicas, essa migração não é tão simples quanto parece. Nessa segunda condição, precisamos do apoio de alguns instrumentos.

E quais são esses instrumentos? O sistema da empresa é o primeiro. Ele deve incorporar as mudanças pelas quais o negócio passou recentemente. O segundo é o processo organizacional. O trabalho cotidiano das diferentes áreas da companhia deve explicitar as alterações de métodos e de filosofias promovidas pelo projeto de TO.

Outro aspecto que deve ser constantemente atualizado é o conjunto de indicadores e, possivelmente, as bases das análises anteriores não farão mais sentido após a implementação de profundas transformações. Por fim, talvez seja necessário rever as políticas dos colaboradores e o quadro de missão, visão e valores. As grandes mudanças organizacionais têm a capacidade de alterar a essência do negócio.

A alta administração precisa olhar para todos esses aspectos no instante de efetuar a desativação da estrutura do projeto de TO. Ao mesmo tempo, é preciso verificar se os objetivos foram alcançados. Para tal, é necessário recordar onde estávamos e para onde queríamos ir quando tudo começou. Essas informações devem constar no relatório inicial do projeto de Transformação Organizacional. É fundamental analisarmos os resultados ao longo do processo e medirmos a evolução global.

É interessante, por exemplo, saber como estamos hoje. Qual a fotografia momentânea? E o quão diferente ela é da imagem do início da TO? Essa medição deve ser feita considerando: a tecnologia, os processos, as pessoas, as finanças, a satisfação dos clientes, o portfólio de produtos, o clima organizacional, a cultura, a qualidade, o posicionamento de mercado etc.

É bom esclarecer que quanto mais objetiva for a análise, melhor será a base de avaliação. Não podemos adotar o "achômetro" para efetuar o julgamento do antes e do depois do processo de TO, é preciso recorrer sempre aos indicadores quantitativos. Para não ficarmos à mercê das interpretações momentâneas ou suscetíveis apenas às opiniões qualitativas, é interessante já termos definido o que vamos comparar tão logo o projeto de Transformação Organizacional comece. É lá que vamos indicar os parâmetros das fotos. Quais são os elementos que devem ser fotografados? Quanto maior o número de registros sobre o antes e o depois, mais consistente será a comparação.

O que pretendemos com a mudança? Queremos aumentar o faturamento, almejamos elevar o número de pontos de venda, desejamos entrar em novos mercados e precisamos melhorar o clima organizacional. Porém, quais os números exatos para cada um desses objetivos? O faturamento deverá ser dobrado em quatro anos. A quantidade de lojas deve passar de 3 mil para 5 mil pontos de venda. Devemos ter ao menos cinco produtos no segmento X e outros cinco no segmento Y, que são os mais lucrativos e *premium* do mercado. E o índice de satisfação da equipe deve sair de 58% e chegar em 75%.

Peguemos essa última métrica como exemplificação. Quais eram os indicadores prévios do clima organizacional antes da implementação da TO? Três anos antes era de 62%, dois anos antes era de 61% e um ano antes era de 59%. Quando o projeto começou, o patamar atingido foi de 58%, o pior da história. A partir daí, as medições prosseguiram. No primeiro ano do processo de TO, o clima organizacional desabou para 55%. No segundo ano, melhorou consideravelmente, indo para 60%. Depois foi para 65%. E terminou, quatro anos depois do início do projeto, em 70%.

A melhoria foi substancial (de 58% para 70%), mas ainda assim ficou aquém da meta (que era de 75%). Por que o objetivo não foi cumprido? O que atrapalhou a sua concretização? A equipe de TO e a alta administração precisam saber exatamente as justificativas para cada número alcançado (ou não alcançado).

Há medições podem ser diárias, semanais, quinzenais, mensais, bimestrais, trimestrais, semestrais e anuais. No caso do índice do clima organizacional, ele é anual porque é feita uma pesquisa geral com os colaboradores da empresa a cada 12 meses. E se ficarmos sem uma fotografia do clima em determinado ano? A perda será enorme, pois haverá um vazio quantitativo irreparável, pois, se você não mediu, não saberá o que foi feito. É aquela velha máxima do mundo dos negócios: aquilo que não se mediu não aconteceu.

Se você não medir ou não focar na avaliação, não saberá se a mudança promovida foi positiva ou negativa. Esse princípio vale para o Comitê Diretor, para o Grupo de Mudança, para os Comitês Temáticos da TO e para a organização como um todo. Quanto maior for o número de áreas e de indicadores mensurado, melhor será para a gestão, porque nem sempre as transformações implementadas são satisfatórias para os diferentes aspectos da companhia.

É comum termos benefícios em vários setores da organização, mas ocorre também termos perdas significativas em outros. Saber o que não melhorou ou o que piorou é fundamental, pois dessa forma, a liderança da empresa poderá realizar trabalhos específicos e posteriores. Afinal, por que isso ocorreu? O que podemos fazer agora para remediar esse problema?

Em muitos casos, é preciso ouvir toda a equipe. É quase que uma avaliação 360 graus da organização. A diferença é que em vez de avaliarmos um profissional, avaliamos a companhia inteira por múltiplos pontos de vista. Sem o *feedback* constante, não saberemos como está sendo a evolução dos trabalhos.

Além disso, repare que é importante termos uma sequência de fotografias durante o processo e não apenas uma imagem do antes e do depois. Com várias fotos, conseguiremos construir um filme do projeto da TO que, na verdade, mostrará a passagem de várias imagens em sequência. Essas imagens poderão explicar muito mais o que aconteceu do que a comparação de duas imagens isoladas e distantes no tempo.

No caso do clima organizacional, por exemplo, vimos que durante o primeiro ano do projeto de TO houve uma queda brusca na satisfação da equipe. Depois, o nível de satisfação voltou a subir em patamares razoáveis. Porém, a queda inicial, algo que não tinha sido previsto, foi preponderante para que a meta final não fosse obtida.

Mesmo assim, identificar a diminuição do clima organizacional no primeiro ano foi fundamental para a equipe de Transformação Organizacional mudar várias atividades que não estavam obtendo o alcance imaginado. Se não fosse essa atuação imediata, possivelmente não teríamos conseguido a recuperação posterior desse indicador.

Outra questão fundamental refere-se à necessária avaliação dos indicadores de maneira integral, uma vez que a interdependência das diferentes áreas da empresa é enorme. Com a piora do clima entre os colaboradores, o índice de qualidade dos produtos fabricados também pode cair. Ao constatar a perda de qualidade, os consumidores finais reclamam mais. Assim, em pouco tempo, o faturamento apresenta uma sensível queda.

Quem não tiver esse olhar completo da situação da empresa vai ficar quebrando a cabeça para entender o motivo de a receita da organização ter caído ao mesmo tempo em que novos produtos foram lançados no mercado. Salvo raríssimas exceções, os resultados financeiros e de vendas são consequências de uma série de fatores corporativos.

É difícil termos bons resultados financeiros e de faturamento junto a péssimos resultados nas outras áreas. Mesmo que a alta administração, os acionistas e os agentes do mercado possam olhar prioritariamente para o balanço financeiro, não devemos nos esquecer dos demais componentes organizacionais, que levam à saúde financeira da empresa.

Contudo, nem sempre as transformações são positivas. Há alguns anos, a Natura comprou a Avon, a Body Shop e a Aesop. O processo de fusão desse trio de companhias à multinacional brasileira não gerou os resultados esperados. Ao invés de aumentar o seu valor de mercado, a Natura assistiu ao preço das ações desabar e, como consequência, precisou rever suas decisões. Há pouco tempo, vendeu a Body Shop e a Aesop, e está fazendo *split*[52] da Avon. Em resumo: a transformação foi enorme, mas os resultados positivos não vieram. Diante do cenário adverso, foi preciso mudar o plano original.

52 Termo em inglês, *Split* significa a divisão da operação da empresa.

Por falar em problemas, no próximo capítulo vamos tratar só deles. A ideia é abordarmos tudo aquilo que pode dar errado na execução de um projeto de TO.

Para quem ainda acha que mudar as bases estruturantes de um negócio não é uma tarefa tão desafiadora assim, reservamos uma série de infortúnios típicos das companhias que estão na fase de implementação de grandes alterações.

18

QUAIS PROBLEMAS PODEM ACONTECER DURANTE A EXECUÇÃO DOS PROJETOS DE TO?

Chegamos ao último capítulo da segunda parte deste livro e é sempre bom relembrar, estamos detalhando como fazer a operacionalização dos projetos de Transformação Organizacional.

Depois de comentarmos os mais diferentes aspectos da implementação das mudanças na empresa, abordaremos um elemento bastante delicado: os erros de execução. Os últimos capítulos trataram de algumas dificuldades típicas da TO, e é interessante debatê-las em conjunto. Assim, conseguiremos nos preparar para enfrentar as falhas tão logo elas apareçam.

RESISTÊNCIA À MUDANÇA

A primeira grande dificuldade para quem está liderando uma TO é enfrentar a resistência à mudança de parte da equipe. Já falamos sobre essa questão no capítulo sobre Comunicação, mas é imprescindível aprofundarmos esse assunto. Nunca é demais alertarmos os profissionais para os erros mais comuns que levam o time a boicotar o projeto como se ele fosse um inimigo atroz.

Para começo de conversa, precisamos dar tempo para os colaboradores assimilarem as novidades. Vejo muitas empresas desenvolvendo projetos de TO conforme descrevemos neste livro, mas com péssimos resultados. Qual foi o motivo do fracasso? Imprimiram muita velocidade ao processo! Por mais que tenham feito tudo corretamente do ponto de vista metodológico, "perderam a mão" no quesito do *timing*. Não adianta seguir a cartilha, fazer o que manda o figurino, mas ser apressado.

Temos que respeitar o tempo da equipe. Os colaboradores precisam entender e digerir qual é a proposta e suas razões e, certamente, o relógio não é igual para todos nem para todas as companhias. Surge, assim, uma grande interrogação: como caminhar na velocidade ideal, sem ser muito rápido ou muito lento? O segredo está na combinação de paciência e perspicácia.

A paciência está relacionada à dedicação e ao empenho para explicar, quantas vezes forem necessárias, o que irá ocorrer dali em diante. Com transparência e empatia, as lideranças detalham o máximo que puderem os planos da empresa, os próximos passos do projeto e os cenários futuros da organização. A ideia é acalmar as pessoas, que geralmente temem a chegada das mudanças.

Sabendo disso, devemos focar na comunicação que, se bem realizada, poderá minimizar o desconforto e provocar até mesmo uma sensação de empolgação e otimismo em parte da equipe. Portanto, a junção de comunicação e transparência é fundamental para se minimizar e/ou evitar problemas comportamentais.

Nesse trabalho de explicar e conscientizar os colaboradores vale a pena dar uma atenção especial ao corpo gerencial. Esses profissionais podem ser mais resistentes às mudanças e, como possuem um grande poder de influência interna, têm a capacidade de propagar os sentimentos negativos em relação à Transformação Organizacional. Com esse cuidado, evita-se uma bola de neve de medo, dúvidas e de desinformação que poderá atingir a parte de baixo da hierarquia da companhia, impedindo, assim, a instalação de um grande rebuliço interno.

Já a perspicácia está ligada à habilidade das lideranças em entender como a equipe está recebendo a comunicação e, principalmente, como está reagindo às notícias. Porque não adianta ter disposição para se comunicar com transparência e não saber identificar como o time está assimilando o conteúdo transmitido. Qual a temperatura interna da organização? O sentimento geral dos colaboradores é positivo ou negativo? As principais dúvidas foram esclarecidas? Quais profissionais e áreas parecem mais incomodados com a perspectiva de mudança? O que podemos fazer de novo para ajudá-los na compreensão da transformação?

Por ser profundamente subjetiva, essa avaliação exige alto grau de maturidade e sensibilidade daqueles que estiverem à frente do projeto de TO. Além disso, saber o ritmo ideal que deve ser empregado em cada fase da TO depende dessa leitura atenta e precisa da alta administração. Infelizmente, não temos um velocímetro acoplado ao painel gerencial da empresa, nem placas informando os limites máximos e mínimos de velocidade para cada etapa do trajeto. Como consequência, temos que ser guiados pelo bom senso, pela intuição e pela observação do comportamento daqueles que estiverem ao nosso redor.

O nome disso é *Change Management*[53] — em bom português, Gestão da Mudança. Reuniões, encontros, workshops, fóruns, roda de conversas e comunicados são realizados para se tratar do projeto. Nessas várias interações, o diálogo deve ter duas mãos: os dois lados falam e se escutam.

A depender do caso, é preciso alertar que a jornada em direção à mudança não será um "mar de rosas". As dificuldades vão aparecer e serão enfrentadas com o trabalho integrado de todos. E esse lema/princípio vale não apenas para a etapa inicial do projeto e sim para todas as fases da TO, inclusive para o estágio final.

DESPREPARO TÉCNICO DA EQUIPE

Algumas empresas têm sérias dificuldades para desenvolver seu quadro de colaboradores. Isso ocorre em muitos negócios familiares, que, muitas vezes, não possuem a mesma dedicação das multinacionais para investir em treinamento e formação do pessoal com foco em

53 *Change Management*, ou Gestão da Mudança, é a área da Gestão Empresarial encarregada de administrar as adaptações organizacionais.

temas fundamentais como modernização tecnológica, atualização de processos e aperfeiçoamento da gestão. Como consequência, podem ficar presos ao passado; ao visitá-los a sensação que temos é que estamos entrando em um túnel do tempo: ao passarmos pela porta de entrada, voltamos automaticamente há anos ou décadas.

Nesse cenário, qualquer mudança, por mais urgente e óbvia que possa parecer, torna-se um enorme calvário, pois para quem está estagnado no período da pedra, qualquer sinal de mudança na dinâmica de trabalho, mesmo que simples, parece ser um desafio aparentemente intransponível.

Os fundadores ou os sucessores que assumiram a empresa percebem essa dificuldade rapidamente. Eles não conseguem avançar porque o pessoal, simplesmente, não está preparado. Ou seja, não é apenas uma questão de resistência à mudança, como vimos no tópico anterior, e sim um problema de capacitação.

O dilema da alta administração é ainda maior nessa situação. O que fazer com o pessoal que não está demonstra envolvimento à nova realidade da organização e de seus planos futuros? Vale a pena dizer que não é somente a equipe operacional que fica presa às práticas, filosofias e operações obsoletas. Muitas vezes, os profissionais em cargos de confiança e de liderança apresentam graves limitações, o que torna tudo ainda mais grave.

Nas empresas familiares, onde o vínculo pessoal é muito mais forte do que nas multinacionais, não é fácil efetuar trocas. O nível de gratidão e de intimidade dos proprietários com a equipe se torna tão intenso depois de alguns anos de convívio que o aspecto profissional acaba minimizado diante da amizade, o que é gravíssimo do ponto de vista da evolução corporativa.

Uma alternativa interessante para escapar da dificuldade em se analisar a equipe de forma imparcial e justa é contar com o auxílio de consultores externos ou de profissionais de RH *part-time*. Esses profissionais irão conduzir o processo de avaliação e de implementação da parte humana do projeto de TO durante seis meses ou um ano, possibilitando que a dinâmica de desenvolvimento e de capacitação do time seja realizada por parâmetros essencialmente profissionais e objetivos.

INCOMPATIBILIDADE DE VALORES

Ainda sobre negócios familiares, os valores da empresa costumam estar fortemente vinculados aos do fundador e a equipe replica por anos e anos comportamentos, pensamentos, práticas e crenças do principal líder.

Quando ocorre a migração do gestor para a segunda geração, emerge um grave problema: os valores dos descendentes podem ser diferentes. Afinal, alguns estudaram no exterior e há quem já tenha trabalhado em outras empresas. Além disso, os novatos trazem ideias e concepções de mundo mais modernas, principalmente no que se refere à gestão e ao uso da tecnologia.

Como consequência, surge um forte choque cultural. Os novos líderes do negócio querem mudar aspectos que foram edificados pelo fundador, uma figura muitas vezes carismática, querida e reverenciada pelos colaboradores. Para o time de colaboradores mais antigo, abraçar as novidades é como trair a história da empresa e tudo aquilo que foi feito até então. Por outro lado, recusar as mudanças é virar as costas para a nova direção.

O que os colaboradores devem fazer nesse caso? Como os líderes devem agir se encontrarem dificuldades para alterar os valores originais? Note que não são questões fáceis de serem respondidas.

A saída para o impasse é promover o diálogo com a equipe. A receita é parecida com aquela aplicada ao combate à resistência do time: união entre paciência, perspicácia e comunicação transparente e sincera com todos.

Mais uma vez, ninguém consegue mudar nada no grito e na força. É preciso convencer os colaboradores que o tempo passou, o mundo mudou e abraçar as novidades não é tão ruim quanto parece. O que não pode ocorrer é empurrar o problema com a barriga, como certos líderes fazem. Uma vez diante de problemas complexos, a primeira reação de muita gente é pensar: como é difícil mexer nisso, deixarei para depois. Ou seja, surge a procrastinação e o momento de resolver aquela questão grave nunca aparece.

Outro tipo de choque de valores é em relação aos proprietários. Quando o negócio tem mais de um sócio, é comum que surjam brigas e confrontos de ideias. Quando cada um quer ir para um lado, não se avança para lugar algum. Curiosamente, boa parte das discussões é causada por falta de alinhamento prévio em relação ao pagamento de dividendos e às áreas de atuação de cada um.

Sabendo disso, o melhor a se fazer é estabelecer o quanto antes as bases em que o negócio vai operar, pois com regras claras para atuação e para remuneração dos proprietários, as chances de conflitos aparecerem diminuem sensivelmente.

Nas empresas familiares que chegaram à segunda, terceira ou quarta geração, as intrigas podem envolver vários integrantes: irmãos e primos, por exemplo. Quanto maior o clã e maior a quantidade de herdeiros, maiores serão as probabilidades de surgirem confusões e rusgas entre eles. A solução, mais uma vez, é estabelecer normas prévias para se evitar o caos lá na frente. Se não houver regras de governança corporativa para delimitar a atuação dos familiares, tanto na operação do negócio quanto na participação do conselho, o nó se tornará cada vez mais difícil de desatar. É isso que temos que evitar. Trabalhar sem regras claras hoje é saber que haverá graves conflitos amanhã ou depois de amanhã.

INTROMISSÃO DO FUNDADOR OU DO PRESIDENTE

Outra questão delicada quando falamos da dificuldade na execução da Transformação Organizacional refere-se ao ego inflado do fundador ou do presidente da companhia. Alguns líderes aceitam efetuar as mudanças e delegam poderes para o Comitê e/ou Grupo de mudança. A partir daí, o projeto de TO começa a se desenrolar normalmente, provocando as primeiras alterações na rotina da equipe e no negócio. Tão logo as novidades surgem no dia a dia, o fundador/presidente se sente ferido. É como se os novos caminhos não tivessem sido validados por ele. Para ele, figura principal da organização, parte de seu poder foi tirada após o processo de discussão com o time e a tomada de decisão. Por isso, ele passa a fazer intervenções que poderão atrapalhar muito o andamento dos trabalhos, ou até mesmo inviabilizá-los.

Por mais absurdo que possa parecer aos olhos do público externo, em algumas empresas envolvidas com a TO, o principal adversário das mudanças está sentado na cadeira de CEO ou saiu recentemente dela. Há muitos fundadores que não conseguem deixar o posto de comando de seus negócios, mesmo sabendo que outras pessoas já ocupam aquela função. Para eles, ninguém poderá fazer aquele trabalho melhor do que eles e, assim, vivem interferindo, o que, evidentemente, é danoso para a dinâmica empresarial e para o andamento da TO.

Qual o remédio para isso? Além de levar esse profissional urgentemente para a terapia, o que o permitirá ter o apoio necessário para se desligar da empresa ou aceitar os limites de seu cargo, é bom recorrer aos serviços de uma consultoria especializada em sucessão empresarial. Certamente os profissionais externos ajudarão a definir as responsabilidades e o alcance de cada um na gestão do negócio. A incorporação de um Conselho Consultivo para cuidar das estratégias institucionais, deixando, assim, a responsabilidade da execução dos planos para direção e para o CEO, pode ser uma excelente saída para o impasse.

Infelizmente, não são apenas os fundadores que podem ter os egos inflados. Há líderes da segunda, terceira, quarta e quinta gerações que também têm essa característica. E esse mal não é exclusivo dos negócios familiares. Muitos presidentes e diretores de multinacionais acabam colocando os projetos de TO em risco por pura vaidade, egoísmo e/ou capricho. Eles preferem ver as coisas dando errado para provar que são insubstituíveis e que estavam certos em uma discussão tola. O nome disso é arrogância.

Nas multinacionais, esse mesmo problema apresenta um aspecto distinto. A matriz da empresa decide fazer um projeto de TO em escala global. Para isso, ela passa instruções para o executivo C-Level local colocar o plano em prática. Contudo, a nova proposta não faz o menor sentido para a realidade daquele determinado país. O que fazer? Enfrentar o pessoal da sede, boicotar sutilmente a proposta vinda do exterior ou tentar implementar as diretrizes passadas custe o que custar? Não é uma decisão nada fácil.

A mesma dificuldade pode acontecer no Brasil, em escala regional. A sede da empresa impõe determinado padrão para suas filiais estaduais, desconsiderando a realidade local. A alta administração age como se o país fosse homogêneo!

Nessas situações, a tendência é o planejamento não dar bons resultados ou não dar certo. Parece um tanto óbvio que as lideranças e as equipes nas diversas unidades espalhadas pelos quatro cantos da nação irão boicotar os planos da matriz.

ANSIEDADE PARA VER OS RESULTADOS POSITIVOS

Outro entrave à boa execução dos projetos de mudança é a ansiedade da equipe e da liderança quanto aos resultados do processo de TO. Mas quando todos esperam por resultados rápidos e quase instantâneos, o nível de frustração pode ser alto. É importante saber que as alterações estruturais do negócio não vão acontecer em uma semana, em um mês, em um bimestre ou mesmo em um ano. Às vezes serão necessários alguns anos até termos finalizado o processo de transformação.

Dependendo da cultura da empresa, esse trabalho de médio e longo prazo gera forte agonia. Há empresários, empreendedores e executivos brasileiros que só sabem trabalhar no curto prazo e de maneira prática. Quando se exige uma visão mais longa e com boa dose de planejamento, eles se sentem acuados ou ficam prostrados. Para compensar a frustração momentânea, tentam acelerar o processo de mudança custe o que custar e/ou mergulham na operação da empresa, quando o ideal seria esperar a maturação do que fora plantado e olhar mais para a evolução da parte estratégica do negócio.

Há muitas atividades em um grande projeto de TO que não podem ser feitas com velocidade e sem uma análise global. Não dá, por exemplo, para acelerar a mudança na cultura empresarial. Não viramos um botão e pronto: a equipe mudou suas crenças, pensamentos e comportamentos antigos. Não é assim que funciona no mundo real. É preciso dar tempo ao tempo, saber subir degrau por degrau e dar um passo de cada vez. Do contrário, os tropeços vão acontecer e não chegaremos a lugar nenhum.

Na ânsia de ver tudo pronto, há quem parta para a implantação das mudanças previstas sem que se tenha definido exatamente o plano. Não é preciso dizer que, nesse caso, a probabilidade de retrabalho e de equívocos são enormes. Além disso, a equipe fica frustrada e passa a desacreditar em tudo aquilo que é transmitido pela direção.

Há, também, quem se abale bastante com os primeiros resultados negativos, sobretudo porque durante um projeto de TO os indicadores de curto prazo foram comprometidos em nome dos ganhos maiores no futuro. Porém, quando as vendas caem, o lucro vira prejuízo ou o clima organizacional tem um ligeiro revés, o ruído pode ser tão grande que impossibilitará a sequência do plano de mudança.

Em companhias muito ansiosas, não é possível conviver com qualquer tipo de oscilação. Se os resultados sobem, a empolgação e o otimismo são gerais e, por vezes, inconsequentes. Se os resultados diminuem, a pressão e os questionamentos internos desgastam o time de forma excessiva. Conviver com essa variação exagerada de humor não é fácil e requer enorme equilíbrio psicológico.

Não são apenas as empresas familiares que sofrem com essa situação. As multinacionais que são listadas em Bolsa de Valores padecem com a queda momentânea do preço das ações. Qualquer resultado negativo mexe com os humores dos acionistas e a pressão do mercado em cima da direção pode se tornar absurda. Querendo ou não, a empresa fica refém da percepção dos analistas financeiros.

Uma alternativa para superar essa adversidade é ser bem conservador na hora de estabelecer as metas. Com objetivos moderados, evita-se o estresse pela cobrança exagerada nos primeiros momentos da execução da Transformação Organizacional. Além disso, é válido trabalhar o lado emocional do time para que se diminua constantemente o nível de ansiedade.

PLANEJAMENTO MALFEITO

Outro erro comum que impacta a implementação das mudanças nas empresas é o planejamento malfeito. Se a alocação de equipamento, dinheiro, tecnologia, tempo e pessoal não for adequada, dificilmente conseguirão atingir o que foi traçado. Não há otimismo e empolgação que dê conta do recado; uma hora ou outra a realidade será implacável conosco. Por isso, o plano geral do projeto de TO tem que ser exequível.

E o que é um planejamento correto? É basicamente aquele que dá condições para a equipe atingir os objetivos estipulados e chegar ao cenário futuro que foi estipulado. Será preciso recursos financeiros para a Transformação Organizacional sair do papel? Então, cria-se um centro de custo específico para o projeto e aloca-se uma quantia suficiente para cada uma de suas etapas.

É como se fôssemos fazer um orçamento corporativo ou um *budget* matricial. Não podemos exagerar nem para cima (com risco de haver desperdícios) nem para baixo (com risco de comprometer os resultados).

Há empresas que precisam contratar financiamento externo para colocar em prática o projeto de TO. Elas captam dinheiro de linhas de crédito do BNDES[54] ou de bancos comerciais. Como normalmente esse tipo de empréstimo é caro (é preciso pagar juros!), é fundamental não exagerar no valor obtido. Por outro lado, não se pode solicitar uma quantia que não dê o suporte necessário ao projeto.

Há também quem odeie se capitalizar. Normalmente ouvimos os empreendedores das empresas familiares dizendo: "Deus nos livre de ter que fazer dívidas. Só investimos recursos próprios, pois fazer

54 Banco Nacional de Desenvolvimento Econômico e Social, o BNDES é a instituição bancária pública responsável pelo financiamento de vários setores da economia brasileira.

financiamento bancário é muito caro no Brasil". No entanto, como nem sempre possuem o capital necessário para tocar a TO, obtêm, com os recursos próprios, resultados muito aquém do esperado. Nesse quadro, seria muito mais vantajoso, portanto, pagar juros e alcançar a plenitude daquilo que foi planejado.

Quem não tiver linha de crédito disponível nem capital próprio, deve começar a execução da Transformação Organizacional de maneira ainda mais conservadora. Nesse cenário, devem ser priorizadas, no começo, as ações que vão gerar caixa mais rapidamente, pois com o dinheiro extra obtido, a companhia consegue se autofinanciar. Essa é a opção mais pragmática. A principal desvantagem dessa estratégia é que o projeto de TO demora muito (e põe muito nisso!) mais tempo para ser concluído.

O que falamos sobre a alocação de dinheiro deve ser feito também com os demais recursos do plano: equipamentos, metodologias, tecnologias, sistemas de gestão e capacitação de pessoal. A liderança da companhia tem a obrigação de fornecer todas as condições para que sua equipe coloque em prática o plano aprovado.

TURNOVER ELEVADO DA EQUIPE

Organizações com grande *turnover* de pessoas têm, normalmente, gravíssimos problemas na execução das mudanças. Como colocar em prática o plano de TO se o time muda constantemente? É difícil.

A chegada de gente nova exige a adaptação e a assimilação da cultura empresarial. E quando o profissional "fica pronto", logo sai. Afinal, lembremos que o *turnover* é alto. Na sequência, chega outro funcionário, novato para seu lugar, sem qualquer conhecimento da realidade da empresa. Será preciso um novo período de adaptação e espera para que esse colaborador possa render plenamente. Esse ciclo sem fim de maturação e perda de talentos prejudica os planos de médio e longo prazo da companhia.

Não dá para dizer se o *turnover* é mais elevado nas multinacionais ou nas empresas familiares. Há companhias com esse problema nos dois tipos de organização. O que dá para afirmarmos com segurança é que dificilmente a Transformação Organizacional vai ocorrer plenamente com o "entra e sai" frenético de profissionais no quadro da empresa. Se a liderança e a área de Recursos Humanos não resolverem esse problema antes da execução da TO, os índices de retrabalho e de morosidade do projeto serão altos.

Esses são os sete erros mais comuns das companhias no momento de executar a Transformação Organizacional. No próximo capítulo, iniciaremos a terceira parte do livro e trataremos de temas de grande relevância para a perenidade das empresas em geral. Esses temas podem ser eleitos pela sua organização como foco imediato dos projetos de TO ou para um futuro próximo (médio prazo). A questão é que não há como você e seu time não atuarem nesses assuntos, em menor ou maior profundidade.

PARTE 03

TRANSFORMAÇÃO ORGANIZACIONAL: TEMAS VALORIZADOS

PELAS EMPRESAS

19

A IMPORTÂNCIA DA CADEIA DE SUPRIMENTOS

Chegamos à terceira parte do livro, dedicada aos principais temas buscados pelas empresas na hora de fazer a Transformação Organizacional. Discutiremos também os assuntos que deveriam estar no centro das atenções das companhias quando forem fazer esse tipo de projeto. Iniciamos esta nova parte de nosso percurso destacando a importância da cadeia de suprimentos. A denominação cadeia de suprimentos é a tradução direta do termo em inglês *supply chain*. Se formos ver os significados literais de cada uma das palavras, *supply* é suprimento/fornecimento e *chain* é corrente/cadeia. Ou seja, o termo se refere apenas aos fornecedores da empresa,ao recebimento dos insumos para a produção na ponta inicial do trabalho. Por isso, se quisermos ser mais abrangentes, o ideal é falarmos em cadeia de valor, termo que inclui as demais partes do processo, como o miolo da produção e a operação de entrega dos produtos aos clientes na ponta final.

Assim, quando falamos em cadeia de suprimentos, olhamos exclusivamente para a relação da companhia com seus fornecedores. Mas quando pensamos em cadeia de valor enxergamos toda a dinâmica logística da companhia, incluindo o uso do produto pelo consumidor final, seu descarte, a reciclagem e a volta da matéria-prima para a indústria. Enquanto a primeira denominação abrange apenas a primeira ponta do processo produtivo, a segunda percorre de ponta a ponta os vários elos da cadeia.

Nossa proposta, neste capítulo, é trabalhar apenas com o conceito do *supply chain*. Como esse é um tema muito rico e com vários desafios, vamos nos concentrar nele nas próximas páginas.

A cadeia de suprimentos tem uma série de complexidades. Ela depende da geopolítica, das características do mercado, do investimento em qualidade dos fornecedores, da estratégia de estoque (que começa na matéria-prima, passa pelos produtos semiacabados e vai até os produtos finais), da sazonalidade, do serviço de transporte, das novas tecnologias, das novas metodologias de gestão, das políticas de importação e exportação etc. É muita coisa para considerar!

A depender do segmento da economia, a cadeia de suprimentos adquire uma configuração totalmente distinta. A indústria automotiva trabalha com o pensamento enxuto, em que se busca o estoque mínimo. Nesse modelo, os fornecedores precisam estar colados à linha de montagem e trabalhar conforme a demanda. Por outro lado, o agronegócio atua normalmente com grandes volumes de estoque. O desafio é armazenar as matérias-primas e utilizá-las no momento certo.

Por falar nisso, o aumento da produtividade agrícola na região central do Brasil está muito ligado ao desenvolvimento das matérias-primas para o solo e para o clima do cerrado. Contudo, a infraestrutura de transporte continua precária, com estradas de terra que se transformam em lama no período mais chuvoso. Quando conseguem passar, os caminhões perdem muito tempo nas viagens. Em outras palavras, esse setor tem vantagens e desvantagens muito claras.

TIPOS DE CADEIA DE SUPRIMENTOS

Ao trabalhar com a cadeia de suprimentos, temos quatro grandes blocos: (1) o reabastecimento contínuo; (2) a cadeia enxuta; (3) a cadeia ágil; e (4) a cadeia flexível. Vamos falar um pouco de cada uma delas.

No reabastecimento contínuo, a demanda é mais conhecida e previsível. Como o relacionamento com o fornecedor (e com o cliente) é muito bom, é possível programar a reposição do estoque automaticamente e com o uso da tecnologia. Os sistemas de informação das empresas estão interligados e os pedidos de compra são feitos a partir de bases objetivas. Com a rapidez do processo, não se corre tanto risco de ficar sem os produtos em alguma parte da cadeia de valor.

O segundo tipo é a cadeia enxuta. Seu foco é a eficiência máxima e o menor custo de estocagem. A previsibilidade da demanda costuma ser alta também, mas a relação com os fornecedores (e com os clientes) é mais fraca se comparada à do reabastecimento contínuo. Não há tantos produtos armazenados e os pedidos de compra são feitos caso a caso. Por ser mais sensível ao preço, a empresa sempre faz novas concorrências a cada aquisição. Vence quem apresentar o menor valor para o pedido de momento.

Outro caso é a cadeia ágil, cuja previsibilidade de demanda é baixa, pois ela muda frequentemente. Por outro lado, o relacionamento com o fornecedor é alto. Assim, exigem-se respostas imediatas para os diferentes ritmos da produção da cadeia de valor. Como não sabemos o nível de intensidade do processo, precisamos ter uma grande velocidade de reação. Essa agilidade envolve desde a capacidade de produção e a habilidade de controlar os estoques até a competência de movimentação e a fluidez no transporte.

A quarta e última cadeia é a flexível. Ela é o extremo da cadeia ágil. Nela, buscam-se soluções inovadoras em um ambiente com demanda não planejada, com alta imprevisibilidade e baixa sensibilidade ao preço. É aquela velha história: preciso desse item e pago o que me pedirem por ele. Se não há fornecedores especializados, é interessante desenvolvê-los o quanto antes. Se não houver uma cadeia de valor pronta e estruturada, é essencial criá-la imediatamente.

A PANDEMIA DA COVID-19, ACIDENTES AMBIENTAIS, GUERRAS E MUDANÇAS POLÍTICAS COMO DESAFIOS

Quando falamos em cadeia de suprimentos, ou mesmo em cadeia de valor, um *case* extremamente relevante dos últimos anos foi a pandemia da Covid-19. Ela nos ensinou muitas coisas e fez as empresas reverem conceitos. As restrições de circulação de pessoas e de produtos e os *lockdowns* colocaram o setor de logística à prova no mundo inteiro. Da noite para o dia, quem utilizava na produção, componentes e matérias-primas de fornecedores asiáticos, por exemplo, assistiu à ruptura de sua cadeia de suprimentos. Para não sucumbirem de inanição, essas empresas tiveram que se adaptar.

Pela perspectiva do setor da saúde, houve uma catástrofe inimaginável. Hospitais ficaram sem artigos básicos, como máscaras. Uma vez que quase tudo era importado da China, quando as fábricas de lá pararam, ninguém daqui sabia produzir vários itens, ou tinha capacidade para tal, inclusive alguns bem simples.

A questão dos cilindros de oxigênio nos hospitais de Manaus foi problema de logística. E o que isso acarretou? Os médicos tiveram que escolher quem ia viver e quem ia morrer. Imagine o desespero desses profissionais tendo que tomar tais decisões. Tudo por causa da falta de um insumo ou da demora para entregá-lo.

Outras áreas também tiveram quebra da cadeia de suprimentos durante a pandemia: houve falta generalizada de *chips*, o que gerou uma dor de cabeça enorme para as indústrias de linha branca, de automóveis, de eletroeletrônicos etc.

Há quem pense que o *chip* é só aquela pecinha que usada no celular. Não! Ele está presente nos aviões e até nos brinquedos das crianças. Quase tudo, hoje, tem *chip*. E sua demanda já vinha em alta antes mesmo da pandemia da Covid-19 . Com o fechamento das fronteiras dos países, várias fábricas entraram em colapso. Não se consegue vender produtos sem aquela pecinha que o faz funcionar plenamente, e Taiwan, maior produtor mundial de *chips*, está no centro de fortes tensões geopolíticas que envolvem China e Estados Unidos.

Outro evento traumático para a humanidade e para os profissionais da logística foi o acidente com a usina nuclear de Fukushima, no Japão, em março de 2011. Após um terremoto no oceano Pacífico, o qual gerou um tsunami, a usina japonesa apresentou explosões e vazamento de radioatividade. Como consequência, a cidade e alguns municípios ao redor foram evacuados às pressas. Como a região de Fukushima estava interligada à cadeia produtiva do Japão, muitas empresas tiveram as operações impactadas. Do dia para a noite, começaram a faltar peças essenciais para várias indústrias.

Um veículo automotivo e um *notebook* podem ter, cada um, centenas de milhares de componentes. Porém, se faltar um ou dois itens apenas, eles não funcionam. Ou seja, a confiabilidade da cadeia de suprimentos é uma questão estratégica para as organizações.

Mais recentemente, a guerra entre Ucrânia e Rússia provocou uma nova sequência de caos na economia mundial. Fábricas na Alemanha se viram sem o fornecimento de gás russo, que as alimentava energeticamente. Operações do agronegócio na Europa e na China foram afetadas com a queda da produção ucraniana de grãos e de *commodities* agrícolas.

Quando não são as epidemias, os acidentes ambientais e as guerras, as empresas precisam encarar as complicações logísticas provocadas por questões políticas. Muitas companhias que instalaram suas operações produtivas na Ásia estão revendo essa decisão. O conflito comercial entre Estados Unidos e China nos últimos anos tem dificultado e encarecido a importação de vários produtos para a América do Norte. Assim, há muita gente que voltou a ver com bons olhos a instalação de plantas no México. Segundo a nova geopolítica mundial, torna-se mais barato e rápido para o importador norte-americano produzir no México do que na Ásia. E no início de 2025, com o retorno do presidente Trump a Casa Branca, a guerra comercial com tarifas que afetam China, Europa, Canadá, México e mesmo o Brasil, estão desequilibrando as cadeias de suprimentos e a economia mundial em escala nunca imaginada.

Na Europa, o Brexit[55] provocou uma enorme desorganização na cadeia de suprimentos das organizações. De uma hora para outra, a

55 *Brexit* foi a saída do Reino Unido da União Europeia (UE). O nome que designou o rompimento das relações entre as duas partes está ligado à união de duas palavras em inglês: *British* (britânico) e *exit* (saída). Ou seja, *Brexit* significa a saída dos britânicos da UE.

volta das tarifas de importação e o retorno da burocracia alfandegária, há muito tempo inexistentes entre o Reino Unido e as demais nações da União Europeia, geraram enorme caos logístico. Até mesmo as operações dentro da Inglaterra foram afetadas pela saída do país do bloco continental. A falta de mão de obra para dirigir os caminhões pelas estradas inglesas, por exemplo, se transformou em uma complicação para executivos e profissionais de logística.

Caso alguém pense que essas complicações são referentes à realidade das organizações estrangeiras, alerto que muitas empresas nacionais foram seriamente afetadas pela Guerra Russo-Ucraniana.

O nosso agronegócio é extremamente dependente da importação do fertilizante russo, o que gerou um movimento político para voltarmos a investir nessa indústria. No passado, tínhamos fábricas de fertilizante aqui, mas elas foram sucateadas e se tornaram menos competitivas. Do ponto de vista estratégico, é alto o risco de um dos principais setores da economia brasileira ser arruinado porque faltou uma matéria-prima para a produção no campo.

Até mesmo as mudanças do sistema tributário do país podem representar oportunidades ou ameaças para as companhias nacionais. Empresas instaladas em estados da Federação só porque conseguiam vantagens fiscais, reflexo da guerra fiscal[56] entre os governadores brasileiros nas últimas três décadas, correm o risco de se tornarem inviáveis do ponto de vista econômico. Com a Reforma Tributária, o ambiente de negócios no país irá se transformar completamente.

Até mesmo a legislação que permitiu a terceirização de setores não essenciais das organizações brasileiras impactou o dia a dia corporativo. Hoje em dia, várias empresas não possuem mais colaboradores diretos em áreas como limpeza, segurança e alimentação dos colaboradores. Esses setores são operados por fornecedores especializados nessas funções.

56 A partir da década de 1990, a disputa entre os estados brasileiros para receber mais investimentos produtivos se intensificou e os governadores concederam isenções fiscais para as empresas se instalarem em seus territórios. Assim, muitos negócios foram implementados pela perspectiva da lógica fiscal e não da lógica econômica.

GESTÃO DOS FORNECEDORES É PARTE ESTRATÉGICA DO NEGÓCIO

Quanto mais relevante for a atuação de um fornecedor para a operação do negócio, mais importante é a sua escolha e o seu desenvolvimento. Dependendo do seu papel na cadeia de suprimentos, o fornecedor deve ser visto como um parceiro estratégico. Assim, devemos trabalhar para estabelecer parcerias de longo prazo e benéficas para os dois lados.

Além disso, precisamos cuidar da constante evolução desse fornecedor. Ele é ótimo atualmente, mas será que está se esforçando para seguir com tal nível de excelência no futuro? Qual é o seu investimento em tecnologia, pesquisa, sistemas de gestão e recursos humanos? Se for uma empresa familiar, como está sendo tratada a questão da sucessão? Por ser um parceiro estratégico, temos que avaliá-lo não apenas pela perspectiva do curto prazo.

Em alguns casos, o desafio é escolher o melhor fornecedor. Diante das várias opções presentes no mercado, deve-se promover um criterioso processo de seleção. Em outros casos, pela falta de boas opções, considerando que há aqueles que sequer cumprem os requisitos mínimos de qualidade esperados de um parceiro estratégico, a empresa precisa cuidar do desenvolvimento de sua cadeia de suprimentos. Nesse caso, sairá na frente da concorrência quem tiver criado a melhor cadeia e não quem tiver a melhor operação produtiva.

Dificilmente um negócio conseguirá crescer — e se tornar líder de mercado — se a gestão dos fornecedores não for bem cuidada. Essa parte da operação, por vezes negligenciada, é vital para o sucesso competitivo, para a rentabilidade e para a perenidade da organização. Dada sua importância, esse tema precisa ser assunto do planejamento estratégico e tema de discussão dos executivos C-Level.

Afinal, o que devo comprar de fora e o que devo produzir internamente? É a famosa discussão: "*make or buy*"[57]? Pode parecer um debate

57 Em uma tradução livre para o português: produzir/fazer (internamente) ou comprar (de fora)?

simples, mas não é. A resposta para esta pergunta implicará na força, na lucratividade e no potencial de crescimento da empresa para os próximos anos. E o lado escolhido para a caminhada dependerá substancialmente do cenário interno e externo.

Peguemos como exemplo o setor automotivo. As grandes montadoras nacionais têm capacidade produtiva superior àquela de vinte anos atrás, mesmo com estruturas bem menores de pessoal, área fabril e equipamentos. O segredo está justamente na gestão dos fornecedores.

Após comprarem os diferentes componentes prontos ou semiprontos de várias empresas, como chassi, motor, sistema de freio, estofado e vidros, elas simplesmente montam os veículos. Ou seja, seu trabalho não é fazer peças específicas dos produtos que vendem e sim integrá-las.

Para funcionar, essa estratégia envolve a instalação de vários fornecedores estratégicos dentro da montadora e a criteriosa seleção e desenvolvimento dos parceiros. O trabalho equivocado de um único integrante da cadeia de suprimentos pode arruinar a imagem de um carro ou mesmo a credibilidade da montadora como um todo.

Por outro lado, há empresas que estão estruturadas para trabalhar com cadeias ágeis ou totalmente flexíveis. Nesses casos, elas querem tudo verticalizado e fazem o máximo possível dentro de casa. É mais seguro e confiável internalizar processos e produtos semiacabados do que depender de fornecedores externos que nem sempre são tão velozes e precisos nas entregas.

Não adianta trabalhar corretamente a cadeia de suprimentos e não monitorar constantemente o ambiente externo. Como vimos no tópico anterior, quando somos surpreendidos por guerras, pandemias, acidentes ambientais, mudanças de regulamentação e surgimento de novos tributos, podem ocorrer, na sequência, graves quebras na dinâmica produtiva. Uma parte sensível da gestão dos fornecedores é minimizar riscos e desenvolver soluções alternativas para cada possível ameaça. Muitas vezes, a melhor estratégia de *supply chain* não é aquela que torna o negócio mais lucrativo e sim aquela que o deixa menos suscetível a crises de abastecimento.

E como operamos a gestão da cadeia de suprimentos? O primeiro passo é desenharmos o fluxo macro. Afinal, qual é a essência do nosso negócio e quais são as bases produtivas de nossa operação? A partir daí, seguimos em direção aos clientes. Quem são os clientes que atendemos efetivamente? Quais são nossos canais de distribuição?

Estabelecidas as pontas opostas, moldamos o fluxo interno e os processos da empresa e, com isso, temos o mapa completo. Pode parecer algo simples, mas há CEOs e C-Levels que não fazem ideia de quem são seus principais clientes e fornecedores, nem tem ideia dos detalhes da própria operação. Sem esse conhecimento, o negócio pode estar em risco e, o que é pior, a alta administração pode não perceber os perigos.

O sistema de pagamento denominado Pix, implementado há poucos anos no Brasil, insere-se em um contexto cuja tendência é que, cada vez mais, os meios eletrônicos de pagamento tornem a movimentação de papel-dinheiro menos relevante. Se olharmos como as transações são feitas atualmente na China, veremos o uso preponderante de *smartphones* e relógios inteligentes como meios de operações financeiras. Nesse novo cenário, o que acontecerá com as transportadoras de valores? O negócio delas corre o risco de desaparecer ou, na melhor das realidades, diminuir sensivelmente de tamanho.

Foi o que aconteceu há alguns anos com a Videolar, companhia fundada por Lírio Parisotto, que nasceu na indústria química e avançou para a produção de CDs. A enorme fábrica em Manaus atendia a vários segmentos que precisavam desse produto, lembrando que os filmes e as músicas eram vendidos nessa mídia e até a informática usava CDs para gravar dados. Porém, a tecnologia avançou e hoje quase ninguém usa esse item. Assim, uma parte enorme da Videolar desapareceu.

Essas mudanças não ocorrem de uma hora para outra. Não é do dia para a noite que uma fábrica, que estava trabalhando no limite, deixa de receber pedidos. Esse processo, normalmente, dura anos e se o profissional não tiver sensibilidade para compreender essa evolução e não fizer o prognóstico correto de mercado, o futuro da organização não será dos mais prósperos. Quanto maior e mais complexa for a cadeia de suprimentos, maiores são as chances de ela ser impactada por novidades ao longo do tempo. Por isso, a estratégia da empresa deve considerar esses pontos.

O planejamento da cadeia de suprimentos está dentro do S&OP — *Sales and Operation Planning*. No plano de vendas e operações, detalhamos o que vamos produzir e o que vamos vender. Como consequência, temos que, previamente, definir os fornecedores.

Ao olhar para a linha de lançamentos prevista para daqui a um, dois ou três anos, algo que uma empresa minimamente organizada já tem programado, é preciso selecionar e desenvolver os parceiros. Não podemos procurar as alternativas viáveis de fornecedores um mês ou uma semana antes do início da fabricação dos produtos. Repare que não é algo que cabe exclusivamente ao setor de Compras. É uma decisão estratégica do negócio.

O melhor fornecedor é aquele que se torna parceiro do nosso negócio. Ele acompanha o desenvolvimento tecnológico e de inovação do mercado e está sempre com uma linha de produtos atualizada e de qualidade. Se montarmos um programa de qualidade para a cadeia de suprimentos, ele encara com naturalidade as avaliações e as novas exigências. Na hora de negociar os preços, o que vale são os ganhos a longo prazo e não apenas as necessidades imediatas.

Trabalhei em uma grande empresa nacional do setor têxtil que atendia a vários clientes: a Alpargatas, o Exército Brasileiro e companhias que faziam uniformes. Seu negócio era vender grande quantidade de tecidos a preços competitivos. Embora a empresa fizesse isso muitíssimo bem, sua diretoria percebeu que estava perdendo vendas que exigiam produtos de maior qualidade.

Para diversificar a atuação, era necessário criar tecidos mais sofisticados para vender aos estilistas e às grifes de moda. O problema é que para seguir nessa nova linha de atuação, ela precisava encontrar novos fornecedores. Aqueles fornecedores já conhecidos não possuíam o nível de exigência (cores da moda e materiais modernos, por exemplo) nem o nível de velocidade (quatro coleções anuais: inverno, verão, outono e primavera) exigidos pelos novos clientes.

A mudança promovida foi enorme. Foi necessário criar praticamente um negócio novo dentro da empresa para atuar no segmento desejado. Foi mantida a estrutura que vendia grande quantidade de tecidos a baixo custo ao estilo *commodity*. E, paralelamente, montou-se uma nova dinâmica para comercializar tecidos em menor quantidade e com maior valor agregado aos compradores mais sofisticados. Isso só foi possível com a aquisição de equipamentos e a seleção de novos fornecedores, além de uma brutal mudança da cultura corporativa.

VERTICALIZAÇÃO OU TERCEIRIZAÇÃO?

Outra decisão que muito presente e até mesmo atormenta muitos empresários e executivos é: verticalizar as operações da empresa ou terceirizar seu processo produtivo? Essa é uma discussão que, muitas vezes, passa longe da lógica empresarial. Há negócios familiares em que os proprietários querem fazer tudo internamente pelo simples motivo de se sentirem poderosos ao controlar o processo inteiro da cadeia. Ao mesmo tempo, há multinacionais que optam pela terceirização absoluta, pois pensam na praticidade. Se essas escolhas não seguirem a análise da situação dos mercados e os objetivos estratégicos das organizações, é grande a possibilidade de se cometer graves erros.

O que é melhor para um caso pode não ser para outro. O que a Apple faz? Ela concentra os esforços no desenvolvimento de produtos inovadores. O *core* de seu negócio está exatamente nesse processo. . No momento de produzi-los, ela terceiriza tudo e seus fornecedores estão na China. O que a Apple faz é controlar a qualidade dos serviços dos seus fornecedores. Porém, ela não fica preocupada com detalhes da operação nem com os pormenores do trabalho nas fábricas. Se o iPhone sai conforme o padrão estabelecido no contrato com os fornecedores, tudo bem para a companhia norte-americana e para seus clientes no mundo inteiro. De maneira menos radical, esse é o caminho escolhido pelas montadoras de automóveis.

Sabendo do interesse de muitas organizações pela terceirização, vários negócios se especializaram em oferecer serviços logísticos ainda mais integrados, completos e sofisticados. Cada vez mais os fornecedores da cadeia de suprimentos se tornam ativos importantes do negócio.

A empresa que antigamente só fazia o transporte de mercadorias, hoje administra o estoque do cliente, cuida da satisfação do consumidor final, monitora o percurso dos itens, incorpora ferramentas tecnológicas e traz soluções que impactam positivamente o meio ambiente. De acordo com o tipo de cadeia (reabastecimento contínuo, enxuta, ágil ou flexível), uma resposta diferente é dada.

No setor de serviços, observamos que várias escolas passaram a adotar os sistemas educacionais de grandes grupos de ensino como Anglo e COC. O que essas companhias fazem? Como fornecedoras de conteúdo, elas se responsabilizam por toda a parte pedagógica dos colégios que as contrataram: tipo de aula, material de apoio aos professores, apostila dos estudantes, cadernos de exercícios etc. Ou seja, entram diretamente no *core business* dos clientes.

Trata-se de uma transformação impensável há algumas décadas. Onde já se viu a instituição de ensino terceirizar o método de ensino? Curiosamente, nos dias de hoje, muitos pais e alunos gostam dessa modalidade. Dessa maneira, eles têm a certeza de receber um bom sistema de educação.

Por outro lado, há empresas que estão ancoradas na verticalização e são muito bem-sucedidas. A maioria das companhias de petróleo, por exemplo, atua historicamente de ponta a ponta no processo produtivo. Fazem quase tudo internamente para manter o máximo controle de sua cadeia.

Outro exemplo significativo vem de alguns grandes hospitais de São Paulo que, nos últimos anos, estão passando pelo processo de integrar setores até então terceirizados. Eles adotaram laboratórios de exames próprios para dar mais conforto e segurança aos pacientes. Em alguns casos, até o estacionamento conta equipe do hospital para fazer o serviço gratuito de manobrista.

Portanto, há quem siga pelo caminho da verticalização e há quem escolha a terceirização. A decisão de como proceder é estratégica e deve acompanhar os cenários da empresa e as tendências do mercado.

No próximo capítulo, vamos abordar mais um tema delicado dos projetos de Transformação Organizacional: a digitalização da empresa. Afinal, o que é isso? Como fazê-la? Qual é o seu impacto nos negócios?

20

DIGITALIZAÇÃO

Neste capítulo, vamos tratar dos desafios da digitalização das empresas. É importante lembrar aos leitores que, neste bloco do livro, estamos discutindo as mudanças que as organizações precisam encarar — queiram ou não.

A primeira questão debatida teve como eixo as particularidades da cadeia de suprimentos. Agora, nosso foco estará nos componentes tecnológicos que envolvem a operação e a administração do negócio. Afinal, será que a implementação de aplicativos, a adoção de *softwares* e o uso de sistemas de gestão são apenas modismos do ambiente corporativo ou são tendências que vieram para ficar?

Quando penso nesse assunto, imediatamente me recordo de quando comecei minha carreira na indústria. No início da década de 1980, a grande novidade na linha de produção era a automação. Havia inclusive empresas especializadas que auxiliavam as grandes companhias a implementarem os novos processos. Logo surgiram os primeiros robôs, aqueles braços mecânicos que substituíam os funcionários.

Hoje, encontramos fábricas inteiras sem trabalhadores operando na linha de frente. Os colaboradores controlam as máquinas e, quando muito, uma ou outra etapa específica da produção. Nos setores mais insalubres, como a pintura das montadoras, todo o processo é automatizado. Em vez de colocarmos alguém cheio de roupas com a pistola de tinta na mão e aspirando cheiro de produtos químicos o dia inteiro, o que era prejudicial à saúde, temos agora robôs de alta precisão. Até mesmo os grandes centros de distribuição, são totalmente automatizados, fazendo toda a movimentação, armazenagem e *picking* por meio de equipamentos e sistemas cada vez mais sofisticados.

A digitalização e o uso da Tecnologia da Informação (TI) começaram alguns anos depois. Quando ingressei na indústria, o computador que eu usava era um IBM com terminal enorme e tela verde. Ao lado tinha uma máquina de cartão perfurada. Trabalhei também na conciliação de banco[58], à noite. Imagine como eram feitas as conferências dos cheques e os registros dos pagamentos em cartão de crédito antes da informatização. Olhando em perspectiva, entendo que a transformação do sistema bancário brasileiro avançou muito rapidamente. Nos últimos quarenta anos, saímos de operações feitas no papel e que levavam dias para serem processadas, e chegamos às transações eletrônicas instantâneas.

Por isso, acho curioso quando alguém pensa que falar de digitalização é um modismo ou algo passageiro. Não é! É um processo que começou há muito tempo e que vai ganhando mais velocidade e sofisticação a cada ano. O que acontece às vezes é que nem todas as tecnologias vingam. Muitas não caminham bem, não dão certo ou são rapidamente substituídas por outras. Contudo, é inegável a evolução da informatização ao longo do tempo. No mundo da tecnologia, o período de dois ou três anos pode representar mudanças absurdas na maneira como profissionais e empresas operam suas rotinas.

Um bom exemplo é a Inteligência Artificial (IA), que muita gente aponta como algo que surgiu recentemente e que tem potencial para transformar a vida das pessoas. Há uma definição da Oracle[59] que acho interessante e diz que a IA se refere ao uso da tecnologia que simula a inteligência e o comportamento humano para execução de tarefas. Além de aprender sozinha, a IA trabalha com base nas informações que coleta.

---

58 A conciliação bancária é o procedimento de conferência das movimentações financeiras realizadas pelas companhias. Sua função é identificar erros e duplicação nos dados.

---

59 Multinacional norte-americana do setor de tecnologia e informática, a Oracle desenvolve e vende *hardwares* e *softwares*.

A partir da definição da Oracle, que me parece pertinente, estamos usando essa tecnologia há alguns anos. Os automóveis têm computador de bordo há pelo menos algumas décadas. O carro indica para o motorista o consumo de combustível e o alerta para o momento de fazer reabastecimento. Sinalizações visuais e sonoras informam qual é o problema: se o pneu precisa ser calibrado, se o cinto de segurança não foi colocado, se a porta não fechou corretamente e se os faróis estão ligados ou desligados. Não é errado, portanto, pensarmos que já faz um bom tempo que a IA é uma aliada dos motoristas. A questão é que agora a tecnologia tem avançado mais rapidamente e muitas novidades, para o público pouco atento, parecem disruptivas. Ademais, depois de tantos controles automatizados, o veículo autônomo tornou-se uma realidade viável.

O QUE É DIGITALIZAÇÃO?

Começamos a falar de IA sem que tivéssemos sequer definido o que é digitalização. Por isso, voltemos um pouco na conceituação. Digitalização, na minha visão, é trabalhar com a tecnologia da informação dentro dos negócios com o objetivo de otimizar os processos, cada vez mais.

Você vai ao mercadinho do bairro, à padaria da esquina, à pizzaria *delivery* ou mesmo à feira de rua e vê o uso corriqueiro do código de barras. Por quê? Porque é mais rápido e seguro. Essa tecnologia se disseminou na nossa sociedade e é usada, normalmente, por todos. Em vez de ficar anotando manualmente o que o cliente adquiriu, em vez de consultar uma lista enorme de pedidos do consumidor, o colaborador simplesmente escaneia o código do produto. A precisão e a velocidade são enormes.

Essa é uma das inúmeras evoluções a que assistimos nos últimos anos e, para onde olhamos, encontramos novidades. É impossível pensarmos em um setor da economia que não tenha sido afetado, brutalmente, pela digitalização. Até mesmo o campo, uma área historicamente conservadora na incorporação das tecnologias, abraçou as novas ferramentas com entusiasmo. Há, atualmente, fazendas que são gerenciadas eletronicamente com bastante eficiência. O uso de drones no campo, por exemplo, traz benefícios até para a sustentabilidade. Com o monitoramento por satélite, é possível saber como está a situação da terra e da lavoura. Os fazendeiros fazem a pulverização do agrotóxico e a adubação do solo na medida certa, sem excessos e sem agredir tanto o meio ambiente.

É bom esclarecer que a digitalização faz parte do *framework* do 6D's Exponenciais de Peter Diamandis[60]. O 6D's é o modelo de seis fases que permite o crescimento acelerado das novas tecnologias, inovações e *startups*. Suas etapas são: (1) digitalização, (2) decepção, (3) disrupção, (4) desmonetização, (5) desmaterialização e (6) democratização. Em outras palavras, a digitalização é a base pela qual a evolução acontece e as grandes transformações são possíveis.

Outro exemplo interessante é o da música. Nesse caso, dá para fazermos a correlação mais direta com o modelo do 6D's. As transformações desse setor começaram na época do vinil, do LP e do CD. Depois, apareceu o MP3 na década de 1990, momento em que a música já estava sendo digitalizada. Contudo, eram vários os problemas que essa tecnologia trazia e, dentre eles, os programas piratas e das gravações caseiras. Com razão, os artistas reclamavam que não recebiam direitos autorais pelas novas mídias.

Com a frustração do MP3 — que, seguindo a lógica do modelo 6D's, representou a etapa de "decepção" (etapa 2) após a "digitalização" (etapa 1) –, surgiu o iPod/iTunes, marcando o momento da "disrupção" (etapa 3). Um dos grandes méritos do iPod/iTunes foi retomar a monetização da música, algo que o MP3 havia interrompido, contrapondo-se à "desmonetização" (etapa 4 do modelo 6D's). Quando a maioria do público consumidor passou a consumir a música digital, as plataformas físicas de músicas sentiram o baque, situação expressa na "desmaterialização" (etapa 5 do modelo 6D´s). Nessa fase, as vendas de CDs desabaram. A partir daí, estava inaugurado o caminho para

60 Peter Diamandis é engenheiro e empresário grego que vive há anos nos Estados Unidos. Ele fundou várias empresas de tecnologia e escreveu livros que estão entre os best-sellers do The New York Times.

o aparecimento do Spotify, YouTube Music e tantos outros aplicativos. Atualmente, conseguimos ouvir as canções que quisermos em um clique, correspondente à etapa 6 do modelo é a "democratização". Estava concretizada a transformação do setor musical e de sua cadeia de valor.

Sempre que falamos de digitalização, encontramos dois tipos extremos de pessoas. Há aquelas que se entusiasmam com as novas tecnologias. Muitos gestores, empreendedores e executivos são tão fanáticos pelas novidades que as querem o quanto antes. Em alguns casos, nem sabem direito para que tais tecnologias servem, mas as adquirem e as usam mesmo assim. Para eles, peço cuidado. Se a digitalização não tiver um objetivo claro, como melhoria de resultados, qualificação dos serviços prestados, incremento no atendimento, eficiência de processos, maior controle das informações, otimização da gestão, redução de custos e aumento da velocidade das atividades, algo pode estar errado. Muito errado!

O outro segmento é formado pelos indivíduos que têm aversão às novidades tecnológicas. Eles fazem de tudo para não incorporar em seus negócios a automação e a digitalização que o mercado adota com regularidade. Curiosamente, esse não é um mal apenas das pequenas empresas. Há líderes com tal perfil em muitas companhias, médias e grandes. Como consequência, encontramos setores ou mesmo organizações inteiras com processos manuais e operações totalmente *off-line*.

Para não cairmos em qualquer um dos dois equívocos, gosto de aplicar um pequeno questionário com algumas perguntas básicas. Vamos a elas:

- O que a digitalização vai trazer para a sua empresa/negócio?
- Há sentido na sua adoção?
- Quais os riscos da nova tecnologia?
- O que será necessário para minimizar os problemas imediatos de sua implementação?
- Qual o retorno do investimento para cada área da operação: satisfação dos clientes, benefícios para os processos, ganhos para os colaboradores e potencialização dos resultados corporativos?

- O que os concorrentes estão fazendo em relação a esse tema? Qual é o nível de confiabilidade da tecnologia?
- Até que ponto ela se tornou corriqueira na atualidade?

Conforme ocorre com grande parte das ferramentas de TI, existe uma grande chance de ela ter se tornado *commodity*. Em uma pesquisa rápida, pode ser que você se depare com vários fornecedores de qualidade no mercado. Se for o caso, não é necessário quebrar a cabeça pensando em como desenvolver um aplicativo, um sistema de gestão ou uma ferramenta eletrônica. É mais fácil, rápido e barato comprar a solução pronta de alguém com mais *expertise* nessa área.

Alguns executivos C-Level gostam de atribuir aos profissionais da tecnologia de informação a tomada de decisão sobre os assuntos desta seara. Mas, mesmo não sendo especialistas em TI, presidentes, CEOs e diretores gerais devem participar das definições estratégicas e ter sempre a palavra final sobre o que será usado de *hardware* e *software*. Por isso, precisam se envolver com o tema e buscar aprender o máximo possível sobre esse universo. E nada melhor do que usar a experiência e o conhecimento da equipe técnica para balizar suas ações.

É mais ou menos o que se passa com as áreas de Recursos Humanos e de Finanças. Não é porque há especialistas nesses campos na empresa que a alta administração poderá se eximir das responsabilidades sobre os diferentes aspectos que envolvem a gestão humana e as finanças do negócio.

Lembremos que o líder máximo da companhia deve ser generalista: conhecer um pouco de cada área da organização é requisito obrigatório para o cargo. Com a tecnologia é igual. Ele não precisa ter as habilidades e as competências de um programador, mas deve entender dos termos gerais de TI para conversar com seu time. Só assim poderá mergulhar nos assuntos tecnológicos e conduzir o negócio para um caminho próspero.

BENEFÍCIOS DA DIGITALIZAÇÃO

Basicamente, podemos dividir os benefícios da digitalização em dois campos: (1) satisfação dos clientes e (2) eficiência do negócio.

No primeiro grupo, a tecnologia maximiza a experiência dos consumidores — a vida do comprador é facilitada. Ele economiza tempo, esforço e até mesmo dinheiro. No outro grupo, a tecnologia visa otimizar processos, elevar a produtividade, potencializar a qualidade de produtos e serviços e reduzir custos. Em muitos casos, a digitalização engloba simultaneamente os dois aspectos. Ou seja, ela promove vantagens mútuas tanto para os clientes quanto para os negócios.

Nas grandes metrópoles brasileiras, a mobilidade urbana sofreu uma rápida digitalização nos últimos anos. É possível solicitar carros para viagens particulares por de aplicativos de celular. O pagamento é feito automaticamente por meio de uma conta previamente cadastrada e o passageiro tem informações sobre quem o está transportando, o que confere maior segurança. Ao mesmo tempo, o motorista sabe previamente o itinerário solicitado e pode verificar o histórico do passageiro. O pagamento é creditado na sua conta e ele não precisa andar com dinheiro vivo pela cidade. Tudo é feito a partir da digitalização do serviço.

Algo parecido ocorre quando se embarca nos ônibus, metrôs e trens. Para o pagamento, é usado um cartão do transporte coletivo, previamente carregado. Há também aplicativos com informações em tempo real sobre a operação das linhas e o tempo médio de espera. Uma vez na estação de trem ou no corredor de ônibus, os painéis eletrônicos informam os passageiros da iminente chegada dos veículos.

Obviamente, os consumidores saem ganhando com a facilidade do uso dos serviços. As empresas e os prestadores de serviços também são beneficiados. O uso de dinheiro vivo caiu bastante no transporte público, o que reduziu a incidência de assaltos. A partir das informações das linhas mais usadas, as companhias conseguem disponibilizar mais veículos para onde a demanda é maior e assim aumentar o faturamento. No final das contas, todos ganham.

Para onde olhamos, enxergamos vantagens para clientes e empresas no processo de digitalização dos negócios. O mercado bancário é outro que assistiu a uma revolução na última década. As agências físicas foram levadas para dentro de aplicativos de *smartphone*. O próprio correntista consegue, com celular em mãos, fazer instantaneamente várias operações que há alguns anos exigiam a ida ao banco e a intermediação de um funcionário da instituição financeira. Além de elevar o nível de satisfação dos consumidores, a tecnologia provocou uma enorme redução de custos para os bancos. Nos últimos anos, surgiram novos bancos cujos serviços são 100% digitais.

A indústria passou por transformações parecidas. A digitalização e a incorporação de novas tecnologias de automação permitiram o surgimento do que se convencionou chamar de Indústria 4.0[61]. Nessas fábricas, a planta tem sensores que controlam digitalmente a operação em todos os espaços. Assim, evitam-se os erros humanos e as interrupções inesperadas. Tudo é digital e controlado remotamente, com alto nível de precisão. As máquinas e os equipamentos eletrônicos estão ligados à internet das coisas e à computação em nuvem. A quantidade de informação gerada é absurda, o que permite uma gestão mais eficiente e detalhista.

Os ganhos da aplicação dos novos métodos produtivos se distribuem por todos os setores da fábrica: manutenção efetiva e no instante certo; redução dos estoques; maior produtividade; gerenciamento qualificado de pessoas e equipamentos; otimização de recursos; melhora do planejamento produtivo; potencialização das conexões dos dispositivos; maior segurança laboral; redução de custos; e coleta de mais dados para a tomada de decisão. A Indústria 4.0 é o que há de mais moderno e tecnológico no processo produtivo das fábricas.

A digitalização está sendo muito utilizada na medicina. Depois da pandemia da Covid-19, a telemedicina tornou-se mais disseminada no

61 Indústria 4.0 ou Quarta Revolução Industrial é o termo que engloba as operações produtivas que se utilizam de tecnologias de automação, da informação de dados, da internet das coisas e da computação em nuvem para melhorar sua eficiência e elevar sua produtividade.

Brasil. O paciente pode se consultar com médicos que estão a milhares de quilômetros. Os exames são colocados em sistemas eletrônicos e a consulta é virtual. Até mesmo cirurgias são realizadas por cirurgiões que estão longe da sala de operação. Eles controlam remotamente os robôs que fazem o trabalho nos corpos dos pacientes. O grau de exatidão desse tipo de intervenção costuma ser maior do que as operações realizadas manualmente.

ABISMO TECNOLÓGICO

Enquanto há companhias e profissionais que estão hiper conectados, existem aqueles que parecem viver no passado. Como consequência, assistimos ao aparecimento de enormes abismos tecnológicos nos mais diferentes mercados. Tal constatação não se refere apenas à diferença de estrutura entre as pequenas empresas e as gigantescas multinacionais, até porque há muitos negócios menores que estão antenados às novidades e se digitalizaram, ou estão em rápido processo de digitalização.

Em muitos casos, são as organizações familiares médias as mais resistentes às mudanças. Conheço companhias que faturam R$ 100 milhões ou mais e não possuem CRM[62]. Os vendedores fazem os pedidos nos próprios celulares. Se algum deles decidir sair e for contratado por um concorrente, ele leva todos os dados dos clientes e a empresa perde o histórico completo daquele comprador.

Visitei há pouco tempo uma fábrica em que o responsável pela produção fazia as anotações em um caderninho. As falhas mais comuns da operação, a maneira de resolvê-las, os tipos de *setup* das máquinas, o planejamento da linha e o que explicar para os novos funcionários estavam no papel e não no sistema eletrônico da empresa. Cheguei a perguntar para ele o que aconteceria se, por exemplo, o caderno sumisse. Ele fez cara de espanto e respondeu meio aterrorizado: "Não quero nem imaginar essa possibilidade. Não saberia por onde começar meu trabalho".

62 Sigla em inglês para *Customer Relationship Management*, CRM é um sistema de gestão de relacionamento com o cliente.

Será que o CEO e o C-Level não percebem o risco para a operação de seus negócios a falta de uma dinâmica mais sistematizada da produção? Eles não percebem que estão ficando para trás da concorrência? Por que o conselho de administração não insere no planejamento estratégico a atualização tecnológica? Também é responsabilidade deles, e não apenas do pessoal de TI, esse olhar para a digitalização do negócio.

Quando falamos de abismo tecnológico, não podemos nos esquecer de mencionar a importância da cultura corporativa. Invariavelmente, a desatualização está ligada à mentalidade da liderança e da equipe. Se ninguém dá valor para esse assunto internamente, é natural que ocorra um descompasso de ação. Além disso, não adianta termos as ferramentas mais modernas do mercado se o pessoal não souber utilizá-las.

A digitalização é um termo que abrange várias tecnologias. Já mencionamos neste capítulo IA, CRM, automação industrial, drones, robôs, monitoramento via satélite, videochamadas, computador de bordo, cartões com *chips*, aplicativos, sensores na linha de produção, carros autônomos etc. Porém, há um mundo ainda maior de possibilidades. O pagamento por criptoativos[63], que algumas empresas aceitam corriqueiramente nas transações com os clientes, é o exemplo máximo da digitalização e automação do papel-moeda. A tecnologia de *blockchain*[64] para registro de informações estratégicas é outra tendência que parece que veio para ficar.

A Realidade Aumentada (RA)[65] também é citada como algo que deve se tornar corriqueiro nas próximas décadas. A Apple lançou óculos semelhantes àqueles usados pelos astronautas. Esses óculos permitem misturar as informações da Realidade Virtual aos componentes concretos do mundo real. Há *startups* no Vale do Silício que investem pesado no desenvolvimento de robôs humanoides, que terão sistemas

63 Os criptoativos são chamados popularmente de moedas virtuais. Existem várias moedas internacionais, sendo a mais famosa o Bitcoin.

64 Tecnologia por trás do desenvolvimento e da operação dos criptoativos.

65 Chamada simplesmente de RA, a Realidade Aumentada é a tecnologia que sobrepõe aspectos virtuais aos elementos reais.

neurais com IA. Sempre que se fala sobre isso, lembro que já temos as chamadas casas inteligentes, controladas remota e eletronicamente por comandos de voz ou por aplicativos instalados no celular.

A ideia aqui não é comentar as tecnologias, mas mostrar as oportunidades que as empresas têm ao adotá-las. Enquanto algumas companhias abraçam o futuro e se posicionam para aproveitar as novidades, outras dão as costas às novas ferramentas e se recusam a acompanhar a velocidade da digitalização dos negócios. A sensação é que o segundo grupo "se sente mal" quando inserido na vida contemporânea. Não é difícil apontar quem está mais preparado para os desafios do mercado e quem deve sucumbir aos obstáculos.

Até mesmo setores e atividades tradicionais são impactados pelas novas tecnologias. Atuei em uma companhia ferroviária de passageiros que tem uma das linhas mais antigas do Brasil, mas que passou por várias modernizações ao longo do tempo. A questão é que, mesmo assim, sua estrutura era antiga e não havia a possibilidade de grandes investimentos para sua modernização. Assim, o nosso grande desafio estava na manutenção, o que exigia muita atenção da equipe e consumia bastante recurso da organização. A ideia era substituir apenas os trilhos que estivessem realmente no fim da vida útil e não poderiam ser reparados. Porém, como fazer isso na prática?

Desenvolvemos um vagão de trem que se chamava "carro controle", dotado de uma série de tecnologias como leitura do trilho a laser, que avaliava a qualidade da via e não apenas dos trilhos, mas os dormentes e brita, além de sensores ligados ao pantógrafo que apontavam se havia problemas de transmissão na corrente elétrica. Como seu sistema estava conectado à internet das coisas (IoT), recebíamos as informações automaticamente tão logo ele percorria os trechos analisados.

A partir do investimento feito no "carro controle", conseguimos elevar o patamar da nossa manutenção para níveis até então inimagináveis. Sabendo quais eram as áreas da linha mais propensas a terem problemas, enviávamos a equipe para fazer o reparo preventivo. O índice de falhas operacionais desabou sem que precisássemos trocar todos os trilhos e a fiação elétrica de uma vez só. O dinheiro investido no aparato tecnológico do vagão se pagou em pouquíssimo tempo.

Após o trabalho com o "carro controle", não foi mais possível pensar em atuar da maneira antiga, quando "o que fazer" era definido exclusivamente pelo olhar humano e por critérios dos fornecedores que indicavam a vida útil de cada componente.

GESTÃO BASEADA EM INFORMAÇÕES

Uma das grandes vantagens da digitalização é permitir a coleta de uma infinidade de dados e informações sobre a operação do negócio. A tecnologia confere, normalmente, aos gestores uma visão mais completa e acurada do que se passa em cada setor da organização. A partir da implementação de sistemas automatizados e eletrônicos, trabalha-se em uma dimensão de detalhe e precisão inimagináveis para a realidade manual e analógica. Com tantas estatísticas disponíveis, a gestão da empresa se torna mais profissional, racional e lógica.

Os dados coletados por meio dos sistemas automatizados são de extrema importância para a administração dos negócios contemporâneos. Por isso, as grandes companhias investem em *data centers* enormes, em computação nas nuvens, em sistemas de gestão integrada, em ERPs e em CRM.

As pequenas empresas, por sua vez, têm acesso a sistemas de informação completos e baratos até pouco tempo impensáveis. Da pizzaria *delivery* da esquina à pequena fábrica de autopeças, da manicure do bairro ao acanhado galpão logístico à beira da rodovia, é possível digitalizar o negócio sem precisar gastar fortunas nem contratar uma equipe própria de TI. Basta ter disposição para avaliar os fornecedores mais adequados que estão disponíveis no mercado. Há opções para cada tipo de bolso e necessidade.

A base para qualquer sistema de informação está nos dados coletados. Para quem está começando o processo de digitalização do negócio, as principais informações são: o cadastro de clientes, o cadastro de produtos, o cadastro de matérias-primas, o cadastro de fornecedores. Para quem já opera com sistemas mais completos, a complexidade dos dados é maior.

Uma dúvida muito presente entre os executivos C-Level e dos CEOs diz respeito à dinâmica e ao tempo necessário para sair do estágio analógico e chegar ao digital. Minha resposta é um tanto óbvia: aos poucos. Não dá para montar sistemas muito complexos sem que antes se tenha sistemas de complexidade mediana. E não dá para implementar sistemas medianos sem que se tenha sistemas simples. Como é preciso coletar e organizar dados, não adianta ter ferramentas poderosas se elas não tiverem sido abastecidas por informações relevantes, fidedignas e atualizadas.

Para a empresa que citei neste capítulo, em que os números e as informações da produção estavam no caderno do líder da manufatura, o uso do Excel já seria um avanço considerável. Uma vez que a gestão da área produtiva é feita pelas planilhas eletrônicas, podemos cogitar a implementação de um sistema de informação mais simples. Quando essa etapa estiver finalizada, poderemos pensar na integração dos dados da produção com os demais setores da companhia, por exemplo, vendas e compras. Somente depois que o sistema mediano de complexidade estiver em operação, será possível pensar em um sistema de informação de nível maior de complexidade. Devemos dar um passo de cada vez, até para não assustar a equipe.

No próximo capítulo, vamos tratar de mais um problema delicado que as empresas que fazem a Transformação Organizacional precisam encarar: as alterações do perfil demográfico. As mudanças socioeconômicas afetam diretamente a estrutura dos mercados e, portanto, se as empresas não estiverem atentas às novas tendências e às novas dinâmicas da população, certamente vão ficar para trás na disputa com a concorrência.

21

IMPACTOS DAS MUDANÇAS DEMOGRÁFICAS

A redução populacional, maior percentual de idosos, aumento da expectativa de vida, mudanças de hábitos das novas gerações, mais pessoas vivendo sozinhas, casais com menos filhos ou até mesmo sem filhos e maior participação feminina no mercado de trabalho são algumas das tendências demográficas no Brasil e no mundo.

As mudanças no panorama social afetam diretamente a estrutura dos mercados e, por consequência, desperta o interesse das empresas. A depender da situação, as transformações da demografia trazem oportunidades ou ameaças aos negócios. Os impactos dos novos comportamentos e das novas preferências dos consumidores não demorarão uma década ou um século para aparecerem, como muitos pensam. Já estamos assistindo a diversas alterações sensíveis na dinâmica da sociedade.

Pensando exatamente na dimensão que a demografia tem para os negócios, escolhemos este tema para este capítulo, cujo eixo está no debate das implicações das mudanças sociais, uma das principais variáveis do ambiente externo, para as companhias que, por isso, precisam ficar atentas. Afinal, como podemos desenvolver projetos de Transformação Organizacional que contemplem as principais tendências e movimentos da sociedade? Como enxergar as principais mudanças que ocorrem e impactam todos os dias a vida das pessoas? Quais alterações estruturais do país podem potencializar e quais podem minar nossos negócios?

Entender a questão demográfica e sua evolução é fundamental para quem avalia investimentos empresariais e constrói planejamentos estratégicos. O olhar sobre as características e as tendências da sociedade deve ser feito com cuidado e inteligência. Lembro que quando a computação surgiu e a indústria da tecnologia da informação se desenvolveu, muitos analistas previram o fim do papel. De acordo com aquela análise, a digitalização iria substituir completamente os materiais impressos. O que temos hoje? Nunca se produziu tanto papel no mundo como atualmente. Esse mercado não apenas cresceu bastante como segue em franca expansão.

CONTEXTUALIZAÇÃO HISTÓRICA

Falar de alterações demográficas não é algo novo. Se olharmos para a virada do século XVIII para o XIX, lá está Thomas Malthus[66]. Em plena Revolução Industrial, ele discutiu os perigos do aumento populacional e a limitação da evolução da oferta de alimentos. O prognóstico estava errado, pois Malthus não contava com o desenvolvimento da agricultura, contudo, é possível notarmos a preocupação da sociedade em antever o que poderá ocorrer, em futuro próximo ou distante, até mesmo para se preparar para o novo cenário.

O que vivenciamos atualmente foi mais ou menos descrito por outro pesquisador, o norte-americano Frank Notenstein[67]. No final da década de 1920, ou seja, há quase cem anos, ele criou o conceito das fases da evolução demográfica. De acordo com sua teoria, os países passam por quatro estágios de crescimento populacional.

Na primeira etapa, o crescimento da população se mantém estável porque as taxas de natalidade e de mortalidade são igualmente altas.

66 Economista, matemático e clérigo inglês, Thomas Malthus é considerado o fundador dos conceitos da demografia. Sua tese mais famosa, chamada de teoria populacional malthusiana, dizia que enquanto a população dos países cresceria em ritmo exponencial, o aumento dos alimentos cresceria em ritmo linear. Assim, em um futuro não tão distante, haveria grande fome no mundo.

67 Um dos principais demógrafos do século XX, Frank Notestein construiu as bases conceituais do crescimento populacional.

Nasce muita gente, mas morre muita gente também. Na segunda etapa, a natalidade permanece alta, mas os países acompanham a queda considerável das mortes. A melhoria das condições sanitárias, o avanço da medicina e a urbanização são os principais responsáveis pela redução acentuada no número de óbitos. Assim, há uma explosão demográfica.

O terceiro estágio é caracterizado pelo declínio da natalidade, fruto do acesso aos métodos anticoncepcionais, do elevado custo de vida nas cidades e da melhoria da educação. Com menos pessoas nascendo e morrendo, a expansão populacional sofre um freio, tornando-se até menor do que o constatado na fase 1. O crescimento aqui é vegetativo.

Na quarta fase, as taxas de natalidade e mortalidade permanecem em níveis baixos. Contudo, o envelhecimento da sociedade faz com que o crescimento que era vegetativo se torne nulo ou até mesmo negativo. A população que sempre crescera passa a diminuir de tamanho.

O Brasil passou por quase todos esses estágios. Até a década de 1940, vivíamos a fase 1 (crescimento estável). Depois, passamos por uma intensa explosão demográfica (fase 2). Mais recentemente, entramos na fase 3, com o crescimento caindo bastante. Ainda não entramos propriamente na fase 4, em que haverá diminuição da população, uma situação já evidenciada em lugares como Japão, China, Itália, Portugal e Alemanha. Os demógrafos preveem que a sociedade brasileira atingirá esse patamar a partir de 2050.

DIMINUIÇÃO DA POPULAÇÃO

A diminuição da população traz problemas para a economia. No Japão, que vivencia essa realidade há alguns anos, as empresas ferroviárias constatam a redução gradativa do número de passageiros. E a perspectiva para o futuro é que a demanda por esse tipo de transporte caia ainda mais. Como fazer para os negócios não entrarem em uma espiral negativa?

As companhias japonesas de trem passaram a investir na instalação de lojas nas estações, visando aumentar o faturamento com outros serviços, e no atendimento aos hotéis, em busca por novos públicos, como os turistas. Suas ações têm como objetivo garantir que a receita do negócio siga crescendo mesmo com a redução do número de passageiros. Algumas organizações já olham com mais carinho para o exterior como o único caminho para o aumento dos rendimentos nos próximos anos.

Sempre que falamos sobre isso, tem quem pense: "Mas isso é um problema das nações mais desenvolvidas; aqui no Brasil vamos demorar para sentir os efeitos da diminuição da população". Será? Um terço do PIB brasileiro está no agronegócio. A China é o maior comprador de nossas *commodities*. Portanto, o encolhimento do número de chineses constatado nos últimos estudos irá impactar, sim, nossa economia, se já não estiver afetando. A redução de 5%, 10% da população chinesa nos próximos anos pode representar uma enorme retração das compras dos produtos do agro brasileiro, que trará efeitos negativos para os demais setores da nossa economia.

A mesma lógica se aplica às demais empresas exportadoras. De maneira geral, as demandas pelo minério de ferro e pela celulose do Brasil, por exemplo, poderão cair em breve. Com menos compradores no mercado internacional, os preços desses produtos também devem apresentar diminuição considerável (ou seja, seguem a regra da oferta e da demanda). Em outras palavras, trata-se do pior cenário possível para as companhias nacionais — menos vendas e com preços mais baixos.

ENVELHECIMENTO DA POPULAÇÃO

Outro efeito marcante para a sociedade contemporânea é o envelhecimento da população, algo que já é nítido no Brasil. Além da maior demanda por serviços como previdência social e/ou privada, planos de saúde e cuidado com idosos, também temos a reconfiguração de outros setores da economia.

Com menos jovens à disposição das empresas, o mercado de trabalho precisa se adaptar. Quem já passa por complicações nesse sentido é a construção civil. Se as novas gerações não querem atuar colocando piso e azulejo nem fazendo serviço de encanador e eletricista, é preciso recrutar o pessoal mais velho. Atualmente, a média de idade dos trabalhadores da construção civil é de 40 anos.

Com o que os jovens estão trabalhando? Eles preferem ser motoristas de Uber, entregadores de bicicleta do *iFood* ou influenciadores digitais, atividades menos pesadas do que as realizadas nos canteiros de obra. Contudo, vamos pensar daqui a duas décadas. Sem o ingresso de novos trabalhadores nesse setor e com a aposentadoria dos antigos funcionários, quem irá realizar a construção e a reforma dos imóveis? Note que é um problemão não apenas para as empresas como para a economia como um todo. Sem novas e melhores edificações, como ficará o progresso das cidades?

A realidade da construção civil não é muito diferente dos desafios enfrentados pelo agronegócio. A atração pela cidade e o charme da vida urbana têm levado muitos jovens largarem o dia a dia rural e tentarem a sorte nas metrópoles. O efeito imediato dessa migração interna é a diminuição da mão de obra no campo, o que tem provocado a elevação da idade média dos trabalhadores do agro. A situação não é ainda crítica porque a mecanização das empresas nos últimos anos tem conseguido suprir a perda de pessoal.

Há, também, uma tendência forte quanto à inclusão de profissionais mais velhos em setores até então inimagináveis da economia, e não é apenas na construção civil e no agronegócio que vemos pessoas com mais idade na linha de frente das empresas. Na área de serviços, essa já é a realidade em muitos lugares.

Já que usamos o Japão como exemplo, vamos seguir dizendo o que se passa por lá. Quem vai para a cidade de Tóquio consegue reparar que há muitos trabalhadores da terceira idade atuando na zeladoria de parques, no atendimento dos restaurantes e na limpeza dos hotéis. Se por muito tempo o mercado de trabalho nutria certo preconceito com os trabalhadores mais velhos, a situação parece que vem se invertendo.

Para resolver a dificuldade de contratação de pessoal, vários países contam com programas de imigração para trabalhadores específicos.

Portanto, a solução encontrada foi atrair mão de obra estrangeira para determinadas áreas da economia. O problema é que, com a chegada de muitas pessoas de fora, aumentam os casos de xenofobia. Uma parte considerável das sociedades dos países de primeiro mundo se incomoda bastante com a elevação do número de estrangeiros e com os novos processos imigratórios.

No Brasil, temos falta crônica de engenheiros há algumas décadas. A demanda por esses profissionais é muito maior do que a oferta de trabalhadores qualificados. Por isso, as empresas atuam na reinclusão de profissionais mais velhos e, nessa dinâmica, muita gente que estava aposentada voltou à ativa. Esse movimento agrega bastante para o convívio da equipe e para a transferência de conhecimento e experiência para as novas gerações.

Outra consequência do envelhecimento populacional é o aumento das despesas previdenciárias, uma "bomba-relógio" em quase todas as partes do mundo. Com mais pessoas recebendo aposentadoria e menos trabalhadores pagando as contribuições, os governos apresentam déficits crescentes. O dinheiro que antes ia para outras áreas sociais agora é destinado ao pagamento das pensões.

Para alguns setores, a tendência do envelhecimento da população é ótima. Os profissionais que trabalham com geriatria, por exemplo, estão sendo cada vez mais procurados. Circulando pela cidade de São Paulo, sempre fico impressionado com a quantidade de casas de repouso e residências para idosos que surgiu nos últimos anos.

Ainda em relação ao crescimento da população idosa, vale destacar que as construtoras estão desenvolvendo imóveis adaptados para as necessidades desse público. Sabendo que os idosos preferem morar na faixa litorânea e precisam de uma infraestrutura específica, grande parte dos empreendimentos residenciais está sendo realizada em cidades praianas. São empreendimentos que oferecem estruturas de lazer, de medicina, de saúde e de bem-estar para esse público, em condomínios se parecem com grandes clubes para a terceira idade. Assim, apartamento à venda está inserido em um contexto social que se encaixa ao perfil dos usuários com mais idade.

O ramo do turismo também tem incorporado mudanças e, há alguns anos, as companhias encontraram no segmento dos aposentados e do pessoal mais velho uma excelente oportunidade de negócio. Atualmente, esse mercado é enorme e conta com várias empresas especializadas. A sofisticação que foi incorporada a esse segmento deu origem a alguns nichos. Além dos passeios clássicos de férias pelo litoral do país e por cidades famosas da Europa e dos Estados Unidos, o turismo da terceira idade contempla passeios culturais e gastronômicos dentro de metrópoles como São Paulo e do Rio de Janeiro. Ademais, vale citar os intercâmbios para o exterior voltado exclusivamente para quem passou dos 50 anos.

Em termos de consumo, o público mais velho é extremamente exigente. Os integrantes das classes A e B possuem patrimônio e estão em condições financeiras confortáveis (recebem aluguel de imóveis e/ou boas aposentadorias e têm investimentos financeiros). Como os filhos já estão criados e o cuidado dos netos não é uma obrigação deles, não há muitas despesas obrigatórias além do plano de saúde.

Assim, os idosos têm tempo e dinheiro para investir em lazer e bem-estar. Eles vão para a academia, contratam *personal trainer*, fazem aula de dança, frequentam cinemas, teatros e restaurantes, adquirem produtos de beleza *premium* e se inscrevem em cursos de rápida duração. Ao comprar um produto e/ou serviço, procuram a opção mais adequada para seus gostos e preferências e não economizam quando enxergam valor na aquisição.

As empresas que já descobriram o potencial desse mercado lançam novidades focadas no público sênior. Para os executivos que têm dúvidas do que podem fazer para atender com excelência aos clientes mais velhos, uma alternativa interessante é realizar regularmente *benchmarking* no exterior. Há mercados maduros em que a realidade do envelhecimento da população já ocorre há vários anos. Como consequência, as companhias possuem portfólios maiores e mais consolidados nessa área. Analisar o que os concorrentes estão fazendo lá fora pode ajudar os profissionais brasileiros a terem ideias no que investir.

No universo das *startups*, há algumas trabalham exclusivamente para atender aos idosos das classes A e B.

Quando olhamos para as classes C e D, encontramos outra realidade. O pessoal com mais de 60 anos que não está no topo da pirâmide social é ainda o provedor de muitas famílias. O rendimento obtido pela aposentadoria e/ou pelo trabalho, pois vários seguem trabalhando diariamente, é usado para pagar as contas de casa. Há situações em que filhos e netos precisam morar com os pais e avós, outras em que os filhos estão ocupados em emprego informal ou estão desempregados.

Segundo o IBGE, tanto homens idosos quanto mulheres idosas das classes sociais mais baixas são as principais provedoras de uma parcela considerável de famílias no Brasil. Apesar da idade avançada, eles seguem como o pilar de sustentação financeira da família.

NOVAS ESTRUTURAS FAMILIARES

A estrutura familiar está mudando. Temos cada vez mais pessoas morando sozinhas e casais com apenas um filho ou mesmo sem filhos. Os lares são cada vez menores: se antes a regra era ter grandes famílias, agora essa característica se tornou exceção nos maiores centros urbanos, principalmente quando olhamos para as classes média e alta.

Com a redução do número de crianças, as escolas foram impactadas e a demanda pela educação infantil e infantojuvenil vem declinando ano a ano. Não por acaso, vários colégios tradicionais passam/passaram por crises e estão fechando ou já fecharam as portas. Estudei em uma escola particular tradicional da cidade de São Paulo e me lembro bem que éramos em torno de trinta alunos na sala. Hoje, há turmas que têm por volta de dez estudantes.

Assim como acontece com as escolas, os pediatras acompanham a diminuição por seus serviços nos últimos anos. Obviamente, com menos crianças na sociedade, a procura pelo atendimento médico infantil e infantojuvenil diminui.

Se antes a indústria de alimentação e nutrição focava os esforços no público infantil, que era mais numeroso, agora ela está direcionando a atenção no público adulto e nas pessoas mais velhas. Assim, saem de cena os alimentos mais doces e salgados, ideais para o paladar menos requintado da meninada, e entram em cena os alimentos funcionais e saudáveis, indicados para quem tem preocupação com o bem-estar e a estética. Cientes de que as pessoas vivem sozinhas ou em lares com poucos indivíduos, os fabricantes também investem em soluções práticas e em embalagens menores.

Outra tendência que pode ser observada é a saída de muitas famílias das metrópoles. Em função da violência urbana, do trânsito, da poluição, do estresse e do maior custo de vida, muita gente se mudou para as médias cidades do interior. Foram em busca de maior qualidade de vida, uma rotina mais tranquila e maior contato com a natureza.

Segundo o último Censo, divulgado pelo IBGE, a população de Salvador diminuiu de 2010 para 2022 em quase 10%. Em outras capitais, a população também diminuiu nesse período: em Belém, a diminuição foi de 6,5%; em Porto Alegre, 5,4%; em Recife, 3,2%; em Belo Horizonte, 2,5% e no Rio de Janeiro, 1,7%. O fluxo migratório interno no século XXI ocorreu das grandes cidades para os municípios de tamanho mediano.

Para quem permanece nas grandes cidades, os hábitos e as preferências também mudaram bastante. Para acompanhar a rotina dos jovens, as incorporadoras e construtoras têm construído apartamentos cada vez mais compactos. Ao mesmo tempo em que as unidades são menores, os edifícios dispõem de mais espaços de convívio, lazer e serviço. A lavanderia, a sala de games, a churrasqueira, a academia e o salão de festas são compartilhados. Há espaço de *coworking* para ser usado diariamente pelos condôminos.

O crescimento desse segmento imobiliário foi tão grande que apareceram serviços inovadores como apartamentos por assinatura, em uma espécie de aluguel sem burocracia, multipropriedade, modalidade em que vários compradores dividem a posse do imóvel e se revezam para usá-lo, e *coliving*, que disponibiliza as facilidades e a integração da vida moderna com a personalização dos serviços do condomínio.

Os jovens demandam facilidades. Muitos não possuem carro e querem se deslocar sem complicação pela cidade. Dessa forma, a garagem no edifício se torna desnecessária. Por sua vez, estar perto de estações de metrô e trem e de corredores de ônibus é artigo de primeira necessidade para as novas gerações.

A infraestrutura da região também é essencial. Muitos moradores querem fazer compras, contar com serviços e atividades de lazer em locais a quinze minutos a pé de casa. Ao erguerem um novo empreendimento residencial, as empresas precisam estar atentas às demandas e ao perfil do público consumidor.

O conceito de estrutura familiar mudou muito. Quando pensamos em família, podemos imaginar um casal heterossexual ou homossexual. As configurações são as mais diversas: uns com filhos, outros sem filhos e muitos com animais de estimação. Várias pessoas adotam cachorros e gatos e os pets assumem um papel afetivo de destaque nos núcleos familiares.

O mercado de animais de estimação é enorme, não para de crescer e seu nível de sofisticação é espantoso. Há desde companhias especializadas em alimentação saudável para cachorros e gatos até planos de saúde para os mais diversos tipos de animais. Nos últimos anos, surgiram nos grandes centros urbanos brasileiros serviços como psicólogo canino, *spa* antiestresse, cuidador de animal que faz companhia e zela pelo bem-estar do *pet* e auxílio funeral. Isso sem contar os negócios que precisaram se adaptar. Restaurantes, comércios e hotéis, que até pouco tempo não aceitavam a entrada dos companheiros de quatro patas, agora aceitam (ou tiveram que aceitá-los por imposição dos clientes).

As mudanças demográficas vêm quase sempre acompanhadas por transformações tecnológicas, culturais e comportamentais. Com muitas pessoas morando sozinhas e mergulhadas na dinâmica das redes sociais (que, apesar do nome, desestimulam as interações sociais), cresceu a sensação de solidão. Muitos jovens não namoram e têm dificuldades para fazer amizades. A rotina introspectiva e o estilo de vida individualista acabam sendo positivos para alguns negócios e péssimos para outros. Cada setor de atividade precisa mensurar os impactos que os novos hábitos e comportamentos da população acarretarão para seus produtos e serviços.

DIVERSIDADE COMO PAUTA CULTURAL E DOS NEGÓCIOS

Diversidade é uma das palavras de ordem da sociedade contemporânea. Esse conceito se aplica tanto às questões de gênero, raça e etnia, nacionalidade e idade quanto à orientação e identificação sexual.

As mulheres vêm conquistando seu espaço. Elas são a maioria como chefes de família no Brasil e lideram as matrículas no ensino superior. Não por acaso, possuem em média mais escolaridade e são normalmente mão de obra mais qualificada.

Contudo, a ascensão das mulheres aos principais cargos nas empresas e em alguns postos-chave na sociedade enfrenta resistência em lugares em que valores ditos masculinos estão presentes. Se em algumas nações as mulheres exercem cargos de chefia de Estado e comandam as principais multinacionais, em outras elas não podem sair às ruas mostrando o rosto nem mesmo frequentar os bancos escolares. Pode parecer absurdo, mas há países desenvolvidos, de primeiríssimo mundo, em que as jovens, por pressões culturais, largam seus empregos para cuidar da casa e dos filhos após o casamento. Pesquisas sobre esse tema mostra que nos Estados Unidos 64% das decisões de compra de produtos e serviços são tomadas pelas mulheres. Em 2028, o índice chegará a 78%. Portanto, as empresas precisam focar nesse público para crescer[68]. No Brasil, acontece a mesma coisa. A influência delas é enorme e cada vez maior. Não faz sentido, por exemplo, o investimento de marketing em ações que desprezam as consumidoras. Até mesmo

68 Study shows women drive between 70% and 80% of all consumer purchasing. Bizcommunity. Disponível em: https://www.bizcommunity.com/Article/196/19/188975.html.

as empresas de cerveja, que historicamente veiculavam propagandas sexistas, precisaram rever seus conceitos. Do contrário, iriam desagradar ao público feminino.

Da perspectiva da diversidade, vimos a valorização da negritude no Brasil e no mundo. Com a afirmação e valorização da pele escura e do cabelo afro, as empresas passaram a investir em cosméticos que atendessem a esse público, que até então não era considerado pelas grandes companhias. Novas pesquisas foram realizadas e vários produtos foram lançados nos últimos anos focando essa parcela da população. Por mais numerosa e representativa que fosse, por muito tempo, ela parecia invisível aos olhos das companhias de beleza.

Um bom exemplo dessa transformação ocorreu no mercado de *shampoo* e de tratamento capilar. Como os negros cuidavam de seus cabelos até o final do século passado? Alguns o alisavam e usavam produtos que tinham sido desenvolvidos para o cabelo de pessoas do público branco. Dessa maneira, seguiam o modelo estético trazido da Europa, que não fazia nenhum sentido para uma nação miscigenada como a brasileira. A realidade é outra agora. A indústria de perfumaria e cosmético desenvolveu vários produtos para cada tipo de cabelo do público negro. Até porque há muitas diferenças.

A diversidade sexual também apresentou considerável progresso, principalmente nos centros mais cosmopolitas do Brasil. Em São Paulo, a Parada do Orgulho LGBTQIA+ é um dos principais eventos da cidade. No final de semana de sua realização, os hotéis ficam lotados e a injeção de dinheiro na economia do município é imensa. Quem vai para a Parada também frequenta restaurantes, casas de show, baladas, teatros, *shopping centers* e cinemas, além de comprar roupas, acessórios e lembranças da viagem. O público LGBTQIA+ possui normalmente alto poder de compra e é um importante segmento de mercado para vários negócios.

Se de um lado assistimos à diversificação dos tipos familiares e de estilo de vida, por outro vimos, em escala mundial, a ascensão do conservadorismo. Parte da população mais religiosa e conservadora se apegou aos valores tradicionais para se contrapor aos novos hábitos e aos costumes modernos. A consequência desse embate é a polarização política e ideológica, o choque de opiniões nas redes sociais e a intransigência em relação à visão de mundo oposta.

Essas são algumas das mudanças mais significativas da sociedade que afetam diretamente as empresas. Quem não olhar para essas questões, certamente correrá o risco de ficar para trás nos mercados mais competitivos. Por isso, a atenção das alterações das dinâmicas demográficas deve fazer parte da rotina dos profissionais envolvidos com os projetos de TO.

No próximo capítulo, vamos continuar a tratar de temas sociais. Em vez de falarmos de demografia, vamos analisar os componentes econômicos. Como as empresas devem lidar com o empobrecimento de uma grande massa de consumidores, que permanece à margem do modelo de sociedade estabelecido pelo sistema capitalista? Esse é mais um dos desafios que muitos negócios precisam encarar no Brasil, um país marcado pela fortíssima desigualdade social.

22

RENDA BAIXA E LIMITAÇÃO DE CONSUMO

Nas últimas páginas, debatemos os principais aspectos ligados à transição demográfica e mudanças que afetam diretamente a dinâmica dos mercados e, por consequência, as estratégias dos negócios.

Neste novo capítulo, vamos tratar das questões sociais resultantes da deterioração econômica, uma realidade enfrentada por parcela considerável da população. A ideia é discutirmos a pobreza e o baixo poder de consumo das famílias brasileiras pela ótica das organizações privadas. Como as empresas devem lidar com consumidores com evidentes limitações de compra ou à margem do mercado? Esse é o desafio que empresários e executivos enfrentam diariamente e desde sempre em nosso país.

De acordo com o IBGE (2022), há no Brasil pouco mais de 215 milhões de pessoas[69]. Somos a sétima nação do mundo em tamanho populacional[70] e esse é um número de proporção continental. Para efeito de comparação, os demais países da América do Sul possuem,

69 Segundo o Censo de 2022 realizado pelo IBGE.

70 De acordo com a ONU, o Brasil tinha, em 2022, aproximadamente 215 milhões de habitantes. Ficava atrás apenas de China (1,42 bilhão), Índia (1,41 bilhão), Estados Unidos (337 milhões), Indonésia (275 milhões), Paquistão (234 milhões) e Nigéria (216 milhões).

em conjunto, cerca de 223 milhões de cidadãos[71]. Ou seja, a população de nosso território sozinho vale, em dimensão humana, o mesmo que o restante do continente sul-americano. Só a Grande São Paulo[72], a região brasileira mais populosa, tem um contingente de habitantes similar ao de muitos países.

Ao mesmo tempo em que essa massa de pessoas forma um mercado de consumo gigantesco, há, também, muita pobreza. Não é à toa que uma das marcas mais simbólicas do nosso país é a elevada desigualdade social, um problema histórico. De um lado, temos empresas, produtos e consumidores extremamente sofisticados, que nos colocam no radar das principais marcas de luxo do planeta. De outro, uma parcela considerável da população sofre para ter acesso aos bens e aos artigos básicos como água, esgoto, luz e comida.

Por mais que políticas públicas e avanços sociais tenham sido realizados nas últimas décadas, ainda assim a parcela de pobres e miseráveis no Brasil permanece elevada. Segundo o Censo de 2022, temos 12,7 milhões de pessoas na extrema pobreza, 5,9% da população, e 67,8 milhões na pobreza -31,6% da população[73]. Somando os dois grupos, há em nosso país uma multidão abaixo da linha da pobreza, número que é maior do que a população total de vários países, e superior, por exemplo, à população de qualquer nação da América do Sul.

Do ponto de vista empresarial, temos um mercado gigantesco a ser explorado. Quem souber conversar e atender as classes mais populares terá acesso a muitas possibilidades de negócios. Há várias empresas

71 Segundo dados de 2023 da ONU, a Colômbia tem 52,0 milhões de cidadãos, a Argentina 45,7 milhões, o Peru 34, 3 milhões, a Venezuela 28,8 milhões, o Chile 19,6 milhões, o Equador 18,1 milhões, a Bolívia 12,3 milhões, o Paraguai 6,8 milhões, o Uruguai 3,4 milhões, a Guiana 0,8 milhão, o Suriname 0,6 milhão, a Guiana Francesa 0,3 milhão e as Ilhas Falkland 0,003 milhão.

72 A região metropolitana de São Paulo abrange a capital paulista e os municípios vizinhos. Segundo o último Censo, vivem nessa região em torno de 21,4 milhões de habitantes.

73 De acordo com o Banco Mundial, está na extrema pobreza quem vive com menos do que US$ 2,15 por dia e está na pobreza quem tem menos do que US$ 6,85 por dia.

gigantescas e muito rentáveis que se dedicam exclusivamente às necessidades e aos desejos do público de menor renda. Mesmo assim, há ainda um segmento enorme pouco explorado e/ou subaproveitado pelas companhias.

Para completar, o capital privado não pode fechar os olhos para essa realidade nacional e precisa participar das soluções para mitigar ou mesmo resolver os graves problemas sociais do país. Do contrário, jamais será possível erradicarmos a pobreza e a miséria nem diminuirmos a vergonhosa desigualdade econômica.

BRASIL: UM PAÍS RICO, MAS TAMBÉM MUITO POBRE

Assim como ocorre em quase toda América Latina, o Brasil tem indicadores sociais vergonhosos: renda, educação, saúde, segurança pública etc. É verdade que assistimos a algumas evoluções nos últimos anos. Porém, parece que as melhorias que o país apresenta são tímidas e pouco consistentes. A realidade brasileira até parece um eletrocardiograma: sobe e desce, sobe e desce, sobe e desce... A renda cresce para depois desabar. A fome diminui e depois retorna com força.

O cenário socioeconômico brasileiro é muito instável. A parcela da população mais pobre até consegue aproveitar o crescimento pontual da economia, mas logo vem um contratempo: mudança política, choque econômico, caos sanitário, pressão ambiental e/ou crise internacional, e põe tudo a perder. Nesse cenário, como uma gangorra maluca, ocorre uma volta aos antigos níveis de pobreza. Quanto mais desigual é a região, mais difícil é para superar seus problemas sociais.

Quando olhamos para as estatísticas brasileiras com um pouco mais de otimismo, observamos melhorias significativas. A miséria e a fome atuais, por exemplo, caíram se comparadas aos números de trinta e quarenta anos atrás. Apesar da evolução lenta, os principais índices sociais (crianças nas escolas, casas atendidas pelos serviços de água, esgoto e luz, usuários do serviço público de saúde e taxa de criminalidade) também apresentaram avanços nesse período.

A questão desafiadora é que, mesmo com o progresso tímido, a realidade atual do Brasil é desesperadora quando comparada à de outros países. Conforme a região e a classe social, a população brasileira vive em condições muito precárias. Os principais serviços públicos não chegam ou não são oferecidos na quantidade nem na qualidade esperadas. O reflexo dessa situação aparece nos indicadores sociais (desnutrição infantil, aprendizado nas escolas, gravidez na adolescência, expectativa de vida, criminalidade tanto estatal quanto do poder paralelo etc.) e nos indicadores econômicos negativos (renda, trabalho informal, produtividade, segurança previdenciária, sonegação de impostos etc.). Eles são péssimos quando inseridos em qualquer ranking internacional.

É um ciclo vicioso. Quanto menos se investe no desenvolvimento social da população, menos o país cresce em termos de riqueza coletiva, a desigualdade permanece elevada e os problemas se aprofundam, impactando, negativamente, a economia. Entretanto, quando bem cuidada, a base da pirâmide brasileira tem o poder de se transformar em um mercado consumidor gigantesco e pulsante.

Já vimos isso acontecer algumas vezes. Bastou a atenção mínima às necessidades básicas dos pobres para a economia crescer bastante e o consumo explodir. A demanda reprimida movimentou vários setores como bens duráveis, imóveis, automóveis, passagens aéreas, turismo, alimentação, bebidas, serviços de lazer, roupas etc.

Se a família estava acostumada a comer diariamente arroz, feijão e farinha no almoço, quando as coisas melhoram acrescenta proteínas e algumas guloseimas à mesa. Se antes comprava arroz e feijão de qualidade inferior, com maior poder aquisitivo pode comprar itens de melhor qualidade. A viagem de ônibus ao trabalho é substituída pelo uso da moto. Com a moto, é possível ir mais vezes ao *shopping* aos finais de semana. E nesses passeios despretensiosos pode inserir a frequência a lanchonetes e a compra uma roupa nova. De repente, percebemos uma maior movimentação das engrenagens da economia. O crescimento de um setor puxa o crescimento de outro.

OPORTUNIDADES PARA AS EMPRESAS

As políticas públicas são feitas para atender à população e, parte delas, as políticas sociais, está voltada, sobretudo, aos mais pobres. Existem Organizações Não Governamentais (ONGs) e instituições sociais que atuam em parceria com o Estado no campo das políticas sociais, trabalhando para minimizar as dificuldades de moradia, saneamento, alimentação, educação e saúde da população menos favorecida.

Há metrópoles com favelas que abrigam mais de 100 mil pessoas. São contingentes populacionais do tamanho de cidades médias. Mesmo com as várias carências, seus habitantes consomem e são mercados relevantes. Afinal, eles se vestem, se alimentam, se divertem, se deslocam, ou seja, essas localidades movimentam bastante dinheiro. Segundo dados do Data Favela[74] de 2023, e do IBGE de 2022, a renda anual dos moradores das favelas no Brasil ultrapassou R$ 200 bilhões.

É inegável que a miséria e a pobreza afetam a economia e as empresas nacionais. Com o poder de renda baixo, as famílias brasileiras não conseguem consumir plenamente. Para lidar com as limitações desses consumidores, as companhias buscam soluções criativas para atendê-los. Elas lançam linhas ou produtos mais baratos e/ou versões simplificadas do portfólio tradicional. O objetivo é entregar propostas de valor que caiba nos bolsos das classes C e D. Isso se aplica a todos os setores: alimentação, higiene, vestuário, beleza, entretenimento etc.

Esse mercado existe e é significativo. Basta saber atendê-lo. As empresas precisam tratar bem os clientes e desenvolver estratégias para vender produtos e serviços para os consumidores de baixa renda. Ademais, a iniciativa privada não pode continuar de braços cruzados, reclamando das dificuldades socioeconômicas do país. Em vez de esperar o Estado agir, algo que dificilmente acontecerá na velocidade e na eficiência almejadas, os grupos empresariais podem e devem encontrar soluções interessantes para os problemas da população. Acredito que o

74 Data Favela, primeiro instituto de pesquisa e estratégias de negócios voltado à realidade das favelas brasileiras, foi criado em 2013 a partir de uma parceria entre Celso Athayde, fundador da Central Única das Favelas, e Renato Meirelles, presidente do Instituto Locomotiva.

caminho para os avanços e melhoria nos indicadores passe exatamente por essas mudanças.

O universo corporativo tem dinheiro, poder de influência e ferramentas de gestão. Com estratégias e métodos adequados, é possível mobilizar amplos segmentos da sociedade em prol do benefício coletivo. Essa mobilização é distinta das ações do simples assistencialismo e das ações com viés mercadológico, que são muito comuns e presentes. O foco do ESG, em alta no Brasil e no mundo, mostra a importância dos cuidados com os impactos ambientais, sociais e de governança. Contudo, isso é apenas uma gota no oceano. As empresas deveriam deixar de lado o assistencialismo e o marketing e investir em negócios com potencial para mudar a realidade brasileira.

Duas das duas empresas em que atuei tinham sérias dificuldades para conseguir mão de obra para postos-chaves de seus negócios. Na empresa ferroviária, não achávamos maquinistas de trem para contratar. Já na concessionária de energia elétrica, tínhamos enorme carência de eletricistas para atuar em redes de média e alta tensão, pois os cursos de eletricista são quase sempre para atuação em residências, comércios e indústrias, onde a tensão é baixa.

O que fizemos nos dois casos? Estruturamos na própria empresa, escolas de formação profissional. O foco das escolas para maquinistas e eletricistas de média e alta tensão era suprir o mercado com mão de obra qualificada. Ou seja, não estávamos pensando apenas em nossas necessidades individuais como companhia e, se não havia esses profissionais disponíveis, tínhamos que fazer algo para resolver o problema. Se nossa demanda fosse de cinquenta pessoas, a escola iria formar cem alunos. Se nossa necessidade subisse para cem, iríamos capacitar duzentos.

Lembro que os acionistas questionaram essa decisão: "Então vamos formar mão de obra para a concorrência?" Eu tinha que explicar que não. Não desenvolveríamos pessoas para os concorrentes e sim para o mercado como um todo. Nosso compromisso era elevar o nível de qualificação do pessoal do setor como um todo.

Essa ação iria beneficiar a concorrência? Sim. Mas também seríamos muito favorecidos com a maior profissionalização e capacitação da equipe. Na verdade, o maior beneficiado, além dos profissionais empregados, seria o próprio país, que conseguiria resolver gargalos de setores importantes da economia e ainda gerar renda para várias famílias.

Essa deve estar na essência das iniciativas das empresas. Se todos tiverem um olhar mais coletivo e menos individualista, o Brasil conseguirá melhorar seus indicadores sociais mais rapidamente e, talvez, sem tanta dependência das ações do Estado. Por que pensar única e exclusivamente em si se é possível almejar o bem comum? Há companhias que fazem naturalmente propostas nessa linha. Conheço alguns produtos e serviços que trazem lucro para as organizações privadas, mas também conseguem resolver graves problemas sociais.

Por exemplo, existem várias clínicas médicas que fazem consultas e exames a preços populares, atendem a um público que não tem plano de saúde e não pode esperar os serviços do SUS[75], que geralmente são muito demorados. Para atender as classes C e D nas várias especialidades médicas, essas empresas montaram estruturas que permitem cobrar valores baixos e entregar serviços mais ágeis e, algumas vezes, superiores aos dos hospitais públicos. O resultado é que todos são beneficiados: as companhias (que operam no lucro), os médicos (que tem um novo ramo de trabalho), os funcionários administrativos (que possivelmente estariam desempregados) e, principalmente, os pacientes (que encontraram boas soluções que cabem em seus bolsos).

Note que, nesse exemplo, a solução para uma parcela da população que precisava de um serviço de saúde de qualidade não veio de ações governamentais, mas da iniciativa privada. Com menos pessoas doentes indo para o SUS, o atendimento público fica menos sobrecarregado e, assim, pode atender melhor. O país inteiro é favorecido. Esse é apenas um caso. Existem vários.

75 Sistema Único de Saúde, chamado simplesmente de SUS, é o serviço público de saúde brasileiro criado pela Constituição Federal de 1988. Se por um lado ele é gratuito e abrangente a toda população, por outro os pacientes enfrentam, a depender da situação, longas filas de espera e qualidade sofrível de atendimento.

Acompanhei há alguns anos uma visita do Unicef[76] em algumas comunidades às margens do rio Amazonas. Nessa ocasião, foi identificado que um dos maiores problemas das populações ribeirinhas era a falta de água potável. No meio daquela enorme bacia fluvial, as pessoas não tinham água para beber. Porque sem tratamento do esgoto adequado, os rios ficam poluídos e se tornam impróprios para o consumo. Isso no meio da Floresta Amazônica! E, ainda, várias doenças simples de combater e até mesmo de evitar surgiam e afetavam desde crianças, adultos e idosos por falta de água potável, em um "mar de água doce".

Essa realidade mostrou que não adianta montar um hospital para o atendimento da população doente, se não houver o tratamento básico de esgoto. O que foi feito, então? O Estado ficou responsável pela construção do centro médico que foi montado em um barco (barco-hospital), possibilitando o deslocamento mais ágil para o atendimento às populações em cada vila à beira do rio. Paralelamente, as empresas privadas criaram estações de tratamento e purificação da água das comunidades ribeirinhas, nas escolas e em outras instalações.

Com essa união de esforços, o problema foi resolvido efetivamente, e não apenas remediado. Contudo, para isso ocorrer, foi necessário a junção dos esforços do poder público e da iniciativa privada no projeto-piloto. É impressionante perceber o ganho social e econômico que se tem com a implementação de medidas simples de saneamento e higiene voltadas à população de baixa renda. As crianças faltam menos na escola porque ficam menos doentes. Os adultos perdem menos dias de trabalho, se tornam mais produtivos e têm a renda elevada. As mulheres conseguem frequentar cursos e ir mais vezes ao trabalho porque recebem absorventes íntimos. E o número de mortes nessa população tem uma redução impressionante.

Mais dinheiro no bolso da comunidade é sinônimo de elevação de gastos. Com mais consumo, o comércio local se revigora. Mais postos de trabalho são criados, o que potencializa a geração de renda dos moradores. Dessa forma, o ciclo que era negativo se transforma em

---

76 O Fundo das Nações Unidas para a Infância, conhecido como Unicef, canaliza os recursos da ONU para as ações dirigidas às crianças do mundo inteiro.

positivo. O progresso daquela região beneficia de forma indireta e as várias indústrias passam a vender para mais pessoas, um público até então desassistido.

Ainda hoje, há no Brasil localidades sem energia elétrica. Quando trabalhei em Pernambuco, em algumas cidades do outro lado da divisa de estado, na Bahia, onde a energia elétrica ainda não é universalizada, ou seja, ainda existem localidades sem energia, em muitas cidades do interior, os moradores ainda usam lampião a querosene, não tem geladeira e muito menos uma televisão, e nem acesso à internet e a toda evolução que a maioria dos brasileiros acompanha com as novas tecnologias. É difícil imaginar uma vida assim nos dias de hoje, mas é a realidade em muitos cantos do nosso país.

Imagine a quantidade de televisores, geladeiras, micro-ondas, computadores pessoais e até celulares que poderiam ser vendidos a mais no país se não tivéssemos gargalos de infraestrutura. Além da melhoria da qualidade de vida da família, a aquisição desses itens eleva a autoestima das pessoas.

Dependendo da situação, é preciso dar apoio à população carente porque muita gente tem pouco ou está no zero, abaixo da linha de pobreza. Sem o apoio do Estado, elas dificilmente sairão sozinhas da condição de vulnerabilidade social. Porém, é preciso mais. Paralelamente, a iniciativa privada tem que fazer a sua parte. É ela quem gera emprego e produz riqueza. Portanto, sua atuação é imprescindível na mudança do quadro social do país.

EXEMPLOS DE INICIATIVAS SOCIAIS PROMOVIDAS POR EMPRESAS

Quando atuei em uma empresa instalada na Baixada Fluminense, implementamos uma política de RH que incentivava a contratação de profissionais da região. Havia muita gente bem-preparada que morava no entorno da sede da empresa e que, inexplicavelmente, não recebia oportunidade de trabalho. Uma oportunidade é tudo o que a pessoa com potencial precisa para deslanchar na carreira. Com essa informação, fizemos parceria com uma empresa de TI para formar moradores que, na sequência, atuariam como mão de obra qualificada nas áreas da tecnologia.

Foi possível contratar boa parte dos formados. Ao mesmo tempo, outra parte considerável do pessoal foi incorporada naturalmente pelas demais empresas da Baixada. Às vezes, o que fazemos é algo simples, que está dentro da realidade da empresa. Depois, essa ação se torna importantíssima para a comunidade beneficiada.

Não precisa querer mudar o mundo sozinho. Basta fazer sua parte de forma qualificada. Uma companhia que atua na área da construção civil pode, por exemplo, se envolver no desenvolvimento do saneamento básico ou na construção de casas populares no bairro onde está localizada. Empresas do setor alimentício podem se envolver com a alimentação das escolas públicas de sua cidade ou da oferta de itens para os restaurantes comunitários da região. A escola particular pode disponibilizar algumas vagas, no modelo de bolsa de estudos, para alunos sem recursos. Imagine o efeito desses projetos para as famílias atendidas!

O caso da Fiat Chrysler[77], que se instalou em Goiana, município do interior de Pernambuco, é emblemático. A companhia construiu uma planta enorme, supermoderna e com robôs, de onde saem carros que rodam pelo Brasil inteiro e são exportados. A equipe da fábrica nordestina foi constituída, inicialmente, por funcionários trazidos de Betim, em Minas Gerais, onde a montadora já tinha operação.

Com o tempo, surgiu a preocupação de formar mão de obra local, foi um desafio enorme porque naquela região nunca houve uma indústria ou fábrica, apenas canaviais. Em outras palavras, a formação dos moradores para atuar em processos industriais era quase zero, pois eles sairiam das atividades agrícolas e manuais e iriam operar equipamentos modernos e mecanizados. Inicialmente, prevaleceu o que foi considerado mais fácil: trazer toda a equipe de fora. No entanto, o efeito transformador para a localidade não seria tão grande sem esse compromisso

77 A Fiat Chrysler Automobiles foi o nome da montadora de veículos originada da união da italiana Fiat com a norte-americana Chrysler. Após a fusão com o grupo francês, a companhia passou a se chamar Stellantis.

social da montadora. Com certeza, esse foi um enorme projeto de desenvolvimento humano para uma região com enormes carências!

A chegada da Fiat Chrysler revolucionou a rotina de Goiana e das cidades vizinhas. O poder público também investiu bastante nas áreas de logística, transporte, rodovias, acessos, viadutos e infraestrutura. Mesmo assim, é inegável que o compromisso da montadora para deixar um legado na região foi enorme. No papel de grande empresa, seria muito fácil não levar em consideração a pobreza, as limitações educacionais e a péssima infraestrutura da localidade. Mas em vez de virar as costas para a delicada realidade social do interior de Pernambuco, a companhia se colocou como parte da solução. E, assim, trabalhou para mudar o quadro de dificuldade.

As empresas precisam fazer parcerias com os órgãos públicos e as entidades sociais para juntos transformarem a cidade, o estado, a região e o país. A pobreza e a desigualdade só serão enfrentadas com vigor quando se tornarem o principal desafio de toda a sociedade brasileira e não apenas de um ou outro agente.

Vamos supor que sua empresa queira desenvolver um projeto social na área de saúde. Há vários institutos, fundações e ONGs com experiência de décadas no trabalho social. Por que não fazer parceria com eles? Criar algo novo é complicado e dispendioso, perdem-se tempo, energia e recursos, elementos que o Brasil não pode desperdiçar.

A ONG Amigos do Bem, com foco em educação, moradia, água, saúde e trabalho, é um exemplo de atuação no Nordeste. O consumidor vai ao supermercado e compra a castanha de caju embalada e torrada. No rótulo, vem a logomarca dos Amigos do Bem, pois a ONG montou uma cooperativa e capacitou os funcionários para escolherem e embalarem as castanhas. Esse tipo de iniciativa gera empregos, transforma vidas e reduz a pobreza. Como consequência, diminui a desigualdade.

Conforme já comentei, Recife tem o Porto Digital[78], localizado no centro da cidade que abriga uma série de empresas de tecnologia

78 Localizado no bairro do Recife Antigo, o Porto Digital é um parque de inovação que reúne startups e empresas de tecnologia, comunicação e economia criativa.

e inovação. Com uma ideia parecida e com empreendedorismo, foi criado há alguns anos o Porto Social, uma ONG que dá apoio às outras ONGs, desempenhando um papel decisivo.

Como há grupos que criam pequenas iniciativas sociais, mas não possui habilidade de contabilidade, captação de recursos e gestão de pessoas, o Porto Social, que tem como missão capacitar os empreendedores sociais, contribui para que seus projetos vinguem e ajudem o maior número de pessoas. Indiretamente, a organização está contribuindo para a melhoria do quadro socioeconômico do país.

Outra instituição que faz um trabalho de excelência é a Comunitas que atua na melhoria da gestão pública dos municípios onde seus projetos sociais são desenvolvidos. Com foco na implementação de soluções sustentáveis e inovadoras que melhorem os serviços públicos e, consequentemente, a qualidade de vida da população, a organização tem projetos em áreas como educação, infraestrutura, governança e mobilidade.

Com essa crença, e a partir de parcerias entre os setores público e privado, a Comunitas investe no desenvolvimento de projetos sociais e na capacitação de equipes em várias prefeituras. A proposta dos consultores da organização é potencializar a dinâmica estatal e, assim, contribuir para o desenvolvimento do país.

TIPOS DE ATUAÇÃO DO SETOR PRIVADO NA ÁREA SOCIAL

Quando o assunto é investimento social, existem várias possibilidades para as empresas participarem. Já descrevemos algumas, mas existem outras. Nos últimos anos, as grandes companhias têm montado institutos e fundações próprias para cuidarem dos projetos de interesse social. A partir desses novos braços institucionais, o alcance e a efetividade de seus trabalhos no Terceiro Setor são mais efetivos. Quanto mais profissional, organizado e estruturado forem os projetos, maiores serão as chances de se encontrar boas soluções para as dificuldades na educação, saúde, segurança, bem-estar, lazer e infraestrutura.

As melhores iniciativas são aquelas que mudam a realidade das comunidades pobres de maneira permanente. Outra coisa que gosto muito, que às vezes até parece um sonho distante, é a união de empreendedores e empresários para a constituição de fundos de investimentos setoriais que apoiem causas sociais.

A ANFAVEA[79], associações do ramo de plásticos, do agronegócio, da indústria siderúrgica e das empresas de mineração, dentre outras, podem atuar como molas propulsoras da transformação social. Por meio de suas associações de classes, que possuem força considerável e poder de influência, esses grupos empresariais poderiam se voltar para temas como a redução da pobreza, a diminuição da desigualdade econômica, a melhoria da educação, o desenvolvimento da saúde pública e a redução da criminalidade. Esses são assuntos que afetam diretamente a iniciativa privada brasileira, não é mesmo? Por que os diferentes segmentos da sociedade não podem trabalhar unidos para a resolução desses grandes problemas nacionais?

No exterior, é muito comum as organizações privadas atuarem com a finalidade genuinamente social, seja com a realização de projetos, ou pressionando o Estado e a imprensa para a promoção de soluções que tragam bem-estar à população. E isso ocorre em países em que a qualidade de vida já é muito boa e a pobreza é diminuta. Mesmo assim, eles se esforçam para tornar suas sociedades ainda mais desenvolvidas, justas e equilibradas.

Não é porque algo vai bem que não pode ser melhorado. Não por acaso, assistimos aos países de primeiro mundo olhando cada vez com mais atenção para as dificuldades dos países em desenvolvimento. Em um mundo globalizado, não adianta uns viverem bem e outros não, pois uma hora a conta da negligência aparecerá para todos. Talvez os exemplos mais concretos desse reflexo global sejam a crise migratória e as ações terroristas que abalaram a Europa e os Estados Unidos nas últimas décadas.

79 ANFAVEA é a Associação Nacional dos Fabricantes de Veículos Automotores. Ela reúne os interesses dos fabricantes de automóveis, utilitários comerciais leves, caminhões, ônibus, máquinas agrícolas e transportes motorizados da construção.

Até pouco tempo atrás, não tínhamos fundos ligados à questão ambiental, e hoje há vários com atuação internacional. Acredito que logo mais veremos a multiplicação desses fundos também na área social, inclusive no Brasil.

Seguindo com os temas que as empresas não podem se esquecer de contemplar nos projetos de TO, veremos no próximo capítulo as implicações das alterações climáticas e da sustentabilidade ambiental. Afinal, até onde o meio ambiente impacta as decisões dos negócios e o quanto as empresas podem trabalhar para resolver os problemas climáticos do século XXI?

23

CRISE CLIMÁTICA E SUSTENTABILIDADE

As grandes transformações a que estamos assistindo não estão ligadas apenas às alterações nas cadeias de suprimentos (capítulo 19), nas dinâmicas tecnológicas (capítulo 20), nas estruturas demográficas (capítulo 21) e nas bases socioeconômicas (capítulo 22). Outros pontos sensíveis do século XXI são a Crise Climática e a Sustentabilidade, os temas desta seção.

Acredito que esses são justamente os maiores desafios que a nossa geração e a próxima vão enfrentar. Se não tivermos um planeta em condições de ser habitado, nada mais faz sentido. Sem vida humana, não existirá sociedade e, por consequência, não haverá mercado para operarmos.

Não por acaso, a cultura da sustentabilidade se tornou assunto prioritário nos últimos anos e entrou na pauta de governos, organismos internacionais, empresas e consumidores. A ideia de que basta produzir e vender independentemente dos reflexos ambientais é vista, já há algum tempo, como absurda. Se as companhias não forem responsáveis do ponto de vista ecológico, elas serão malvistas e malquistas pelos clientes e até proibidas de atuar pelos órgãos públicos. Nos dias de hoje, ou se é sustentável, ou se está fora do jogo competitivo. Simples assim.

PROBLEMA HISTÓRICO DA DEGRADAÇÃO DO PLANETA

De início, é bom que se diga que as causas dos problemas climáticos vêm de muito longe. Antes da Revolução Industrial, o lixo produzido era basicamente matéria orgânica, que rapidamente entrava em decomposição. Não havia quase resíduos de produtos e de embalagens e, também, a população era também bem menor. Assim, o efeito da ação do homem no planeta era baixo e/ou não representava ainda danos significativos para o ecossistema.

A Revolução Industrial trouxe uma série de tecnologias e benefícios para a humanidade, contribuindo para a expansão do consumo. Com o tempo, foi sendo constituída uma sociedade movida pelo consumismo. O problema é que a industrialização criou um tipo de produção baseada na extração de recursos finitos e na geração de elevados resíduos poluidores. Na ânsia de fabricar mais e mais, não havia preocupação com as consequências para a natureza, criando uma cultura empresarial que permaneceu intacta até pouquíssimo tempo. Até hoje, mesmo alguns produtos mais modernos seguem esse padrão.

A título de exemplo, vale citar o caso dos carros elétricos, que são vistos como a salvação da indústria automotiva e como o meio de transporte do futuro. As baterias dos veículos elétricos são feitas com minérios como lítio, níquel, manganês, cobalto e cobre, matérias primas que uma hora irão acabar. Além disso, as peças não são recicláveis, o que gera um enorme passivo ambiental se essa tecnologia for implementada em grande escala pela maioria dos países. O que fazer com milhões e milhões de baterias ao fim da vida útil? Nem as próprias montadoras têm uma resposta para esse delicado questionamento.

Há séculos vivemos em uma sociedade que incentiva a produção e o consumo, mas que não sabe como lidar com os reflexos de suas atividades no planeta. Quem melhor representa o instinto predador da humanidade é o lixo plástico. A quantidade de plástico que usamos no dia a dia é absurda. Na compra de um simples pãozinho na padaria, voltamos para casa com uma sacola plástica, que demora mais de um século para se decompor.

O resultado aparece por todos os lados. Até os oceanos estão poluídos, cheios de lixo gerado pelo homem. Com a degradação da fauna e flora marinhas, os corais, responsáveis pela maior parte da fotossíntese da Terra, entram em declínio. Assim, surge outro aspecto complicador: o aquecimento do planeta. De repente, com as alterações das condições naturais básicas, o clima se torna imprevisível e até mesmo perverso. Países, cidades, pessoas, construções e atividades econômicas viram vítimas das reações desequilibradas de um ecossistema agredido, cenário que é chamado de Crise Climática pelos cientistas e pela imprensa. O que há alguns anos só existia nos enredos de livros e filmes apocalípticos, agora faz parte do dia a dia das pessoas.

As chuvas de proporções inimagináveis que acometeu o Rio Grande do Sul em maio de 2024, por exemplo, são o reflexo mais claro que os brasileiros sentiram até agora da Crise do Clima. Porém, há várias outras consequências danosas: seca extrema no Nordeste, incêndios incontroláveis no Norte, Centro-Oeste e Sudeste e calor excessivo em várias regiões do Brasil. Não há região imune às mudanças do clima. Querendo ou não, essa é a nova realidade com a qual teremos que conviver até que nosso sistema socioprodutivo deixe de ser tão invasivo.

EFEITOS E REFLEXOS DA CRISE DO CLIMA

Infelizmente, os eventos climáticos extremos são cada vez mais frequentes e devastadores. Tempestades, chuvas intensas, furacões, secas, incêndios florestais, ondas de calor e de frio extremos, aumento do nível do mar e derretimento de placas de gelo fazem parte da rotina de quase todas as pessoas no Brasil e no exterior. Como consequência, todos os aspectos da vida humana são afetados: inundações, desertificação, queda da produtividade agrícola, deslocamento populacional, empobrecimento, maior risco de doenças e epidemias, desaparecimento de espécies animais e vegetais etc. Não apenas uma ou outra pessoa é prejudicada, mas todas as sociedades, os países e as regiões se tornam vítimas.

As empresas também pagam a conta. Quase toda a cadeia produtiva do Rio Grande do Sul, incluindo indústria, serviços, comércio, agronegócio, extrativismo, infraestrutura e atividades públicas, ficou semanas ou meses parada depois da enchente que engoliu cidades inteiras. Várias companhias perderam equipamentos, estoques e edificações. O prejuízo foi bilionário.

Com a economia interligada, não apenas os empresários e as famílias gaúchas perderam. A paralisação de um estado da Federação provocou efeitos em cascata na economia brasileira como um todo: matérias primas ficaram escassas, produtos sumiram das prateleiras, preços subiram acima da inflação e verbas federais foram destinadas à reconstrução dos municípios destruídos. Além das perdas de vidas e dos traumas gerados, algo que jamais poderá ser reparado, a grande enchente no Sul do Brasil trouxe custos e reflexos negativos para o Brasil inteiro, que demorarão anos para serem superados.

Por isso, não faz sentido o discurso: "esse problema aconteceu longe de mim e do meu setor de atuação; não fui afetado". Será mesmo?! Talvez sua organização e sua operação no mercado não tenham tido prejuízos tão diretamente por essa tragédia específica. Contudo, será mesmo que não houve perdas? E, o que é mais importante para a discussão, será mesmo que vocês estão imunes ao próximo evento climático extremo? Aí está o X da questão. Com tantas mudanças acontecendo, rotineiramente, no meio ambiente, uma hora ou outra sua empresa e seu setor de atividade serão seriamente vitimados pela Crise do Clima.

Estudos mostram que a infraestrutura brasileira poderá ser gravemente prejudicada com as novas condições ambientais. Com a mudança de incidência de chuvas, as hidrelétricas, que são a maior fonte de geração de energia do país, poderão colapsar. Sem energia, não há consumo. Além disso, com a elevação das temperaturas em várias localidades, alguns destinos turísticos poderão se tornar inviáveis ou entrarão em declínio. Certamente, muitos viajantes vão olhar com maus olhos para os lugares em que os termômetros se aproximem dos 50°C. Já imaginou pegar praia com o Sol que, literalmente, "frita" as pessoas? Sem uma quantidade representativa de turistas, como essas regiões irão sobreviver economicamente? Difícil responder.

Esses são alguns exemplos. Poderia ficar páginas e páginas listando as consequências negativas da crise climática: reservatórios de água vazios indicam população e empresas sem um dos itens essenciais à vida; aumento dos níveis do oceano leva a destruição de várias cidades litorâneas; secas e chuvas excessivas destroem as plantações, reduzindo a oferta de alimentos; etc.

Não é errado pensarmos no colapso de muitas localidades. Recentemente, a forte seca no Amazonas levou à interrupção do transporte em alguns rios. Como o deslocamento e a logística de muitos povoados no Norte do país são feitos pela via fluvial, a ausência de barcos levou à paralisia das atividades sociais e econômicas. A situação na região amazônica foi de uma seca ainda mais severa do que a de 2023, com a interrupção de circulação dos navios e grandes embarcações pelos grandes rios da região.

Mesmo o agronegócio, uma atividade que historicamente o Brasil sempre foi líder mundial, está suscetível a enfrentar sérias dificuldades. É bom que se diga que esse setor sempre teve que enfrentar as instabilidades meteorológicas. Chuva, seca, frio ou calor fora de época, ou em medidas desproporcionais, são terríveis para as fazendas. Isso sem contar as pragas e as doenças, que vira e mexe tiram o sono dos produtores rurais. Com a crise climática, as variáveis da natureza se tornam ainda mais imprevisíveis, capazes de destruir setores inteiros. Por mais que haja aprimoramento genético das plantações e técnicas modernas de cultivo, se o ambiente não for favorável, o agronegócio simplesmente não funciona. Sem a produção rural, muitas indústrias param.

O Brasil é o maior produtor e exportador mundial de celulose. Nossa vantagem é o ciclo veloz do eucalipto, que é de apenas cinco anos. Ou seja, corta-se a árvore para produzir a celulose e, depois, é preciso esperar a nova árvore germinar, crescer e se desenvolver, o que em muitos lugares da Europa leva mais de dez anos. A competitividade que temos é fruto de uma série de pesquisas e melhorias que foram realizadas nas últimas décadas. Contudo, mesmo com a alta tecnologia empregada no cultivo e na produção, o impacto climático, seja excesso ou falta de chuvas, pode derrubar a cadeia inteira. A queda de produtividade levará a perdas milionárias.

CULTURA DA SUSTENTABILIDADE

Em um mundo em que todos padecem com os efeitos negativos das mudanças climáticas, é natural que haja maior engajamento da sociedade. Se antes as iniciativas ambientais estavam presentes apenas em discursos isolados, agora elas viraram práticas prioritárias de quase todos os agentes sociais. Não apenas governos, órgãos internacionais e consumidores se mobilizam para alterar o quadro, há também um número crescente de empresas, fundos de investimentos e parcela significativa da sociedade civil que correm para fazer sua parte. Ninguém mais pode ficar fora dos esforços para reverter o complicado cenário da crise climática.

Por isso, a cultura da sustentabilidade se consolidou. Quando entendemos que o que está em jogo é o bem coletivo e a saúde do planeta, sentimos quão urgente é a necessidade de ação. Portanto, a pressão pelas mudanças de hábitos cresceu bastante nos últimos anos e deve continuar crescendo mais e mais no curto prazo.

Cidades brasileiras proibiram a distribuição de sacolas plásticas nos supermercados, e de canudos plásticos no comércio, algo que já ocorre no exterior há muito tempo. A União Europeia estabeleceu prazo para que a indústria automotiva interrompa a produção e venda de veículos à combustão. Organismos multinacionais e ONGs de abrangência internacional fazem pressão para a queda dos níveis de desmatamento nas florestas tropicais e de emissão de gás carbônico (CO_2) na atmosfera. O governo federal brasileiro aprovou leis que obrigam as indústrias a se responsabilizarem pela logística reversa dos itens fabricados, principalmente as embalagens. E a imprensa é implacável ao relatar casos de desrespeito ao meio ambiente.

Diante dessa transformação cultural, as empresas foram obrigadas a assimilar os novos ideais da sociedade contemporânea. E, dessa maneira, boas práticas são cada vez mais comuns. O índice de reciclagem do alumínio no Brasil está em aproximadamente 97%. É um valor elevadíssimo, que beneficia não apenas o planeta como também os consumidores e a própria indústria. Como o valor do alumínio bruto é alto, a reciclagem, além de diminuir o lixo, torna as latinhas de bebidas mais baratas. Ganham clientes e fabricantes, sem contar a comunidade de catadores que surgiu ao redor dessa atividade.

Por falar nisso, a Noruega instituiu há alguns anos um sistema simples, mas que tem funcionado muito bem: um imposto ambiental variável sobre as fabricantes de plástico. Quanto mais a empresa recicla, menor é a taxa cobrada. A adesão foi tão grande que, desde 2011, as empresas não pagam o imposto e o índice de reciclagem do plástico chega a 97%. Alguns materiais são reciclados mais de 50 vezes e apenas 1 % do plástico produzido e consumido no país acaba no meio ambiente. Essa foi a mola propulsora que muitas companhias precisavam para se mexer. As empresas ficando isentas dos impostos rapidamente aderiram às ações que contribuem com o meio ambiente.

O que os índices de reciclagem de alumínio no Brasil e de garrafas plásticas na Noruega mostram é uma tendência do sistema produtivo do século XXI. A maneira como produtos e serviços são gerados é uma preocupação da sociedade inteira. Em um mundo com problemas hídricos, não faz sentido ter uma indústria que demanda quantidade de água que poderia abastecer cidades de tamanho mediano. Em um mundo em que se discute tanto a emissão de CO_2, não tem cabimento um fabricante despejar toneladas de gases nocivos na atmosfera.

É inegável que a cultura da sustentabilidade é um ganho social imensurável e que está cada vez mais presente em todos os segmentos, inclusive nas empresas. A discussão, hoje, não é mais se esse assunto é uma realidade, se é necessário e se é uma pauta urgente. Isso ficou para trás. As vozes "negacionistas", que não creem na gravidade da crise climática, são pontuais e limitadas. O debate agora é se as transformações na área ambiental, para lidar com a crise climática, estão sendo realizadas na velocidade e no nível que o planeta precisa. Assim, muitas companhias e governos são criticados não por não agirem, mas por atuarem timidamente ou com morosidade.

Diante desse quadro, ainda que seja absurdo, há quem olhe para a sustentabilidade como um modismo empresarial. Também não faz sentido promover práticas com finalidade meramente mercadológica, como ocorreu por muitos anos. A responsabilidade ambiental é pré-requisito para quem deseja permanecer no mercado, e não mais critério de diferencial competitivo. Se a companhia não cumprir rigorosamente as leis ambientais, que tendem a ser cada vez mais pesadas, não se responsabilizar pelos efeitos na natureza das atividades em sua cadeia de valor e não provar aos consumidores as boas práticas ecológicas, certamente será excluída do mapa em pouquíssimo tempo.

Sempre que se fala em sustentabilidade, me recordo do que aconteceu com produtos e serviços que atentavam contra a saúde das pessoas. Por muitas décadas, a sociedade aceitou a produção, a comercialização e o consumo de itens prejudiciais à saúde dos consumidores, tais como: o cigarro, os refrigerantes e bebidas alcoólicas, os alimentos com excesso de açúcar, gorduras saturadas, fritura, sódio e calorias. Com a disseminação dos hábitos saudáveis, automaticamente esses produtos se tornaram indesejáveis aos olhos da sociedade.

Note que a pressão social obrigou governos e indústrias a reverem processos. Em boa parte do mundo, é proibido fazer propaganda de cigarro e fumar em espaços públicos. Campanhas publicitárias falam dos problemas causados pelo excesso do consumo de álcool. Os próprios fabricantes dessas bebidas têm que anunciar que é proibido dirigir depois de ingeri-los. As embalagens alimentícias apresentam informações cada vez mais claras da quantidade excessiva de calorias e de matérias primas danosas à saúde.

Mas qual é o motivo dessa associação? Porque se a sociedade moderna vê o cigarro, o refrigerante, a cerveja e os alimentos ultraprocessados como inimigos, ela também passou a enxergar os agressores do meio ambiente com olhares negativos. No caso, não é só a saúde humana que está em risco, mas a saúde do planeta. O problema, portanto, não é individual, do consumidor, mas da coletividade, o que é bem pior.

Em outras palavras, a preocupação ambiental é um tema que veio para ficar e deverá ditar a pauta das transformações organizacionais nas próximas décadas.

MARKETING AMBIENTAL ENGANOSO E *GREENWASHING*

O movimento das empresas quanto às questões ambientais, muitas vezes é decorrente do próprio mercado ou é imposição dos incentivos governamentais. Outras vezes, decorrem de circunstâncias do ambiente como a pandemia da Covid-19 que paralisou os negócios, ou pela falta de alguma matéria-prima que exija adaptações. Há, também, ocasiões em que os consumidores obrigam os fabricantes a reverem processos e práticas. Dessa forma, diante dos interesses dos vários agentes externos, as companhias moldam suas ofertas em nome do consenso.

Quando falamos de sustentabilidade, é válido notar que todos os critérios citados no parágrafo anterior se manifestam simultaneamente. Governos e entidades internacionais exercem pressão com leis e obrigações. O ambiente natural é pródigo em tragédias e reconfigura o cenário dos negócios de tempos em tempos. Fornecedores e canais de distribuição com problemas ou dificuldades afetam a operação da empresa. E os clientes fazem mais e mais exigências, não aceitando práticas e conceitos empresariais que vão contra as novas diretrizes socioambientais.

Cabe às companhias se adequarem às novas necessidades, não há alternativas. No desespero de se provarem sustentáveis, mesmo não sendo, algumas organizações desenham atalhos indevidos e/ou passam a propagar imagem totalmente distinta da realidade e caem nos chamados Marketing Ambiental enganoso e no *Greenwashing*, dois conceitos distintos que andam de braços dados.

O melhor exemplo disso, é o caso da Vale, uma das maiores empresas privadas do Brasil. A mineradora esteve envolvida em dois dos maiores acidentes ambientais do país: o rompimento da barragem de Mariana, em novembro de 2015, e o rompimento da barragem de Brumadinho, em janeiro de 2019, ambos em Minas Gerais. Apesar do gigantesco passivo ambiental gerado, além das mortes causadas, a Vale gasta enorme quantia em publicidade destacando suas boas práticas ambientais. Não tem lógica a imagem de protetora do meio ambiente que é transmitida pelo marketing institucional e as notícias que saem na imprensa de grande vilã da natureza.

Greenwashing é o termo em inglês que, em uma tradução livre, quer dizer “lavagem verde”. Nesse contexto, “lavagem” tem o mesmo sentido de “lavagem de dinheiro”, prática que serve para encobrir questões obscuras. O “verde” do nome remete às questões ambientais. Portanto, quando uma empresa faz *greenwashing*, ela está enganando a sociedade ao anunciar atividades supostamente sustentáveis que não correspondem com a realidade.

No Brasil, um dos casos mais ruidosos de *greenwashing* aconteceu em 2017. A Fiat divulgou, em uma campanha publicitária, que disponibilizava para os clientes “pneus verdes”. Segundo a montadora italiana, as vantagens eram o menor consumo de combustível e a maior durabilidade do componente. Assim, o novo pneu era menos danoso ao meio ambiente, daí o termo “verde” no nome. Contudo, após denúncias dos concorrentes, uma investigação mostrou que se tratava de propaganda mentirosa. Devido aos danos ambientais gerados na produção e no descarte do produto, ele não era nem um pouco sustentável.

Sempre que se fala em marketing ambiental enganoso e/ou de *greenwashing*, é bom ficar claro que essas são práticas que afrontam o conceito de sustentabilidade. Elas não representam preocupações ou cuidados legítimos com o meio ambiente. São apenas estratégias para ludibriar o público e o mercado. E como toda mentira tem perna curta, uma hora ou outra, a cilada aparece e o escândalo é enorme.

Em uma visita à Alemanha conheci uma empresa que se apresentava como uma das principais companhias do setor gráfico do mundo. A companhia dispunha de equipamentos modernos e alegava que não produzia mais, em seu país natal, um tipo de tinta extremamente tóxica, que tinha sido banida da Europa. Quando pesquisei a história da empresa, descobri que, realmente, havia parado de fabricar a tinta tóxica no Velho Continente. Porém, o seguia fabricando nas plantas chinesas, onde era permitido.

Onde está, então, a consciência ambiental que se propagava? Se a tinta era prejudicial à natureza, que fosse banida dos processos produtivos em todas as partes do mundo e começasse a pesquisar novas alternativas. É nessa hora que descobrimos o que é discurso vazio e o que é prática verdadeiramente responsável.

SUSTENTABILIDADE NA PRÁTICA

Não é porque existem empresas que se enveredaram pelos caminhos errados e foram alvos de escândalos que a maioria do mercado age de maneira equivocada. Não é essa a conclusão a que devemos chegar. Só citei esses casos para mostrar que precisamos ser transparentes e ficar de olhos abertos em relação ao discurso empresarial. Ele deve estar vinculado com a realidade e não ser formulado com de elementos ficcionais.

Felizmente, muitas companhias já entenderam a gravidade da crise climática e trabalham corretamente para alcançar a sustentabilidade. E o que é, afinal de contas, uma atuação verdadeiramente sustentável? Em uma definição abrangente, é a preocupação com os impactos ambientais em todas as pontas do negócio e o trabalho efetivo para se evitar os danos à natureza.

O processo produtivo e a cadeia de valor são, por exemplo, desenvolvidos para minimizar as sequelas ambientais, e, ao mesmo tempo, não diz respeito apenas de poluição e lixo gerado, mas também do incentivo ao uso de recursos naturais renováveis. Os produtos e os serviços ofertados pela companhia não podem trazer malefícios diretos ou indiretos para o planeta. Até porque não adianta ter um parque industrial limpo se o item fabricado é um vilão ambiental.

Por mais que pareça complicado no início, a adaptação da companhia aos princípios da sustentabilidade se faz necessária e não é inviável, como muita gente cogitava há alguns anos. O uso de novas tecnologias e o ganho de escala vindos das novidades ecológicas estão tornando realidade muitos cenários que, até outro dia, pareciam de ficção científica. Peguemos como comparação a energia fotovoltaica. Há dez, quinze anos, ela era muito cara e comercialmente impossível. Hoje, muitas residências e pequenos negócios são autônomos em relação ao consumo energético e se transformaram em geradores de energia limpa. Em vários países, ter energia solar é financeiramente mais interessante, seja para as famílias, seja para as organizações.

Por isso, a primeira questão que precisamos nos atentar quando falamos em sustentabilidade diz respeito à disposição em buscar alternativas. Quando empresas e profissionais, além de governos, consumidores, fornecedores e distribuidores, estão interessados em buscar respostas que solucionem velhos problemas, já é um bom começo. A resistência à mudança, o medo de custos extras e as desculpas para a manutenção de velhas práticas inviabilizam o caminho de toda a sociedade em direção à implementação da economia verde.

O segundo ponto a ser trabalhado é a educação ambiental. Programas, atividades e campanhas de conscientização dos funcionários, dos fornecedores e mesmo dos clientes são necessários. As pessoas precisam compreender a importância do tratamento dos resíduos, da diminuição da poluição, da reciclagem do lixo, do uso das energias limpas, da economia de água, da preservação da fauna e da flora e da administração dos recursos finitos do planeta. Só assim será possível que todos atuem em direção a um mundo mais sustentável.

As empresas são, ao mesmo tempo, catalisadoras de tendências e seguidoras dos ventos soprados pela sociedade. Com a sustentabilidade não é diferente. As companhias adotam várias ações de responsabilidade ambiental visando agradar ao público externo, cada vez mais preocupado e engajado. Paralelamente, elas precisam contar com o apoio dos parceiros e dos próprios clientes para concretizar suas iniciativas.

Se o mercado não entender e não valorizar os esforços corporativos e não contribuir para suas realizações, as organizações acabam "pregando" para poucas pessoas. Por isso, a educação ambiental é tão relevante.

Em seguida, vem a questão do ajuste do sistema produtivo. Há operações industriais que são verdadeiros crimes ambientais. Por quê? Porque quando foram concebidos lá atrás, não havia preocupação com a questão ambiental. Para se produzir uma calça jeans, são gastos milhares de litros de água. Uma vez que esse recurso se torna escasso e vital para a sociedade, não faz mais sentido desperdiçá-lo. Há, ainda hoje, muitas fábricas que poluem o ar, o solo e a água, como se esse comportamento não fosse um atentado ao planeta.

Uma vez que tal comportamento não é mais aceitável pela sociedade, as empresas passaram a rever processos, tecnologias, maquinários e matérias primas. O investimento é para se tornarem mais produtivas e com menos passivos ambientais. Consumir menos recursos, descarbonizar, não poluir e reciclar se tornaram mandamentos quase obrigatórios dos sistemas produtivos contemporâneos.

Nos últimos anos, não basta às companhias apenas cuidarem de suas operações industriais. Os consumidores e os governos estão intransigentes com os efeitos ambientais dos produtos e serviços que são ofertados ao mercado. Assim, para ser ambientalmente responsável, uma companhia deve ter produtos que não poluem nem degradem o meio ambiente.

Em pouco tempo, itens que fazem parte da nossa rotina serão vistos como inimigos do clima e desprezados pela sociedade. Porque eles não fazem mais sentido do ponto de vista ambiental, os fabricantes serão forçados a rever as suas características ou tais produtos desaparecerão das prateleiras.

Por fim, as empresas se tornam responsáveis pelo que acontece em todas as pontas de suas cadeias de valor. Não adianta terem sistemas produtivos impecáveis e produtos/serviços ambientalmente responsáveis, mas seus fornecedores e distribuidores serem nocivos ao meio ambiente. Aos olhos de consumidores, governos e imprensa, essas companhias são cúmplices de seus parceiros no atentado contra a natureza e ao clima do planeta. Por isso, passam a ser malvistas e malquistas pelo mercado.

É importante alertar que a sustentabilidade não é assunto apenas de empresa grande e de multinacional. Os pequenos negócios começam a ser forçados a trabalhar com esse conceito. Há consumidores que não aceitam ir a pizzarias que usam lenha não ecológica para o forno ou que não controlam os resíduos emitidos pelas chaminés. A padaria e o mercadinho de bairro fazem entregas de bicicleta, contribuindo para a diminuição das emissões de gases nocivos à atmosfera. Redes de lavanderia crescem ao implementar sistemas que não usam água ou que não requerem tanta quantidade de líquido.

Portanto, com a crise climática e a cultura da sustentabilidade, as empresas têm que mudar, não há outra possibilidade. É questão de sobrevivência não apenas para elas, mas para todo mundo, para o planeta inteiro.

Comparo essa questão com a crise de saúde pública que vivenciamos, recentemente, na pandemia da Covid-19. Uma doença grave paralisou a sociedade e, por consequência, travou o mercado. As companhias puxaram o freio de mão e interromperam suas operações. As pessoas precisaram ficar fechadas em casa. Novos hábitos, rotinas, tecnologias, processos, atividades, produtos e serviços foram implementados do dia para a noite para dar sustentação à nova realidade. Tudo para evitar contágios e mortes.

A crise do clima é a versão ambiental da pandemia. Para evitar o extermínio da humanidade e o colapso planetário, é preciso puxar o freio de mão e interromper as operações danosas ao meio ambiente. As pessoas ficaram mais criteriosas ao consumir e não aceitam mais práticas predatórias e poluidoras. Assim, novos hábitos, rotinas, tecnologias, processos, atividades, produtos e serviços vão sendo implementados para a adequação ao novo cenário ambiental.

No próximo capítulo, vamos falar de outro tipo de crise que afeta nosso país e várias nações: a criminalidade e a questão da segurança.

No cenário contemporâneo, as empresas precisam lidar com o aumento da criminalidade, da violência e da corrupção e, infelizmente, a deterioração do quadro social tem implicações na operação das companhias. Além disso, a insegurança jurídica é outro complicador para empresários, executivos e profissionais envolvidos com a tomada de decisão nos negócios. É sobre isso que vamos tratar a seguir.

24

CRIMINALIDADE E INSEGURANÇA JURÍDICA

Além dos desafios apresentados e já discutidos, as empresas ainda enfrentam no Brasil questões relacionadas à alta criminalidade e à insegurança jurídica. A violência urbana, o crime organizado, a corrupção, as mudanças recorrentes nas leis, o desrespeito aos contratos, a postura incoerente dos governantes e a imprevisibilidade das decisões dos tribunais afetam diretamente a operação das companhias dos mais diferentes setores.

Dependendo do segmento do mercado, as maiores pressões que empresários e executivos precisam encarar não vem da concorrência, dos consumidores, dos distribuidores ou das grandes alterações tecnológicas, mas estão ligadas à segurança pública e aos assuntos jurídicos impactam o negócio. Por isso, reservei um capítulo inteiro para tratar desses dois assuntos. Não dá para falar de transformação organizacional em nosso país e não abordar o cuidado patrimonial, ético e legal.

Em todas as empresas em que trabalhei, rotineiramente, estava envolvido com esses temas. O líder que não se atentar para os valores virtuosos e para a segurança jurídica do seu negócio, certamente, terá problemas graves e dificuldades para atingir os objetivos empresariais a médio e a longo prazo.

CORRUPÇÃO NOS NEGÓCIOS

Como consultor de *supply chain* e logística, trabalhei para um governo estadual, na Secretaria de Educação. Uma operação crítica daquela pasta era a compra e a distribuição de merendas escolares. Ao analisar as licitações, visitar as instalações, conferir as entregas e mergulhar na realidade operacional dos colégios, descobrimos que parte da merenda das escolas era desviada pelos próprios funcionários que tinham restaurantes particulares. Ou seja, os ingredientes das refeições não chegavam às cantinas das escolas e iam parar nos negócios privados dos fraudadores. O pessoal tinha a coragem de roubar a comida da criançada!

Alguns anos antes, em outra unidade da Federação, eu atuei em uma companhia de saneamento básico. A principal perda da empresa estatal era o desvio de água, o chamado "gato da água". As pessoas não imaginam, mas tem gente que desvia água, muita água. O projeto de consultoria tinha dois focos. O primeiro era na eficiência operacional e na melhoria do nível de serviço aos consumidores finais. O segundo era buscar soluções para o problema do "gato da água". Para nossa surpresa, o governador não quis prosseguir com o trabalho proposto. Alegou que tinha que manter o bom relacionamento com todos os partidos da Assembleia Legislativa, deixando claro que quem mais lucrava com aquela prática criminosa não era gente simples e pobre e sim figurões poderosos e ricos.

Há muitas cidades brasileiras com relações delicadas com empresas de transporte público e limpeza urbana. Os setores de ônibus e de coleta de lixo são comumente descritos pela mídia como segmentos visados pelas facções criminosas para lavar dinheiro. No início de 2024, empresas conhecidas que operam linhas de ônibus na capital paulista entraram na mira do Ministério Público por suspeita de lavarem dinheiro para uma facção criminosa. Enquanto o objetivo de uma empresa é maximizar o lucro, o crime organizado tem como pretensão legalizar recursos obtidos ilegalmente. Infelizmente, essa é a realidade no Brasil, de Norte a Sul. Como enfrentar um concorrente com tais características?! É complicado.

O mercado de postos de gasolina também convive com conflitos éticos, pois enquanto muitas empresas adulteram combustíveis, sonegam tributos e enganam os consumidores com as mais diferentes artimanhas, as organizações idôneas encaram uma competição desleal. Como competir com os preços artificialmente baixos dos negócios incorretos? Não é possível. Surge, então, a dúvida: manter as práticas corretas apesar das dificuldades ou seguir pelo caminho daqueles que crescem e prosperam com atitudes eticamente questionáveis?!

Ademais, as companhias corruptas e os grandes esquemas empresariais fraudulentos acabam, por vezes, tendo o respaldo da esfera governamental, por meio de políticos que atuam para esses negócios nos âmbitos municipal, estadual e federal. No Rio de Janeiro, por exemplo, cinco dos últimos seis ex-governadores, acusados de participarem de ações ilícitas e ilegais, foram presos[80]. Quando quem deveria combater essas práticas não apenas fecha os olhos como incentiva as condutas erráticas, a vida de empreendedores e executivos éticos fica muito, muito difícil.

É bom que se diga que a corrupção ocorre em várias partes do mundo. Contudo, tenho a percepção de que no Brasil ela é mais comum e está, até mesmo, disseminada em grande parte da nossa sociedade, criando um ambiente em que os empresários e os investidores se sentem coagidos. Já ouvi de investidores mensagens como: “Esquece! A gente não põe mais nenhum centavo naquele Estado. Só vamos investir nos Estados A, B, C e D, que são mais confiáveis”; ou “Se não der um agrado às autoridades, o negócio não sai. Faz parte do jogo desse setor”.

Não é raro encontrarmos estruturas inteiras de negócio construídas em bases corruptas. Há casos que saem na imprensa após o trabalho da polícia e do Ministério Público. Contudo, algumas operações fraudulentas passam longe dos olhos das autoridades e da mídia.

80 Wilson Witzel (governador do Rio de Janeiro de janeiro de 2019 a abril de 2021), Luiz Fernando Pezão (de abril de 2014 a janeiro de 2019), Sérgio Cabral Filho (de janeiro de 2007 a abril de 2014), Rosinha Garotinho (de janeiro de 2003 a janeiro de 2007) e Anthony Garotinho (de janeiro de 1999 a abril de 2002) tiveram problemas com a Justiça e foram, em algum momento, presos. Nas últimas décadas, a única ex-governadora que não passou por isso foi Benedita da Silva (de abril de 2002 a janeiro de 2003).

A Operação Lava-jato foi um episódio emblemático. A pressão política que os empresários sofriam para fazer algo errado foi impressionante. Para sobreviverem, tinham que "dançar conforme a música" ditada por alguns políticos. Assim, cartéis foram construídos, as licitações eram combinadas, propinas foram pagas e havia desvio de recursos públicos em escala bilionária. Tudo isso devidamente chancelado por quem deveria combater as práticas ilegais e zelar pelos interesses da população.

O PESO DA INSEGURANÇA JURÍDICA

Não é apenas a corrupção que tira o sono de empresários e executivos. A insegurança jurídica é outra pedra no caminho das companhias. Para quem lida com licitação, as regras de operação do negócio precisam ser transparentes e claras, desde o início. Além disso, o órgão regulador, normalmente o Estado, precisa fazer sua parte. Mesmo com cláusulas devidamente colocadas em contrato, não é raro o governo não cumprir com o que prometera fazer quando assinou os acordos.

Nas principais licitações e concessões públicas, há um instrumento legal chamado de reequilíbrio de contrato, uma peça importante para os dois lados. Afinal, se uma das partes não cumprir com suas obrigações, há multas pesadas e o risco de ruptura contratual. O problema é que, mais uma vez, esse termo não é respeitado por muitos governos. Mesmo com o direito de ser ressarcida, a empresa privada acaba com prejuízos milionários porque os termos do reequilíbrio de contrato também foram ignorados.

Quando o investidor, principalmente se for estrangeiro, entende como é difícil trabalhar no Brasil, ele se desespera. Somos o país em que há "leis que pegam" e "leis que não pegam", e isso é difícil, quase surreal, de ser explicado para um alemão, um canadense ou um sul-coreano. Eles simplesmente não entendem essa questão de "lei que pega" e "lei que não pega", pois vivem em um contexto em que lei é lei, contrato é contrato. Na cultura das nações mais desenvolvidas, não existe o descumprimento de acordos sem consequências imediatas.

Há alguns anos, trabalhei em uma empresa japonesa que adquirira a concessão da mobilidade urbana no Rio de Janeiro. Os executivos da matriz ficavam horrorizados com a confusão, ou baderna, presente nos contratos então firmados. O governo estadual, um dos principais interessados para que o negócio desse certo e que o serviço prestado à população melhorasse, ignorava as obrigações que foram assinadas. Assim, era impossível que a concessionária obtivesse lucro e realizasse uma operação com o mínimo de qualidade.

Naquela ocasião, tive reuniões com o então governador do Rio de Janeiro[81] e com alguns de seus principais secretários. Pouco tempo depois desses encontros, parte da cúpula do executivo estadual foi presa, envolvida em ruidosos casos de corrupção. Era esse o tipo de gente com que estávamos lidando, sem saber. Como explicar isso para o investidor japonês? Como contar que o secretário de estado com quem estávamos negociando fora processado pelo Ministério Público, já não exercia mais aquela função e estava passando um período de "reclusão forçada" em uma penitenciária? Essas coisas não fazem parte da cultura organizacional japonesa e da grande maioria dos investidores estrangeiros.

A insegurança jurídica tira o sono de empresários e executivos sérios. O que podemos esperar de situações em que nem o que foi assinado é confiável?! Vale a pena esclarecer que esse é um problema que não afeta apenas as companhias com concessões públicas, e, até mesmo setores privados se veem envoltos com dificuldades legais. De uma hora para outra, regras tributárias, trabalhistas e de comércio exterior sofrem alterações drásticas e negócios inteiros são impactados negativamente. De certa forma, não é surpresa perceber que a insegurança jurídica caminha de mãos dadas com a corrupção.

81 Em abril de 2021, Wilson Witzel sofreu o *impeachment* e perdeu o cargo de governador do Rio de Janeiro. Ele já havia sido afastado provisoriamente das funções em agosto de 2020 por decisão do Superior Tribunal de Justiça (STF). Witzel foi acusado de envolvimento em esquemas de corrupção. Esse foi o primeiro caso no período da República do Brasil de um governador afastado por *impeachment*. Disponível em: https://g1.globo.com/rj/rio-de-janeiro/noticia/2021/04/30/tribunal-especial-abre-a-sessao-para-decidir-impeachment-de-witzel-1.ghtml.

É possível que as organizações monitorem as evoluções logísticas, tecnológicas, demográficas, econômicas e climáticas, contudo, quando falamos de mudanças legais, a tônica quase sempre é a surpresa e a total imprevisibilidade. Uma única decisão do Superior Tribunal Federal (STF) pode provocar mudanças gigantescas para setores inteiros. Por isso, uma boa prática corporativa é a criação de entidades setoriais. Ao invés de cada companhia defender individualmente seus interesses, elas se juntam para que em grupo possam ter maior representatividade e influenciar positivamente os gestores públicos e os formuladores das legislações.

Outra ação interessante é exigir maior transparência dos órgãos do Estado. Quanto maior a transparência dos agentes do governo, menor é a chance de haver indícios de corrupção e de mudanças abruptas das regras do jogo. Essa lógica vale para todas as esferas de poder: Executivo, Legislativo e Judiciário.

Não é à toa que os países com os maiores índices de transparência são aqueles que apresentam os mais elevados IDHs (Índice de Desenvolvimento Humano) e os ambientes de negócio mais saudáveis. Nesse quesito, ainda estamos engatinhando; no Brasil, são poucas as autoridades e as lideranças públicas empenhadas em disseminar a transparência pelos diferentes órgãos estatais. O Índice de Percepção da Corrupção, produzido pela Transparência Internacional desde 1995, avalia 180 países e atribui notas de 0 a 100. Quanto maior a nota, maior a percepção de integridade do país. Segundo os dados de 2023, no primeiro lugar da lista aparece a Dinamarca com 90 pontos, enquanto o Brasil está na 104ª posição, com 36 pontos.

Por fim, o líder da empresa precisa estar envolvido com o dia a dia da sua organização e acompanhar pessoalmente a interação com as diferentes autoridades. Só assim poderá ter garantias de que o diálogo está ocorrendo em um patamar elevado de qualidade ética. Há uma frase que gosto muito, do Martin Luther King: "O que me preocupa não é nem o grito dos corruptos, dos violentos, dos desonestos, dos sem caráter, dos sem ética... O que me preocupa é o silêncio dos bons".

Nos períodos em que fui presidente de empresas, sempre participei de associações de classe e de entidades setoriais. Como executivo C-level de concessionárias, me reunia frequentemente com ministros, governadores, deputados, prefeitos, secretários estaduais e equipes de relacionamento institucional de outras empresas privadas. Nessa hora, eu podia ficar mais retraído ou delegar para alguém do meu time a incumbência da interação com o público externo. Entretanto, eu dedicava 60% do meu tempo a esse tipo de relacionamento, pois era importante sinalizar o quanto a organização, sob minha presidência, estava disposta a seguir pelo caminho correto. Essa era uma iniciativa assumida por toda a área de Relacionamento Institucional da organização.

Além de imprimirem os valores morais da empresa, essas interações são importantes para ouvirmos as demandas dos demais agentes do mercado. Em alguns casos, notamos o despreparo e a falta de conhecimento deles. Nesse instante, nossa função é promover as informações corretas que os ajudem na tomada de decisão: a confecção de um novo marco legal ou a criação de um projeto social. Em outros casos, quando percebemos, logo de início, que há má intenção, a resposta que precisa ser dada em alto e bom tom é: NÃO! Não pactuamos com corrupção, crimes e práticas imorais. Como essa mensagem mostra que não estamos brincando nem estamos abertos a negociações eticamente condenáveis, as pessoas barram as conversas nada republicanas na nossa presença.

ALTA CRIMINALIDADE

Outro problema grave do Brasil é a alta criminalidade, sobretudo aquela ligada ao crime organizado, que afeta profundamente a economia. Há estudos que dizem que o país perde, anualmente, aproximadamente 5,9% do PIB com gastos em segurança. Desse valor, o setor privado arca com a maior parcela, mais ou menos 4,2% do PIB. É muito dinheiro, que acaba automaticamente encarecendo produtos e serviços. Não apenas o empresariado sofre, mas a sociedade inteira é afetada.

Há bairros e regiões nas grandes cidades brasileiras em que os Correios, as companhias de logística, Uber e iFood não entram. Por quê?

Porque o índice de criminalidade tornou essas operações inviáveis. Há alguns tipos de produtos que só trafegam pelas estradas do país com escolta armada e em caminhões com rastreadores via satélite. É quase uma operação de guerra. E mesmo assim, ainda são alvos de tentativas de roubo. Em algumas regiões é preciso pagar por proteção aos bandidos. Do contrário, não se pode sequer pisar ali ou circular com o mínimo de tranquilidade.

Quando pensamos em organização criminosa, logo imaginamos a ação de assaltantes de banco, traficantes de drogas e batedores de carteira. Mas esse termo é mais abrangente e há organizações criminosas com seus tentáculos dentro de governos e de empresas. Essas organizações e seus integrante não têm medo e quando colocados contra a parede, ameaçam a integridade física e a vida dos opositores.

No período em que trabalhei no Rio de Janeiro, há 30 anos, conheci várias empresas na região do Jacarezinho e da Baixada Fluminense. Mais recentemente, voltei a atuar na cidade e, para minha surpresa, as grandes empresas e as multinacionais não estavam mais presentes naquelas áreas: as companhias se mudaram porque não resistiram à pressão da criminalidade. Para que funcionários e fornecedores pudessem ir e vir, com o mínimo de tranquilidade, era preciso pagar pela proteção, pois só assim conseguiriam circular sem agressões e violência. O dinheiro era pago mensalmente para milicianos, traficantes e até policiais. Nesse cenário, é melhor se mudar do que seguir pactuando com essa realidade assustadora.

Qual é o custo social e econômico da saída de empresas de uma região? É enorme. Além dos empregos, desaparecem comércios, serviços e infraestrutura. De repente, o que era uma área próspera para os negócios se torna um deserto de oportunidades. Quanto menos oportunidades para empreender, mais fértil é o lugar para o crime. É uma bola de neve negativa.

Na companhia ferroviária em que trabalhei, também no Rio de Janeiro, tínhamos um sério problema com os vendedores ambulantes dentro dos vagões. Aquela era uma prática ilegal que precisava ser combatida em nome da segurança e do conforto dos usuários. Contudo, a venda ilegal estava quase que institucionalizada no Estado. O camelô foi alçado, pela Assembleia Legislativa Fluminense, ao patamar de patrimônio cultural e imaterial. Em muitos casos, os produtos vendidos nos trens eram artigos roubados. Mas como combater isso? A situação era complicada quando os seguranças da concessionária levavam alguém para a delegacia e no dia seguinte viam o mesmo ambulante trabalhando normalmente. Nem a polícia nem os usuários pareciam preocupados com o ambiente de ilegalidade em que estavam inseridos.

Infelizmente, vivemos em um país com taxas altíssimas de criminalidade. O roubo de carga encarece o preço das mercadorias em até 20%. Conheci uma transportadora que toda noite montava uma operação de guerra para não ser atacada. Antes de trancar o centro de distribuição, os funcionários estacionavam uma carreta enorme do lado de dentro para bloquear a passagem pelo portão. Chegavam a esvaziar todos os pneus, porque mesmo com o caminhão estacionado, ainda assim, podiam ser atacados. Ou seja, todo início de noite murchavam os pneus da carreta e no dia seguinte precisavam encher os pneus. Essa ação tinha como justificativa a ideia de que os bandidos iriam perder muito tempo desbloqueando a passagem e, nesse período, seria possível chamar a polícia.

Alguns produtos são muito visados pelos criminosos. Cigarros, celulares e eletroeletrônicos exigem sistemas de segurança especiais. Há quadrilhas especializadas no roubo de remédios: atacam hospitais, centros de saúde e armazéns procurando medicamentos para tratamentos do câncer e outras doenças, levando produtos que chegam a custar fortunas. Em alguns casos, os esquemas criminosos são montados para desviar o remédio sem que seja necessária a ação armada. Tudo feito na sutileza e com inteligência.

Até energia elétrica é furtada no Brasil. Segundo a Associação Brasileira de Distribuidores de Energia Elétrica, 14% da energia distribuída no país em 2022 foram roubadas. Eu escrevi 14%! Esse é um número absurdo e, se mensurado o prejuízo, chegamos à cifra de aproximadamente R$ 7,7 bilhões. Quem paga essa conta? Os consumidores. Note que esse valor é apenas fruto da criminalidade. Não estão sendo computadas as perdas técnicas do sistema como superaquecimento de materiais, problemas de equipamentos, falhas na distribuição etc.

Talvez o caso recente mais emblemático de uma região que sucumbiu à criminalidade seja a Cracolândia, em São Paulo. O crime expulsou famílias e comércios do centro da maior cidade do país. É um problema que ninguém consegue resolver. Entra governo, sai governo e a Cracolândia segue operando normalmente. Como consequência, a criminalidade vai se expandindo pouco a pouco e a cada ano há mais ruas e bairros paulistanos degradados.

Então, quer dizer que o problema da segurança pública só ocorre em São Paulo e no Rio de Janeiro? Não! Ocorre no Brasil inteiro. No interior, grupos criminosos fazem o chamado Novo Cangaço, com ações direcionadas ao ataque e à destruição de quatro ou cinco agências bancárias em uma mesma noite. Para atrapalhar a atuação da polícia, atacam previamente delegacias com armamento pesado. Com a polícia inoperante, roubam tudo e todos no meio do caminho. Quando vão embora, as cidades ficam dias, semanas e meses sem agências bancárias e sem serviços essenciais. O prejuízo se prolonga por um bom tempo.

A criminalidade brasileira atinge níveis de complexidade inimagináveis. A Organização Mundial de Saúde informa que 10% dos medicamentos são falsificados nos países de renda média e baixa, como o nosso. Ou seja, você compra um antibiótico que não é antibiótico, é um placebo. Você trata o seu filho com algo que não funciona. Em 1998, ficou famoso o caso dos anticoncepcionais que não preveniam a gravidez[82], quando várias mulheres que não queriam ter filhos engravidaram. Essa é uma realidade no Brasil e na América Latina.

---

82 Alguns lotes do anticoncepcional Microvlar, fabricado pela Schering do Brasil, eram ineficazes e foram desenvolvidos apenas para testes clínicos da farmacêutica. Contudo, chegaram aos consumidores finais como se fossem eficientes no final da década de 1990. O episódio ficou conhecido na imprensa como "pílulas de farinha".
Disponível em: https://www1.folha.uol.com.br/fsp/cotidian/ff30069801.htm; https://www2.uesb.br/ppg/ppgmls/wp-content/uploads/2017/06/Tese-Cor%C3%A1lia-Thalita-Viana-Almeida-Leite.pdf.

DIAGNÓSTICO E PROGNÓSTICO DA SITUAÇÃO BRASILEIRA

É inegável que o Brasil esteja em uma situação ruim quando analisamos os dados sobre a criminalidade e a segurança jurídica. Em qualquer *ranking* internacional sério, a posição do Brasil está localizada na parte de baixo da classificação. Não por acaso, somos conhecidos pela impunidade. Historicamente, bandidos estrangeiros fogem para cá, pois sabem que serão vistos com condescendência pelas autoridades. Os criminosos nacionais com alto poder aquisitivo dificilmente vão para a cadeia.

Uma vez cientes que o diagnóstico é ruim, qual é o prognóstico? Em outras palavras, estamos melhorando como nação ou piorando? É complicado responder a tal questionamento. Às vezes, parece que progredimos um pouco do ponto de vista ético e moral, algumas leis foram aprovadas e começaram a funcionar bem. As ações da polícia e decisões da Justiça têm colocado quadrilhas inteiras na prisão, bilhões de reais foram devolvidos ao Tesouro, em acordos judiciais.

Entretanto, antes que fiquemos otimistas, as leis que estavam trazendo melhorias podem ser revertidas, ao sabor dos ventos políticos. Os tribunais mudam entendimentos e criminosos confessos saem pela porta da frente das penitenciárias sem que tenham cumprido uma parcela mínima das penas. Algumas ações podem ser contestadas, e réus, antes condenados, são inocentados por problemas de trâmites burocráticos. Por esse ponto de vista, é complicado ficar satisfeito e não enxergar os passos que são dados para trás. De certa maneira, a impunidade é um incentivo ao crime e potencializa a sensação de insegurança jurídica.

Os fundos de investimento e os grandes investidores não olham só os resultados financeiros das empresas. Eles avaliam a perspectiva dos negócios como um todo. Para isso, os investidores analisam o contexto social, demográfico, político, econômico e ambiental do país. Se o ambiente não é favorável, eles vão embora ou limitam os investimentos. Quantas empresas não deixaram de operar nos últimos anos no Brasil?

Várias. Em muitos casos, a concorrência é entre nações e a companhia deixa de colocar dinheiro em um lugar por entender que outro local é mais interessante. Assim, os investimentos produtivos saem do Brasil e vão para México, Argentina, Indonésia, Bulgária etc.

Somente superando os graves problemas sociais, o Brasil conseguirá reverter as altas taxas de criminalidade, violência, corrupção e insegurança jurídica, pois as pontas dessa equação estão intimamente ligadas. Ou seja, baixa educação, reduzidas oportunidades profissionais e alta desigualdade social são a porta de entrada para o crime. Em um mundo cada vez mais tecnológico, o percentual dos alunos não sabe ler, escrever e fazer conta é alto, e, segundo os *rankings* internacionais a escola pública brasileira está entre as piores do mundo. Não dá para esperar mudanças drásticas em uma sociedade se seus pilares estruturais não estão sendo bem construídos.

Paralelamente à carreira de executivo, fui professor por duas décadas e meia. Vivenciei, na prática, a força transformadora da educação na vida das pessoas. Um bom exemplo disso é o trabalho que realizamos em Pernambuco, quando atuava em uma empresa local. Em parceria com o UNICEF, a companhia apoiou o projeto Selo UNICEF, iniciativa do Fundo das Nações Unidas para a Infância. A proposta era estimular e reconhecer avanços nas garantias dos direitos de crianças e adolescentes apoiando municípios do semiárido brasileiro e, para isso, uma das principais frentes foi o investimento na educação.

Isso faz quase dez anos. Recentemente, conversando com a coordenadora do UNICEF que estava envolvida, naquele momento, com esse projeto, perguntei sobre aqueles alunos. Onde estariam? O que estariam fazendo? Ela me disse, orgulhosa, que vários estudantes entraram na faculdade e alguns já estão inclusive estagiando. Esse é o efeito concreto da força da educação na vida das pessoas e da sociedade.

É quase um clichê dizer que as nações que tiveram uma alavancagem enorme na qualidade de vida e no potencial econômico começaram a revolução social pela educação. Na Coreia do Sul e em Singapura foi assim. Se é sabido que esse é o caminho a ser trilhado, por que pouco ou quase nada é feito nesse sentido?! É preciso não esquecer que outros dois problemas estão presentes: a corrupção e a ineficiência governamental. Quando políticos, cidadãos, sociedade civil e empresariado não se interessam por mudar bases sociais calcadas em velhas práticas e em culturas obsoletas, a triste realidade persiste geração após geração. Como consequência, o Brasil segue sendo o país do carro blindado, onde é perigoso usar celular ou qualquer aparelho eletrônico nas ruas das grandes cidades e, ainda, convive com golpes que prejudicam milhares de pessoas rotineiramente.

No próximo capítulo, vamos tratar de outro assunto da esfera social que tem ganhado cada vez mais relevância para as organizações: a diversidade. Afinal, por que as companhias voltaram suas atenções nos últimos anos para esse tema? Quais os benefícios de um ambiente empresarial diverso? Essas são algumas questões que vamos discutir nas páginas a seguir.

25

DIVERSIDADE

No campo das questões sociais, outro tema que repercute cada vez mais nas empresas nacionais e internacionais que passam pelo processo de Transformação Organizacional é a diversidade. Ou se abraça a multiplicidade de pontos de vista, características e comportamentos, ou não há outro caminho possível. A pressão da sociedade contemporânea por condutas mais inclusivas e por perfis mais plurais é uma tendência que veio para ficar. Fechar os olhos para a nova realidade pode causar sérios problemas e "dores de cabeça" para as companhias dos mais distintos setores da economia.

O debate sobre a diversidade é essencial para a promoção de ambientes mais igualitários, criativos e prósperos. Em um mundo em constante transmutação e de enorme competitividade, ter equipes versáteis, inovadoras e adaptáveis é fator de vantagem competitiva para as organizações. E essas características só são obtidas com times versáteis, integrantes com competências e habilidades complementares e pessoas de conhecimentos diferentes.

Pela perspectiva empresarial, focar a diversidade na estratégia organizacional, é contemplar as questões: de gênero, raça e etnia, escolaridade e formação, etarismo, vivência, ideologia e pensamento, perfil, preferência, geografia e territorialidade, credo e visões de mundo. Uma companhia inclusiva promove tanto equipes de trabalho heterogêneas quanto atende aos mais distintos setores sociais como clientes. Afinal, não adianta ter um olhar mais abrangente na formação do quadro de colaboradores e não seguir esse comportamento na hora de atender ao público consumidor.

A proposta deste capítulo é discutirmos alguns tipos de diversidade.

DIVERSIDADE DE GÊNERO

Nossa sociedade evoluiu consideravelmente quando o assunto é diversidade de gênero. Quando comecei minha carreira, fiz faculdade de Engenharia. Naquela época, na virada dos anos 1970 para os anos 1980, havia uma nítida segregação entre atividades masculinas e atividades femininas. Na cabeça de muita gente, ser engenheiro era coisa de homem, não de mulher. Por outro lado, Enfermagem, Nutrição e Psicologia eram profissões voltadas para elas (e não para os rapazes). Olha só que insensatez!

Por isso, no meu curso universitário quase não havia alunas em uma sala com 40 alunos, quando muito, havia uma ou duas. Por quê? Porque a sociedade não via com bons olhos a presença de mulheres naquele tipo de curso. Era algo cultural. As alunas que desafiavam essa lógica eram corajosas, destemidas e transgressoras. Minha esposa é engenheira e tenho uma irmã engenheira. Elas se formaram nessa época, quando o preconceito era enorme. Hoje, a presença de mulheres na Engenharia, e no ambiente corporativo, de maneira geral, cresceu muito. A presença delas não causa mais estranhamento, como ocorria há 40, 50 anos. Inclusive, entre os melhores profissionais que conheço, vários são engenheiras.

Essa transformação cultural é fruto da diversidade de gênero. No entanto, por mais barreiras que as mulheres tenham quebrado nas últimas décadas, ainda assim é preciso que ocorram mudanças para atingirmos a total igualdade de oportunidades na sociedade em que vivemos. Infelizmente, o comportamento misógino, o machismo propriamente dito, permanece em várias partes do mundo, até mesmo em países desenvolvidos, o que dificulta o progresso e a ascensão feminina no mercado de trabalho.

Algumas pessoas pensam que a cultura sexista é algo restrito às nações muçulmanas, que proíbem as mulheres de estudar, de trabalhar e de sair sozinhas na rua. Mas não! No Japão, local muito desenvolvido tecnologicamente, ainda hoje, as mulheres convivem com uma mentalidade que as discrimina, situação que se explicita de modo marcante nas empresas e instituições em geral. Depois que se casam e têm filhos, as profissionais femininas são malvistas no ambiente corporativo. Boa parte das pessoas pensam: o que elas estão fazendo aqui se deveriam estar em casa cuidando da família?! Isso em pleno século XXI e em lugares de elevado IDH.

Já contei, em capítulos anteriores, situações vivenciadas na distribuidora de eletricidade que se prontificou a formar eletricistas de alta tensão. A questão que emergiu, naquele momento, foi que o principal obstáculo para a Escola de Eletricistas, como o projeto se chamou, era um alto executivo, que ficava na matriz na Europa: um executivo com ideias machistas e que se opunha à formação de mulheres como eletricistas de alta tensão. Para ele, só os homens poderiam exercer tal função com competência. Começou, então, uma discussão, pois queríamos turmas mistas. No fim, alinhamos com a área de Recursos Humanos nossa proposta e seguimos em frente com nossa proposta. Felizmente, a equipe do RH da sede tinha a mentalidade mais aberta.

Hoje, vejo essa mesma empresa ganhando prêmios na área da diversidade com relativa frequência e isso só é possível porque os preconceitos internos foram derrubados, lá atrás. A cultura organizacional entendeu que as mulheres não apenas eram capazes de realizar o serviço de eletricistas como muitas se destacaram positivamente. Agora elas dirigem caminhão, levantam escadas nas ruas, avaliam a fiação elétrica, fazem a manutenção dos postes, restabelecem a operação em linhas de transmissão etc. Nesse caso, o machismo foi derrubado à força.

A mesma dinâmica ocorreu, tempos depois, em na companhia ferroviária em que atuei. Lá, criamos a Escola de Maquinistas e aumentamos o número de mulheres formadas. Muitas delas ainda trabalham nessa atividade, que ainda tem forte predomínio masculino.

Em muitos países, a presença feminina no mercado de trabalho pode até ser corriqueira, mas os preconceitos as impedem de alcançar cargos de liderança nas empresas. Para ver isso na prática, é só analisar o quadro de gerência e diretoria das principais companhias nacionais e internacionais. Quantas mulheres chegam ao topo da hierarquia corporativa? Quantas são as presidentes femininas nos maiores conglomerados empresariais? Infelizmente, são poucas. Por mais que nossa sociedade tenha evoluído do ponto de vista da igualdade de gênero, ainda há muito a ser feito.

Outro problema crítico é que as mulheres ganham menos do que os homens, mesmo quando desempenham função idêntica. Muitas empresas que dizem ter o mesmo percentual de homens e mulheres em seu quadro, não mostram que eles recebem mais do que elas. Não é justo! Para resolver esse disparate, há até novas leis impondo a igualdade salarial e vários governos passaram a monitorar recentemente essa questão.

DIVERSIDADE RACIAL E ÉTNICA

A diversidade vai muito além da questão de gênero. Esse conceito abrange também a cor da pele e as questões étnicas. Nos últimos anos, as empresas entenderam o quanto os preconceitos raciais e étnicos eram prejudiciais para o próprio negócio. Até pouco tempo, por exemplo, era difícil encontrarmos *shampoos*, cosméticos, cremes e loções para os consumidores negros. Eles tinham que usar os mesmos produtos que foram desenvolvidos para o público branco, por mais diferentes que fossem seus cabelos e peles. Por que não havia esforços de pesquisa das companhias para atender às necessidades e aos desejos dos clientes negros? Talvez, por puro preconceito e miopia mercadológica.

Se pararmos para pensar, isso soa absurdo em um país como o nosso, em que a maior parte da população é miscigenada. Focar apenas nos cidadãos brancos não tem nenhuma lógica empresarial. Em uma nação de tamanho continental, temos descendentes de europeus, asiáticos, africanos, indígenas etc. Dependendo da região do Brasil em que estamos, o padrão populacional é distinto. O perfil social de Florianópolis é diferente de Salvador, que é diferente de São Paulo, que é diferente de Goiânia, que é diferente de Fortaleza, que é diferente de Manaus. Cada cidade tem características particulares e ignorar essa pluralidade demográfica é perder muitas oportunidades de negócio, além de fechar os olhos para a enorme riqueza cultural do nosso país.

Há alguns anos, uma empresa financeira foi alvo de polêmica nas redes sociais e na imprensa. Na comemoração do quarto ou quinto aniversário da companhia, a equipe de marketing divulgou uma foto com todos os colaboradores reunidos. A ideia era mostrar o crescimento da organização, que já possuía quase meia centena de funcionários, um tamanho considerável para aquele setor de atuação.

Contudo, o que chamou a atenção do público externo foi o perfil da equipe. Não havia colaborador negro ou pardo na imagem e, além disso, havia apenas duas ou três mulheres. Onde estava a diversidade em um grupo de cerca de 50 indivíduos?! Ao invés de mostrar o seu progresso, o que aquela instituição financeira indicava, direta ou indiretamente, era o quão preconceituosa sua gestão de recursos humanos estava sendo. Essa foi a interpretação de grande parte da sociedade.

Será que em um país como o Brasil não se encontram profissionais negros e pardos para fazer parte da equipe e dos quadros de liderança de uma empresa financeira? Esse é o questionamento que muitas companhias estão se fazendo com cada vez mais frequência. Infelizmente, o racismo estrutural[83] é uma marca de nosso país e está presente em várias organizações. Para corrigir esse erro, várias empresas passaram a se atentar para a maneira como contratam e promovem seus talentos.

DIVERSIDADE REGIONAL

As empresas que desejam ter uma atuação realmente nacional precisam olhar com atenção para as características regionais do mercado

83 Racismo estrutural refere-se ao sistema no qual políticas públicas, práticas institucionais, representações culturais e outras normas funcionam de várias maneiras para perpetuar a desigualdade racial.

brasileiro. Não dá para promover Transformações Organizacionais impactantes considerando a realidade de uma ou duas capitais do nosso país. Além disso, é fundamental ter sensibilidade para as nuances geográficas e territoriais. Há muita gente que pensa que os nordestinos são iguais Não! As diferenças entre cearenses, pernambucanos e baianos, por exemplo, são gigantescas. O mesmo princípio se aplica aos sulistas. Os gaúchos não são parecidos aos paranaenses. Inclusive, o morador de uma capital pode ter perfil distinto do morador do interior do mesmo Estado.

Abraçar a diversidade regional é aprender a pensar e a agir de maneira integradora. Ao mesmo tempo em que incluímos os diferentes públicos em nosso negócio, de certo modo, evitamos práticas de segregação, preconceito ou exclusão. A ideia é não deixar ninguém de fora do jogo.

Quando atuei em uma empresa no Nordeste, tive um choque cultural ao descobrir que os Festas Juninas eram, e são, um evento tão importante ou mais que o Carnaval ou o Natal. Quem não entende essa particularidade, certamente terá vários problemas. Imagine no ambiente acadêmico, por exemplo, marcar provas em pleno Natal ou agendar aulas no meio dos festejos carnavalescos? Claro que ninguém vai gostar disso. Com a Festa Junina é a mesma coisa. E nas empresas são muitas as comemorações e festas promovidas nesse período, além de movimentar o comércio, turismo e outros setores da economia. Se alguém vai de São Paulo ou Rio de Janeiro para o Nordeste precisa entender que a dinâmica, das pessoas e das empresas, pode estar direcionada aos eventos sociais no mês de junho.

O mesmo ocorre em outras regiões do Brasil. Quando morei no Rio Grande do Sul, a Semana Farroupilha mexia com a população local. Eles iam para o CTGs (Centro de Tradições Gaúchas), acampavam, se vestiam a caráter, comiam pratos típicos, cantavam e dançavam músicas folclóricas. É um evento importante e de forte representatividade cultural que mexe com os cidadãos de várias cidades do interior e de Porto Alegre. Quem chega de outros estados sequer conhece as particularidades desse evento e não pode imaginar o poder de mobilização da Semana Farroupilha.

No caso das multinacionais, o olhar mais cuidadoso para cada pedaço do planeta se faz necessário. É um equívoco comum acreditar que os consumidores globais são homogêneos e as ofertas de produtos e serviços também podem ser. Além disso, vários negócios considerados internacionais possuem algum nível de nacionalização. O cardápio do McDonald's, por exemplo, não é igual em todos os países, sempre há artigos locais. Até mesmo o sabor da Coca-Cola possui adaptações regionais. O gosto do refrigerante no Brasil é mais doce para agradar ao paladar nacional, que é naturalmente mais adocicado.

Também não dá mais para selecionar a equipe de colaboradores considerando uma ou duas cidades, ou privilegiar duas ou três faculdades como *lócus* de formação. Antigamente, havia uma brincadeira que o quadro das principais empresas brasileiras era constituído pelos estudantes de apenas duas ou três universidades de São Paulo, chamadas de universidades "de primeira linha". No descritivo da vaga, mencionavam-se até mesmo as faculdades priorizadas ou exigidas para a contratação. No caso de multinacionais, a preferência era por profissionais da matriz e de dois ou três países dos principais centros internacionais. Quem estava fora do eixo global, não tinha chance de ascensão nas companhias multinacionais.

Isso não existe mais. Por quê? Porque se comprovou, por meio de estudos científicos e pesquisas acadêmicas, a importância da diversidade nos diferentes ambientes corporativos. Quanto mais plural for o time, mais criativo e competitivo é o trabalho realizado. A variedade de perspectivas, conhecimentos e opiniões interfere diretamente na excelência e na inovação das soluções apresentadas pela equipe. Quando todos pensam da mesma forma e têm o mesmo perfil, a variedade de propostas é, automaticamente, limitada.

Ao mesmo tempo, é preciso "jogo de cintura" para administrar quadros de colaboradores tão diferentes. Nesse caso, o desafio é a Gestão Humana. De qualquer maneira, as vantagens da pluralidade de características e ideias são muito superiores às possíveis desvantagens causadas pelo convívio de perfis tão distintos.

É curioso que sempre que colocamos o tema da diversidade em pauta, uma das principais críticas é: ao incluir um número maior de grupos de pessoas, não comprometeremos a qualidade técnica da nossa equipe?! Esse questionamento só mostra o nível de preconceito da parcela da população privilegiada. Porque o que acontece é o contrário. Ao conhecermos segmentos sociais diferentes, percebemos sua qualificação.

Quando atuei em Pernambuco, fiquei admirado com o capital humano das escolas e das instituições de ensino locais. Além de a formação das pessoas ser de altíssimo nível, já havia alguns polos tecnológicos, de inovação e empreendedorismo que possuíam referências nacionais e internacionais. Alguns dos profissionais pernambucanos, com quem trabalhei, figuram entre os melhores quadros técnicos que conheci.

Uma das vantagens de ter trabalhado nas diferentes regiões do Brasil foi notar que a excelência do capital humano do nosso país não está apenas em São Paulo e no Rio de Janeiro, como muita gente dessas cidades pensa. Todas as regiões possuem profissionais muito bem treinados e capacitados, com conhecimentos de realidades distintos daqueles identificados entre paulistanos e cariocas. Agregar esses cérebros ao time de trabalho permite ganhos técnicos, intelectuais e de experiência indescritível.

DIVERSIDADE DE ORIENTAÇÃO SEXUAL

Outro ponto relevante no campo da diversidade diz respeito à orientação sexual dos colaboradores e dos clientes que era, até pouco tempo atrás, alvo de preconceitos. Em muitos ambientes corporativos, expressar a homossexualidade, por exemplo, era enterrar oportunidades de crescimento profissional. Se a pessoa não era casada e não tinha filhos, os colegas julgavam-na pouco confiável para assumir postos mais elevados na hierarquia empresarial. O olhar contemporâneo não apenas reconhece os direitos das pessoas LGBTQIA+ como a sociedade valoriza as companhias inclusivas. A legislação também veio para evitar a homofobia, que tal como o racismo virou crime em várias nações.

É bom que se dê a real dimensão para o universo LGBTQIA+. A Parada do Orgulho LGBT+ da cidade de São Paulo é uma das maiores do mundo nessa categoria e um dos principais eventos da capital paulista. Segundo pesquisas realizadas pela Unesp e pela USP, o percentual de brasileiros inseridos nas categorias assexuais, lésbicas, gays, bissexuais e transgêneros está na casa de 12% da população[84], ou aproximadamente 19 milhões de pessoas. É muita gente e desconsiderar esse público, seja no recrutamento de colaboradores seja no atendimento aos consumidores, é perder excelentes oportunidades de negócio.

DIVERSIDADE ETÁRIA E ETARISMO

As pessoas mais velhas ou mais jovens também são vítimas da intolerância da sociedade e das empresas. Já falamos sobre isso quando discutimos as mudanças demográficas. O fato é que os profissionais com mais idade ou com menos idade acabam sendo malquistos em alguns ambientes corporativos. Ao invés de aproveitarem suas experiências e seus conhecimentos, as companhias os enxergam como fardos, por mais absurdo que, atualmente, possa parecer esse tipo de crença. Não por acaso, esses dois grupos sociais apresentam os maiores índices de desemprego em vários países capitalistas.

O ganho que temos ao permitir o convívio de várias gerações na empresa é enorme. Algumas soluções para problemas graves só são possíveis pelo intercâmbio da visão distinta do pessoal mais jovem com o pessoal mais velho. Ao invés de se priorizar uma ou outra geração, por que não abraçar a todas? Essa é a ideia da diversidade. Um ambiente de trabalho que integre todas as faixas etárias consegue estar mais preparado para os desafios do mercado.

---

84 STARIOLO, Malena. Levantamento quantitativo pioneiro na América Latina mapeia comunidade ALGBT no Brasil. Jornal da Unesp. 24 de outubro de 2022. Disponível em: https://jornal.unesp.br/2022/10/24/levantamento-quantitativo-pioneiro-na-america-latina-mapeia-comunidade-algbt-no-brasil/.

OUTROS TIPOS DE DIVERSIDADE

Para abordar em detalhes todos os tipos de diversidade, seria preciso escrever um livro inteiro sobre o assunto, pois sua abrangência e riqueza não cabem em apenas um capítulo. Contudo, para não me alongar demais nas explanações, vou citar apenas mais alguns outros casos de inclusão que mostram ações bem-vindas para as empresas.

Até pouco tempo atrás, várias características neurológicas e cognitivas eram estigmatizadas pelas companhias, vistas até mesmo como doenças incapacitantes para o exercício profissional. O padrão era de não contratar pessoas que não se encaixassem "como uma luva" no padrão estipulado pelo mercado de trabalho. Hoje o entendimento é outro.

É comum encontrarmos equipes com pessoas com TOC (Transtorno Obsessivo Compulsivo), TDAH (Transtorno do Déficit de Atenção e Hiperatividade), dislexia, autismo etc. A contribuição delas é valiosa para o enriquecimento do grupo de trabalho. Dependendo da atividade, as habilidades que esses profissionais possuem são muito bem-vindas. Há empresas que colocam colaboradores com certo grau de autismo em alguns postos específicos, pois entendem que eles estarão mais focados, concentrados e rigorosos na análise do que os outros funcionários.

A questão estética também foi alvo de preconceitos por muito tempo. Quem tinha deficiência física ou era obeso, em geral, era malquisto tanto como colaborador quanto como cliente. As mudanças culturais e as normas legais foram decisivas para adequar negócios e empresas às necessidades daqueles que fugiam dos padrões sociais. Assim, restaurantes ganharam banheiros para pessoas com deficiência de locomoção; *shopping centers* e órgãos públicos foram adaptados para cadeirantes, cegos, surdos; e o transporte público passou a incluir assentos maiores.

Em um mundo em que a maioria da população é formada por pessoas acima do peso e obesas, não faz sentido não considerar suas demandas. E não estou falando apenas em desperdiçar os talentos da companhia só porque alguém é obeso. Estou apontando para perdas de faturamento.

Várias marcas de moda renegavam os consumidores maiores, como se atendê-los fosse uma vergonha para a organização. Inclusive grandes companhias entraram em crise quando os clientes entenderam os preconceitos e pararam de procurá-las. No sentido contrário, algumas lojas e confecções voltadas para o público *plus size* cresceram.

São vários os tipos de preconceitos a que assistimos no dia a dia. Há, também, quem veja as pessoas pobres com olhares preconceituosos, que acreditam que se alguém mora na favela ou não possui dinheiro, significa que essa pessoa não tem educação, que não é confiável e não merece ser contratada. Será mesmo?! Nesse caso, há um evidente preconceito de classe social, os indivíduos são julgados pelas posses materiais, como se o patrimônio pudesse determinar suas características morais, educacionais e psicológicas.

Como já destacamos, o Brasil é conhecido como um país de gigantesco abismo social. No entanto, se o nível educacional é baixo e se há poucas oportunidades profissionais, dependendo da situação, as empresas não podem ficar de braços cruzados. Ao invés de reclamar dos governos, elas precisam fazer sua parte. Por que não formar pessoas para o mercado, elevar a capacitação da população e contribuir para o desenvolvimento humano da nação? A atuação das companhias deve incluir o desenvolvimento social da parcela mais vulnerável economicamente. Discutir a diversidade social também é função das organizações privadas.

A mão de obra em nossa região não é tão capacitada quanto gostaríamos? Então, faremos parceria com o Senai para aperfeiçoá-la. Não encontramos bons quadros de liderança? Vamos estabelecer convênios com universidades para melhorá-los. Nossos fornecedores de tecnologia são limitados? Devemos correr atrás de polos de desenvolvimento que queiram conversar com a iniciativa privada para potencializá-los.

Há várias possibilidades que vão muito além de ficar reclamando do cenário externo desfavorável. Em um mundo que prima pela integração, viver isolado e mergulhado em seus próprios problemas é um erro imperdoável para os negócios dos diferentes tamanhos e segmentos.

A diversidade religiosa é outro aspecto bem-vindo. Ter equipes com várias crenças e até mesmo sem crenças é algo positivo para a cultura empresarial. Infelizmente, ao lado das ideologias políticas que dividem profundamente famílias e países, a intolerância religiosa é um dos graves problemas dos tempos contemporâneos. Ao invés de integrar as pessoas em nome da paz, da solidariedade e do amor, os credos costumam segregar e opor violentamente os indivíduos. Exatamente por isso, é tão importante promover tal união.

IMPLEMENTANDO A DIVERSIDADE NA CULTURA CORPORATIVA

Para a que a pauta da diversidade seja implementada em uma empresa, é precisa partir de um direcionamento de cima para baixo, dinâmica que está presente em processos de mudança que já discutimos neste livro. A liderança aponta o caminho e a equipe segue as diretrizes após ser convencida da viabilidade e das vantagens daquela opção estratégica. Em alguns casos, o direcionamento parte do Conselho de Administração. Contudo, é inegável que a pressão pela mudança muitas vezes vem de fora da companhia. É a sociedade que impõe as alterações na dinâmica de como o negócio será realizado.

É curioso tratar sobre isso, mas se existe uma área pouco diversa nas empresas é a cúpula e o Conselho de Administração, que, geralmente, é a antítese de tudo o que discutimos até aqui sobre diversidade. Analise a maioria das diretorias e conselhos e procure por mulheres, negros, pessoas de fora do eixo Rio — São Paulo, homossexuais, pluralidade de idades, indivíduos com deficiência física e outras variações. Dificilmente você encontrará. Por quê? Porque a diversidade passa longe, muito longe da alta administração, por mais que algumas companhias propaguem esse conceito como um dos seus valores culturais.

Convenhamos, é uma enorme contradição. Enquanto não tivermos no quadro de direção um bom número de membros com perfil verdadeiramente heterogêneo, a diversidade não terá sido implementada efetivamente naquela cultura organizacional. O dia que isso acontecer, esse aspecto deixará de ser mero marketing ou discurso para agradar ao público externo. E certamente, ele estará enraizado na essência corporativa e será um forte empecilho para a propagação de preconceitos.

A diversidade, quando presente na cultura da empresa, é fator de diferencial competitivo, ainda mais no Brasil, um país com tantos desafios sociais. As empresas que contam com equipes heterogêneas conseguem compreender com mais rapidez e propriedade os anseios do mercado consumidor. A conexão com os vários nichos e segmentos se dá pela identificação natural dos colaboradores e das lideranças com a vivência dos clientes.

No próximo capítulo, vamos discutir outro tema de caráter social: a Construção e a Gestão do Relacionamento com o Poder Público. Afinal, as companhias precisam interagir com governos e se adequar às legislações vigentes. Sem esse aspecto do negócio bem definido, certamente os problemas serão enormes e a viabilidade do empreendimento estará comprometida.

26

CONSTRUÇÃO E GESTÃO DO RELACIONAMENTO COM O PODER PÚBLICO

Muitas vezes, empresários e executivos se esquecem da importância da interação das ações da iniciativa privada com o Poder Público. Eles montam negócios impecáveis pensando no atendimento das necessidades e desejos dos clientes. Constroem cadeias de valor com ótimos fornecedores e excelentes distribuidores. Desenvolvem ofertas de valor inovadoras e com preços competitivos. Com uma eficiente política de Gestão Humana, moldam líderes e colaboradores comprometidos e bem treinados. Para completar, criam operações enxutas e encantam a opinião pública com visões empresariais modernas e atuantes. A impressão que se tem é: essa empresa não pode dar errado!

Contudo, ao não considerar os pressupostos dos órgãos governamentais e o cumprimento da legislação vigente, a alta administração pode jogar na lata do lixo todos os esforços empresariais feitos nas demais áreas. Ou seja, sem as licenças legais, sem as autorizações para o funcionamento, sem o pagamento adequado dos impostos e sem a anuência das autoridades, a estrutura e as estratégias da companhia não param em pé e, muitas vezes, é obrigada a fechar ou tem sua operação seriamente comprometida. O que era para ser um sucesso incontestável se torna uma dor de cabeça enorme.

Além do mais, há várias modalidades de negócio que estão surgindo no Brasil que trazem muitas oportunidades para as empresas. O processo de privatização da economia, a implementação de concessões públicas e o estabelecimento de parcerias público-privadas são cada vez mais comuns em nosso país. Não aproveitar esses mecanismos empresariais por desconhecimento de como fazê-los ou por simples preconceito de ter que interagir com os agentes estatais não é mais tolerável em ambientes profissionais.

Para que isso não aconteça com ninguém, este capítulo tem como eixo a importância da Construção e Gestão do Relacionamento com o Poder Público, tema que é tão relevante quanto os outros discutidos nesta parte do livro. Renegá-lo ao segundo ou terceiro plano pode arruinar o presente e o futuro da sua empresa.

A INTERAÇÃO ENTRE GOVERNANTES, EMPRESAS E SOCIEDADE

Todo negócio está inserido em um contexto legal e é passível de fiscalização por parte dos órgãos governamentais. É muito ingênuo quem pensa: vou produzir um produto ou vou oferecer um serviço e seja o que Deus quiser. Não! A indústria de alimentos deve respeitar questões sanitárias e de saúde pública. A indústria química precisa cumprir uma série de regulamentações ambientais. Antes de abrir as portas para o atendimento dos consumidores, e antes de escolher os melhores fornecedores, a companhia deve conhecer não só o marco legal de seu segmento, mas, e, sobretudo, os trâmites legais necessários para o início de sua atividade. Esse é o pontapé inicial de qualquer empreendimento capitalista.

Com o tempo, a tendência é que esse relacionamento se aprofunde. Isso se aplica indistintamente às concessionárias de serviços públicos, às parcerias público-privadas, às estatais que foram privatizadas e às empresas 100% privadas. Porque as regulamentações setoriais mudam de tempos em tempos e há exigências legais que precisam ser cumpridas periodicamente. Não dá para ninguém viver isolado sem o contato com os agentes governamentais.

Assim, todas as empresas têm direta ou indiretamente alguma relação com as questões públicas e com os poderes constituídos. Ainda que, em alguns casos, essa interação ocorra em maior ou menor grau, ela existe e existirá sempre. Uma grande empresa multinacional pode trabalhar o *lobby*[85] no Congresso Nacional para a aprovação de uma lei específica para seu mercado de atuação. Na ponta oposta da relação, uma MEI[86] pode se limitar ao cumprimento das obrigações legais e tributárias divulgadas pelas plataformas eletrônicas. De qualquer maneira, ambas estão conversando com as autoridades públicas, mas em escalas distintas.

É curioso tratar no Brasil da interação de companhias e governantes porque a primeira coisa surge no imaginário das pessoas é a possível corrupção. Se uma empresa conversa com um governo, certamente tem algo de sujo! . Infelizmente, essa é a crença de muitos brasileiros. Porém, não é essa a correlação imediata que deve ser feita quando esse assunto vem ao debate. É possível, e é preciso, companhias e órgãos públicos dialogarem, criarem vínculos e se relacionarem sem qualquer descompasso ético. A qualidade da discussão e a postura das duas partes serão decisivas para o caminho a ser percorrido.

Há alguns anos, a Anvisa (Agência Nacional de Vigilância Sanitária) abriu um debate público para a mudança das embalagens dos alimentos no Brasil. A ideia era deixar mais claro nos rótulos a presença e a quantidade de alguns ingredientes prejudiciais à saúde da população. Para a conversa ser plural, foram chamados vários integrantes de diferentes categorias profissionais: médicos, cientistas, jornalistas, pesquisadores e consumidores. E, claro, foram convidados varejistas e fabricantes. Repare que as empresas também acabaram ouvidas. Essa interação é democrática, não tem problema algum os empresários e os executivos exporem suas visões e opiniões sobre temas de seus interesses.

---

85 Normalmente, o termo *lobby* tem uma conotação pejorativa em nosso país. Para o brasileiro médio, fazer lobby é cair em casos de corrupção ou corromper agentes públicos. Contudo, essa visão está equivocada. O *lobby* é uma atividade lícita que visa influenciar o processo decisório dos poderes Executivo e Legislativo. Ele deve ser ético e transparente.

---

86 O Microempreendedor Individual (MEI) é uma figura empresarial que recebe no Brasil tratamento diferenciado em relação à constituição legal e aos pagamentos de tributos.

Durante a Reforma Tributária, alguns setores econômicos se mobilizaram para figurar nas faixas de menor alíquota de imposto ou mesmo receber isenções fiscais. Quando realizado com critério e honestidade, o *lobby* é perfeitamente válido e até mesmo esperado. É assim que funcionam as democracias no mundo inteiro. O debate e a interação com os diferentes agentes sociais são a maneira natural para que cheguemos ao consenso e à tomada de decisões. Por que empresas privadas e governantes não poderiam dialogar? Não faz sentido evitar essa interação.

Além disso, se pensarmos bem, os políticos não têm a obrigação de serem especialistas em todos os assuntos. É humanamente impossível um vereador, um deputado estadual ou federal, um senador, por exemplo, conhecerem profundamente as questões de saúde, segurança pública, educação, meio ambiente, economia, logística, tecnologia, infraestrutura, transporte, saneamento básico etc. Portanto, é compreensível que eles tenham vários assessores para municiá-los com informações. E é também lógico que se estabeleça conversas com importantes agentes sociais para o real entendimento dos diferentes assuntos abordados pelo Legislativo. Fechar olhos e ouvidos para a sociedade é o pior comportamento que um governante pode ter. Seu papel é justamente trabalhar para o bem comum e o progresso daquele país, estado e município.

Ao mesmo tempo, há dinâmicas empresariais que exigem maiores contatos com os governos do que outras. Uma empresa concessionária, por exemplo, fala quase diariamente com as autoridades estatais. Já uma empresa privada de um mercado que não passa por grandes mudanças há muitos anos, acaba interagindo pontualmente e de forma burocrática com os governantes. Precisamos entender as diferentes características de cada negócio para avaliarmos a importância dos relacionamentos com as esferas públicas.

A REGULAMENTAÇÃO DOS MERCADOS É PAPEL DO GOVERNO

O momento mais crítico da relação governo-empresa ocorre quando uma nova legislação entra na pauta para discussão. Dependendo de como as regras e as normas são estipuladas, mercados inteiros podem ficar paralisados ou serem incentivados. Quanto mais inovadores forem os modelos de negócio, mais difíceis são os entendimentos e as avaliações por parte do agente público.

Quando a Uber chegou ao Brasil, houve uma grande confusão: muitos taxistas se revoltarem com o serviço que era visto por eles como concorrência desleal, que não tinha alvará da prefeitura. Afinal, se o táxi precisava de uma licença para operar pelas ruas, por que um veículo da Uber não precisava?! A discussão envolvia muitas variáveis legais.

Situação semelhante se deu com o iFood e os demais aplicativos de entregas de refeição, até hoje envoltos em indefinições jurídicas que vira e mexe aparecem na mídia e chegam aos tribunais. Os entregadores dessas empresas são funcionários diretos das companhias ou são prestadores de serviços autônomos? Dependendo do entendimento das autoridades, esse aspecto específico do negócio pode inviabilizar toda a operação de um mercado inteiro. Portanto, nada mais natural do que empresas, colaboradores, fornecedores e clientes se mobilizarem para apresentar seus pontos de vista aos governantes.

Quando os veículos autônomos se tornarem comuns nas ruas das grandes cidades do mundo, será necessário regulamentar sua atividade. Quando as entregas feitas por drones guiados pela Inteligência Artificial forem implementadas como ferramenta logística, será preciso definir muito bem as regras de convívio dos equipamentos com as pessoas.

É papel dos governantes criarem ambientes de negócio que sejam interessantes tanto para as empresas quanto para os cidadãos. Antes da privatização da Telebrás, na década de 1990, ser proprietário de uma linha telefônica no Brasil era artigo de luxo, um sonho das famílias de classe média. Para adquirir a minha, precisei entrar numa fila enorme e pagar por 30 meses. O preço era próximo ao de um carro popular zero quilômetro. Isso só para você conseguir a linha. Depois tínhamos que nos sujeitar a ter um serviço péssimo, que não funcionava no horário de pico e conviver com uma linha sem estabilidade. Isso nas grandes cidades. Quando saíamos dos centros urbanos, a situação era pior ainda.

Com a mudança de entendimento da legislação, o mercado de telecomunicações floresceu no país. Com a privatização na segunda metade dos anos 1990, as estatais deram lugar a grandes companhias privadas nacionais e internacionais. Com novas regras e o estímulo à concorrência, hoje é muito fácil adquirir linhas telefônicas móveis. Todos têm acesso a um celular, inclusive as pessoas mais pobres. Surgiram serviços mais econômicos, como os planos pré-pagos. Assim, há agora serviços telefônicos para todos os tipos de bolso.

Recentemente, assistimos às mudanças legais do mercado de saneamento básico no Brasil. Por muitos e muitos anos, a responsabilidade pelo cuidado do esgoto e do fornecimento de água potável era de empresas estatais de abrangência municipal ou estadual. Mal gerida, endividada e com problemas operacionais, a maioria dessas companhias não conseguia expandir os serviços à totalidade da população. Como os indicadores do país nessa área sempre foram péssimos, o Congresso Nacional aprovou em maio de 2021 o Novo Marco Regulatório do Saneamento. Assim como ocorreu, há 30 anos, com a privatização das telecomunicações, a nova lei deve estimular as empresas privadas a entrarem e investirem nesse segmento.

Em outras palavras, leis bem formuladas são capazes de provocar revoluções positivas nos mercados, o que favorece as empresas e os consumidores. Por outro lado, leis inadequadas ou mal definidas podem arruinar negócios e fechar operações empresariais em grande escala.

Um exemplo emblemático de setor com enormes dificuldades legais é o elétrico. Com a privatização, só duas grandes distribuidoras permanecem estatais: a Cemig e a Celesc[87]. A última empresa privatizada foi a Copel, no Paraná[88]. O problema deste mercado é que ele está estruturado de uma maneira que privilegia alguns segmentos e onera outros. Para expandir a produção de energia limpa, como a solar e a eólica,

87 Fundada em 1952, a Cemig é a Companhia Energética de Minas Gerais, enquanto a Celesc é a Centrais Elétricas de Santa Catarina, empresa criada em 1955.

88 A privatização da Copel ocorreu em 2023 e gerou para o governo paranaense cerca de R$ 3,1 bilhões.

foram concedidos vários incentivos fiscais. Como consequência, quem paga imposto viu a taxa aumentar exponencialmente. No fim, a conta de luz das famílias brasileiras é uma das mais altas do mundo, o que gera perdas para a economia inteira e aumento da inflação do país.

Dentro desse segmento, um outro caso que ficou em destaque em 2023, e novamente em 2024, foi a distribuidora de energia da região metropolitana de São Paulo, a ENEL. A companhia, em dois eventos distintos provocados por fortes chuvas e ventos, deixou milhões de pessoas sem energia, em alguns casos por mais de cinco dias. A pressão da sociedade, da mídia, e mesmo dos governos municipais, estadual e federal foi enorme para mudanças radicais. Acontece que o modelo de contrato dessa concessão, assim como outras em outros segmentos, era antigo e não previa medidas de maior proteção aos clientes em decorrência de eventos climáticos, cada vez mais frequentes e intensos, como já comentamos nos capítulos anteriores.

Para resolver essa questão, as empresas estão pressionando suas entidades de classe para sensibilizar a opinião pública e os governantes a mudarem as regras do setor elétrico no Brasil. Esse tipo de *lobby*, repito, é normal e faz parte do jogo político. O que não pode é corromper, comprar, ameaçar e subornar os agentes governamentais. Porém, influenciar e convencer com argumentos e ideias é perfeitamente válido e produtivo para a democracia.

OPORTUNIDADES DE NEGÓCIO NO SETOR PÚBLICO

O desenvolvimento da economia brasileira nas últimas três décadas está marcado pelo enfraquecimento do Estado indutor, aquele que se envolve diretamente em mercados com pouca aderência à essência de suas atividades. Vale lembrar que nos anos 1970 e 1980, havia incontáveis estatais nas diferentes esferas da Federação. Elas atuavam na produção de cimento, aço e fertilizante, na siderurgia, na aviação, na mineração, no processamento de dados, na computação, em seguros e em refinarias, além dos já citados setores de telecomunicações, energia elétrica e saneamento.

Na concepção mais contemporânea, o Estado age como um incentivador da iniciativa privada. Sua função é organizar e coordenar as atividades do mercado capitalista em nome do progresso coletivo. Em outras palavras, o governo não opera diretamente na economia, apenas regulamenta as principais atividades dos demais agentes do mercado. Dessa maneira, as privatizações, as concessões e as parcerias público-privadas (PPP) se tornaram excelentes oportunidades para as companhias nacionais e internacionais investirem. Contudo, para atuarem nessas modalidades de negócio, os empresários e os executivos precisam aprender a interagir com o setor público.

Como vimos, já há grupos privados no setor elétrico, no saneamento e nas telecomunicações. As parcerias público-privadas são cada vez mais comuns no ramo da saúde, da educação e do sistema prisional. As concessões ganharam espaço no transporte público, rodovias, sistemas metroferroviários e na administração de parques. Para cada uma dessas áreas e para cada tipo de interação com membros do Estado, as empresas montam equipes especializadas. Afinal, participar de licitação pública não é igual a participar de concorrência de concessão. Atuar no ramo de água e esgoto não é igual a atuar no setor de trens urbanos.

Quando administrada com profissionalismo, a relação com o Estado é benéfica para a empresa privada e para a sociedade. No *ranking* das dez melhores rodovias do nosso país, nove são estradas sob concessão ou privatizadas do Estado de São Paulo. Para os usuários, a segurança e a excelência do serviço prestado são incomparáveis. Digo isso por vivência própria, de quem viaja muito por essas rodovias. Mas sempre há os políticos populistas que reclamam da privatização e apontam o dedo como se o atendimento público fosse superior. Não é!

Já temos no Brasil grupos empresariais trabalhando simultaneamente com rodovias, portos, ferrovias, aeroportos e metrô. O Grupo CCR é um bom exemplo pela longevidade e pela multiplicidade de negócios, trabalhando há 25 anos com privatizações e concessões públicas e com mais de 17 mil colaboradores. Sua administração contempla cerca de 40 bens públicos em 13 estados brasileiros. É uma companhia gigantesca, séria e lucrativa. Para completar, oferece excelentes serviços à população em vários ramos da economia.

Por falar em São Paulo, a expansão das linhas de trem e metrô está sendo feita com base em parcerias com empresas privadas, seja por meio de privatizações, seja com concessões. Os trens intercidades, como o São Paulo-Campinas, serão desenvolvidos e administrados pela iniciativa privada. O Estado não tem recursos para fazer os investimentos necessários nem tem capacidade técnica para operar tais serviços. É um novo *boom* que estamos assistindo nas ferrovias paulistas, dessa vez no transporte de passageiros.

Há alguns anos, tivemos essa mesma movimentação, só que no transporte de carga brasileiro. Com a assinatura do marco legal das ferrovias de carga, várias empresas privadas entraram nesse mercado e começaram a operar diversas linhas pelo país inteiro. Com regras claras e incentivos do governo, grupos empresariais se sentiram mais confortáveis para investir. Dessa forma, cresceram as demandas por vagões, trilhos e infraestrutura. Com a maior competição, o preço do frete ferroviário caiu, o que permitiu a sua utilização por um número maior de empresas do agronegócio, da mineração e até da indústria. Toda a sociedade sai ganhando, inclusive o governo que passou a arrecadar mais impostos.

Entretanto, é importante dizer que os grupos privados, normalmente, ficam ressabiados com as ações dos agentes públicos. Como os investimentos em infraestrutura são pesados e exigem vários anos para se obter retorno, não é qualquer mudança de regra que irá motivá-los a agir. Antes de entrarem numa privatização, em uma concessão ou parceria público-privada, as empresas privadas avaliam a segurança jurídica do negócio e as ameaças daquele mercado a médio e longo prazo. Se não houver clareza nas regras e certeza de retorno financeiro, elas não investem um centavo sequer.

Reside nesse aspecto um dos problemas identificados para tal tipo de negócio no Brasil. Enquanto há prefeituras e governos estaduais com históricos de boas práticas e que já adquiriram a imagem de serem confiáveis, outros municípios e governos estaduais ainda estão engatinhando ou têm no seu repertório péssimas decisões. Não dá para compararmos, por exemplo, os acordos de concessão e de privatização que o Estado de São Paulo e o Estado do Rio de Janeiro fizeram nos últimos 30 anos. Enquanto o primeiro tem enorme credibilidade e apresenta bons serviços à população, os segundo vive envolto em desconfiança, casos de corrupção e não exibe melhorias evidentes no atendimento aos cidadãos.

Em 2023, fiz um levantamento que apontou a existência de mais de 100 projetos metroferroviários na gaveta de prefeituras e secretarias estaduais. São novos projetos ou extensões de linhas de VLTs (Veículos Leves sob Trilhos), metrôs e trens de superfície. E por que eles ainda estão na gaveta? Porque está todo mundo esperando o marco regulatório do segmento de transporte sobre trilhos para passageiros. De novo: a insegurança jurídica não traz ânimo para os investidores colocarem dinheiro nesse setor. Os agentes públicos das esferas municipais e estaduais sabem disso e aguardam os movimentos dos políticos da alçada federal. Enquanto a lei não sai em Brasília, nada acontece no restante do país.

No capítulo em que tratamos a questão da sustentabilidade, falamos bastante das mudanças provocadas pela crise climática. Com a necessidade de implementar urgentemente a economia verde, com energias, máquinas, equipamentos, produtos, serviços e negócios com baixo ou com zero emissão de carbono, será preciso alocar uma quantidade absurda de dinheiro, e a maior parte desse investimento não virá dos governos e sim das empresas privadas. Caberá aos Estados incentivarem os empresários a mudarem mentalidades e comportamentos. Com esse prognóstico, existem várias oportunidades de negócio que serão abertas nos próximos anos.

VANTAGENS E DESVANTAGENS DE TER O ESTADO COMO CLIENTE

Conheço muitos empresários e executivos que falam: "não trabalho com governo. Porque forneço produtos e serviços e depois sofro para receber o pagamento. Porque eu sou sério e nem sempre meus interlocutores são. Porque a burocracia é gigantesca e desestimula o trabalho das empresas privadas. Porque é preciso assinar contratos de longo prazo, com 20, 30 anos de duração".

É verdade que há algumas particularidades quando o Estado é o cliente. Contudo, em muitas circunstâncias, vale a pena o esforço para atendê-lo. A compensação financeira da adaptação da companhia, até então acostumada com o mercado privado, às exigências do setor público podem ser bem interessantes. Tudo depende da proposta que se tem na mesa.

Se você tiver um projeto bem estruturado, lastro financeiro, investidores sólidos, governo confiável, produtos/serviços com viabilidade financeira, regras claras e ambiente estável, a possibilidade de se fechar bons negócios cresce consideravelmente. Tudo o que poderia ser visto como desvantajoso passa a ser benéfico. Um contrato por maior tempo, por exemplo, pode ser visto como a garantia para se obter o retorno do investimento. A governança traz segurança jurídica necessária à companhia privada. E a complexidade do trabalho estatal se torna uma barreira natural para possíveis entrantes nesse mercado.

Em muitos casos, a companhia que ganhou a licitação trabalha para renová-la após o término contratual. Por quê? Porque o primeiro ciclo foi positivo e um novo se vislumbra igualmente convidativo. Foi o que aconteceu, por exemplo, com a Rodovia Dutra. Após a concessão terminar, uma nova licitação foi feita e quem ganhou foi a CCR, a mesma empresa que já operava a estrada. A manutenção da parceria foi positiva para ambas as partes. O governo colocou no novo pacote a Rio-Santos e exigiu a duplicação dessa rodovia no trecho entre Rio de Janeiro e Ubatuba, no litoral paulista. Além disso, tem a certeza da qualidade do serviço prestado pelo antigo e agora novo parceiro. Para a empresa, a *expertise* adquirida em algumas décadas de operação pode ser reaproveitada no novo ciclo, assim como os investimentos realizados. Para coroar, os usuários têm a confiança de seguirem recebendo o mesmo padrão de atendimento.

Os contratos longos não devem ser vistos como riscos e sim como vantagem competitiva desse tipo de negócio. O mesmo pensamento pode ser aplicado à burocracia. O que é a burocracia? É um sistema definido por um conjunto de regras, que é colocado no contrato e que deve ser cumprido à risca pelos envolvidos. Se as empresas privadas têm receio da atuação governamental, nada melhor do que detalhar cada aspecto do acordo no papel e se garantir de imprevistos futuros.

Outro benefício evidente desse tipo de relação é o ganho imediato de escala. Ao assinar um contrato com o governo, a empresa ganha, rapidamente, centenas de milhares ou milhões de clientes. O que demoraria anos ou mesmo décadas para se alcançar com o crescimento orgânico do mercado, ela recebe muito rapidamente. O mesmo princípio se aplica a estrutura concedida ou privatizada. Ao invés de levar um "tempão" construindo uma estrada, um aeroporto, uma ferrovia, uma linha de transmissão de energia ou uma rede de saneamento do zero, parte-se de algo já em operação, assumindo o desafio é reformar ou atualizá-lo tecnologicamente.

Talvez o grande problema desse tipo de negócio no Brasil seja a imaturidade do ambiente empresarial. Enquanto há países em que a parceria entre Estado e companhias privadas ocorre há mais de um século de duração, por aqui é tudo ainda muito incipiente. São poucos os casos de sucesso que validam o modelo. Como muitos governos ainda estão implementando contratos e procurando os melhores modelos de convênio, a insegurança é grande para as várias partes: Estado, investidores capitalistas e usuários finais.

Nesse sentido, o Brasil ainda está engatinhando. Há concessões feitas sem regras claras, contratos antigos que foram assinados sem o entendimento dos papéis dos envolvidos e mudanças constantes de regulamentação. Em alguns casos, ainda se encara a atuação dos agentes privados com preconceito e desconfiança, como se eles quisessem explorar as necessidades básicas da população e, para tal, precisassem corromper os integrantes do poder público.

Não é assim que as coisas funcionam na prática. A empresa privada chega para otimizar o trabalho da estatal e aumentar a excelência dos produtos e serviços oferecidos. Muitas vezes, há agências regulatórias responsáveis por avaliar quantitativa e qualitativamente o que está sendo entregue aos cidadãos. Esses órgãos são o fórum de debate técnico para solucionar dúvidas e resolver problemas operacionais.

A cultura da privatização, da concessão e das parcerias público-privadas é recente no Brasil. Prova disso são as linhas de financiamento abertas pelo BNDES, voltadas exclusivamente para essa finalidade, uma novidade que não tínhamos há dez, quinze anos. São opções que oferecem capital a custos mais baixos para as companhias privadas interessadas em fazer negócios com os governos, o que gera benefícios também para a população. Dependendo do modelo e do mercado de atuação, os juros menores são fundamentais para tornar o contrato com o Estado financeiramente viável.

Além dos contratos de longo prazo, da barreira à entrada de concorrentes, do ganho de escala e do acesso estratégico a financiamentos mais baixos, outro benefício dessa modalidade de negócio é o propósito nobre. Em tempos de ESG, as empresas têm a oportunidade de melhorar os serviços públicos prestados diretamente à população. Assim, conseguem mudar a realidade de milhões ou dezenas de milhões de pessoas. Ao oferecerem transporte, saneamento, energia elétrica, Internet, saúde e educação de qualidade aos cidadãos, elas assistem à transformação da sociedade como um todo. Participar ativamente desse processo é enriquecedor para empresários, executivos, investidores, colaboradores, fornecedores, governantes e parceiros do negócio.

Há regiões no Brasil em que a falta de água, luz, esgoto, mobilidade, comunicação e estrada impedem seu desenvolvimento, e quando esses serviços chegam, a vida dos moradores muda profundamente. Por isso, nosso país é uma terra de oportunidades. Enquanto a infraestrutura das nações desenvolvidas está pronta, há localidades por aqui que requerem investimentos estruturais elementares. Como o poder de investimento do Estado é limitado, nada mais natural do que o capital privado assumir essa incumbência e lucrar com os investimentos realizados. Em alguns locais, o Estado não tem recursos e não consegue fazer nem mesmo a manutenção básica. Em dezembro de 2024, a queda da ponte que ligava os estados do Tocantins e Maranhão foi responsável por várias vítimas fatais. Além disso, com a queda dessa ponte, que já dava sinais de problemas devido à falta de manutenção pelas autoridades responsáveis, a circulação de mercadorias e pessoas entre os estados foi interrompida, causando outros problemas.

É interessante notar que um investimento puxa outro. Uma oportunidade deriva da outra. Um negócio atrai outro. Quantas cidades não se instalaram ao longo de ferrovias em todas as partes do mundo? Várias. Isso ocorreu na América do Norte, na Europa, na África, na Ásia e na América Latina. Quantos municípios não se desenvolveram após a instalação de portos ou aeroportos? Vários. Daí a importância de o Brasil avançar estruturalmente.

Sabendo disso, várias empresas se tornam grupos empresariais mais completos e diversificados no setor do serviço público. Há companhias que trabalham simultaneamente com energia, mobilidade e saneamento. Há uma operação para cada atividade. Esses grupos também se credenciam a prestar tais serviços no exterior. Porque, assim como o Brasil, a América Latina tem grande potencial para ser desenvolvido. A bagagem adquirida em gestão, projetos, operação, atendimento aos consumidores e intermediação com governos pode ser levada aos países vizinhos. Não por acaso, temos grandes grupos internacionais ganhando licitações e concessões de aeroportos, portos, estradas, ferrovias, sistemas de saneamento, distribuições elétricas, telecomunicações etc.

Por outro lado, lidar com a esfera pública é diferente de lidar com o mercado privado. Não é questão de um jeito ser melhor ou pior, e sim de serem maneiras distintas de se relacionar. Por essa perspectiva, a organização precisa se adaptar à nova realidade. Quem atua com concessões, privatizações e parcerias público-privadas tem que entender, rapidamente, como os trâmites, a cabeça e a mentalidade dos agentes públicos funcionam. Só assim será possível estabelecer parcerias produtivas, financeiramente viáveis, éticas e de longo prazo.

Há aspectos que tiram o sono dos investidores privados. O principal deles é a mudança de "ventos políticos". No Brasil, governantes de todas as matrizes ideológicas parecem querer desmontar tudo o que o antigo governo fez. Vimos isso acontecer há poucos anos: assim que houve a mudança no governo federal, se tentou cancelar a privatização da Eletrobras. Apesar da recente assinatura de contratos com várias empresas privadas, o Executivo queria reestatizar o setor elétrico nacional. A pressão da sociedade foi tão grande que a ideia, tão logo ventilada, foi abandonada. Ao mesmo tempo em que mostrou os riscos políticos que os empresários privados ainda estão suscetíveis em nosso país, esse fato também revelou o grau de maturidade da opinião pública e da sociedade civil para a importância da privatização e do respeito aos contratos.

LIDANDO NA PRÁTICA COM OS AGENTES PÚBLICOS

Quando as pessoas sabem que trabalhei em concessionárias de serviços públicos por muitos anos, a maior curiosidade é sobre como lidei com os agentes do Estado. Como foram as relações com os diferentes governantes? Os contratos foram cumpridos à risca? Houve algum tipo de pressão política? Como se comportaram os líderes políticos do Executivo e do Legislativo no dia a dia? Alguém quis obter vantagens financeiras ou eleitorais no processo de privatização ou de concessão?!

A questão da transparência e da ética é o ponto inicial do relacionamento com os governantes. É preciso ter "jogo de cintura" e inteligência para perceber quando estamos nos aproximando do sinal vermelho, aquela linha tênue que não devemos ultrapassar. Assim como em qualquer lugar, no poder público há gente séria e comprometida com as causas sociais. E há gente corrupta e descompromissada com os anseios da população. O desafio é saber quem é quem. Às vezes, é possível perceber rapidamente o perfil dos agentes do Estado com quem interagimos. Em outras ocasiões, só o tempo irá mostrar as reais intenções daqueles indivíduos.

Para começo de conversa, a empresa privada precisa ter uma área responsável pelos assuntos regulatórios e jurídicos. Essa equipe cuidará do passo a passo da licitação, da assinatura dos contratos de concessão e do atendimento às obrigações legais. Cuidar desses aspectos envolve um trabalho grande e importante. Dependendo do nível de excelência da gestão do contrato, uma companhia pode ser lucrativa ou deficitária. Além disso, é necessário monitorar constantemente as mudanças que ocorrem na legislação. O perigo pode estar nas novas leis aprovadas depois da assinatura do contrato.

Vale alertar que a empresa até pode estar certa em reclamar seus direitos na Justiça, se necessário. Contudo, qual é o preço pelo ganho de uma ação judicial que poderá levar anos até ser decretada? Será que o desgaste com os governantes e os gastos com os escritórios de advocacia compensarão? Acredito que vale mais a pena usar a diplomacia do que a contundência da lei. O principal executivo tem que estar envolvido com todos os parceiros do negócio para aparar arestas e resolver problemas. A construção de relacionamentos duradouros é uma de suas principais atribuições.

Quando digo isso, não estou falando para ser partidário de A ou B, entrar "de cabeça" nas eleições, ser suscetível aos esquemas de corrupção ou se envolver com temas políticos. A construção de relacionamentos satisfatórios e produtivos com prefeitos, governadores, ministros, secretários municipais e estaduais, vereadores e presidentes de agências fiscalizadoras, deve estar ancorada em princípios éticos. A posição da empresa privada deve ser estritamente técnica e comercial. Sua preocupação deve ser o bem-estar, o conforto, a segurança e a satisfação dos usuários do serviço público, além da viabilidade financeira do negócio. Se as melhorias trouxerem dividendos políticos e eleitorais no futuro, a empresa não tem nada a ver com isso.

Assim, a segunda medida é montar uma área de *compliance* para cuidar dos aspectos éticos da empreitada. Novamente, o executivo C-level precisa estar na linha de frente para supervisionar se todos da equipe estão respeitando as diretrizes corporativas. Não importa as pressões e os interesses dos agentes públicos. O comportamento do time da empresa privada deve ser uniforme, correto e acima de quaisquer suspeitas. Se os políticos são corruptos, eles precisam entender que a companhia com quem estão interagindo não é. Quando percebem a seriedade e os valores do outro lado do balcão, eles costumam se moldar à nova realidade. A melhor maneira para se evitar a corrupção é sendo incorruptível.

Ao juntar os temas jurídico-legais à temática ético-moral, temos o trabalho institucional. Essa é a peça-chave da atividade do CEO e da direção da companhia privatizada, da concessionária pública ou da parceria público-privada. As relações institucionais serão a base do sucesso do seu negócio. Até para fazer *lobby*, conforme a conceituação correta desse termo que vimos no início do capítulo, é essencial ter um poder de mobilização, proximidade com os decisores e capacidade de convencimento. Do contrário, não se influencia ninguém.

Curiosamente, muitos executivos não gostam de fazer esse trabalho mais institucional, acham que é perda de tempo. Isso até pode ser verdade em alguns mercados capitalistas, mas não quando o cliente principal da organização é o Estado. O resultado da companhia passa diretamente pelo relacionamento construído com todos os envolvidos. Portanto, não basta sermos apenas técnicos e gestores, precisamos ser políticos também. Quando nos sentamos à mesa com um secretário estadual para expor um problema, precisamos traduzir termos e jargões técnicos da nossa área para um linguajar acessível e popular. Talvez ele não seja um especialista naquele assunto e nossa função ali é ajudá-lo na tomada da melhor decisão.

É claro que alguns cuidados devem ser tomados nessa interação. Por exemplo, ao fazer uma reunião com uma instituição pública, o executivo não deve ir sozinho. Ele tem que estar acompanhado de pelo menos um integrante da sua equipe. Por quê? Por segurança. Ao se produzir a ata da reunião e analisar o teor da conversa, não haverá riscos de mal-entendidos ou interpretações equivocadas no futuro. No caso de encontros virtuais, há sempre a possibilidade de se pedir autorização para gravá-los.

Em muitos casos, o que os políticos pedem não envolve corrupção. Eles querem que a empresa faça sua contribuição em projetos sociais, ou ações diretamente em bairros específicos, o que na maioria das vezes não é possível, pois não estão alinhadas aos propósitos da empresa. A companhia não tem essa obrigação legal, mas para o eleitorado do governante pode ser algo importante. Certamente, o político vai dizer depois que foi ele quem conseguiu aquele projeto. Em situações como essa, cabe ao executivo avaliar a solicitação e, principalmente, dar a resposta mais adequada. "Olha, isso não está dentro do nosso plano de negócios. Como somos auditados, estamos sob avaliação constante da agência reguladora e prestamos contas para nossa área de *compliance*, essa ação pode ser mal interpretada. Não podemos realizá-la". Tão importante quanto o tipo de resposta é a maneira como ela é dada.

Eu já fui alvo de Comissão Parlamentar de Inquérito, no Rio de Janeiro. A CPI dos Trens teve a empresa em que eu trabalhava como alvo porque ela fazia uma coisa absurda aos olhos dos deputados estaduais: seguia à risca o contrato assinado. Os políticos fluminenses ficaram indignados e começaram a nos investigar. Sabíamos que não havia nada errado, mas, ainda assim, foi muito trabalhoso fazer nossa defesa e comprovar a legalidade das nossas ações. O relatório final mostrou isso. O mais desgastante não foi tanto a atuação da CPI e sim as notícias que saíram na imprensa. Infelizmente, a imagem da empresa saiu chamuscada perante a opinião pública, que passou a nos enxergar como vilões.

No próximo capítulo, o último desse conjunto de temas que os projetos de Transformação Organizacional valorizam, vamos tratar de outro tipo de relacionamento empresarial. Ao invés de olharmos para as relações com os governos, como fizemos aqui, o foco está nos desafios da governança corporativa e familiar.

27

A IMPORTÂNCIA E O PAPEL DA GOVERNANÇA CORPORATIVA E DA GOVERNANÇA FAMILIAR

Quando falamos de Transformação Organizacional, não podemos nos esquecer que a maioria das empresas no Brasil e no mundo é familiar. Contudo, é errado pensarmos que só existam companhias familiares de pequeno porte. Muitas são médias e grandes. Algumas são até mesmo multinacionais gigantescas, líderes de mercados globais e com produtos e serviços inovadores. Portanto, restringir a realidade dos negócios familiares ao universo dos micro e pequenos empreendimentos é o primeiro erro de leitura que muitas pessoas cometem

O segundo equívoco é achar que, só porque a empresa é administrada por parentes, ela não pode ter mecanismos de gestão profissional. A Governança Corporativa, ou Governança Familiar, é justamente a ferramenta que assegura o cuidado com o patrimônio e os interesses do clã controlador. Apesar de a boa Governança fortalecer muito a companhia, esse é um assunto por vezes esquecido ou desprezado no dia a dia por empresários e executivos.

Por isso, resolvi dedicar um capítulo inteiro para esse tema. Seria uma falha enorme encerrar este livro, que se propõe a fazer uma discussão aprofundada sobre os principais desafios e caminhos da Transformação Organizacional, ignorando o controle e o zelo pelos negócios a médio e longo prazo. De que adianta promover mudanças significativas e bem-sucedidas em uma companhia no presente, mas não se preocupar com o fortalecimento de sua gestão para o futuro?!

DIFERENÇAS ENTRE GOVERNANÇA CORPORATIVA E GOVERNANÇA FAMILIAR

Vamos iniciar nossa discussão diferenciando os dois conceitos reunidos na pauta deste capítulo. Afinal, quais são as distinções conceituais entre Governança Corporativa e Governança Familiar?

O termo governança remete, no aspecto geral, a um sistema de regras, práticas, normas e procedimentos pelos quais as organizações são dirigidas. O uso deste temo organizações, não se refere apenas às corporações empresariais, capitalistas. Elas podem ser órgãos de Estado, ONGs, agências reguladoras, entidades da sociedade civil etc.

A palavra governança também carrega o sentido de reunir as melhores práticas e legislações que foram consolidadas pelo mercado. Quando entendemos o que os outros estão fazendo de positivo para evoluir, crescer e alcançar melhores resultados procuramos, automaticamente, segui-los. Essa é a visão mais abrangente da governança.

A definição clássica de Governança Corporativa, conforme apresentada pelo Instituto Brasileiro de Governança Corporativa — IBGC [89], vai justamente nessa direção: é seguir as melhores práticas, regras, processos e leis para que as empresas obtenham resultados satisfatórios tanto para os acionistas quanto para a sociedade; e é cuidar para que os negócios se perpetuem ao longo do tempo. Portanto, é a aplicação dos conceitos gerais da governança para o âmbito corporativo, para o universo das companhias dos mais diferentes setores da economia.

Quando falamos de Governança Familiar, estamos tratando exclusivamente dos negócios administrados pelas famílias. Nesse caso, há algumas particularidades que precisam ser consideradas para quem deseja zelar pela longevidade desse tipo de empreendimento.

---

89 Criado em 1995 em São Paulo, o Instituto Brasileiro de Governança Corporativa (IBGC) é referência no país na área de Governança Corporativa. Sua proposta é disseminar o conhecimento e as melhores práticas desse tema entre as empresas nacionais.

No capítulo 9, Por que é Estratégico Cuidar da Sucessão? Destaquei os Três Círculos apresentados por John Davis e Renato Tagiuri[90]: a família, a propriedade e a empresa. Nesse modelo, os papéis dos profissionais na administração da companhia podem sobrepor-se, o que confere uma maior complexidade às relações. Por exemplo, alguém exerce uma determinada posição na estrutura familiar (pai, mãe, avô, avó, filho(a), neto(a) etc.), outra posição no aspecto legal da propriedade (sócio majoritário, sócio minoritário), e uma terceira na gestão da empresa (presidente, diretor, gerente, supervisor, assistente etc.). O que fazer quando os distintos papéis entram em contradições ou em confrontos direto?!

A governança familiar visa promover a gestão da companhia sem as interferências das relações e das posições externas das várias famílias e das diferentes gerações de acionistas. Seu objetivo é zelar pelo bem-estar geral do clã e, principalmente, assegurar o sucesso do negócio. Ela também trabalha a sucessão das lideranças e a manutenção dos valores e do legado familiar.

Para tal, a governança familiar planeja as estratégias de curto, médio e longo prazo da organização e coloca ordem nos Três Círculos criados por John Davis e Renato Tagiuri. Um caminho interessante é separar o Conselho de Administração, que olhará exclusivamente para os aspectos práticos do negócio, do Conselho da Família, que se voltará apenas para os interesses particulares dos herdeiros.

Normalmente, uma empresa familiar nasce da iniciativa, do empreendedorismo e das competências de seu fundador (ou de seus fundadores). Quando a empresa chega à segunda ou terceira geração, já se tornou multifamiliar. Com o tempo, são várias pessoas e vários núcleos familiares ligados ao êxito daquele negócio. E como organizar tantas visões opostas e tantos conflitos de interesse? Exatamente por isso é essencial separar o Conselho de Família do Conselho de Administração ou do Conselho Consultivo.

---

90 O modelo dos Três Círculos do Sistema das Empresas Familiares foi criado por John Davis e Renato Tagiuri em um trabalho de doutorado na Harvard Business School em 1978.

No Brasil, existem 20 milhões de companhias abertas, sendo que 98% delas são constituídas por micro e pequenos negócios. Ou seja, temos cerca de 400 mil empreendimentos comerciais e industriais de médio e grande porte. É muita coisa! E essas empresas precisam ter um Sistema de Governança. Entretanto, poucas possuem esse mecanismo de proteção, o que atrapalha consideravelmente o crescimento e a perpetuação desses negócios.

CHOQUES DE INTERESSES DENTRO DA EMPRESA

A palavra governança deriva do termo "governar", que é administrar recursos em prol de objetivos claros. Contudo, é bom esclarecer que há uma grande diferença entre gerir um negócio e administrar um negócio. Por mais paradoxal que possa parecer em um primeiro momento essa distinção, nem sempre os interesses de quem faz a gestão da companhia são os mesmos de quem cuida da sua administração. Os acionistas podem ter algumas ideias e determinados objetivos e os executivos podem ter outras ideias e outros objetivos. A empresa até pode ser a mesma, mas os interesses acabam sendo divergentes e provocam uma série de conflitos.

Às vezes, os acionistas querem maximizar o lucro no curto prazo porque precisam de dinheiro rapidamente ou porque estão pensando em vender em breve suas participações. Por sua vez, os administradores, aqueles que não têm o controle acionário, buscam os melhores resultados a médio e longo prazo.

O contrário também é bem comum. Os acionistas visam um crescimento sustentável e lento, pensando na solidificação da posição da empresa no mercado e em sua saúde financeira nos próximos anos. Nesse ponto, a diretoria e alta gerência desejam acelerar a expansão e potencializar o crescimento em um espaço temporal mais curto, pois pensam nos bônus anuais que vão ganhar ou no reflexo dos bons resultados para suas carreiras executivas.

Quando os responsáveis pelas estratégias corporativas discordam daqueles que vão executar os planos, e vice-versa, temos um Conflito de Agência e os impasses gerados estão expressos nas perguntas: afinal, por qual caminho vamos seguir?! Qual dos dois lados tem razão nessa discussão? Quem irá mediar os conflitos e os interesses antagônicos é a governança.

Cabe também à governança priorizar os objetivos e as necessidades dos acionistas minoritários, pois os acionistas majoritários podem ter pretensões que se oponham aos desejos daqueles que têm menor participação. É preciso haver um equilíbrio entre os interesses de todos os proprietários. É improcedente o grupo minoritário não ter voz e/ou ser completamente ignorado nas discussões sobre o futuro do negócio.

Assim, a Governança Corporativa ou Familiar, muitas vezes representada pelo Conselho de Administração, define os objetivos da organização, estabelece as estratégias gerais e toma as principais decisões envolvendo a estrutura e a dinâmica do negócio. É a partir dos seus desígnios que os administradores irão atuar.

Portanto, os conselheiros e os integrantes da governança não devem se envolver com a administração da empresa, e vice-versa. Eles ficam responsáveis pela gestão, cabendo a operacionalização do dia a dia aos executivos contratados para isso. Como os próprios nomes indicam, o pessoal da governança governa e a equipe de executivos executa as diretrizes recebidas. Simples assim.

Essa relação é muito parecida a duas pirâmides invertidas. Uma é representada pelos acionistas e pelos conselheiros e a outra é constituída pelo time da administração. O elo entre as pirâmides é feito pelo CEO, que é quem toca o negócio efetivamente, na pirâmide administrativa, e que participa como convidado nas reuniões do Conselho, na pirâmide da gestão.

AS VANTAGENS DA GOVERNANÇA

Em uma empresa que nunca se preocupou com a governança, é difícil para os fundadores, herdeiros e executivos entenderem as vantagens de sua implementação. Há quem fale: "Quer dizer que não vou administrar a minha própria companhia daqui para frente? Vou ter que ficar só no Conselho?!"; ou "Agora terei um chefe que irá me dizer o que poderei e o que não poderei fazer? Mas sou o presidente. Tenho o direito de fazer o que bem entender".

A dificuldade de entendimento está presente em um mix de resistência cultural e quebra de paradigmas. Qual a vantagem de dividirmos as responsabilidades da empresa? Por que um grupo cuidará da gestão e outro se preocupará com a administração? Por que é bom trazer profissionais externos para compor o Conselho? E quais os benefícios de isolarmos a família do dia a dia operacional da companhia? É preciso explicar que essas são boas práticas do mercado, que trazem normalmente ótimos resultados.

A título de exemplo, vejamos os ganhos advindos da incorporação de conselheiros vindos de fora do negócio. Eles chegam com visões distintas e com novas práticas de Finanças, Recursos Humanos, Vendas, Marketing, Logística, Planejamento Estratégico etc. Ao mesmo tempo, é importante ter integrantes no Conselho de Administração que conheçam o histórico da empresa e a cultura organizacional. Portanto, o ideal é mesclá-los.

Vemos na prática o benefício da visão de fora quando os novos conselheiros ventilam a possibilidade de financiamento externo. Para muitos empreendedores de mentalidade mais antiga, pegar empréstimo é sinal de fracasso ou de risco desnecessário para seus negócios. Por isso, os fundadores se opõem a essa proposta. Porém, será mesmo que é errado buscar financiamento para crescer? Cabe ao Conselho mostrar a visão mais moderna e profissional do endividamento empresarial. Às vezes, corre-se mais risco e perde-se mais dinheiro quando se trabalha apenas com capital próprio. Além disso, os bancos não são o único tipo de financiamento externo.

A legislação é outra área delicada que o Conselho de Administração pode ajudar. Sabemos que o aparato legal no Brasil é complexo e mutável. Assim, os profissionais do mercado conseguem assessorar os acionistas e os presidentes para os perigos de algumas decisões tributárias e trabalhistas arriscadas. Contar com uma governança que indique os melhores caminhos a serem trilhados, contribui para que a segurança jurídica do negócio cresça consideravelmente. Não é por acaso que as companhias listadas nas bolsas de valores fazem questão de tê-la.

Para mim, uma das principais vantagens da Governança Corporativa e da Governança Familiar é a transparência, o controle administrativo, cenário em que o CEO e os executivos têm que prestar contas do que estão fazendo com o dinheiro que os acionistas estão investindo. Não é para sair gastando sem responsabilidade. É preciso justificar e mostrar o retorno de cada real aplicado.

Nas empresas familiares, a implementação da governança é normalmente gradual. Ela não sai de uma estrutura com 0% de *compliance*, por exemplo, e vai para 100% poucos meses depois. É muito raro isso ocorrer, quase sempre, a melhoria se dá passo a passo. Começa-se com algumas ações pontuais para que os fundadores se habituem, depois, implementa-se um Conselho Consultivo. Na sequência, adotam-se as boas práticas em maior escala. À medida que os resultados positivos vão surgindo e a cultura organizacional vai sendo transformada, mais e mais medidas podem ser adotadas. Esse é um processo que pode durar meses ou anos.

Outro caso clássico é quando uma empresa conta com Governança Corporativa consolidada e compra outra que não tem qualquer preocupação nessa área. O choque cultural na integração das organizações é enorme. As preocupações e as práticas são tão diferentes que parecem ser dois mundos totalmente distintos. Enquanto uma fala de ESG, *compliance* e transparência, a outra não realiza sequer as questões mais básicas de Gestão Humana, legislação tributária, normas trabalhistas e impactos ambientais. Chega a ser assustador o contraste. Muitas vezes, os problemas são internos. Outras vezes, eles se propagam para a cadeia de valor inteira, o que gera a responsabilidade solidária, no caso, a irresponsabilidade solidária. Afinal, quem compra de fornecedores problemáticos é, segundo a lei, cúmplice dos erros e dos crimes cometidos.

A governança é útil por trazer segurança para a empresa, transparência para as práticas e melhorias para a sociedade como um todo. Curiosamente, como em geral são as companhias listadas na bolsa de valores que implementam essas práticas, muita gente acha que a governança é restrita às multinacionais e aos negócios de grande porte. Não! A Governança Corporativa é para todo tipo de empresa, para todos os tamanhos de organização e para todos os ramos de atividade. No caso das companhias familiares, diria até que a governança é fundamental.

Vejo que esse tema está evoluindo no Brasil e, pouco a pouco, as pessoas vão se familiarizando com os pressupostos da governança e entendendo a sua importância. Infelizmente, as questões políticas e os ruidosos casos de corrupção corporativa são maus exemplos que ficam no imaginário da população. Contudo, eles são exceções. Quando pegamos as estatais, notamos o crescimento do número de Conselhos de Administração. Quando analisamos o cenário das médias e grandes empresas nacionais, também assistimos ao aumento de quem adota a Governança Familiar.

Wanderlei Passarella, autor do livro *Conselheiro de Empresas*[91], diz algo mais ou menos assim: o sábio é aquele que consegue fazer a ligação entre o que está acontecendo na sociedade e o que a empresa busca realizar. Para onde o mundo está indo? Quais os grandes movimentos econômicos, demográficos, tecnológicos e mercadológicos? Com a compreensão do cenário macro, é possível inserir a companhia nessa dinâmica. Na minha visão, esse é o grande desafio da governança.

INSTALANDO O CONSELHO DE ADMINISTRAÇÃO

O Conselho de Administração reúne um grupo seleto de profissionais que irá contribuir de maneira estratégica para a perenidade do negócio. Como já comentei, no caso das pequenas e médias empresas que estão começando esse processo, a melhor alternativa é iniciar a implementação pelo Conselho Consultivo, a versão mais simplificada

91 PASSARELLA, Wanderlei. *Conselheiro de empresas: o que você precisa saber para uma carreira promissora.* São Paulo: Alta Books, São Paulo, 2022.

e prática da Governança Corporativa. Em qualquer um dos casos, Conselho de Administração ou Conselho Consultivo, os conselheiros fazem os acionistas refletirem sobre as questões da empresa, por meio de novos conhecimentos sobre vários aspectos do negócio.

Vale a pena esclarecer que os conselheiros não têm a obrigação de saber previamente tudo sobre o negócio. Na maioria das vezes, eles estudam, pesquisam e buscam informações para balizar suas análises. Apesar do vasto conhecimento e da enorme experiência, os integrantes do Conselho Consultivo não têm poder de deliberação. A função deles é apenas aconselhar, assessorar, orientar, provocar, instigar. A palavra final para qualquer tomada de decisão é sempre do acionista ou dos acionistas.

É bom alertar que dependendo do caso, o maior mérito dos conselheiros não está em sua bagagem técnica, por maior que seja, e sim em suas habilidades comportamentais. Se eles atuam em companhias familiares com grande resistência à mudança e com aspectos culturais um tanto retrógrados, as competências comportamentais acabam se sobressaindo para o sucesso do negócio. Para que realizem bons trabalhos, o poder de persuasão, a compreensão de aspectos psicológicos das pessoas e o entendimento do momento certo para avançar e recuar com as propostas são fundamentais.

Até porque, convenhamos, qual o mérito de dar bons conselhos se eles não serão nunca implementados? Uma dica ou sugestão mediana colocada em prática é muito mais valiosa do que uma orientação genial que foi descartada.

O conselheiro tem que se equilibrar entre a ciência e a arte. A ciência é a parte técnica do trabalho. Refere-se ao conteúdo conceitual de suas análises e sugestões. Já a arte envolve enxergar as variáveis humanas das relações profissionais, além de saber caminhar por elas. Não é simplesmente chegar e falar: "Isso aqui está errado. Aquilo lá também tem que ser mudado. Vamos mexer nisso e naquilo". Porque as pessoas à sua volta poderão não aceitar uma postura arrogante e intransigente. Na certa, não acatarão suas ideias por melhores que sejam. O conselheiro é quem aconselha, ele não é o chefe de ninguém nem tem o poder de implementar sozinho as propostas.

Assim, o conselheiro precisa saber o que falar e, principalmente, como falar e, nesse caso, "o como" faz toda a diferença. É preciso convencer as pessoas que aquela é a melhor alternativa para a empresa. As duas pernas do trabalho — o quê e o como dialogar com os colegas -, andam juntas, sem uma delas, a empresa não consegue caminhar com boa velocidade na direção correta.

Nas empresas familiares, o Conselho de Administração também pode ajudar na condução da sucessão. Infelizmente, esse assunto é esquecido ou subvalorizado em boa parte dos negócios. O fundador e/ou o presidente atuam como se fossem eternos. Não sendo essa a realidade, obviamente, é preciso preparar a linha sucessória para o bem da companhia. Como o futuro da organização depende da escolha correta dos próximos líderes, os conselheiros devem se atentar para essa questão ou, ao menos, suscitar esse debate internamente.

Outra questão interessante é saber como podemos desafiar quem nos contratou. Esse é um trabalho complexo, pois normalmente o conselheiro é contratado pelo fundador ou pelo acionista principal, que tem a palavra final. Mas sua tarefa é justamente confrontar, mostrar novos caminhos, indicar pontos de vista diferentes e provocar debates mais profundos. Nesse sentido, vale não abaixar a cabeça e concordar com o que está sendo feito. Nessa relação potencialmente conflituosa, é preciso saber até onde é possível chegar, pois em um rompante, o proprietário pode perder a confiança no conselheiro e mandá-lo embora.

Essa linha tênue se torna ainda mais complicada no processo sucessório e em situações em que o atual presidente acredita pode ser passado para trás. Infelizmente, é isso o que muitos pensam quando notam que a sucessão está avançando e que, logo mais, outra pessoa estará no comando dos negócios. Nesse ponto, o primeiro a ser visto com desconfiança é o consultor, que deu aquela ideia e foi o maior incentivador da mudança.

Ou seja, é preciso ter muito "jogo de cintura" para atuar no Conselho de Administração, ou mesmo no Conselho Consultivo. Por isso, os membros da Governança Corporativa são majoritariamente profissionais vividos. A experiência adquirida ao longo de muitos anos de carreira e em várias companhias é colocada à prova. Eles têm que saber ler o cenário corretamente, compreender as pessoas, se aproximar delas, prospectar determinado ambiente para um assunto específico e identificar o momento certo para se posicionar. Às vezes, precisam recuar para depois conseguir avançar, em um processo em que a paciência é uma ferramenta de trabalho essencial, que exige muitas competências humanas que não são ensinadas nas faculdades.

O conselheiro também deve ter humildade para entender o momento para "pegar o boné" e ir embora. Quando a relação está muito desgastada e mostra que nada mais será realizado de positivo, por que permanecer? Além disso, se os caminhos escolhidos pela organização afrontarem seus valores e princípios morais, não será possível continuar. Para tal, o integrante do Conselho de Administração precisa ter independência financeira para agir com bom senso, autonomia e liberdade. Só assim poderá ser fiel aos seus propósitos e crenças.

Algumas empresas acreditam que por terem um Conselho de Administração poderão percorrer mais facilmente alguns caminhos perigosos. Obviamente, o termo "perigosos" usado aqui é um eufemismo para "coisas erradas". Pois é justamente nesse aspecto que os conselheiros devem entrar em ação. Eles são pagos para confrontar os líderes e garantir a perenidade da companhia: devem dizer "em alto e bom tom": não é por aí que devemos seguir! As práticas que não são corretas, devem ser abolidas imediatamente. Nesse sentido, o Conselho é o paladino da ética e da moral.

INSTALANDO O CONSELHO FAMILIAR

Em um país em que há tantas empresas familiares, não poderia terminar esse capítulo sem abordar o papel da Governança Familiar. Um caso icônico no Brasil é o da 3G Capital, *holding* fundada por Jorge

Paulo Lemann, Beto Sicupira e Marcel Telles[92], sócios desde os anos 1970. O grupo empresarial possui um Conselho de Família, que se reúne algumas vezes por ano. Nesses encontros, as três famílias discutem aspectos estratégicos do negócio e alinham necessidades, interesses e objetivos.

O grande desafio das companhias familiares é sobreviver às mudanças de geração. Sempre que há a transição do comando, as organizações ficam em posição de enorme fragilidade. Não por acaso, são poucas as que estão na terceira, quarta e quinta gerações. Isso se deve principalmente à falta de uma Governança Familiar, cuja função é promover o bem-estar geral da família, ou das famílias, e assegurar o sucesso do negócio.

Toda família tem problemas e eles aumentam à medida em que ela cresce. Quando há mistura de famílias, potencializam-se as chances de confusão. O Conselho de Família trabalha na administração das discussões e, até mesmo, intrigas entre os acionistas e seus herdeiros. Nessa espécie de fórum interno, trabalham-se as várias questões que envolvem os donos do negócio. Planejar a sucessão é apenas uma das pautas, porque cuidar da sucessão não é esperar o fundador ou o proprietário morrer ou ficar muito doente para só aí decidir o que será feito.

Além de mediar os conflitos internos e externos dos familiares dos acionistas e de gerenciar a sucessão, o Conselho Familiar zela pelos interesses financeiros, patrimoniais e comerciais dos vários proprietários da organização.

Outra pauta do Conselho é desenvolver pessoal e profissionalmente os herdeiros. Afinal, as novas gerações precisam estar preparadas para assumir as responsabilidades no Conselho de Administração ou no comando das funções executivas. Quanto mais preparados os sucessores estiverem, maiores serão as chances de êxito da companhia. Imagine uma empresa com faturamento bilionário e com uma enorme

92 Comandada por Jorge Paulo Lemann, Carlos Alberto Sicupira e Marcel Herrmann Telles, três dos mais conhecidos e ricos empreendedores brasileiros, a 3G Capital administra empresas como AB-Inbev, Kraft-Heinz, Burger King e Lojas Americanas.

complexidade operacional sendo assumida por jovens herdeiros sem qualquer qualificação e sem experiência profissional!

Não é à toa que as organizações que têm Conselhos Familiares são as que se tem maior longevidade, já estão na segunda, terceira e quarta gerações. Há alguns anos, participei como consultor de alguns projetos no Grupo Votorantim[93]. Naquele momento, alguns integrantes da família Moraes ainda conduziam o dia a dia da empresa[94], estavam na posição de presidente e nas diretorias. Contudo, com a implementação do trabalho do Conselho, os familiares foram deixando, pouco a pouco, a administração e se concentrando na gestão.

Essa migração não foi rápida. Ela respeitou o *timing* da companhia e da família. Hoje, o sobrenome Moraes não está presente entre aqueles que têm cargos executivos na companhia, mas integra o Conselho. Outros membros da família migraram para outras companhias. Quem agora administra a operação das várias empresas do grupo é um time formado exclusivamente por profissionais do mercado.

Qual o resultado prático disso? A Votorantim tem mais de 100 anos e é um dos maiores grupos empresariais do país. Seu crescimento nos últimos anos foi enorme e ela é conhecida no mercado como uma organização que não dá passos maiores do que as pernas. Ou seja, a cultura da expansão segura, consistente e sustentável, um dos valores dos fundadores, segue até hoje intacta.

---

93 A Votorantim S.A., ou simplesmente Grupo Votorantim, é uma multinacional brasileira centenária. Fundada em 1918 por José Ermírio de Moraes e Antônio Pereira Inácio, ela segue com controle familiar até hoje. Atualmente está presente em dezenas de países na América do Sul, América do Norte, Europa, Ásia e África e trabalha nas áreas de mineração, cimento, energia, finanças, investimentos imobiliários e agronegócio. São aproximadamente 35 mil funcionários e faturamento na ordem de R$ 26 bilhões em 2023.

---

94 A Votorantim implementou o sistema de Governança Corporativa no começo dos anos 1990, quando a terceira geração assumiu o controle acionário e decidiu profissionalizar a gestão do grupo empresarial.

Outra que trilhou caminho parecido ao da Votorantim foi a Suzano[95], companhia nacional centenária que atua no ramo do papel e celulose.

No polo oposto, vemos empresas com sócios beirando os 80 anos que não querem "largar o osso". Alguns até desejam se aposentar, se dizem cansados da rotina empresarial, mas não encontram substitutos confiáveis entre os familiares e potenciais herdeiros, seguem a ideia de que só os parentes podem assumir o comando de suas organizações. Desconhecem a importância e o papel dos Conselhos de Administração e dos Conselhos de Família, e não entendem como a gestão e a administração de seus negócios podem operar independentemente.

Uma das funções da Governança Familiar é estabelecer as regras para a relação dos herdeiros com o patrimônio do clã. O estatuto de algumas empresas, por exemplo, define que os acionistas e seus parentes não podem atuar na administração do negócio, e uma vez que essa questão foi instituída como norma empresarial, não há espaço para discussões posteriores. Outras companhias estabelecem que o herdeiro precisa cumprir determinados critérios para possa integrar o Conselho de Administração. Na prática, é como se houvesse pré-requisitos para qualificar os conselheiros, o que é muito positivo para a elevação da excelência do quadro de gestão.

Há companhias que não proíbem a presença de familiares dos acionistas entre os executivos da administração. Contudo, há regras para suas contratações e promoções. Nesse caso, eles têm que concorrer em iguais condições com profissionais do mercado. Além disso, precisam reunir um conjunto de qualificações e experiências, resultante do trabalho em outras empresas, para justificar sua inscrição à vaga.

Cada negócio possui seu conjunto de normas e quem define as regras é o Conselho de Família. É necessário entender quais são as diretrizes que atendem a cada realidade. Mais importante do que ditar o certo e o errado é descobrir o que condiz melhor em cada caso especificamente.

---

95 Fundada em 1924 por Leon Feffer, a Suzano Papel e Celulose S.A. é a maior produtora global de celulose de eucalipto e uma das líderes mundiais no mercado de papel.

Em suma, a Governança Familiar define as regras e orienta as famílias para a gestão de seu patrimônio, o que evita conflitos e crises futuras. Há casos muito tristes de brigas provocadas pelos negócios, em que pais não conversam mais com filhos, irmãos cortaram relações para sempre e primos que vivem em "pé de guerra".

Por exemplo, Valentim dos Santos Diniz, o português fundador da Doceira Pão de Açúcar, hoje Grupo Pão de Açúcar[96], não se preocupou com a passagem dos negócios para a geração seguinte. Com isso, os filhos brigaram pelo poder por muitos anos, uma intriga que envolveu até tios e primos. O empresário e herdeiro Abílio Diniz assumiu o controle da companhia, mas nunca mais foi benquisto pelos irmãos e parentes próximos, que cortaram definitivamente relações com ele.

Outro caso emblemático ocorreu no processo sucessório de um grande conglomerado de empresas. O fundador simplesmente escolheu um filho como sucessor e não proporcionou ao outro a mesma oportunidade. Resultado: o filho preterido passou a vida doente, com depressão, acabou se perdendo e morreu jovem. Tudo por uma questão emocional provocada por uma transição malfeita nos negócios familiares.

Há muitas situações que explicitam as confusões que afetam o dia a dia das empresas. Recentemente, a mídia mostrou os problemas vivenciados nas Casas Bahia[97]. Depois da morte de Samuel Klein, os filhos entraram em conflito, fato que contribuiu para o aumento da dívida, já bilionária, da varejista, que culminou no pedido de recuperação judicial. Esses são fatos que a mídia mostra; imagine o que acontece nas pequenas e médias empresas pelo Brasil e que o grande público não fica sabendo dos detalhes!

96 O Grupo Pão de Açúcar, um dos maiores varejistas brasileiros, surgiu em 1948 como uma doceria na cidade de São Paulo. Somente depois, o estabelecimento virou um mercadinho, um supermercado e, anos mais tarde, uma rede de supermercados.

97 Em abril de 2024, a Casas Bahia, uma das maiores redes de comércio de móveis do Brasil, pediu recuperação extrajudicial. Suas dívidas superaram, nesta época, o valor de R$4 bilhões.

Contei essas histórias para reforçar que a Governança Familiar é o instrumento de preservação do bom convívio, da paz e das relações entre os parentes. Quanto antes os acionistas se preocuparem com essas questões, melhor será para todos os envolvidos no negócio.

Assim, chegamos ao fim da terceira e última parte deste livro. Acredito que consegui apresentar os principais temas da Transformação Organizacional que são valorizados pelos gestores e que afetam as empresas.

CONSIDERAÇÕES FINAIS

Quando falamos em Transformação Organizacional (TO), é difícil decretar que chegamos ao fim da jornada. Afinal, tão logo implementamos algumas mudanças significativas, novas possibilidades e estratégias apontam no horizonte. Além disso, o caminho que percorremos ao longo dos vários capítulos deste livro não está finalizado, pois, na verdade, ele está apenas começando. O conteúdo aqui reunido poderá ancorar as alterações e mudanças que líderes e gestores de empresas tanto anseiam.

Na hora de implementar projetos de TO, a intensidade, a direção, a velocidade e, principalmente, a coragem fazem toda a diferença. Os líderes das companhias precisam estar preparados para a ação, ao invés de simplesmente se contentarem com a reação. Para isso, devem estar atentos aos pequenos sinais emitidos pela sociedade e pelos mercados. A partir da compreensão da realidade e da identificação das principais tendências, o esforço é para moldar os negócios tendo em vista o futuro.

O naturalista Charles Darwin tem uma frase muito conhecida que se encaixa perfeitamente nesse contexto. Ele diz que não é o mais forte nem o mais inteligente que sobrevive à competição entre as espécies, e sim aquele que está mais preparado à mudança. No mercado capitalista, essa lógica se aplica a 100% das situações. Basta olharmos as alterações periódicas na lista das maiores companhias da revista Forbes.

Grandes corporações presas ao passado somem. E pequenos empreendimentos visionários crescem exponencialmente.

Ao mesmo tempo, é importante sabermos o que é mutável e o que é perene ou longevo em um mundo de transformações tão alucinantes. Há muitos elementos que devem ser respeitados e mantidos intactos. Do contrário, as empresas irão sofrer bastante e provavelmente sucumbirão às frenéticas mudanças de ventos do ambiente. Empresários e executivos que não conseguem identificar a importância de princípios sólidos, valores e estratégias de médio e longo prazo, correm o risco de cair na tentação das modas e dos modismos passageiros, agem como "cantos de sereia". Ou seja, na hora de mudar, é preciso também saber o que NÃO deve ser mudado, ou o que, naquele momento, NÃO precisa ser mudado.

Falar em Transformação Organizacional é falar de pessoas, gente de "carne e osso". As pessoas estão no coração dos processos e são responsáveis pelas dinâmicas que fazem as companhias girarem. É impensável imaginar o sucesso de uma empresa sem uma equipe participativa, engajada, competente, criativa e adaptável. Por mais óbvia que seja essa constatação, um dos erros mais comuns de quem lidera projetos de TO, é não dar a devida importância ou até mesmo ignorar os fatores humanos. Esquecer das pessoas é se desvincular do aspecto mais relevante do nosso trabalho.

Outro equívoco corriqueiro é desejar uma organização engajada e voltada para o futuro dos negócios, mas deixar, na prática, a liderança presa à operação e à rotina dos processos produtivos e da área comercial. Convenhamos, sem planejamento, sem curiosidade, sem sair das atividades do dia a dia e sem expandir o olhar para o mercado, não será possível identificar as oportunidades nos vários elos da cadeia de valor. A chave para as descobertas do que precisa ser feito está na atuação em rede, nas parcerias com outras empresas, instituições, ONGs e universidades e, claro, na atenção obsessiva aos consumidores.

Com esses cuidados, tenho a certeza de que estaremos preparados para construir o futuro. Aceitar, entender e se moldar às mudanças é a base para o sucesso empresarial.

PUBLICAÇÕES